[图学新论丛]

主　编◎党跃武
副主编◎张盛强　姜　晓　李　禾

流大学图书馆
高质量发展探索与实践

四川大学出版社
SICHUAN UNIVERSITY PRESS

图书在版编目（CIP）数据

一流大学图书馆高质量发展探索与实践 / 党跃武主编. — 成都：四川大学出版社，2023.10
ISBN 978-7-5690-5889-5

Ⅰ.①一… Ⅱ.①党… Ⅲ.①院校图书馆－图书馆发展－研究 Ⅳ.①G259.256

中国版本图书馆CIP数据核字（2022）第254211号

书　　名：	一流大学图书馆高质量发展探索与实践
	Yiliu Daxue Tushuguan Gaozhiliang Fazhan Tansuo yu Shijian
主　　编：	党跃武
选题策划：	于　俊　何　静
责任编辑：	于　俊
责任校对：	张宇琛
装帧设计：	墨创文化
责任印制：	王　炜
出版发行：	四川大学出版社有限责任公司
	地址：成都市一环路南一段24号（610065）
	电话：（028）85408311（发行部）、85400276（总编室）
	电子邮箱：scupress@vip.163.com
	网址：https://press.scu.edu.cn
印前制作：	四川胜翔数码印务设计有限公司
印刷装订：	四川煤田地质制图印务有限责任公司
成品尺寸：	170mm×240mm
印　　张：	24.75
字　　数：	457千字
版　　次：	2023年10月 第1版
印　　次：	2023年10月 第1次印刷
定　　价：	96.00元

本社图书如有印装质量问题，请联系发行部调换

◆版权所有◆侵权必究

扫码获取数字资源

四川大学出版社
微信公众号

高质量建设一流大学图书馆，
推动一流大学建设再上新征程

——四川大学图书馆2018—2021年发展概览（代序）

党跃武

2018—2021年是四川大学图书馆发展历史上具有继往开来的重要意义的时期。四年来，四川大学图书馆坚持以习近平新时代中国特色社会主义思想为指引，认真学习习近平总书记在庆祝中国共产党成立一百周年大会上的重要讲话、关于高等教育的重要论述和给国家图书馆老专家回信的精神，深入学习贯彻党的十九大和十九届二中、三中、四中、五中、六中全会精神，切实开展"不忘初心、牢记使命"主题教育和党史学习教育，紧密围绕全面推进学校建设世界一流大学，在学校党委的正确领导下，在四川大学图书馆工作委员会的全面指导下，在各部处和各学院的大力支持下，在图书馆全体党员干部和职工的共同努力下，按照"进一步加强建设""进一步加强管理""进一步加强服务"和"学习环境更有颜值""文献资源更有价值""管理服务更有品质"的要求，制定了一流大学图书馆建设方案、图书馆"十四五"发展规划和面向2035"智慧之光"新发展愿景，各项管理服务不断取得新的进展。

一、紧紧扣住发展主题，奋力推进学校"两个伟大"

四年来，四川大学图书馆按照年度确定发展主题，以"全面把握新时代新要求，加快一流大学图书馆建设""扎实开展'不忘初心、牢记使命'主题教育，全面加快一流大学图书馆建设'川大实践'""巩固深化'不忘初心、牢记使命'主题教育成果，努力打造一流大学图书馆建设'川大力量'""推动一流大学图书馆高质量发展，绘制四川大学图书馆建设新蓝图"为主线，重点做好抓实全面从严治党、抓严党风廉政建设、抓好师风师德教育、抓深改革创新发展，真正做到党建工作与事业融合发展、疫情防控与事业统筹发展、管理服务与事业加快发展。

（一）以开展主题教育为重点，进一步加强党建和思想政治工作

坚持用心策划组织、用功落实到位，扎实抓好主题教育。制定主题教育活动方案，完善主题教育组织机构，紧密配合规定动作和自选动作。邀请学校主题教育宣讲团专家等进行党史学习教育专题宣讲、党的十九届六中全会精神宣讲和脱贫攻坚先进事迹报告。深入学习贯彻落实习近平总书记在庆祝中国共产党成立一百周年大会上的重要讲话精神。与对口联系学院党总支等开展共建工作，交流学习贯彻党的十九届六中全会精神的体会。组织党员到南充市仪陇县张思德干部学院、朱德故居等红色文化场馆开展党史学习教育。全面加强从严治党主体责任和监督责任落到实处，配合学校有关部门做好中央巡视整改工作，多形式、多渠道开展每年一度的党风廉政教育宣传月主题活动。面向全馆职工开展师风师德主题教育宣讲，进行师德警示教育，学习师德优秀典型的先进事迹。坚持用情服务师生，开展好"我为师生办实事"实践活动，积极开展服务调研，主动解决广大师生"急难愁盼"问题，设置"回音壁"等及时予以解答和解决。积极改造馆舍条件，建设具有高价值、高品质的综合服务空间，主动为师生提供良好的学习环境。各党支部通过与其他单位党支部共建，直接了解师生对图书馆的资源需求和服务需求，开展"红色基因同传承，学科服务进学院"活动，将图书馆的资源服务、知识服务、信息素养教育服务等送到师生身边。积极建设大学生人文素质教育和社会实践基地，主动发挥在"三全"育人中的重要作用

（二）以师生服务需求为导向，进一步优化文献信息资源保障体系

发挥学校图书馆工作委员会和文献信息资源建设工作组作用，重点开展电子资源使用效益评估和学科专家论证，完善文献资源建设政策，优化文献资源建设工作流程，多渠道收集师生和院系意见和建议，了解学科发展和文献需求，不断加大文献资源保障力度，不断提高文献资源利用水平。在抗击新冠肺炎疫情中，主动出击，加强电子资源建设，及时推出300余种战"疫"免费资源和80余种开放免费资源。快速上线直达课程和线上课堂的"四川大学教材在线服务平台"，提供中外文教材电子书近5000种，平台总访问量近84万人次。切实加强本科教育教学资源建设，在4个分馆打造教材教参阅览专区，不断提升纸质和电子教材教参资料的保障率，建设大学生创造性和研究性学习服务平台。利用各类平台进行多渠道、协同化推送，开设"每周一库""每周一

书""主题资源""数据库微视频"等栏目，持续推送馆藏新到资源、特色资源和大型资源。

（三）以特色文化资源为基础，进一步提高文献资源开发利用水平

进一步加强图书馆"全国古籍重点保护单位""国家级古籍修复技艺传习中心四川修复中心传习所"建设，全面改善图书馆古籍管理和保护环境，大力推进图书馆古籍保护和资源开发工作。摸清馆藏古籍线装书家底，馆藏古籍线装书共26.8万余册。修复馆藏孤本《藏区手绘地图》，清末周华庭藏信札手稿，《红岩》《伟大的道路》等红色文献，龚道耕手稿、张之洞捐俸置书等文献，整理馆藏雕板板片和拓片等。开展馆藏缩微胶卷、书画拓片、张之洞捐俸置书、巴蜀地区地方志等古籍的数字化扫描。建设《美国宗教合集》等特藏文献数字库及馆藏民国图书和国立四川大学、华西协合大学毕业论文数据库等"民国文库"。再造出版《四川全图》《四川大学馆藏珍贵古籍名录》《才性人生，始于庄学——王叔岷国立四川大学毕业论文》《〈四川省城尊经书院记〉拓本》《大般若波罗蜜多经廿二卷》等馆藏精品集萃系列图书。

（四）以建设学校发展智库为目标，进一步创新高端知识服务体系

坚持以服务学校双一流建设、打造学校发展智库为目标，瞄准院系、科研人员在学科建设、人才引进、学术研究等方面需求，以学院、期刊、人员、研究方向等更细粒度的视角提供科研情报分析，推出以 ESI 数据分析、学科发展评估、学者影响力分析、专利竞争力分析、教研成果评价等为主题的《四川大学知识服务速报》。获批高校国家知识产权信息服务中心，建设"大川智产"知识产权信息服务平台。建设集文献跟踪、知识服务、数据管理与学科评价于一体的高端学科服务平台——机构与学者知识库，开展学科馆员走访工作，密切联系院系广大师生，完善定制化、精准化的知识服务体系，形成面向学校部处、院系、科研人员，提供科研数据支持、学科情报分析、学术知识挖掘的多维度、多层次学科服务体系。"信息检索与利用"课程全面改革，启用全新教学大纲，实现多层次、多样化的信息素养教育全覆盖。

（五）以创新服务平台为抓手，进一步强化信息技术服务保障水平

不断优化图书馆"智慧川大"网站，整合 4C（CALIS、CASHL、CADAL 和 CARSI）等多元服务资源和体系。不断提升数字图书馆软硬件平

台的性能，增强图书馆自动化系统运行的安全性和高效性。加强数据中心核心设备、服务设备、网络管理系统和网络安全防护系统等的维护，组织开展网络安全系列教育活动，从风险意识、防范意识、管理意识和服务意识等多个方面入手，进一步提升网络安全。积极响应师生需求，进一步优化"大川为朋"（SCUVPN）校外访问系统，努力保证师生在校外顺畅使用图书馆数字资源。自主开发和建设党史学习教育主题服务网站，江姐、张澜、吴玉章研究数据库，线上学习书屋，明远学习榜，网上真人书屋，民国文献库，CASHL特藏++文献数据库，52经典悦读主题网站，"辛亥川大：辛亥革命时期的四川大学师生""珠还合浦，历劫重光：永乐大典展览""人生的交汇点：朱德与史沫特莱主题文献展""中国共产党在四川大学主题文献展""跨越四世纪，奋发新时代：四川大学图书馆馆史展览"等主题展览。

（六）以坚持立德树人为宗旨，进一步打造红色文化资源育人体系

把握立德树人根本任务、人才培养首要任务，打造以红色文化空间服务、红色文献书目服务、红色文献专题展览、红色文化阅读推广、红色文献专题编研等为主要内容的红色文化教育阵列。面向全校师生，全面推出资源服务、空间服务和文化服务等三大类党史学习教育主题服务。建成收藏和展示学校教师和校友正式出版的学术著作等特藏文献的"明远文库"，全面加强党史学习教育及朱德与史沫特莱相关研究文献、吴玉章和张澜等相关研究文献、四川大学革命烈士文献等专题文献的收集。不断丰富红色文化阅读推广方式，大力开展"四季书香"阅读推广活动，进一步提升红色文化教育实效。举办四川高校阅读文化节、四川省高校大学生红色文化经典诵读大赛、四川大学阅读文化节、四川大学"经典守护者"中华经典美文诵读大赛等活动，开展"我爱你中国红色经典乐曲鉴赏"和"学党史读经典"红色经典名师导读等"青春之我·真人书屋"活动以及共读《红岩》《伟大的道路——朱德的生平和时代》等明远读书会活动。

（七）以规范化系统化为根本，进一步确保管理服务运行高效化

进一步贯彻落实《普通高等学校图书馆规程》《四川大学图书馆章程》，梳理和完善各项管理规章制度和业务规范，促进规范化管理水平不断提升，完成《四川大学图书馆管理服务制度》，编制《四川大学图书馆"十四五"发展规划》。重视图书馆专业人才队伍建设，以馆员能力建设为重点开展"圕学讲习所"活动，组织开展专门培训课程70场。高度重视图书馆安全管理和综合治

理，牢固树立"预防为主、责任到人"的安全管理意识，让安全管理成为一种习惯，全面做好消防安全和物业管理等各项工作。开好图书馆"双代会"，强化工代会、职代会以及工会的日常监督，突出基层民主参与，着力提升图书馆民主管理水平。

（八）以校内外管理协同创新为平台，进一步推进管理服务高质量发展

充分发挥CALIS西南地区中心、CASHL西南区域中心、CADAL西南中心和四川省普通高校图书情报工作指导委员会主任委员单位、教育部高等学校图书情报工作指导委员会本科教育工作组组长单位的作用，推进双一流大学图书馆和其他高校在信息资源、科学管理、信息技术、知识服务、阅读推广等方面的战略合作。出版《全国高校图书馆服务本科教育教学优秀案例》，编撰《四川省高校图书馆年发展报告》《全国高校图书馆战"疫"期间线上教学优秀案例》《四川省高校图书馆抗击新冠肺炎疫情工作调研报告》《高校图书馆抗击新冠疫情开展线上教学服务情况简报》等。主办或牵头组织或具体承办"数字化转型中的图书馆变革与发展研讨会暨2021年度CALIS年会""全国高校图书馆服务'四新'优秀案例大赛""首届川渝高校信息素养大赛"及一年一度的"双一流大学建设川大论坛""悦读新时代：四川高校阅读文化节"等活动。发起国内15所高校图书馆签订《"高校图书馆服务创新西部行"西藏农牧学院图书馆合作共建框架协议》，共建"尼洋河畔书屋"，从管理业务交流、资源共知共建共享、馆员培训和学术交流等方面支持西藏农牧学院图书馆建设与发展。发挥优势特长，主动服务乡村振兴，支持甘洛县图书馆建设。

（九）以全媒体宣传推广为路径，进一步提升管理服务社会影响力

进一步完善"两站""两微""两端""两播"融合媒体服务平台，充分利用移动图书馆、微信、微博等新媒体和网络社交平台，开拓管理服务宣传推广的新途径。通过馆内外结合，加强管理服务宣传工作，在中央电视台、四川电视台、教育部官网、中国网、中新网、四川观察、川观新闻、四川大学新闻网等十余家媒体发布图书馆有关新闻稿200余篇。四川大学图书馆纪念校友江竹筠烈士主题文献展览被编入《求是》杂志第17期刊发的文章《用习近平新时代中国特色社会主义思想铸魂育人》。2021年5月3日，中央电视台《新闻联播》以《赓续红色血脉，为群众办好实事》为题报道四川大学充分利用红色资源，进一步弘扬革命传统、传承红色基因，报道重点关注了我校赓续红色血脉，通过图书馆文献服务、红色空间等，用好江姐红色文化，扎实开展党史学习教育情况。

二、牢牢把握发展关键，努力建设学校"三个标杆"

四年来，四川大学图书馆积极推进以"四位一体信息资源构建计划""四类高端知识服务打造计划""四季书香阅读推广发展计划""四大特色文化资源开发计划"为主要内容的一流大学图书馆建设"川大实践"，牢牢把握思想引领、服务创新、能力建设和协同创新等发展关键，形成了建设全国高校第一个习近平新时代中国特色社会主义思想主题学习空间、全国第一家省级方志馆高校分馆、全省高校唯一学雷锋志愿服务示范基地、国家知识产权局和教育部国家高校知识产权信息服务中心、国内第一家双一流建设专业性区域性协作组织、全国高校第一家馆史展览馆和典籍陈列馆等标志性成果，努力成为学校党建工作与事业融合发展新标杆、新时代一流大学图书馆建设新标杆和不断推进学校"两个伟大"新实践新标杆。

（一）形成的特色亮点

一是坚持党风建设带动馆风建设、思想建设推进能力建设，建设馆员"政治素质＋业务素质＋管理素质"三提升平台"圕学讲习所"，开展"三个生日送祝福，图书馆发展面对面"关爱馆员共谋发展活动，与多个学院党支部开展"红色基因同传承，学科服务进学院"共建活动，面向全校教职工和工会会员开展"圕蒙学堂"亲子阅读推广活动，持续打造立体化党建思政工作品牌。

二是坚持贴近学校发展要求，贴近师生服务需求，编制定制化、精准化的智库型学科分析报告《知识服务速报》，打造分学院、专业、班级的榜单式阅读报告"明远学习榜"，获批国家知识产权局和教育部"高校国家知识产权信息服务中心"，持续打造优质化高端知识服务品牌。

三是坚持融入人才培养全过程，注重发挥资源优势，设置新到资源服务区和教材教参阅读区，举办全国首届优秀教材评选获奖教材展，与学生工作部等评选年度十大"阅读之星"，实现"信息素养教育本科生、硕博研究生、继续教育学生和新进教职工全覆盖"，推进"信息检索与利用"课程从文献检索到素养教育、从信息素养到学习素养的教学改革，建设"大川助学"教学资源选荐用平台、"大川博雅"通识类教育拓展平台、"大川创学"创造性学习支持平台，持续打造融合化服务人才培养品牌。

四是坚持全面开发红色文化资源，主动服务全校主题教育，建设集教育、阅览、研讨、典藏于一体的国内首家习近平新时代中国特色社会主义思想文献服务专区"学习书屋"，以四川大学著名红色校友命名的"志炜厅""文俊厅"等主题学习空间，开发"江姐精神""朱德与史沫特莱"等专题文献数据库，举办"习近平谈治国理政多语种文献""江姐在川大""朱德与史沫特莱（与美国亚利桑那州立大学图书馆合作）""中国共产党在四川大学""纪念马克思诞辰 200 周年"等主题文献展览，编辑出版《闪亮的坐标：四川大学革命英烈传略》《正气横空：四川大学革命英烈诗文选》，持续打造特色红色文化教育品牌。

五是坚持深入挖掘文化资源内涵，全面讲好讲深川大故事，建设国内首家典籍陈列馆和馆史展览馆，再造乾隆年间《清初四川通省山水形胜全图》、敦煌写经《大般若波罗蜜多经廿二卷》等馆藏珍品，开发 1875 年张之洞捐俸置书"文襄文库""书袋卡中的川大名人"等特色馆藏，持续打造系列化文化资源开发品牌。

六是坚持积极采用现代信息技术，大力推进知识资源共享，优化升级"大川为朋（SCUVPN）"校外访问系统，与教务处和研究生院联合推出直达课堂、直达课程和直达师生的线上电子教材教参服务平台，建设"大川智圕"知识成果集成平台、"大川智产"知识产权服务平台、"大川智＋"知识资源融合平台，持续打造全天候数字资源服务品牌。

七是坚持馆内馆外紧密协作、校内校外紧密协同，与学校十个部门联合发布四川大学"52 经典悦读"书目，与教务处共建"马克思主义理论研究和建设工程"教材专区，与校团委共建"青春之我·真人书屋（网上团校）"，与中央部委出版社联合体、四川大学出版社等共建"学习书屋"，与四川省地方志工作办公室、重庆市地方志办公室联合建设国内首家省级方志馆高校分馆"巴蜀文库"，持续打造紧密型协作协同创新品牌。

八是坚持重点围绕发展热点，精准对接社会需要，作为四川省高校图书情报工作指导委员会主任委员、教育部高校图书情报工作指导委员会副主任委员兼本科教育支持组组长单位，发起成立全国第一个双一流专业型区域联盟"四川省双一流大学图书馆建设联盟""新时代西部双一流高校图书馆建设联盟"，组织每年一度"悦读新时代：四川省高校阅读文化节""全国高校图书馆服务本科教学案例大赛""新时代高校图书馆创新服务西部行"活动，开展"情满川大，书香甘洛"赠送电子阅读卡和甘洛县图书馆对口帮扶活动，联合国内 16 所高校共建西藏农牧学院"尼洋河畔书屋"，打造精准化社会文化服务品牌。

九是坚持积极传播正能量，充分利用多种形式，建设"明远展厅""明远文库"等文化宣传服务阵地，开展"明远讲座（一小时讲座）""知识博客""每周一书""每周一库""明远清音（有声阅读）""媒体看我圕"等微宣传服务，发挥"两站""两微""两端""两播"融合媒体宣传推广平台作用，持续打造融媒化服务宣传推广品牌。

（二）获得的表彰奖励

四川大学图书馆相关做法和经验先后得到广大师生和社会各界的高度肯定。中央"不忘初心、牢记使命"教育指导组领导评价："图书馆主题教育有特色；深入联系学院师生，注重发挥文献优势；'学习书屋'是第一家，办得很好。"教育部党史学习教育高校指导组领导评价："图书馆党史学习教育有序推进、形式多样、效果初见、实事很实。"本科教学评估专家评价："这是最有文化底蕴的图书馆。"

2018年，四川大学图书馆获得四川省科技情报工作先进单位、四川大学信息公开先进单位、CALIS杰出贡献奖、CASHL宣传推广奖和优质服务二等奖、CALIS联合目录馆藏数据建设先进单位、CALIS联合目录中文数据库建设先进单位、CALIS联合目录俄文数据库建设先进单位和四川省高校图书馆知识服务创新"未来"畅想案例大赛一等奖等奖励或荣誉称号。

2019年，四川大学图书馆获得四川大学第六届校园文化建设精品项目，四川大学巾帼建功立业先进团队，四川大学离退休工作先进集体，四川大学校园文化建设工作先进单位，四川大学社会治安综合治理、安全生产和消防安全工作先进集体，庆祝新中国成立70周年教职工经典诵读比赛二等奖，四川省高等教育文献保障系统项目建设二十周年杰出贡献奖，全国高校图书馆服务本科教育教学创新案例大赛最佳案例奖，四川省古籍保护工作示范单位，四川省图书馆学会全民阅读推广公共文化服务示范单位，CASHL优质服务二等奖，CASHL宣传推广奖，CALIS联合目录馆藏数据建设先进单位，CALIS联合目录中文数据库建设先进单位等奖励或荣誉称号。

2020年，四川大学图书馆获得四川大学先进集体、四川大学信息公开工作先进单位、四川大学宣传思想工作先进单位、CASHL优质服务二等奖、中国图书馆学会阅读推广星级单位、中国图书馆学会阅读推广优秀项目、全国高校图书馆战"疫"时期服务教学优秀案例、CASHL宣传推广奖、CASHL资源建设服务奖、CALIS联合目录馆藏数据建设先进单位、DRAA十周年杰出贡献奖、DRAA十周年特别奉献奖等奖励或荣誉称号。

2021年，四川大学图书馆获得四川省三八红旗集体，四川大学先进基层党委，四川大学教学成果一等奖，四川大学离退休工作先进集体，四川大学先进基层工会组织，四川大学社会治安综合治理、安全生产和消防安全工作先进集体，四川大学第五届网络文化节一等奖，四川省第十九次社会科学优秀成果奖三等奖，CALIS联合目录中文数据库建设和馆藏数据建设先进单位，CASHL优质服务二等奖，CASHL宣传推广奖，全国图书情报创新案例大赛优秀工作案例，中国图书馆学会特色阅读空间，四川省古籍保护工作示范单位等奖励或荣誉称号。

与党和国家的新要求、广大师生的新期盼和事业发展的新趋势相比，当前四川大学图书馆主要存在管理服务资源潜力优势需要进一步发掘、文献资源精准保障能力需要进一步加强、管理服务创新意识需要进一步提高、教职工干事创业精气神需要进一步激发等问题。在今后的工作中，四川大学图书馆将坚持以习近平新时代中国特色社会主义思想为指导，坚持"为党育人，为国育才""传承文明，服务社会"初心使命，以"汲取发展智慧焕发川大力量，一流大学图书馆建设立新功"为主题，以"对标竞进、特色更特，永创一流、优势更优"为主线，为学校人才培养、科学研究、社会服务和文化传承创新提供更加坚实的保障，为"十四五"加快建设和高质量建设一流大学图书馆做出新的更大贡献。

目录

专题报告

CASHL 地区中心多元协同服务体系发展研究
………… 党跃武 张盛强 姜 晓 李 禾 罗 宏 张 妮（3）

打赢严防严控疫情阻击战，推进高校图书馆事业新发展，
　四川省高校图书馆在行动
　　——四川省高校图书馆抗击新冠肺炎疫情工作调研报告
………………… 党跃武 姜 晓 孙 诗 杜小军 韩 夏（33）

"红动校园"四川大学构建新时代高校图书馆红色文化育人新体系的
　探索与实践 … 党跃武 韩 夏 张盛强 杜小军 姜 晓 吴廷照
　　　　　　黄毕惠 丁 伟 李晓蔚 肖 敏 于 姝 赵 靓（65）

新时期高校图书馆服务人才培养新体系的构建与探索实践
　　——以四川大学图书馆为例 …… 杨云舒 姜 晓 党跃武 杜小军（76）

面向新时代人才培养的四川省高校图书馆多元协同创新服务体系建设研究
……………………………………… 党跃武 张盛强 李 禾（84）

业务工作

高校图书类固定资产管理研究
　　——以四川大学为例 …………………………………… 张 丽（95）

论高等学校图书资产管理办法 ………………………… 李锦清（108）

高校图书馆工会优化维权服务预防劳动人事争议路径探索 …… 黎 梅（113）

高校图书馆流通服务外包探索与实践
　　——以四川大学工学图书馆为例 ………… 唐桂华 刘 蓉 曾加洪（120）

基于用户行为研究的嵌入式图书馆服务工作探讨
　　——以四川大学图书馆为例 …………………… 赵兰蓉　唐李杏　徐忠珊（126）
浅谈西文古籍整理 ………………………………………… 李咏梅　华礼娴（134）
四川大学图书馆藏古籍雕版考 …………………………………… 魏　涛（144）
"圕"字的创制与使用研究 ………………………………………… 刘裴裴（148）
基于 H5-DeviceMotion 技术的图书馆微信公众平台开发实践
　　——以"摇一摇推荐电子书服务"为例 ………………………… 王丽华（154）
网络环境下西文编目工作的实践与思考
　　——以四川大学图书馆为例 …………………………………… 王瑞荣（162）
浅谈高校机构库建设中的几个问题
　　………………………… 胡　琳　霍　林　舒　予　王圣洁　罗　宏（169）
基于 Oauth 2.0 协议开发以用户为中心的高校图书馆资源共享系统
　　——以教参系统为例 …………………………………………… 冯　涛（177）

创新思考

高校图书馆育人职能初探 ………………………………………… 黄　欢（185）
藏用开发并举，服务教学科研
　　——四川大学图书馆特色资源"十四五"发展规划刍议
　　………………………………………………………… 李咏梅　丁　伟（191）
"十四五"期间高校图书馆阅读空间建设研究 ……………………… 董　学（199）
图书馆用户与系统的交互 ………………………………… 赵兰蓉　唐李杏（205）
新时代高校图书馆开展创新性劳动教育探索
　　——以四川大学图书馆志愿者开展阅读推广活动为例
　　………………………………………………………… 马梦灵　杜小军（211）
5G 技术背景下高校图书馆"无人书车"服务模式探究 …………… 李晓蔚（217）
角色期待视角下 A 图书馆新生入馆安全文明教育卡通形象设计研究
　　………………………………………………………… 王晓琪　淳　姣（224）
技术哲学视角下的智慧图书馆建设评述 ………………… 周一萍　霍　林（235）
融合媒体环境下图书馆数字资源的宣传推广探索
　　………………………………………… 唐李杏　张盛强　赵兰蓉（245）
微信公众号和小程序在一流大学建设高校图书馆的实践与展望
　　………………………………………………………… 赵　佳　黄丽娟（252）

高校图书馆"十四五"事业发展规划编制的几个相关问题刍议
　　——以四川大学图书馆为例 …… 姜　晓　朱珊珊　李　禾　姜婷婷（259）
高校图书馆网站读者个人信息保护政策的调查与优化策略
　　……………………………………………………… 范　琴　党跃武（271）
虚拟现实技术在国内军事院校图书馆的应用与前景
　　………………………………………… 郭　璐　方　倪　姜婷婷（286）
"双一流"高校图书馆优秀读者评选体系调研分析…… 朱珊珊　姜　晓（291）

知识服务

基于CiteSpace的中国学前音乐教育的热点前沿研究
　　……………………………………………………… 雷　琴　胡　静（301）
促进"新医科"建设之高校图书馆信息服务能力提升路径探析
　　………………………………… 曾英姿　李红霞　蔡　濂　孙　波（309）
"双一流"建设背景下图书馆知识服务研究的现状与启示
　　——基于CiteSpace的可视化分析 ……… 鞠　媛　赵　萍　徐　平
　　　　　　　　　　　　孙璐薇　鲍永庆　张　宇　余平静　朱珊珊（315）
知识产权领域的国家安全问题研究综述及分析 ……… 雷若寒　彭蕾蕾（324）
基于文献计量的药理学/毒理学前沿分析
　　——以"全球高被引学者"为样本 ……… 党喃燕　赵　萍　徐　平（332）
全球大学学科排名指标体系研究及对我国科研管理的启示
　　……………………………………………………… 舒　予　张黎俐（343）
基于文献分析的我国高校知识产权信息服务提升路径研究
　　………………………………… 胡　静　雷若寒　魏丽敏　雷　琴（351）
新文科建设背景下大学图书馆服务信息素养教育探索
　　……………………………………………………… 李红霞　曾英姿（359）
基于引文分析的武警院校军事图书阅读推广
　　………………………………… 叶　青　范　敏　刘　晓　孙　涛（364）
高职院校图书馆空间建设实践研究
　　——以宜宾职业技术学院新馆建设为例 ………… 张腾跃　朱珊珊（373）

专题报告

CASHL地区中心多元协同服务体系发展研究

党跃武　张盛强　姜　晓　李　禾　罗　宏　张　妮[①]

摘　要：近年来CASHL区域中心非成员单位拓展和吸纳逐渐遇到了瓶颈。本课题组从西南区域中心实践出发，主要通过对四川地区部分成员机构和非成员机构CASHL资源利用情况的问卷调查和深度访谈，分析归纳了导致当前区域内非成员机构拓展和吸纳瓶颈的因素，其中最主要的是非成员文献服务机构对CASHL等资源保障体系的认知不足，在投入与产出方面存在误区，习惯采取半封闭的资源建设思路和需求满足方式，因而加入CASHL服务体系的意愿不足。同时，区域中心在服务上的主导性尚有不足，精准性和目的性也有欠缺。为此，本课题根据区域内多元主体的地位、功能与关系，提出多元协同服务策略，主要包括在加强区域中心服务基础上，通过区域内多元主体协同，有效拓展服务空间和范围；进一步加强成员机构和非成员机构之间的合作，通过建立长效沟通机制、协同服务机制和冲突解决机制等，有效推动区域乃至更大范围的文献资源共知共建共享。

关键词：CASHL；区域中心；协同发展

一、研究背景

（一）研究源起

CASHL（China Academic Humanities and Social Sciences Library），即中国高校人文社会科学文献中心，作为我国哲学社会科学教学科研提供外文文献及相关信息服务的重要保障平台，以构建国家人文社会科学文献信息资源平台

[①] 党跃武（1967—），硕士，教授，四川大学教务处处长、图书馆原馆长。张盛强（1975—），博士，研究馆员，四川大学图书馆。姜晓（1965—），本科，研究馆员，四川大学图书馆。李禾（1976—），硕士，副研究馆员，四川大学图书馆。罗宏（1973—），硕士，馆员，四川大学图书馆。张妮（1977—），博士，副研究馆员，四川大学图书馆。

为根本目标。经过十几年的发展，从总体上看，由于相关文献资源无论在传递和使用方面都日趋饱和，CASHL新成员机构增加和资源利用率提升越来越不明显。同时，国内全国性和地区性各类资源联盟与图书馆合作体系的蓬勃兴起使外部压力日益加剧，有可能弱化CASHL资源服务。

在过去十数年间，CASHL西南地区中心致力于人文社科文献信息服务，在夯实文献传递服务等基本服务的基础上，不断提升各类服务质量，开展多途径宣传推广，特别是立足西南地区，面向四川、贵州、云南、西藏、重庆等地区高校和部分非高校机构，开展了各类宣传活动和馆员培训活动，取得了较大的成效。与此同时，CASHL西南地区中心近年也存在资源传递效率提升不够明显、成员机构数量扩大相对缓慢等问题。目前，CASHL西南区域中心覆盖的高等学校为336所，加入CASHL的高校成员馆共100所。以四川省为例，普通本科院校36所，专科院校和民办高等学校97所，CASHL的高校成员馆共45所（本科院校33所、普通专科院校7所、民办院校4所）。由此可见，普通高等学校大都加入了CASHL，而其余的高职高专和民办院校，对CASHL服务的需求相对不足，且自身服务能力也有所欠缺，即使加入CASHL服务体系，也很难大幅提升CASHL服务水平及自身服务水平。可见，单纯将高校群体作为服务拓展的目标机构，且仅限于各院校之间的资源、服务合作，已无法满足CASHL资源建设与服务稳定、持续性增长的需要。

本课题为CASHL支持的年度前瞻项目，旨在进一步挖掘CASHL资源服务潜力，突破发展瓶颈，在借鉴国外资源联盟服务经验的基础上，融入新时代图书馆发展理念与技术，通过西南区域中心内部机制的完善，纳入更多元化的成员机构，构建高效协同服务机制，以期在整体上实现CASHL共享服务体系的内涵式发展。

（二）文献综述

CASHL资源平台即"开世览文"建立后，从2004年开始，与CASHL相关的研究逐步开展。随着社会信息环境变化，尤其是CASHL资源平台理念发展和服务模式重构，各类研究不断深入。近五年，作为高校图书馆快速发展和智慧化转型的重要时间节点，CASHL在发挥国家和高校人文社科保障体系的功能等方面面临诸多新的挑战。根据初步的文献调研，近五年CASHL相关研究文献共23篇，其中涉及特藏++和特色资源建设等资源建设相关研究文献7篇，涉及新媒体服务、特色服务和学科服务等资源服务相关研究文献6篇，涉及联盟管理、馆际互借和文献传递等服务管理相关研究文献8篇，其他相关研究文献2篇。从总体上看，与CASHL相关研究的数量和质量都有待提高。

从现有的研究文献来看，近年来对CASHL的相关研究，真正从管理角度对CASHL服务机制、成员机构需求以及运行状况等问题展开分析和探索的研究相对较少。其中，《深化"供给侧结构性改革"视角下的我国高校图书馆联盟转型与发展》，在"供给侧结构性改革"理念指导下，提出我国高校图书馆联盟转型与发展的方针与策略，即应以符合国家改革与发展方针为目标，通过"补短板""调结构""稳增长"，进一步整合高校优质资源实现深度共享（关志英，2017：57-64）。《基于部分成员馆现状的CASHL运行发展策略思考》，主要针对CASHL华北区域部分成员馆在人文社科外文资源、CASHL服务方面的现状和问题，为CASHL联盟的运行发展提出建议（张玲等，2019：61-67）。

综上所述，在现有的研究中，对联盟机制和管理的论述角度尽管不同，但在通过地区性用户调研，分析资源共享模式、联盟管理机制和评估服务效能等方面的研究和探索有一定的代表性。另外，在管理服务实践中，全国其他CASHL区域中心在新成员机构发展中，已经开始转化思路，针对不同性质文献服务机构（如非高校文献服务机构）的特点，开展了一些管理服务的新尝试。虽然西南区域内不同性质文献机构较多，服务也比较成熟，但已有研究成果和实际工作中都缺乏针对该地区用户的较为深入和全面的需求调研和发展建议。特别是未能从地区中心角度出发，深入探讨区域内不同性质成员机构之间资源、技术和馆员的合作模式；更没有通过多元化的协作，从宏观上形成提升整体服务水平的机制和思路。

二、专题调研

（一）基本数据

本课题研究立足CASHL西南区域中心服务实践，一方面，通过了解西南区域内CASHL成员单位的数量以及不同类型文献服务机构分布，从整体上把握成员拓展状况，为深入探索在各类型文献服务机构的拓展中存在的瓶颈奠定基础；另一方面，通过CASHL西南区域中心近几年的个人注册数以及资源请求量等用户数据，深入分析不同类型文献服务机构的资源需求特征，以及CASHL资源的匹配性，为进一步拓展各类型文献服务机构提出对策和建议。

在数据采集过程中，本课题主要选取四川省高等院校图书馆和部分非高校文献服务机构作为数据样本，主要原因有以下几点：

第一，四川省作为西南区域中心的重要地区，加入CASHL服务体系的成员机构（高校和非高校文献服务机构）数量占西南地区成员机构总数的49%，在西南地区各行政区划中，占据绝对优势，其抽样数据具有一定的代表性。

第二，近年来，成渝地区双城经济圈已成为国家经济社会发展的重要一极，日益发挥着重要的作用。在其辐射作用下，四川省非高校科研机构蓬勃发展，成为推动社会发展和经济增长的重要智力支撑，在整个西南地区具有突出地位。而这些非高校科研机构为更好地服务于地区发展，着力建设具有自身特色的文献服务体系，各机构馆藏资源涉及众多学科，具有鲜明的特色，且总体数量巨大。

第三，四川省高等教育发展迅猛，综合、理工、医科、农科和民族等各类院校齐备，发展中所遇到的瓶颈性问题具有相当的代表性，是西南地区高等院校都会遇到的问题。

针对四川地区各类型文献服务机构的相关数据来源主要有两个：

第一，主要需要获取成员机构数量、区域内不同性质的文献服务机构数量等数据，分析不同性质的文献服务机构中成员机构拓展情况。四川省各类型高校数量和名单来自教育部官方网站。已加入CASHL服务体系的西南区域成员机构数据来自"开世览文"官方网站成员机构一览表。

第二，通过对CASHL管理后平台数据的检索、提取，获得区域内不同类型成员机构用户对CASHL资源使用情况。不同时间区间内，西南区域中心内各成员机构的用户注册及资源申请情况，可登录CASHL管理中心所提供的管理平台，通过关键词检索获得。

目前四川省共有CASHL成员机构49个。其中高校成员馆44个，非高校成员馆5个。四川省各类高校132所，全日制公立普通高等院校82所，民办院校51所。具体分类情况如表1、表2、表3所示。

表1 四川省普通本科院校图书馆加入CASHL服务体系情况一览表

序号	院校名称	成员馆	序号	院校名称	成员馆
01	阿坝师范学院	是	19	四川民族学院	是
02	成都大学	是	20	四川农业大学	是
03	成都工业学院	否	21	四川轻化工大学	是
04	成都理工大学	是	22	四川师范大学	是
05	成都师范学院	是	23	四川文理学院	是
06	成都体育学院	是	24	四川音乐学院	是

续表

序号	院校名称	成员馆	序号	院校名称	成员馆
07	成都信息工程大学	是	25	西昌学院	是
08	成都医学院	是	26	西华大学	是
09	成都中医药大学	是	27	西华师范大学	是
10	川北医学院	是	28	西南财经大学	是
11	电子科技大学	是	29	西南交通大学	是
12	乐山师范学院	是	30	西南科技大学	是
13	绵阳师范学院	否	31	西南民族大学	是
14	内江师范学院	是	32	西南石油大学	是
15	攀枝花学院	是	33	西南医科大学	是
16	四川大学	是	34	宜宾学院	是
17	四川警察学院	是	35	中国民航飞行学院	是
18	四川旅游学院	否	36	中国人民武装警察部队警官学院	是

表2 四川省普通专科院校图书馆加入CASHL服务体系情况一览表

序号	院校名称	成员	序号	院校名称	成员
01	成都航空职业技术学院	是	24	内江卫生与健康职业学院	否
02	泸州职业技术学院	是	25	四川财经职业学院	否
03	内江职业技术学院	是	26	四川电力职业技术学院	否
04	四川交通职业技术学院	是	27	四川工程职业技术学院	否
05	四川邮电职业技术学院	是	28	四川工商职业技术学院	否
06	四川职业技术学院	是	29	四川航天职业技术学院	否
07	四川文化产业职业学院	是	30	四川护理职业学院	否
08	阿坝职业学院	否	31	四川化工职业技术学院	否
09	成都纺织高等专科学校	否	32	四川机电职业技术学院	否
10	成都工贸职业技术学院	否	33	四川建筑职业技术学院	否
11	成都工业职业技术学院	否	34	四川商务职业学院	否
12	成都农业科技职业学院	否	35	四川水利职业技术学院	否
13	成都职业技术学院	否	36	四川司法警官职业学院	否

续表

序号	院校名称	成员	序号	院校名称	成员
14	川北幼儿师范高等专科学校	否	37	四川体育职业学院	否
15	川南幼儿师范高等专科学校	否	38	四川铁道职业学院	否
16	达州职业技术学院	否	39	四川卫生康复职业学院	否
17	达州中医药职业学院	否	40	四川信息职业技术学院	否
18	广安职业技术学院	否	41	四川艺术职业学院	否
19	乐山职业技术学院	否	42	四川幼儿师范高等专科学校	否
20	眉山职业技术学院	否	43	四川中医药高等专科学校	否
21	绵阳职业技术学院	否	44	西昌民族幼儿师范高等专科学校	否
22	南充文化旅游职业学院	否	45	雅安职业技术学院	否
23	南充职业技术学院	否	46	宜宾职业技术学院	否

表3 四川省民办院校图书馆加入CASHL服务体系情况一览表

序号	院校名称	成员	序号	院校名称	成员
01	四川大学锦江学院	是	26	眉山药科职业学院	否
02	四川工业科技学院	是	27	绵阳飞行职业学院	否
03	西南科技大学城市学院	是	28	民办四川天一学院	否
04	巴中职业技术学院	否	29	南充电影工业职业学院	否
05	成都东软学院	否	30	南充科技职业学院	否
06	成都理工大学工程技术学院	否	31	攀枝花攀西职业学院	否
07	成都文理学院	否	32	四川城市职业学院	否
08	成都艺术职业大学	否	33	四川电子机械职业技术学院	否
09	成都银杏酒店管理学院	否	34	四川国际标榜职业学院	否
10	电子科技大学成都学院	否	35	四川华新现代职业学院	否
11	吉利学院	否	36	四川科技职业学院	否
12	四川传媒学院	否	37	四川汽车职业技术学院	否
13	四川大学锦城学院	否	38	四川三河职业学院	否
14	四川电影电视学院	否	39	四川托普信息技术职业学院	否
15	四川工商学院	否	40	四川文化传媒职业学院	否

续表

序号	院校名称	成员	序号	院校名称	成员
16	四川外国语大学成都学院	否	41	四川文轩职业学院	否
17	四川文化艺术学院	否	42	四川西南航空职业学院	否
18	西南财经大学天府学院	否	43	四川希望汽车职业学院	否
19	西南交通大学希望学院	否	44	四川现代职业学院	否
20	巴中职业技术学院	否	45	四川应用技术职业学院	否
21	德阳城市轨道交通职业学院	否	46	四川长江职业学院	否
22	德阳科贸职业学院	否	47	天府新区航空旅游职业学院	否
23	德阳农业科技职业学院	否	48	天府新区通用航空职业学院	否
24	广元中核职业技术学院	否	49	天府新区信息职业学院	否
25	江阳城建职业学院	否	50	资阳环境科技职业学院	否
			51	资阳口腔职业学院	否

如表所示，目前四川省CASHL的高校成员机构占有高校图书馆总数的33.3%。其中，普通本科院校成员机构的数量占总数的89.8%，即四川省内影响力相对较大的主要高校已基本加入CASHL资源保障体系，仅有3所普通本科院校图书馆尚未加入CASHL服务体系。而专科院校及民办高校因自身的发展需求与CASHL的资源有差异，加入CASHL服务体系的数量较少。但从CASHL成员机构的总体格局看，普通本科院校、专科院校、民办院校的图书馆以及非高校文献服务机构分属不同性质的文献服务机构，具有管理服务需求类型多元、资源建设水平参差不齐等特征。

近三年成员机构中专科院校及民办院校的资源使用率不足，无论是用户注册数还是资源请求数都十分有限（如图1、图2）。图1中，2018—2021年，新增个人用户数低于10的成员机构比率约为81%，而新增个人用户数为0的成员比率为54.8%。在新增个人用户为0的成员机构中，专科院校和民办院校占34.8%，非高校文献服务机构占4%，普通本科院校为52.1%。图2中，2018—2021年，新增请求数低于10的成员机构数量占总数的71%。新增请求数为0的成员机构数量占总数的52.3%，其中45%是普通本科院校。

2018—2021年CASHL西南区域中心
四川省成员馆个人用户增加情况

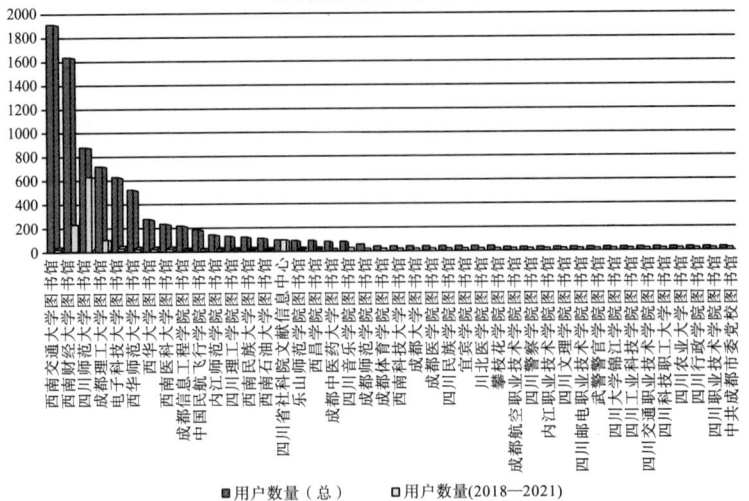

图1 四川省近三年CASHL成员机构个人用户（区域中心除外）注册情况

2018—2021年CASHL西南区域中心
四川省成员馆资源请求情况

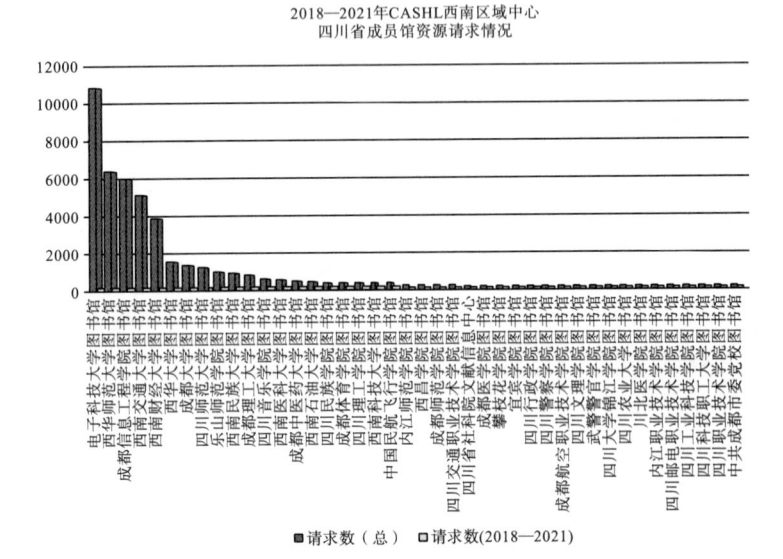

图2 四川省近三年CASHL成员机构资源请求（区域中心除外）情况

从当前成员机构构成上看，一方面，普通本科院校图书馆群体中可供拓展的空间很小，但其中具有较大影响力的成员机构众多，它们在资源建设与共享方面的实践具有较强的示范效应，其管理服务现状会影响区域内其他非成员机构加入CASHL服务体系的信心，良好的管理服务有助于突破成员机构拓展的困境；另一方面，普通专科院校、民办院校以及非高校文献服务机构都具有较大的拓展空间。然而，目前尚没有深入分析上述群体的总体状况以及了解其个体资源需求，也没有针对性地开展更有效的推广活动。因此，经过十几年的发展，CASHL西南区域内成员机构数量增加和拓展日益困难。

（二）田野调查

为在了解CASHL西南区域中心服务现状的基础上推动课题进一步发展，本课题组面向四川省多种性质的文献服务机构（包括部分成员机构和非成员机构）展开田野调查。首先，调研不同性质的成员机构，了解其使用情况和用户需求，以便下一步有针对性地改善资源服务。同时，选择部分尚未加入CASHL服务体系的文献服务机构，将其作为潜在的发展目标，着重调研其资源建设的现状、瓶颈以及用户需求等，为其提供有针对性的资源服务建议，吸引其加入CASHL服务体系。

1. 调研情况

在调研中，根据上述目标要求，本课题组主要选择了西南区域内有一定代表性的不同性质的成员和非成员文献服务机构，包括中国人民武装警察部队警官学院图书馆、四川省社会科学研究院文献中心、中共成都市委党校图书馆、中科院成都文献情报中心等非高校文献服务机构和四川师范大学图书馆、乐山师范学院图书馆等高校图书馆等。

针对上述单位，调研活动从三个方面展开。

一是线上调研。主要通过检索上述目标单位的主页、微信公众号等开放性信息平台，查询目标文献服务机构的资源建设情况（资源组成、资源购进等）、特色学科以及具有突出成果的研究方向等。

二是问卷调研。问卷调研对象主要集中于目标文献服务机构领导、从事资源建设或学科知识服务的专业馆员以及该机构重要的科研人员。调研方式有现场发放纸质版问卷或网络交流平台提供电子版问卷两种，共发放100份，收回问卷约60份。内容包括资源建设现状、资源建设计划以及主要用户需求等。

三是深度访谈。到目标文献机构开展实地调研，与相关领导、资深馆员以及科研人员展开座谈，针对馆藏资源的用户需求满足度、服务满足度以及瓶颈等问题进行深入探讨。

通过调研初步发现，非高校文献服务机构与部分CASHL资源利用不足的高校图书馆存在若干相似的情况。

一是资源购置经费偏少，馆藏的人文社科类文献资源以中文居多，外文文献数量较少。

二是其相关研究人员的主要研究方向偏于应用型社会科学类，现有的资源不能完全满足研究人员的科研工作需要。

三是为解决研究中的问题，上述机构往往通过其他多种途径获取本机构不能提供的外文资源，如通过不稳定的方式从其他高校图书馆获取数字资源，或者通过加入一些协作性资源联盟获取相关资源等。

四是其专职负责文献资源服务的工作人员数量不足。

五是许多非高校文献服务机构倾向于采用学术搜索引擎、委托同业获取以及其他免费学术文献获取渠道等性价比更高的外文资源获取方式。

2. 进一步分析

经过数据汇总和田野调查分析发现，目前西南区域中心在成员机构发展的过程中，存在的瓶颈主要有以下几点。

（1）对CASHL的认识存在一定的误区

通过对不同性质文献服务机构调研发现，阻碍成员机构进一步扩展的瓶颈，首先就是这些文献服务机构在资源建设方面存在一定的误区。

一方面，当前四川省许多非高校科研机构的科研人员主攻方向多涉及经济学、政治学、法学、社会学、管理学、人类学、民俗学、传播学等社会科学领域，其研究更多地通过实地调查、数据分析等途径，对现实性问题进行探索，研究成果多服务于经济建设、社会管理与文化建设等方面，因而也就更习惯于利用中文文献和本土化社会实践的相关素材开展研究工作。同时，上述非高校科研机构的文献服务机构大多外文馆藏不足，部分对外文文献有迫切需求的研究者通过个人关系或一些不稳定的渠道获取零散外文文献资源开展研究工作。总体来说，在外部条件与内在需求的综合作用下，他们对中文文献的依赖性大于外文文献。由于上述情况，长期以来在这类文献服务机构中形成了一种误区，外文文献尤其是偏重于理论性的外文文献对科研的支撑功能不明显，从而进一步导致在资源建设上，相关文献服务机构的管理服务人员对扩充外文资源不太重视。

另一方面，虽然CASHL在高校图书馆中知名度和认可度均较高，但对于非高校文献服务机构而言，其知名度和认可度相对较低。无论从行政体制、服务对象还是资源需求上讲，高校图书馆和非高校文献服务机构都有较大差异。同时，由于两者既往交流和沟通较少，在沟通渠道上没有高校图书馆内部那么便捷。许多非高校文献服务机构甚至没有听说过CASHL，一些听说过的也对CASHL不太了解，对其能否弥补资源缺口，发挥更大作用存在顾虑，甚至认为CASHL是主要服务于高校的文献保障系统。在资源建设中，许多非高校文献服务机构从来就没有将CASHL定位为资源获取源。

同时，对于一些尚未加入 CASHL 服务体系的理工类院校或者是职业院校，由于高等教育发展的需要，设立有一定数量的人文社科专业，但这些人文社科专业基础较差，在学校的发展中无法占据有利地位。人文社会科学领域的中文文献购买数量尚且有限，外文文献更少。整个学校对人文社科外文文献的扩充也不够重视。

在某种意义上，西南区域内非高校文献服务机构和部分高校图书馆加入 CASHL 服务体系的意愿不强烈，其中既存在对 CASHL 资源的认识误区，也存在对自身人文社科发展信心不足的情况。

（2）资源获取的竞争带来的冲突

近年来，在社会发展和科技进步的背景下，大数据、智慧型信息服务的需求不断增加，西南区域内各文献服务机构采取各种手段和渠道来满足本机构用户的文献信息需求。其中，经费充足者大量购买外文全文数据库；经费不足者则采用多元化的资源建设思路，或依托其他文献机构获取相关资源服务，或求助于各类免费资源服务。总体上，各文献服务机构在资源建设方面各取所需、各自为战的情况比较严重。许多非高校文献服务机构及规模较小的职业院校的情况更为突出，为满足自身用户的需求，它们在资源建设上采取"抓到篮子都是菜"的原则，无论是中科院系统的 NSTL，还是成渝地区公共图书馆联盟等，不论何种获取途径，只要能提供所需资源都来者不拒。不同文献机构之间的资源重合度高，既有各自购买的相同数据库等文献资源，也有分别加入的各类资源联盟。这些重复的资源已占用了大量的设备、人员或空间，使文献机构加入 CASHL 服务体系的意愿显著弱化。当前，一些非高校文献服务机构甚至不愿过多了解 CASHL 与其他资源联盟间的差别，武断地认为都是差不多的资源联盟，既然已经加入了不少联盟，就没有必要再考虑加入新的像 CASHL 这样的服务体系。因此，上述复杂情况极大地削弱了 CASHL 的竞争力和生存空间。

此外，非高校文献服务机构和规模较小的职业院校在对各种资源来者不拒的同时，还盲目追求资源获取的最短、最便捷路径。它们对外文文献资源获取渠道的要求，只在于能否一次性或在一段时间内达成优势学科的部分科研需求，而不会更多考虑该渠道资源是否足够、服务质量是否可靠以及能否长期持续稳定提供外文文献等问题。这类获取方式通常服务流程简化（无需进行用户注册、无需等待文献传递）且拒绝率低（其中许多资源从各类成熟的资源服务平台拼凑、下载或截图而成），在一定程度上能够满足科研人员最为迫切的资源需求。而 CASHL 资源极为丰富、专业主题聚合度高，检索过程相对较长，且其多层联合的自身属性，在时间响应性和资源提供速度等方面可能低于这些途径，因此，在许多非高校文献服务机构和一些中小规模院校，对CASHL的兴趣不高也是有一定的道理的。

还有，受疫情影响，部分国内外出版社和文献资源平台相继提供一些免费服务，许多图书馆在保障用户文献需求方面积极采取应对措施，如持续扩充图书馆的数字资源供给、整理发布免费资源等。我国高校图书馆迅速推出了一系列应急措施与创新服务，如无接触"书送达"满足纸质图书借阅需求、多样化线上阅读推广活动、多举措宣传引领信息抗"疫"、扩充数字教材助力远程教学等。在特定情况下，疫情客观上培养了一些用户使用电子资源和免费资源的习惯，他们获取文献的行为模式正由传统的依赖图书馆获取走向开放型获取。上述情况使用户养成了使用数字化资源的习惯，用户对于资源服务的要求程度增加，使他们更渴望获取低成本、高质量资源服务。这种趋势进一步加剧了资源的竞争，CASHL在竞争中面临更大的挑战。

（3）对于费用支付体系存在顾虑

CASHL已经建立了一套覆盖全国的、完整的资源共建共享机制，也有相应的费用支付体系。同时，CASHL针对西部地区文献传递提供长期优惠，且经常举行其他优惠活动，但在文献服务过程中依然会有一定的费用产生。无论是未加入还是拟加入CASHL服务体系的非高校文献服务机构，对此都十分重视，反复进行咨询和讨论。一些年度经费不算充足的文献服务机构尤为谨慎。它们对机构与管理中心之间、机构与个人用户之间的费用结算方式存在一定的疑虑，即文献服务机构该如何收取研究人员的文献使用费，并保证研究人员能及时支付该费用？担心在实际操作中存在诸多困难，并且对顺利完成费用管理缺乏信心。此外，还有部分文献服务机构存在更多的忧虑。

一是用户层面的忧虑。担忧本机构的研究人员在资源使用中，无节制使用或大量获取较高成本的资源，最后无力支付。如部分CASHL成员机构因为担心费用问题，在系统中设置了比较低的金额，费用使用完以后，研究人员需要申请才能增加额度，人为增加了服务流程的复杂程度，也使相关用户的体验感降低，进而放弃使用。此外，馆际互借的费用支付方式不灵活，不少科研人员可能无法使用自己的科研基金支付馆际互借与文献传递的费用，导致用户使用的热情不高。这些问题无疑会进一步增加拟加入CASHL服务体系的非高校文献服务机构的疑虑。

二是机构层面的忧虑。很多非高校文献服务机构既往只对本机构用户服务，从未面对更大范围使用和管理过相关业务，对一定时期内的文献传递量缺乏基本预估，害怕造成本机构的经费不足以支付的尴尬局面。即使相关宣传人员在推广中反复解释CASHL文献保障体系对西部地区文献传递提供特别优惠，在实际使用中产生的文献传递费数量不大，其疑虑仍无法即刻消除。

（4）不愿投入过多管理成本

CASHL文献保障体系在为成员机构提供资源共享的同时，也要求其对系统进行必要的管理和维护，其内容包括馆际互借与文献传递的联络工作等。当用户提出文献请求时，及时向目标单位反馈其需求；针对CASHL资源开展必要的宣传和推广服务；通过与用户互动交流平台，回应用户提问；对CASHL平台做系统嵌入、维护和升级等。

然而，我们在调研中发现，目前许多非高校文献服务机构和一些中小规模的院校图书馆负责相关服务的工作人员数量严重不足。由于整体经费和人员不足，它们在配置岗位时，仅将CASHL相关服务岗位定位为基本岗位之外的辅助工作；甚至在计算工作量时，也不会将其纳入日常工作。因此，许多负责该服务工作的人员不得不花费大量精力和时间完成其岗位的主要职能工作，以致文献传递工作很难完全兼顾，造成响应时间较长，资源提供率较低。同时，由于人力缺乏，无法及时开展CASHL平台资源维护。而缺乏专人建立用户沟通和反馈渠道，又会使问题迁延不决。这些都会进一步加剧CASHL资源供给问题，直接影响用户对资源获取的热情，从而因无法获取资源而放弃服务。用户数减少又进一步影响工作人员的工作热情。此外，由于精力和人力有限，对于CASHL的资源推广工作和用户培训业务常常不到位，很难吸引新的个人用户加入。如此恶性循环，会逐渐弱化该服务直至服务名存实亡。

更为突出的一个问题是，CASHL自2004年至今，已经有近二十年的时间，有些较早加入CASHL服务体系的文献机构，无论是从事CAHSL推广的工作人员，还是承担文献传递与馆际互借工作人员也已经经过多次更迭。很多新承担该项工作的工作人员甚至对CASHL是什么、其资源服务的优势和特点都所知甚少，也就无从开展相应的宣传推广活动。还有一些新接手文献传递的工作人员甚至搞不清楚CASHL的账号和密码。如果这种状况持续一段时间，CASHL方面的工作就无法推动，最后不了了之。

从上述问题可见，加入CASHL服务体系，不仅有资源共享的权利，也需要承担相应的义务。西南地区内不少非高校文献服务机构由于规模小、经费不足、人员配置紧张，不愿将过多的人力、物力投入CASHL的管理。而在不少现有的成员机构中频繁出现上述各类问题，也会极大地影响拟加入CASHL服务体系的文献服务机构的信心。

3. 问题总结

综上所述，在对拟加入 CASHL 服务体系的文献服务机构和已加入 CASHL 服务体系的文献服务机构进行的调研中，非成员文献服务机构加入 CASHL 服务体系意愿不足的原因具有一定的共性。

第一，许多未加入 CASHL 服务体系的非高校文献服务机构存在对 CASHL 的认识误区，无论是对 CASHL 的资源构成，还是对 CAHSL 的服务范围，都缺乏清晰的了解，从而无法正确评估自身对 CASHL 的需求。

第二，在许多未加入 CASHL 服务体系的文献服务机构中，资源重复建设现象突出，大量占用其人力和物力，极大地削弱了其加入 CASHL 服务体系的意愿。同时，这些机构单纯追求资源的获取率，而一定程度上忽视了资源的质量与适应性，也削弱了加入 CASHL 服务体系的意愿。

第三，许多未加入 CASHL 服务体系的文献服务机构对于资源服务中可能产生的费用存在疑虑。而一些已加入 CASHL 服务体系的成员机构所制定的费用本地化策略降低研究人员用户体验的案例，削弱了上述机构成为 CASHL 成员机构的信心。

第四，当前，无论是非高校文献服务机构还是一些小规模的职业院校，在发展中都存在人力、物力的缺口。一些成员机构在 CASHL 服务中管理不善的案例，使他们认为对 CASHL 管理成本的投入，无法替代一些更优惠的资源获取方案。

在 CASHL 成员机构拓展中，无论是资源重复建设、管理成本投入、资源利用的费用以及认知存在的误区，大多都源自区域内各文献服务机构只从自身需求和利益出发所采取的建设思路。实际上，这些瓶颈既阻碍了它们长期获取高质量、稳定的外文文献资源同时，也限制了它们融入更广阔信息服务环境，推动自身的发展。因此，以不同性质的文献服务机构为多元主体，通过的互补互助、协同合作，吸纳进入 CASHL 服务体系以共谋发展路径是解决上述困局的思路。

三、CASHL 区域发展多元协同服务体系

（一）基本思路

经过前期调研发现，西南区域在新成员机构的拓展方面存在瓶颈，上述多种问题产生原因从实质上可归纳为：由于对 CASHL 及资源共享模式存在认知

不足，目标对象习惯从孤立角度来思考文献资源的建设和利用，对以多元方式加强资源建设存在方方面面的顾虑，认为外部因素的加入会加大总体成本的投入，而简单的资源建设和利用方式具有更高的性比价。然而，这种自给自足、缺乏全局意识的资源建设模式，不仅无法真正保障自身所需资源的数量和质量，而且会使自身滞后于文献信息服务的总体发展趋势。

同时，西南区域中心在拓展过程中，相对传统的管理思路也是造成瓶颈的原因之一：区域中心习惯单纯从管理者的角度思考服务策略，对于不同性质文献机构和个人的需求缺乏深入了解，未能提供更精准的服务思路，常采用单打独斗的拓展模式，未能充分与区域内其他文献服务机构开展积极沟通，调动它们积极性，有效地实现协同与合作。

为此，在详细分析区域内不同用户需求（不同性质的文献服务机构的诉求以及区域中心资源建设要求）的前提下，可以运用多元协同理论，加强区域中心自身多要素的协同配合与区域内不同性质机构（包括未加入CASHL服务体系的非高校文献服务机构、高校图书馆以及CASHL成员机构）之间的沟通交流、协同合作，建立高质量的资源服务体系，将在推动CASHL区域性服务深入开展的同时，带动和吸纳更多的非成员机构加入CASHL服务体系。

（二）多元协同的理论基础

1. 协同治理

协同理论（Synergetics）亦称"协同学"或"协和学"，是20世纪70年代以来在多学科研究基础上逐渐形成和发展起来的一门新兴学科，是系统科学的重要分支理论，由联邦德国斯图加特大学教授、著名物理学家赫尔曼·哈肯（Hermann Haken）创立。协同论认为，一个处于非平衡的开放系统在环境参数的改变靠近临界点时，各子系统之间的相互作用和竞合关系所形成的"序参数"支配整个系统自身状态经历由"无序"状态转向"有序"状态的"相变"过程，并形成单个子系统层次所不具备的质的结构和特征，也就是产生整体大于部分之和的协同效应（哈肯，2018）。如果在一个管理系统内部，人、组织、环境等各子系统内部以及它们之间相互协调配合，共同围绕目标齐心协力，那么就能产生1+1>2的协同效应。反之，如果一个管理系统内部相互掣肘、离散、冲突或摩擦，就会造成整个管理系统内耗增加，系统内各子系统难以发挥其应有的功能，使整个系统陷入一种混乱无序的状态（贾生晖，黄勇，2018）。在现代管理发展中，协同理论得到广泛应用，涉及经济社会发展和管理各个领域。20世纪90年代以来，治理不仅在政治学领域，而且在社会经济领域得到广泛使用。俞可平、陈振明等学者相继从不同角度阐释了治理的概念。而在社会实践中，协同理论与治理理论不断发展融合，构成了新的协同治理理论。所谓协同治理，本质上是通过在共同处理复杂社会公共事务过程中多元主体间的相互关系的协调，实现共同行动，联合结构和资源共享（刘伟忠，2012）。本课题提出的多元协同服务策略以协同治理为理论基础，通过区域内不同类型多元主体共同合作，以协同、动态、有序的方式实现对区域内众多文献服务机构的资源整合和利用。

2. 协同的多元主体构成

如前所述，成员机构拓展所面临的困境植根于区域内的多元文献服务主体的不同服务条件及其差异明显的用户需求，仅依靠区域中心或某几家成员机构的力量都有所不足，无论服务人才储备、共享资源总量，还是群体品牌效应等多个方面都尚显薄弱。为此，需要尽可能多地整合不同性质的成员机构，在管理服务中加强相互协同和合作，以期突破现有的困境。

首先，需要明确区域内存在哪些类型的文献服务主体，它们各自的特点以及相互关系如何。以四川地区内多元主体为例，从用户需求、服务目标以及发挥功能为标准区分文献服务主体，包括成员机构（有高校如普通本科院校、专科院校、民办院校以及非高校两大类型文献服务机构）和非成员机构（同样有高校如普通本科院校、专科院校、民办院校以及非高校两大类型文献服务机构）。从成员机构群体分析，普通本科院校成员机构占据成员机构总数的67.3%，可以说在西南区域的资源共享保障体系中占据核心位置，其资源建设模式、资源种类以及用户需求度都具有较大的相似性，馆藏资源具有一定的重叠性，但同时又在一定程度上互补，资源涉及学科能较好地覆盖四川省高等教育不同门类。它们如充分发挥协同优势，可使资源丰富性、全面性以及应用性都获得了极大的提升，也有利于推动馆员培养、技术升级和组织结构优化等核心要素的深化，从而促进自身的内涵式发展。同时，其良好的协同合作范式也将在区域内形成极大的影响，吸引更多同性质的机构积极加入CASHL服务体系。而专科院校、民办院校以及非高校文献服务机构分别作为多元主体的一元，无论资源实力还是影响力，除个别的机构外，大多数都与上述群体有不同的特点。然而，它们中很多机构在某一个或某类学科的资源建设方面较为突出，其文献特色明显，能对整体资源结构形成有效的互补，这并不一定局限于CASHL资源建设的范围，可以拓展到更广的领域，从而提升四川地区高校文献信息服务的整体水平和影响力。因此，成员机构群体中普通本科院校是核心引领力量，而其他专科、民办院校以及非高校等文献服务机构是主要协同力量。

对于非成员机构主体而言，普通本科院校的拓展空间已经非常有限，仅有的几所普通本科院校加入CASHL服务体系，对于不同类型院校的示范性和影响力较弱。而专科院校、民办院校和非高校文献服务机构等尚有一定的拓展空间，加入CASHL服务体系，在资源保障体系中参与资源共享共建的案例能有效激发同类型文献服务机构的热情，打消其诸多顾虑，特别是在各方面条件相当的群体中具有更明显的示范效应。同时，职业院校与民办院校的专业设置存在重叠和交叉，其资源建设也具有较大的互补性。因而，非成员机构之间的协同关系是相互促进的。

除上述两类群体自身内部的关系，成员机构主体与非成员机构主体之间的关系主要在于：前者对后者是示范和促进，而且最终目的是要将非成员机构拓展为成员机构。成员机构主体从自身资源建设经验出发，为非成员机构提供新的思路和帮助，推动它们参与资源共建共享。而非成员机构的特色资源不仅可成为成员机构群体资源建设的有益补充，同时，其资源建设中的创新经验对成员机构群体的发展具有一定的启示作用。对于成员机构群体内部协同而言，普通本科院校为其他类型的院校提供资源、技术和服务等方面的帮助，而其他类型的院校利用其特色资源进一步有效地丰富了整体资源。对于非成员机构内部的协同而言，更多在于资源、技术、创新思路的交流与互助。

在上述多元体系中，作为CASHL的七所中心馆之一，西南区域中心馆即四川大学图书馆具有特殊地位。四川大学图书馆面向西南地区的职责就是在区域内积极推动CASHL服务使用与扩展。因此，它更多的是扮演主导者的角色，更多地引导和协调不同类型的成员机构之间、成员机构与非成员机构之间开展深入的沟通。同时，四川大学图书馆较大的资源体量和较好的社会信誉都决定了中心馆不限于对CASHL服务的推广，还可以在区域内资源建设中承担更多的主导责任，并且在更大范围发挥积极的作用，促使广大成员机构群体作为CASHL实现馆藏资源共享共建的地区基础。经过近二十年的发展，大批文献服务机构加入CASHL服务体系，极大地丰富了平台的资源，培育了大批现实用户和忠实用户，并且在长期的使用磨合中建立了一整套比较合理的适应机制。成员机构之间也逐渐建立相互协同的信心和默契，加之成员机构在地区的影响力的发挥，可以说成员机构群体是多元协同体系得以顺畅运行的基础。而非成员机构是未来需要吸引加入的目标群体，它们适度参与多元协同体系，是整个体系的辅助与延伸。上述三部分多元主体相互协同、合作，能有效推动区域资源共享及服务发展。

（三）以区域中心为主导的多元协同服务策略

1. 加强服务体系顶层设计，强化区域中心主导地位，夯实多元协同服务基础

当前，在繁荣发展我国哲学社会科学和加快构建中国特色哲学社会科学中，对国外人文社会科学已有的研究成果、研究方法的合理借鉴和参考是非常必要的，也有助于进一步提升我国在人文社会科学领域的国际话语权。而CASHL作为人文社科发展的重要资源服务体系，其重要性与日俱增。为提升区域内CASHL服务的广度和深度，根据区域中心的特异性地位和功能，用户需求以及多元主体间的关系，以区域中心为主导的多元协同策略是CASHL发展的重要选择。强化区域中心的主导地位，加强CASHL服务体系顶层设计是实现多元协同，吸引更多文献服务机构积极参与CASHL服务体系建设、有效使用CASHL优质资源服务的基础。为进一步加强区域中心核心主导作用，应从纵、横两个维度进行拓展和延伸。纵向角度指围绕区域内资源共享共建的整体需求，区域中心馆内部诸要素之间通过创新、整合与调整，加强要素之间的联系。横向协同是指以区域中心馆为主导，区域内多元主体之间通过组织架构调整、技术交流及资源整合调整等，加强彼此间的紧密联系和协同。

（1）纵向的拓展和深化

从纵向而言，区域中心自身服务功能的深化和拓展有赖于内部多要素的深化和配合。通过线上与线下服务，可以实现技术、资源、空间等多个服务要素的紧密协同，向成员机构乃至区域内更多的信息服务机构及其用户提供更优质的服务。区域中心馆自身服务拓展中可更多地利用资源、技术与人员的协同，开展线上培训。充分利用区域中心的人才和技术等综合优势，向文献服务机构及其用户提供更便捷的线上培训和咨询等服务，满足各级各类用户的差异化需求，降低管理服务人员培训的工作量和劳动强度。同时，也有利于用户组织和存储信息，构建更清晰的知识框架，从而节约学习时间。在线上培训中，可更多采用可视化展示，辅助用户对操作性内容进行讲解，有利于用户加深记忆，例如可采用活泼生动、有场景感的视频帮助用户解决文献传递服务中的问题。进一步规范用户培训管理，可以为知识学习能力评估和效率提升提供科学方法。在服务中，利用多要素的管理服务协同，线上线下培训相互配合，推动CASHL资源的深度利用。

进一步加大力度，推动新型学科服务。从2004年开始运行到现在，CASHL文献传递与馆际互借方面取得了巨大的成就，但在现阶段也面临文献传递量下降等一些比较突出的问题，这在西南地区以及其他地区都比较明显。

这表明，以单纯的文献传递方式提供的服务附加值较低，当用户数量渐趋饱和时，文献传递量想要有显著的上涨具有极大的难度。为此，区域中心利用自身空间、技术、资源以及人员等要素的紧密配合，以 CASHL 现有服务内容为基础，提供更具附加值的知识服务，服务学科建设。如积极邀请专家、学者开展 CASHL 的"名师讲堂"活动等，更好地推进学科服务工作，尤其是以知识服务和新媒体服务为重点的新型学科服务。

区域中心要充分利用资源、技术和人员的合作，进一步优化资源建设和文献传递服务，提升用户申请的满足率。在此基础上，在更大范围内服务成员机构及个人用户（包括团队用户）。此外，区域中心要更加积极地参加全国管理中心组织开展的各类活动，特别是各类策略的讨论和制定，进一步提升区域中心在 CASHL 西南区域内的主导作用和在全国范围的引领作用。

（2）横向的拓展和延伸

横向的拓展和延伸主要是指馆际间的协同，即区域内多元主体之间资源（文献、人力、技术等）的协同利用。馆际协同的基础是资源精准化服务，即优化区域内多元主体的馆藏质量，提高其精准化、定制化服务水平。

为此，面向区域内 CASHL 成员机构主体，区域中心馆应充分发挥主导作用，引导并推动对自身本地化馆藏的梳理，以确保本地化和远程化馆藏资源的可靠性。长期以来，各成员机构缺乏统筹与协调，各自为战，以至于在资源上存在相当数量的重复建设。而粗放型的规模发展又使很多成员机构注重资源数量，忽视资源质量，以至于其自身对所属资源的掌控性较低。这一点反映在文献传递系统资源揭示方面，就是很多无效的资源提供，使很多用户的服务申请无法得到有效的满足。为此，目前可通过多元主体协同管模式共同开展监督活动，对各成员机构的馆藏资源进行定期评估，一旦发现问题，要督促相关成员机构及时加强审核，确保服务资源的可靠性，从而提升资源的响应率和满足率。在此方面，CASHL、CALIS、NSTL 等现有的国家层面的文献资源保障体系为全国和本区域资源共建共享奠定了良好的基础，要建立专门的协调性管理委员会，根据各文献服务机构在信息资源、现代技术、和人才资源等方面的优势，科学组建相应的组织管理机制。通过协调性管理委员会，可以明确各个成员机构的工作权利与义务，并定期进行有效的评估，确保各项管理服务工作的顺利进行。今后还可以利用统一协调采购资源、联合开展资源组织等多元协同方式，从资源服务源头上加强管理服务协同创新。

在资源精准化和集约化的基础之上，要进一步优化的协同方式是人文社科特色外文文献的协同共建机制。要充分利用 CASHL 大型特藏共建机制，组织具有相似、相关特色外文文献资源的成员机构，共同申报、参与大型特藏资源库开发和建设，推动各成员机构特色馆藏的深度揭示。例如，四川地区不仅具有独特的巴蜀文化和羌藏彝等少数民族文化，还拥有丰富的具有优良革命传统的红色文化。对于相关文献资源，许多文献服务机构已经有了良好的特色收藏基础。这一方面也有大量的外文文献需要收集、整理、发掘和利用。合理利用与发掘这些宝贵的文献信息资源，形成地方特色鲜明的文献资源，不是单纯依靠一个文献服务机构可以完成的，需要发动更多的区域甚至跨区域的文献服务机构参与进来。这样不仅使 CAHSL 资源增值，提升 CASHL 服务的美誉度，还通过加强特色资源建设，增加 CASHL 资源的核心价值，从而进一步增强更多文献服务机构加入 CASHL 服务体系的信心和决心。

区域中心与区域内的不同类型成员机构、非成员机构要建立多元协同模式，进一步做好 CASHL 服务的宣传和推广工作。既往的宣传推广主要由区域中心通过会议、论坛和培训等方式向各类文献服务机构推送相关内容，在一定时期内效果较为突出，但在 CASHL 持续发展中也出现一些问题。特别是对于许多非高校文献服务机构，并未与高校建立常规性的沟通渠道，上述方式很难奏效。为此，区域中心需要寻找效果更为突出的推广与沟通方式。要主动寻求与非高校文献服务机构的沟通和交流。例如，通过专题调研形式，赴各非高校文献机构开展宣传推广活动，在活动中开展初步的交流和沟通。通过新媒体平台及其他实体方式，与服务拓展的目标文献服务机构建立实时的长效沟通渠道，深入了解其资源管理方式、资源情况尤其是资源获取中的痛点和难点，制定更有针对性的服务策略。在此基础上，向目标机构提供各类帮助，涉及技术平台搭建、资源采购、用户注册管理、文献传递管理以及人员培训等方面，逐渐建立双向的信任感和合作默契。同时，区域中心馆要主动邀请不同性质的非成员文献服务机构参加区域内开展的各类大型交流活动，邀请其参与资源共建的策略讨论，进一步激发其参与资源共建共享的热情。此外，区域中心要充分发挥主导作用，与 CASHL 等全国管理中心进一步加强协调，以更优惠的资源使用政策吸引更多非成员机构加入 CASHL 服务体系。

除上述协同方式，还可以进一步扩大和延伸成员机构之间的深度协同。相当数量的成员机构的馆藏资源中，即使有许多虽不属于传统意义上 CASHL 资源管理的范畴，通过适当的沟通与交流，也可以建立适当的合作机制加以整合利用。以本次调研的非高校文献服务机构之一中国科学院成都文献信息中心为例，它拥有较多有特色的自然科学类和交叉学科类资源，尽管这些资源不完全属于 CASHL 文献保障系统的服务范畴，但是以中国科学院成都文献信息中心加入CASHL服务体系为契机，可以建立更广泛和更深入的资源合作机制，将大量丰富且有特色的文献资源纳入区域资源共享的范畴，提供给其他多元服务主体和直接用户有效地使用，在促进人文社会科学研究水平和经济社会发展水平的同时，也可以进一步推动本地区自然科学、工程技术和人文社会科学的交叉融合和共同发展。与之相似，区域内许多专科院校、民办院校和非高校成员机构都保存有一定数量的特色馆藏和研究资源，与高校文献资源可以形成良好的互补关系。两者之间如能在多方面形成补充，也可有效降低文献资源的重复建设率，进一步提升资源利用率和服务效率。区域内多元主体之间的协同，要提供更多样化的合作范式。同时，非成员机构的特色资源在扩大交流和沟通的前提下，一定程度上也可实现与区域性多元主体共享。这是成员机构与非成员机构之间互信合作的桥梁，通过特色资源的分享和共建，可增强非成员机构参与资源协同的信心，为其加入CASHL服务体系奠定基础。

除了馆藏整合、服务协同，区域内多元主体还可在人力、技术等方面进一步地深入协同。应该看到，一些中小规模成员机构由于人力不足，通常未设置专人从事馆际互借与文献传递等管理业务，团体用户和个人用户往往需要自助完成系统操作，遇到技术系统问题或是文献传递问题等，各级各类用户难以获得目标文献和相关资源。这也是许多相似规模的文献服务主体缺乏信心，加入CASHL服务体系积极性不高的重要因素之一。面对此类问题，西南区域中心通常采取代替上述成员机构向目标单位提交资源申请等方式为之提供帮助。然而这种方式不仅效率较低，用户体验不佳，且区域中心相关工作人员也需要付出大量精力。为此，区域中心可与成员机构建立更好的人员协同培养和协同服务模式。区域中心和CASHL成员机构可轮流提供培训场所，并定期派遣专业馆员培训成员机构相关人员，提高他们的管理服务业务素质。在培训中，可有针对性地逐步加强管理人员业务能力的训练。对于一些中小规模成员机构的文献传递等方面人员不足问题，可采取协同服务的方式，由各成员机构根据自身的需要，轮流安排人员协助完成文献传递等基本服务。为提高服务效率，协同服务可主要采用线上方式。在协同管理机制建立中，要积极应对成员机构在资源建设维护、文献传递服务中存在人员专职人员不足的压力，真正提升其加入CASHL服务体系的内在动力。

因此，在纵向方面，区域中心要带领各成员机构，积极推动机构内部各要素的深化和拓展，使之相互紧密协同，不断改进CASHL的服务质量和水平。要不断加强与CASHL以及其他全国性资源建设联盟和组织的管理中心的联系与合作，在有效提高自身水平基础上，积极加入全国全局性发展策略的制定，从而进一步加强区域中心的主导地位。就横向而言，构建区域内馆际间多元协同策略，需要更好地协调资源构成与资源分配，明确共建共享各方面的权利和义务，保障CASHL和各类资源共建共享项目在区域中可持续开展，对区域中科学研究、人才培养、社会服务和文化建设产生重要意义。前者着眼于区域中心主导地位的提升、自身实力的增强和在全国性全局性活动中的作用，后者则积极推进区域内成员机构间的多维度密切合作。上述两方面综合，就可以为区域中心实施区域性顶层设计奠定基础，即通过多元主体协同的方式，降低成员机构之间资源建设的无序性和内耗，有效增强资源联盟内部的服务特色和活性，持续性扩大其外部影响力，进一步提升区域内更多文献服务机构对CASHL资源的认同度和信心，真正有利于吸引更多成员机构加入，实现发展目标。

2. 以成员机构群体为主体，调动主动性和积极性，切实完善多元协同服务体系

在多元协同体系中，CASHL区域中心要充分发挥主导与引领作用，高度重视成员机构群体的主体性作用。区域内CASHL成员机构群体协同策略，主要在于不断加强内外协同力量，促进整个地区内成员机构服务水平的提升。

（1）成员机构内部协同

区域内CASHL成员机构群体协同策略的首要因素是通过内部协同加强自身建设，以促进CASHL整体性服务和资源建设的水平提升。其相关策略包含以下两点。

第一，许多中小型专科院校、民办院校以及非高校文献服务机构，由于信息服务目标差异，在资源建设上资金有限，且相关人力资源缺乏。要提升其管理服务水平，要多渠道争取政府投入，保障经费来源。经费是开展区域共建共享项目的重要保障。区域资源共享共建是公益性项目，在项目的建设过程中，要积极争取政府主管部门、所属高校和科研院所的政策和经费支持。有了经费来源，才可以保障协同服务项目可持续性。此外，挖掘自身潜力加强人员培养，制定灵活的管理机制，保障日常文献传递工作的顺利运行。

第二，深入分析各级各类用户个性需求，制定相应的资源建设策略。在调研中发现，除常规的显性需求外，有许多团队用户或个人用户在研究初期，研究的主体目标和方向尚未确定，希望文献服务机构能提供更具有引导性和启发性的知识服务。近年来，许多成员机构也在探索如何针对科研用户复杂的隐性需求，提供更加有效的知识服务。但是，受到自身规模和资源藏量所限，很多文献服务机构往往力不从心。目前CASHL平台在知识服务方面，已有许多有益的尝试，建立了多种知识服务的模式。以2018年CASHL

"特藏++"深度服务项目为例，西南区域中心在总体规划基础上，采取了资源数字化、元素据构建、在线发布等流水化处理程序，对馆藏的《美国宗教合集》胶卷进行了深度揭示与服务。此外，融合运用新媒体平台推进知识服务也是一种很好的服务方式。通过微信、微博推送各类热点问题和知识，能满足用户在碎片化场景下的信息需求，实现短时间内学习收益的最大化；开展"名师讲堂"等高层次知识服务，通过各高校名师对选定专题的知识和文化传播，向各级各类用户提供可供反复学习的知识内容，引导用户使用CASHL平台的相关资源。"千聊"平台的随时回放功能可以让用户自主安排学习时间。然而，在调研中发现，目前很多成员机构对CASHL使用更多集中在文献传递等基本服务方面，而由于"大型特藏++"等知识服务涉及范围相对较窄，推介频率也不够高，导致这类知识服务使用量相对不大，有些成员单位甚至不知道有上述服务。

综上所述，成员机构群体不断提升自身的CASHL资源服务水平，既有利于推动内部用户广泛使用，进而形成良好的口碑效应，又有助于进一步完善多元协同服务体系。

（2）成员机构之间协同

除不断提升自身服务能力外，加强和拓展成员机构之间的协同以及与非成员机构之间的协同是健全多元协同体系的重要思路。同样是面对不同科研用户的显性需求和隐性需求，以协同方式加以解决，较之单一成员机构的做法，效果更为明显。成员机构之间根据各级各类用户的学科属性和研究方向，彼此互补，协同建立涉及各学科的交流和沟通机制，努力将服务范围扩展到更多的非成员机构，建立与各级各类用户持久、有效的沟通，全面、准确地了解各级各类用户的核心需求，并依据其需求，具体和细化CASHL资源和服务，提供更有针对性、更有实效性、更有品质性的文献服务。针对非成员机构用户，可由其他成员机构提出资源申请，提供一定的文献服务，使非成员机构体验CASHL资源服务的特点。在各项基础服务中，要进一步加强质量管理，向团队用户和个人用户提供更周到、细致的资源服务，增强其使用体验和信心。要根据不同类型用户的具体特点，组织各成员机构共同协商制定更细化的服务规则，突出区域发展特点，重视管理服务细节。如针对西南区域内民族学、人类学、历史学、考古学、边疆学等对档案文献和历史文献依赖较大的专业学科，开展CASHL特色资源精准服务活动，激发相关科研人员的信息动机和信息行为。针对经济学、管理学和法学等应用型学科，要提供更加精确的事实性和数据型文献服务。在具体服务过程中，充分利用不同性质成员机构的学科优势，推进多机构协同合作服务，以更加积极、更加周到的服务态度帮助各级各类用户快速获取资源，并应用于实际发展工作中。要通过一段时间的管理服务，进一步加强非成员机构用户对CASHL资源平台的信心，从而培育良好的信息素养，激发强烈的信息动机，展现明确的信息需求，形成规范的信息行为，获得更好的信息体验。

3. 以非成员机构群体为延伸，有效扩大管理服务覆盖面，拓展多元协同服务体系

（1）成员机构与非成员机构合作

近年来，随着社会经济的不断发展，许多专科院校、民办院校及非高校研究机构纷纷设立了公共管理、经济管理等一些社会科学专业，但受限于经费和规模，相关资源建设较为滞后。为此，上述单位的文献服务机构在资源建设时，还是以重点保障传统优势专业需求为主，对新增社科类专业的资源需求则相对忽视。这导致上述学科专业的相关文献资源不足，发展相对缓慢，日益影响用户对资源的获取。而逐渐减少的用户又进一步削弱了这类专业的地位，导致文献服务机构对拓展相关专业的文献资源意愿较弱。

在此状况下，试图在短期内推动此类院校加入CASHL服务体系，困难较大。为此，成员机构群体适宜采取长期稳健的拓展思路。首先，按照其学科专业特点与对应的非高校文献服务机构建立长效稳固的交流合作关系，包括少量文献资源互借、技术交流与合作以及人员培养等内容。以此为基础，成员机构逐渐加大合作与帮扶力度，加速推动非成员机构中发展尚不成熟的人文社科专业的成长。在此过程中，非成员机构随着人文社科专业的不断加强和扩大，带来了资源建设、人员引进等方面的需求显著增加。而在新需求驱动下，目标文献服务机构会认真考虑，在不进行大规模投入的前提下，进一步拓展相关资源的高性价比思路和做法。同时，通过前期资源、技术和人员等多个方面的协同合作，彼此间已经建立了充分的信任感和密切的关联性，更有利于成员机构动员非成员机构加入CASHL，相比推送、推介和推动的常规做法，更能起到润物无声的效果。

此外，对于CASHL资源宣传推广而言，向非成员机构延伸，也具有极大的辅助作用。在合作深化的前提下，利用非成员机构的推广渠道、空间、人员等服务要素，能较好地扩大CASHL资源影响力，推动非成员机构加入CASHL服务体系。

（2）与非成员馆多方面交流

如前所述，成员机构之间存在延伸协同，即成员机构以CASHL服务为纽

带,以外文文献以及外文文献之外的特色资源互为补充,优先拓展资源合作的范围。这种方式实际对于非成员机构群体而言,也具有相似性,即是利用成员机构与非成员机构之间资源互补的特点,建立部分资源共建共享的机制。以四川地区为例,无论是非高校单位还是专科、民办院校,设置人文社科专业的目的都是为社会经济建设提供人才培养,故其学科设置偏于应用性。非成员馆的资源建设与学科专业设置密切关联,一定程度上能弥补普通本科高校在资源建设上学科涉及面广但深度不足的缺陷。而普通本科院校丰富的资源储备能更好地满足不同性质非成员机构用户对于一些冷门学科和交叉学科的资源需求。该模式甚至还可以吸引一些未设置人文社科专业的理工科类院校向协作群体靠拢,进一步提升了CASHL的影响力。同时,从未来社会发展中自然科学与人文社会科学出现相互融合和渗透的角度看,科技将为人文社科服务,理工类院校也是CASHL的潜在用户。因此,通过特色资源之间的相互交流,也可以建立一种资源合作的默契,为将来的发展奠定基础。

4. 积极稳妥发展成员机构,形成管理服务合力,拓展多元协同服务范围

(1) 拓展多元协同服务范围

基于CASHL多元协同服务体系中文献服务主体的地位、作用以及未来深入发展的策略思路,必须更加积极和稳妥地发展成员机构,尽力拓展多元协作的范围。

第一,改善成员机构服务状况,形成良好的群体示范效应。成员机构的资源建设和整体发展情况对于同类型的非成员机构具有很强的启示作用。一方面,区域中心充分发挥其主导作用,与众多成员机构建立深度协同关系,不断推动成员机构优化和改善其资源服务,力争打造一批在服务和应用方面都具有优质水平的地区成员机构群体。另一方面,加大推广力度,通过更多渠道,多种方式,向非成员单位宣传这些良好的实践案例,尤其是与目标单位相似文献服务单位的成果案例,这一点对于区域范围内不同需求、不同类型的众多非成员单位能够形成良好的群体示范效应,从而树立其参加资源共建共享的信心,有利于突破其原有的资源建设思路。

第二,充分利用成员机构主体优势,向非成员机构延伸服务。以区域中心为主导,成员机构群体为基础的多元协同体系,向非成员机构延伸。当多元主体所拥有的馆藏(中外文文献资源)能在某些方面部分满足目标非成员机构的用户需求时,多元协同体系可以在一定程度上提供帮助或共享,与非成员机构建立初步的合作关系。随着两者的相互合作深入,创新服务、资源建设方式日趋融合,非成员机构逐步接受成员机构的发展建设思路,建立起对上述合作模

式的信任感及对相关资源长期需求性。同时，多元主体协同推动非成员机构资源建设水平提升，提供更高水平的资源服务。资源服务水平的提升也会促进用户需求的快速增长，推动该机构资源建设向更高水平发展，有利于机构加入CASHL。

第三，邀请非成员机构积极参与西南区域的资源建设。通过邀请非成员机构参加各类活动，使之融入区域共建的大潮，一方面，开阔其视野，促使其从更高的发展角度审视自身资源建设，提升其加入 CASHL 服务体系的意愿；另一方面，该模式使许多非成员机构产生被主流群体所接纳的信心，它们更愿意通过多元协同体系反映其资源诉求，这将为其加入 CASHL 服务体系奠定基础。

(2) 面向非成员机构的深度服务

除上述服务外，在突破成员机构拓展瓶颈中，区域中心协同区域内多元主体，对非成员机构提供深度服务，其内容包括以下几点。

第一，协同开展资源特色化推介。在常规化的推广活动外，需要以更灵活机动的方式协同开展多元形式的 CASHL 资源保障体系推广活动，如专题推介会、巡回现场推介活动和线上推介会等。在推介中，以区域中心馆为核心，多个成员根据专业相似性形成协同推广机制，向专业对口的非成员机构提供深入辅导，使之更快地熟悉 CASHL 的资源特点和使用模式。

第二，协同开展用户培育。为使众多非成员机构用户深刻感知 CASHL 服务的易用性，区域中心与众多成员机构主体可通过多方协同，与尚有拓展潜力的非成员机构建立长效沟通机制。在此基础上，有针对性地开展非成员机构体验活动，通过现实场景让个人用户获得良好的体验，切实感到 CASHL 资源获取的便利性。在体验过程中，尽量优化服务流程，简化审核过程。系统操作上尽量简单，响应时间快，工作人员能够与用户及时沟通，用户在使用系统上有好的体验。通过上述方式，培育非成员机构用户的 CASHL 使用习惯。

第三，对非成员机构进行详细的资源评估，针对其需求，协同区域内成员机构提供全程帮扶的资源建设思路，包括技术支持、人员培训以及资源协同建设等。使之在较大程度上对西南区域的成员机构群体产生认同。

第四，协同开展深度服务。以 CASHL 资源为基础，以多成员主体协同的方式，积极向非成员机构提供知识服务等深度服务，根据非成员机构的需求特点和资源条件，在一定程度上无偿向非成员机构提供其迫切需求的知识服务。

第五，在加入 CASHL 全程中提供周到服务。在非成员机构有意愿加入 CASHL 时，区域中心为其提供细致的服务，包括协议下载、解释以及建议等，使之能顺利完成流程。在非成员机构加入 CASHL 前后，根据其实际情况，开展针对性的培训，使之能在最短时间内开始提供资源服务。

综上所述，要坚持以区域中心为主导，努力推动成员机构外延和内涵结合发展，不断拓展新的成员机构。两者并行不悖，相互促进。成员机构的不断优化发展，可以促使多元协同的力量更强大，也会吸引更多非成员机构加入。加入文献服务体系的机构越多，多元协同的范围就会越广，其发挥的功能也越强大。在吸纳非成员机构的过程中，区域中心及相关成员馆共同努力，以目标单位需求的具体内容为导向，向其提供全面的深度服务。

5. 立足区域自身发展，面向更大范围管理协作，完善多元协同服务机制

要达到区域中心积极主导、成员机构主动参与、非成员机构有效拓展的多元协同服务的目标，就需要建立一系列完善的核心机制予以保障。针对这里所涉及的机制问题，首先，要建立各成员机构内部和各成员机构之间稳定的协同服务机制；其次，由于机构之间的协同不是短期性、无序化的活动，而是长效性、规律化的过程，为实现稳定性的交流和沟通，需要建立一种长效沟通机制；此外，无论是内部要素的协同还是馆际之间的协同，都不可能一帆风顺。由于成员机构和非成员机构各自的本位或利益，必然会出现一定的冲突和矛盾。为调和和化解可能存在的各种冲突和矛盾，还需要建立冲突解读机制。上述三个机制，共同促进和保障新的多元协同服务体系的构建。

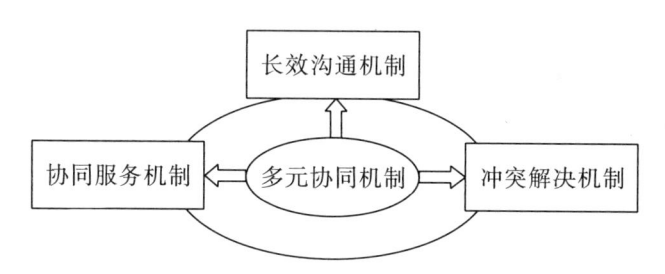

图3 基于深度服务策略的多元协同机制

（1）长效沟通机制

长效沟通是多元协同发展的基础，长效沟通机制的建立就是为了解决管理服务过程中的沟通不畅、效率低下等问题。通过有效的长效沟通机制，才能协调各方权益，才能保障协同服务，才能顺利解决冲突。为突破 CASHL 服务体系拓展中存在的几大瓶颈，扩大 CASHL 服务体系的影响力，不仅需要畅通各级各类用户与不同性质的文献服务机构的沟通机制，有的放矢地为用户提供精准服务，而且需要建立文献服务机构之间的外部沟通机制，为广大用户提供全

方位的资源服务和延伸服务。

第一，建立对内的长效沟通机制，即加强各级各类用户与文献服务机构的信息交流。在CASHL服务体系实际运行中，不同性质的文献服务机构需要及时获取各级各类用户不断变化的服务需求，从而及时调整服务方式和服务策略等。文献服务机构与用户之间的长效沟通机制，要从决策人员、服务人员、具体用户（包括团队用户和个人用户）三个层面建立长期有效的对话机制。通过用户走访、专门会议、新媒体（QQ、微信等）、宣传推广活动等多种渠道，进一步畅通内部的交流与合作。尤其是CASHL同步宣传推广、文献传递中的问题，可以在及时沟通中，促进区域资源和服务联盟更好地兼顾多元化的用户需求。

第二，建立对外的长效沟通机制，即区域中心与成员机构之间、区域中心与非成员机构之间，非成员机构与成员机构之间要实现多元协同，也需要建立一种三角形或多边形的长效沟通机制。在馆际之间的长效沟通机制中，以区域中心为核心，通过签订互惠合作协议，建立多元联系渠道。通过微信、QQ、微博、视频等新媒体，大力宣传CASHL的活动，及时沟通馆际互借与文献传递等管理服务中出现的问题。签订区域文献资源互惠合作协议，要最大程度获取区域各机构的数据管理与服务共识，解决区域各服务参与方权利、义务和责任，促进区域数据共享与再利用，包含参与各方的权利和义务数据访问和使用规则、管理政策、馆员培训和用户培训等政策性问题，对规范地建设科研数据管理与服务平台具有不可估量的发展导向性和约束力。

（2）协同创新机制

以区域中心为核心，以服务效益为导向，以创新服务为载体，建立更加有效的多元协同服务的运行机制，可以促使更多文献服务机构加入地区性CASHL服务，不仅可以促进中心馆自身对CASHL资源的利用，也将推动区域内成员机构对CASHL的深入使用。例如，可以创新性地协同开展阅读推广活动。成员机构规模、馆藏资源和人力资源分布，存在着很大差异，有可能阻碍阅读推广服务的均等化，因此，要进一步加强各成员机构之间的资源共建共享，有机整合各个成员机构的资源和服务力量，实现分工协作、优势互补，为开展联合阅读推广服务提供各类资源保障。同时，要加大重点项目、重点领域合作共享的力度，从而最大限度地发掘区域文献资源和服务资源的综合价值。各成员机构在中心馆的协调下开展CASHL系统使用、资源推介等多种培训活动，帮助成员机构用户最大限度地用好、用活、用透CASHL所有的服务。在CASHL宣传推广活动中，要有更加强烈的协作意识和创新意识，及时、有效地将各种服务政策尤其是优惠信息等发送给成员机构。集成区域内成员机构的资源，发掘和整合各成员机构和非成员机构以文献资源为主体、服务资源为支撑的综合资源，大力推广，既便于成员机构内部资源的互补与利用，也利于在联盟和社会范围内发挥资源的最大效益。

需要强调的是，通过区域中心组织开展的活动与宣传推广，首先要让各成员机构充分享用资源互惠带来的利益，让各成员机构深刻地认识到协同服务的积极意义，在参与协同服务中，充分发挥各自的主动性、积极性和创造性，多样化、创新性地开展相互协调合作，最终实现区域协同服务在保障本地区资源建设、管理和发展方面的推动作用落到实处、落到细处、落到小处。

（3）冲突解决机制

在区域共建共享中，竞争和冲突是不可避免的，冲突解决机制的建立是长效沟通和协同服务的重要保障。这里的冲突解决机制主要是在区域范围内开展文献资源的共建共享活动中设立专门机构或委员会等专班，具体负责协调各成员机构之间的问题，或通过图书情报行业协会等对资源共建共享项目提供决策建议，主动参与协调协同服务中出现的各种实际问题。

在签订馆际协议中，要针对馆际互借和文献传递以及其他协同创新服务中的问题，科学制定解决原则与处理办法。各成员机构要认真履行签订的合作协议，建立友好互惠使用资源的机制。中心馆通过召集会议和个案分析等方式，积极面对和协调解决各成员机构之间的问题，务求实效。总之，通过友好协商，要在区域馆际协议的框架下，友好解决传递过程中的问题，进一步优化多元协同服务体系。

结　语

本课题通过对西南区域内成员机构、非成员文献机构的数据采集和田野调查，分析发现当前在非成员单位拓展和吸纳中存在的诸多瓶颈：区域中心主动推广度和吸纳度不足、成员机构资源利用情况欠佳产生负面效应以及非成员单位资源建设上存在的误区等。并通过归纳总结了区域内多元文献服务主体的资源建设特点、地位关系以及不同用户需求，提出了以区域中心为主导的多元协同优化拓展策略。在此策略基础上，初步提出了完善的多元协同服务体系的诸多机制，进一步探索了多元协同服务系统的实施路径。

在区域内众多院校、非高校文献服务机构不同的资源建设状况和用户需求下，探索长效性的共建共享思路具有相当的复杂性。本课题研究依托 CASHL

服务体系，开展了积极的探索，并且在管理服务实践中，尤其是在向非高校成员机构的扩展中，取得了一定的成效。诚然，目前的研究和探索中依然还有诸多尚未解决的问题，包括：多元主体的共性与差异，为达到最优的协同效果，应该如何划分多元主体的职能与功用？在协同开展管理服务中，如何通过各类约束机制的建立，寻找更加可靠的实施路径？凡此等等，需要进一步开展更加深入的思考和实践。

参考文献

关志英，2017. 深化"供给侧结构性改革"视角下的我国高校图书馆联盟转型与发展［J］. 大学图书馆学报（5）.

哈肯，2018. 大自然成功的奥秘：协同学［M］. 凌复华，译. 上海：上海译文出版社.

贾生晖，黄勇，2017. 制造协同初探［C］//中国金属学会. 第十一届中国钢铁年会论文集. 北京：冶金工业出版社.

梁南燕，刘素清，李晓东，等，2015. CASHL 的运行现状及其发展研究［J］. 大学图书馆学报（6）.

廖静，2019. 基于 CASHL 资源与服务的知识能力在线评估系统［J］. 河南图书馆学刊（12）.

刘伟忠，2012. 协同治理的价值及其挑战［J］. 江苏行政学院学报（5）.

魏清华，孙林，胡文静，2020. 高校图书馆特藏文献数字化建设研究———以 CASHL 为例［J］. 大学图书情报学刊（1）.

张蒂，赵麟，2018. "双一流"建设背景下 CASHL 深化学科服务的策略分析［J］. 图书情报工作（9）.

张玲，牛爱菊，黄燕云，2019. 基于部分成员馆现状的 CASHL 运行发展策略思考［J］. 图书情报工作（5）.

打赢严防严控疫情阻击战，推进高校图书馆事业新发展，四川省高校图书馆在行动

——四川省高校图书馆抗击新冠肺炎疫情工作调研报告[①]

党跃武　姜　晓　孙　诗　杜小军　韩　夏[②]

摘　要：本报告以四川省75个普通全日制高等院校图书馆上报四川省高等学校图书情报工作委员会的材料为基准，汇总梳理2020年抗击新冠肺炎疫情期间，四川省高校图书馆全面落实疫情防控要求，科学布控，确保师生职工的健康和安全，以及精准施策，因地制宜，提供特色化、多样化战"疫"服务，从技术保障、服务保障、资源保障等多方面满足高校师生教学科研需求的管理服务情况，探讨总结高校图书馆应对重大突发公共卫生事件时的方法对策和解决方案。

关键词：四川省高等学校图书情报工作委员会；高校图书馆；战"疫"服务

2020年的寒假，因为突如其来的新冠疫情，变得不同寻常。1月24日起，四川省启动重大突发公共卫生事件Ⅰ级响应。在这个非常时期，四川省高校图书馆人在做什么呢？

根据教育部高等学校图书情报工作指导委员会的要求，2020年2月26日四川省高校图书情报工作委员会秘书处下发了《关于收集疫情期间高校图书馆开展服务情况的通知》，截至2月27日19时，全省共有74个高校图书馆上报材料，涵盖普通高等院校、高等职业技术学院、社会力量办学院校和军事院校等各类型高校，其他高校图书馆有关材料陆续报送中。在非常时期，全省高校

---

① 本文系2020年3月根据教育部高等学校图书情报工作指导委员会要求撰写的专题调研报告。
② 党跃武（1967—），硕士，教授，四川大学教务处处长、图书馆原馆长。姜晓（1965—），本科，研究馆员，四川大学图书馆。孙诗（1988—），硕士，馆员，四川大学图书馆。杜小军（1973—），硕士，副馆长，四川大学图书馆。韩夏（1968—），博士，研究馆员，四川大学图书馆。

图书馆有如此的工作效率让人惊叹！在教育部提出"停课不停教、停课不停学"的要求后，3月，四川省高校图书情报工作委员会秘书处又对全省高校图书馆服务线上教学的情况进行调研，全省共有91个院校图书馆提交了调研材料。

调研表明，在举国戮力同心、上下团结抗疫的关键时期，四川省高校图书馆认真学习习近平总书记关于新型冠状病毒肺炎疫情防控工作重要指示精神，坚决贯彻"坚定信心、同舟共济、科学防治、精准施策"的总要求，坚决落实党中央、国务院和教育部、四川省的工作部署和要求，积极响应、紧密配合学校的抗疫工作，牢记高校图书馆人的使命与担当，坚持把以人民为中心落实到以师生为中心，敢于作为，善于创新，乐于奉献，勇于担当，采取坚强有力的战"疫"服务措施，为广大师生提供更加专业、及时、主动、周到的服务，谱写了四川省高校图书馆人共克时艰、力抗新冠的战"疫"之歌。

特别是在教育部提出"停课不停教、停课不停学"的要求后，高校图书馆积极贯彻落实，密切关注并及时满足师生教学需求，在技术保障、服务保障、资源保障上下功夫，细心、贴心、耐心地为师生做好线上教学保障工作。全省共有91个院校图书馆参加了调研，类型涵盖本科院校、高职院校、社会力量办学院校、部队院校等，所有的图书馆都因地制宜地开展了多种形式的线上教学服务。其中，91个院校图书馆开展了线上 7×24 小时数字资源校外访问服务，占100%；38个高校图书馆提供了线上教材服务，占41.8%；31个高校图书馆开展了线上信息素养教育和"信息检索和利用"线上课程教学，占34.1%；74个图书馆开展线上教学支持的信息咨询服务，占81.3%；37个图书馆收集整理免费资源、QA资源等拓展教材教参数字资源，占40.7%；57个高校图书馆开展了线上宣传和推广活动，占62.6%；17个图书馆开展了文献传递服务，占18.7%；11个图书馆开展线下预约送书服务，占12.1%。其中，四川大学图书馆和电子科技大学图书馆通过迅速搭建专门的"教学资源服务平台"，切实保障学校线上教学工作的顺利开展。

一、加强领导，统筹协调，全面落实疫情防控各项要求

全省高校图书馆高度重视，认真部署，把疫情防控工作作为当前最重要的政治任务和头等大事，一手抓疫情防控，一手抓事业发展，坚持"守土有责、守土担责、守土尽责"，切实抓好疫情防控和事业发展措施的落实、落地和落细。

（一）及时制定和落实疫情防控工作方案

在 2020 年 1 月 24 日四川省启动重大突发公共卫生事件 I 级响应后，四川大学、西南交通大学、成都中医药大学、中国民航飞行学院、成都大学、西南科技大学城市学院、四川科技职业学院、四川大学锦城学院等 20 余个高校图书馆迅速成立新冠肺炎疫情防控工作领导小组或工作小组，研究、布置、开展和督导各项防控工作措施，在打赢疫情防控阻击战中切实加强领导，积极主动履职，有效发挥作用。

四川大学、电子科技大学、四川农业大学、四川师范大学、成都医学院、宜宾学院、阿坝师范学院、成都师范学院、成都纺织高等专科学校、成都工业学院、四川音乐学院、四川华新现代职业学院、川北幼儿师范高等专科学校、广元中核职业技术学院、四川文轩职业学院、四川电影电视学院、四川中医药高等专科学校、四川艺术职业学院、广安职业技术学院等 60 余个高校图书馆根据疫情不断发展变化以及学校各阶段工作安排，及时制定并实施分阶段的《图书馆关于新型冠状病毒肺炎疫情的防控工作方案》，从组织管理、人员管理、服务措施、应急预案等多方面进行认真的谋划，使图书馆疫情防控工作和为师生提供的网络服务、咨询服务等都有章可循、有据可依，各项管理服务工作平稳有序地开展。

四川大学图书馆在学校新冠肺炎疫情防控工作领导小组的统一指挥下，采用网络视频会议等方式召开党政联席会、馆务会、党委中心组扩大会和全馆资源建设工作会、物资采购工作会，学习和传达党中央、国务院和教育部、四川省及学校有关工作部署和要求，积极研究和落实图书馆的疫情防控和事业发展各项工作，相关工作在学校网站的综合新闻和防控疫情专题中多次进行报道。

（二）科学制定和实施新学期工作方案

2020 年 2 月 26 日，四川省将疫情防控应急响应级别调整为 II 级，全省已经进入疫情防控最吃劲的关键阶段。全省高校图书馆密切关注疫情变化，坚决执行教育部和学校相关通知精神，认真做好返校学生入馆的卫生防疫和服务工作预案以及相关物资准备，确保学校打赢抗击新冠疫情攻坚战的关键一环。

为统筹推进新冠肺炎疫情防控和学校事业发展工作，四川大学图书馆坚持"两手抓""两促进"，召开全馆人员参加的新学期工作布置视频会，明确提出"四个不"，即"落实要求不松口，疫情防控不松手""改革创新不松气，事业发展不松劲"的要求，从服从大局促稳定、关爱师生重安全、恪尽职守保运行、积极思考解新题等四个方面入手，全力做好疫情防控和开学工作，进一步

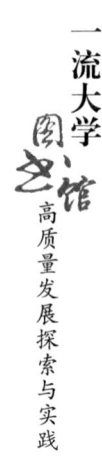

加快四川大学一流大学图书馆的建设步伐。

为了给图书馆在新学期开展服务提供强有力的保障和支持，全省高校图书馆多渠道筹备防疫物资，做好开学前和学生到馆前各方面的工作准备。四川大学、电子科技大学、四川师范大学、成都体育学院、成都中医药大学、西南医科大学等30余个高校图书馆购买了图书消毒杀菌机，科学地制定和实施馆舍空间防控消毒的详细方案和细则。相当一部分高校图书馆制定了实体图书馆暂不开放、有限开放、全面开放三种形式的详细工作方案和防控方案，在积极开展线上服务、确保师生安全的前提下，有序地开展图书馆线下服务。

（三）全面彰显高校图书馆人的责任担当

自新型冠状病毒肺炎疫情发生以来，疫情防控的进展牵动着每一个人的心。在这个特殊时刻，全省高校图书馆的广大图书馆人在干部带头、党员在前、恪尽职守、用心服务，彰显强烈的职业担当的同时，还通过志愿服务、社区服务、爱心捐款、参政议政等多种方式，展现四川省高校图书馆人博大的家国情怀。

1. 充分发挥各级党组织和广大党员干部的作用

在疫情防控期间，全省高校图书馆组织带领党员、干部和职工，以身作则，做好表率，真抓实干，充分发挥各级党组织的战斗堡垒作用和共产党员先锋模范带头作用。

为确保疫情防控工作的有效落实，西南科技大学、宜宾学院、四川航天职业学院、中国民航飞行学院等高校的图书馆成立"抗击疫情党员先锋队"，落实各项防控工作要求，强化责任，细化分工，采取有力举措，严格做好防控。四川大学图书馆文献服务中心的党员干部组成社区志愿服务队，深入防疫防控第一线，积极参加学校社区管理服务工作。西南财经大学图书馆党支部许多党员同志放弃休假，带头承担图书馆线上咨询等服务，同时部分党员同志还主动请缨到学校疫情防控一线服务，参加校区值班和家属区信息登记和管理工作等。

2. 积极参政议政，为抗疫防控建言献策

在疫情防控工作中，全省高校图书馆的干部和职工在做好本单位各项工作的同时，利用不同的渠道为学校和国家抗疫防控积极建言献策。四川师范大学图书与档案信息中心主任、图书馆馆长曹成建通过成都市锦江区红十字会向武汉捐款1000元，并向省政协提交题为《多措并举革除滥食野生动物陋习的建议》的抗疫防控调研报告。该调研报告被四川省政协采纳，并报全国政协人口资源环境委员会作为全国政协双周协商座谈会的部分材料。

3. 组织开展携手抗"疫"、爱心传递活动

全省高校图书馆党员干部和职工，响应党中央号召，纷纷捐款捐物，全力支持抗击新冠疫情。中国图书馆学会和四川省图书馆学会发出对武汉图书馆开展爱心捐赠的倡议，四川省高校图书情报工作委员会及时进行转发。电子科技大学图书馆、乐山师范学院图书馆，四川中医药专科学校图书馆、眉山药科职业学院图书馆等组织开展捐款和防疫物资捐赠。全省高校图书馆的许多职工还自发地通过红十字会等慈善组织开展各种捐款捐物活动。

二、及时响应，科学布控，确保师生职工的健康和安全

为切实落实疫情防控的各项要求，全省高校图书馆根据学校和图书馆工作实际，把全校师生身心健康放在第一位，及时、果断地采取有效的布控措施，最大限度地保障广大师生和馆员的身体健康和生命安全。

（一）及时闭馆和严格控制图书馆进出馆管理

根据 2020 年 1 月 24 日《四川省启动重大突发公共卫生事件一级响应通告》《成都市新型冠状病毒肺炎疫情防控指挥部通告》等通告精神，为避免人员聚集引发交叉感染风险，继四川师范大学、西南交通大学等高校图书馆最早宣布闭馆后，全省高校图书馆审时度势，高度重视，快速响应，及时上报学校批准，在短短几天内陆续采取了严格闭馆、停止现场服务等安全措施。

全省高校图书馆严格做好疫情防控时期图书馆大门安全值守和全馆全域安全巡逻巡查，切实落实图书馆视频监控系统维护维保工作，保证视频监控系统正常运行，规范图书馆用水用电安全管理，确保图书馆绝对安全。同时，全省高校图书馆采取措施，严控非工作人员入馆，防止人员聚集和交叉感染。对必须到馆人员进行详细登记，测量体温，要求到馆人员无咳嗽、发热等不适症状，必须佩戴口罩，严防病毒传播。四川大学等高校的图书馆对疫情防控时期进出人员通道进行了严格区分。全省高校图书馆全部暂停图书馆学生志愿者队员和勤工助学学生到馆工作，直至疫情全面解除。各高校图书馆加强物业管理人员的管理和培训工作，开展了物业人员疫情防控期间清洁卫生、消毒、自我防护等业务培训，确保闭馆期间图书馆安全管理等工作有序开展。

（二）做好图书馆馆舍空间卫生防疫工作

闭馆期间，全省高校图书馆认真做好图书馆卫生防疫工作，及时发放口罩、消毒液等防护物资，保持图书馆环境卫生清洁，在停用中央空调的同时开

窗通风，对公共区域、服务设施进行规范化、日常化的清洁消毒，对馆藏书籍进行杀菌除尘清洁处理。部分高校图书馆对中央空调新风系统进行消毒处理。成都理工大学图书馆及时出台《新型冠状病毒肺炎疫情防控期间图书馆管理细则》。电子科技大学图书馆对2020年1月中下旬后读者归还的图书进行了消毒处理。四川大学图书馆在日常保洁基础上，按照不同的时期、不同的消毒对象对清洁卫生和消毒作出细致规定，进一步落实卫生防疫工作。

图1 电子科技大学图书馆开展馆舍消毒

（三）延长图书借期，免除师生后顾之忧

根据有关要求和疫情发展形势，全省高校图书馆都作出了延期开馆、延长图书借期且不计算图书借阅超期的决定，采取了一系列相应的配套措施，多渠道发布读者公告，免除师生后顾之忧。大多数高校图书馆都停止了图书外借等线下服务，通过线上服务弥补服务的不足。电子科技大学等图书馆于2020年2月25日正式开通"书送达"服务，在校师生可通过电话预约在馆可借图书，工作人员会在24小时内将图书送至读者指定的地点。为确保安全，图书馆对所有出馆图书进行消毒处理并用塑料袋封装。

（四）严格执行馆员健康信息日报制度

全省高校图书馆根据疫情防控工作需要，通过各种渠道发布并及时更新疫情最新动态和有关通知，布置落实工作任务，普及疫情常识，体现人文关怀，引导广大馆员科学理性认识疫情，调整心理和情绪，做好自我防护，增强战胜疫情的信心和决心。同时，全省高校图书馆均严格执行疫情信息"日报告、零报告"制度，通过电话、QQ 群、微信群、网上健康信息填报平台等多种方式了解馆员居家和休假情况，及时掌握其居住地、离城返城动向、身体健康状况等动态信息，准确掌握每位馆员的健康状况，每日按时上报，确保排查工作全覆盖。

四川幼儿师范高等专科学校等高校的图书馆要求全体馆员填写《报告防控新型冠状病毒感染的肺炎疫情承诺书》，并以截图方式汇总后上报学校，以增强馆员的防控意识。截至材料上报之时，四川省高校图书情报工作委员会未接到各高校图书馆馆员中发现疑似或确诊新冠病毒肺炎病例的报告。

三、精准施策，因地制宜，提供特色化、多样化战"疫"服务

在疫情防控期间，全省高校图书馆以高度的责任心和强烈的使命感，密切关注师生需求，在技术保障、服务保障、资源保障上下功夫，细心、贴心、耐心地面向师生做好各项管理服务，尤其是教学科研保障工作。

（一）加强数字资源和网络服务技术支撑

在疫情防控期间，为更好地保障广大师生数字文献资源服务，全省高校图书馆积极主动地采取有力的措施，加强与校内相关部门（学校教学科研和学生管理部门、网络服务保障部门等）和校外机构（数字资源和数据服务商家、网络服务公司等）的通力合作，全力保障信息系统和相关服务平台正常运行，拓展和畅通师生远程访问图书馆数字资源的途径。

四川大学、电子科技大学、西华大学、成都体育学院等高校的图书馆全面优化和提升数字文献资源校外访问 VPN 服务，积极联系 VPN 厂商增加 VPN 接入授权数量，扩容到设备允许上限；四川旅游学院、阿坝师范学院、乐山师范学院、四川水利职业技术学院、四川信息职业技术学院等高校的图书馆加强与学校网络信息中心和数据库商的联系，立即增开校外访问 VPN 服务；巴中职业技术学院等高校的图书馆联系商家优化移动图书馆平台，保障师生的访问和利用。这些措施使得数字资源服务下沉，确保广大师生在校外流畅使用图书馆数字资源，学习科研两不误，得到广大师生的一致好评。

四川大学、电子科技大学等高校的图书馆在 CARSI 联盟的技术支持下完成机构登录的调试和开通，拓展中国知网、WOS、Elsevier、Springer 等国内外文献数据库的校外使用方式，为广大师生使用数字资源提供更加便利、顺畅的服务。

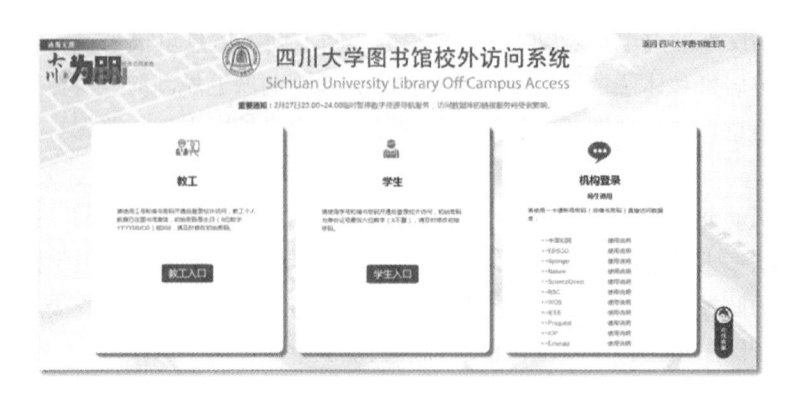

图2　四川大学图书馆全新改版优化"大川为朋（VPN）"服务平台

（二）优化数字资源建设和网络信息服务

为全力保障图书馆在线资源访问服务 7×24 小时正常运行，全省高校图书馆积极稳妥地实施网络服务特别保障方案，安排专人每天远程值守，监测网络服务和常用数据库资源的运行情况，及时排除各类网络故障，通过读者留言、QQ、微信等渠道开展网络保障专题服务咨询。同时，根据疫情防控的不同阶段制定网络服务预案，对网络服务保障工作进行充分的准备和筹划，从硬件系统保障、应用服务保障、资源访问、远程监测、协调配合和网络咨询服务等方面进行周密的人员安排。2020 年 1 月 28 日至 2 月 26 日，四川大学图书馆主页访问超过 22 万人次，页面访问次数超过 100 万次；2 月 16 日至 25 日，电子科技大学图书馆主页访问超过 10 万人次。

四川大学图书馆针对疫情防控时期的师生需求，专门制作上线《四川大学图书馆网络服务指南》，为师生更加方便使用图书馆网络服务提供及时有效的指引，自上线发布以来访问量已达 7.2 万人次。西南交通大学图书馆《师生校外使用图书馆数字资源指南》、四川文化产业职业学院图书馆《防疫期间图书馆数字资源访问攻略》、四川文理学院图书馆《抗击'疫情'期间电子资源使用指南》等服务指南受到师生的普遍欢迎。

（三）积极开展主题资源服务满足师生需要

在疫情防控期间，全省高校图书馆积极落实教育部"停课不停教、停课不停学"的要求，密切关注和及时满足师生需求，提出"闭馆不停业务，闭馆不停服务""闭馆不闭网，宅家不停学"等要求，努力做到"管理紧跟上，服务不打烊"，积极主动开展特色化资源服务，努力满足广大师生学习、科研的需要。

1. 全面开放电子资源

全省高校图书馆充分利用远程 VPN、移动图书馆、图书馆官网等途径，

7×24小时为师生提供学校已购买的电子资源下载、借阅服务，为线上教学提供支持。2020年2月16日至25日，四川大学图书馆校外访问使用人次就超过6.3万。1月至2月，成都理工大学图书馆各类电子资源下载量超过60万篇次，相对2019年同期增长58％。乐山职业技术学院、四川职业技术学院、泸州职业技术学院、宜宾职业技术学院、达州职业技术学院、四川建筑职业技术学院、四川工程职业技术学院、南充职业技术学院和四川化工职业技术学院等高职高专院校的图书馆根据本馆文献资源建设实际，有针对地性面向师生开展网上网下文献利用指导。

2. 拓展数字资源服务

全省高校图书馆广泛收集整理免费资源、OA资源、试用资源，扩充和拓展现有数字资源的种类和范围，及时进行宣传和发布，更好地满足了师生学习和科研需要。四川大学、西华大学、四川师范大学、四川农业大学、成都医学院、西南民族大学、四川国际标榜职业职业学院、武警警官学院、绵阳师范学院和西南科技大学城市学院等30余个高校的图书馆都积极开展了这项工作。

四川大学图书馆及时收集整理汇总与师生工作、学习、生活有关的10大类、300余种战"疫"免费资源和10大类、80余种开放获取资源，制作专题网站并长期持续更新。西华大学整理国家图书馆免费资源、国家古籍保护中心免费资源以及其他免费的网络文献数据库、网上MOOC、出版社图书等多种公开获取资源，多渠道推荐给学校师生。四川师范大学图书馆推出"闭馆不闭网，宅家不停学，你的资源宝典来啦"服务指引，内江师范学院图书馆开设"停馆不停服务—图书馆全天候网络学习资源免费开放"网上资源学习平台，阿坝师范学院图书馆发布"'抗疫情'免费资源汇集"等，为师生提供了丰富的文献资源服务。

图3　四川大学图书馆战"疫"免费资源合集

3. 拓展线上信息服务

在疫情防控期间，全省高校图书馆全方位开展在线信息服务和咨询服务，畅通服务渠道，利用新媒体、电子邮件、QQ群等多种方式为师生提供了在线咨询、文献传递、校外远程访问、在线文献信息资源推荐等服务。

四川大学图书馆制作专门的《四川大学图书馆疫情防控期间服务温馨提示》，通过学校OA系统发送到校内所有单位，并在开展数字资源服务、教材线上服务、在线科技查新与查收查引服务、在线学科服务与信息素养教育培训、在线文献传递、在线学位论文电子审核、在线图书资产建账和在线文献信息资源推荐等八大类服务的同时，重点安排专岗专人值守，通过智能咨询、主页读者留言、电话、QQ、邮箱、微信和微博留言等多种方式，为师生提供及时高效的综合业务咨询和专项业务咨询服务。

电子科技大学、西南交通大学等高校的图书馆在做好各类管理服务的同时，重点为师生提供在线科技查新、查收查引及在线学科服务，成都理工大学等高校图书馆开展了在线论文相似性检测、检索委托等服务。西南科技大学图书馆通过微信群专员服务，为广大教师提供电子书、电子期刊、学位论文、标准专利等多种形式的文献传递服务，已加入教师293人，提供文献800余篇（份），受到广大教师的好评。

四川护理职业学院图情中心专门创建"川护文献资源服务QQ群"，成立青年服务明星小分队，采取"一对一（学院或部门）"方式服务师生。在服务中，成都中医药大学等高校图书馆实施"首问负责制"，四川文理学院等高校图书馆提出"馆员人人都是咨询员"的要求，确保了高校图书馆的服务质量。

攀枝花学院图书馆大力开展网上师生信息素养培训和馆员业务培训工作，包括"服务双一流，做好学科竞争力分析""调研与思考——学科情报服务的定位与发展方向"等专题讲座。

4. 大力推广战"疫"服务

全省高校图书馆利用图书馆主页、微信、微博等融合媒体平台，充分发挥融合媒体作用，开展丰富多彩的宣传和推广活动，大力普及疫情防控知识，深度宣传推广图书馆数字资源和战"疫"专题服务。

四川大学图书馆除了与学校网站和官方微信公众号合作推广图书馆战"疫"服务，还充分利用本馆"两站（智慧川大网站和明远学习驿站）两微（微信微博）两端（大川为朋校外访问和移动图书馆）"融媒体平台，及时制作并推送《抗"疫"利器之免费资源和OA资源：四川大学图书馆战"疫"服务在行动》《线上电子教材和机构登录来了：四川大学图书馆战"疫"服务在行动》等系列推文，阅读量和关注度都大大超过以往各期推文的平均数。

四川农业大学图书馆推出"以读攻毒，闭馆不闭网，图书馆伴你宅战疫"为主题的系列阅读推广活动。西南民族大学图书馆在图书馆主页和图书馆微信订阅号上发布《宅家学习图书馆数字资源与免费资源》《国内外疫情研究科普类》等推文。成都理工大学图书馆推出《利用成理数字图书馆宅家学！》《海量名师讲座免费看》《在线阅读打卡》等系列新媒体推文，寒假期间官方微信访问量达28351次，是2019年寒假的1.75倍。西南医科大学图书馆开展"闭馆不闭网——'宅'在家里学习，图书馆为你保驾护航"数据库资源推广活动。成都医学院图书馆推出《抗击新型冠状病毒肺炎疫情期间免费访问数据库锦集》《抗击新型冠状病毒肺炎图书馆与你同在》《新型冠状病毒肺炎中文免费资源》《李兰娟院士专栏》等系列推文。四川旅游学院图书馆通过微信平台整理发布《肥宅自救宝典｜图书馆数字资源助力战"疫"》《特别荐书｜滚蛋吧，肿瘤君》等推文推荐有关防疫的普及性及文学读物。成都工贸职业技术学院图书馆在学院微信公众号上连续发布三期以"知识战疫，赢在未来"为主题的免费线上资源推送服务。

绵阳职业技术学院图书馆邀请本校孙会宁教授录制中英文版的消毒液制作和使用相关知识宣传视频，该视频被作为"化学分析"课程拓展资源用于"建材化学分析双语课程"建设，教育部职教处在"职教专业教学资源库QQ群"中进行宣传。

四川长江职业学院图书馆制作图书馆资源和服务的宣传视频开展线上推广。天府新区通用航空职业学院图书馆在学院公众号推送《一键收藏！@通航人，"宅"家学习科研两不误》等推文。

图4　西南科技大学城市学院图书馆各类电子资源推送

5. 迅速搭建服务线上教学的平台，推出热点信息服务

根据教育部相关通知的精神和各高校2019—2020学年春季学期教学工作的具体安排，为切实保障"停课不停学"的在线教学工作，全省高校图书馆立即行动，迅速采取多种管理服务措施，全力支持和保障全校在线教学活动顺利进行。

图5　四川大学图书馆电子教材线上服务

四川大学图书馆与教务处、研究生院紧密合作，通过多种渠道加班加点整理电子教材信息，快速上线"四川大学2019—2020学年春季教材在线服务平台"，提供中外文教材电子书近1200种，建设工作还在持续不断推进中。从2月16日该平台正式上线服务开始，截至3月12日，浏览量近40万人次。教

材电子图书的建设为学校38个教学单位（32个学院、6个其他教学机构）开展网络教学工作提供了坚实的基础。同时，在加大已购买电子图书推荐服务和初步建设的教材教参选荐用平台的基础上，快速开通包含剑桥大学出版社精品教材、国际知名出版社德古意特（De Gruyter）经典教材、中华数字书苑、圣智（CEB Library）电子教参数据库、人民卫生出版社"人卫临床知识库"等6个电子书试用平台，直接服务人才培养第一线。

图6　电子科技大学2019—2020第二学期在线课程资源平台

电子科技大学图书馆积极响应教学活动的实际需要，联合教务处、研究生院、信息中心等有关部门，仅用5天时间就搭建起基于2019—2020学年第二学期教学大纲的在线课程资源平台。该平台于2月14日正式上线，共提供本科生、研究生教材1100余本，教学参考资料1200余本。目前，学校图书馆仍在不断完善和建设在线课程资源平台，持续添加与课程相关的教材和教学参考资源，全力支撑学校教学工作的开展。截至2月27日，在线课程资源平台访问量超过22000人次。

成都理工大学图书馆面向全校师生推出"您选书，图书馆买单"的"足不出户，图书网上借购服务"，通过借购和快递到家的方式，充分满足广大师生疫情防控期间对图书和教材的紧迫需求。

西南石油大学图书馆及时收集和汇总发布各出版社提供电子教材的信息，整理成专门的服务指南供广大师生参考。同时，他们积极加强与各数据库商、各有关出版社的沟通联系，千方百计获取教学急需使用的教材的电子版，通过点对点电话预约等方式外借纸本图书教材100余册，传递已购买数据库中未收录的各类教材电子版 40 余种。

西南科技大学图书馆积极联系数据商，为学校教师和学生提供上课所需的电子教材，已获得超星公司、人天公司等数据商的电子教材提供服务。同时，积极沟通整理一系列急需教材的信息，并通过数据商进行文献传递，目前已收集并传递教材 104 种，服务 84 人。

根据学校应对疫情工作方案要求，阿坝师范学院图书馆利用资源渠道优势，尽力保障学校网课所需电子教材的需要，图书馆在积极保证已购买资源的电子文献传递渠道的工作正常运行外，加大试用资源的服务力度，建立"Worldlib 阿坝师范学院文献传递服务微信群"，每天 8 时至 22 时有专人值守并开展文献传递服务。到目前为止，全校已有 474 名师生加入该群，并获得大量文献服务，取得良好的效果。

四川工商学院图书馆相关管理服务人员加入学校三苏概论、社交礼仪、心理健康等在线课程教学团队，主动开展嵌入式服务，为师生提供课外阅读书目和网络资源服务。

6. 开展"信息检索与利用"线上教学

根据教育部相关通知精神和学校春季学期教学工作安排，落实疫情期间"延期不返校、延期不停教、延期不停学、延期不停研"的要求，全省高校图书馆大多承担有"信息检索与利用"课程教学任务。他们积极组织教师，提前做好在线教学准备工作，确保教学任务的完成。

四川大学图书馆在继续做好"一小时讲座"和院系定制化信息素养培训的同时，面向全校开设"信息检索与利用"课程，本学期共有 1290 名本科生选课。2 月 24 日正式开始使用 QQ 群课堂进行线上教学。老师们认真准备、认真授课，线上答疑、线上指导作业一丝不苟；同学们听课热情高涨，积极进行实践操作，认真完成作业。

四川师范大学图书馆进一步完善学校 2020 年春季"信息素养与终身学习"课程教学计划，利用云课堂开展线上教学、讨论、互动等环节。由四川师范大学图书馆周建芳老师等主讲的"信息素养：效率提升与终身学习的新引擎"第六学期的 MOOC 于 2 月 6 日在中国慕课正式开课，截至 2 月 27 日，已经更新 35 个课时，共有 9268 人学习该课程。

成都医学院图书馆文献检索教研室从 2 月 24 日起，开展了"医学信息收集与处理""健康信息收集与处理"两门课程的网络教学，主要采用超星学习通，以 BiliBili 视频平台和 QQ 讨论答疑为辅助，全面保证课程的教学效果。针对网络课程特点，讨论确定 9 个项目检查点，对上传视频和学习资料、讨论、作业进行测试与核查。截至 2 月 26 日，该课程已经顺利完成 5 个教学班、15 个学时共 415 人次的教学任务。

四川农业大学图书馆"信息检索与利用"课程组组织全体教师认真在线备课，运用"SPOC 慕课＋QQ 群＋微信群"组合教学模式，于 2 月 24 日启动网上在线教学。西华大学图书馆通过线上教学平台，结合 QQ 群，运用直播、录播、SPOC 等多种教学形式，跨越地域界限，与学生相见于"信息检索"云端课堂。川北医学院图书馆利用视频会议等多种方式开展网络集体备课，制定并实施"医学文献检索与利用"课程线上教学方案。

7. 组织开展主题阅读推广活动

四川省高等学校图书情报工作委员会联合四川省图书馆、四川省图书馆学会、四川省中心图书馆委员会办公室等单位，在相关公司的技术支持下，共同举办图书馆"抗击新型冠状病毒肺炎"主题作品征集活动，组织全省高校图书馆积极开展疫情防控专题创作，弘扬正能量，进一步鼓舞民心、激励斗志、凝聚力量，用文化的力量为全省乃至全国疫情防控工作作出贡献。截至 2 月 25 日，共收到各类作品 400 余件。

成都文理学院、四川传媒学院和成都艺术职业大学等高校图书馆把该项活动上升到学校层面，由学校下发有关通知文件。成都艺术职业大学不仅下发《关于号召师生积极参加"战'疫'，我们在行动！图书馆'抗击新型冠状病毒肺炎'主题作品征集活动"的通知》，学校主管图书馆工作的副校长、知名版画大师甘庭俭教授亲自创作速写《非常时期平凡人》《白衣天使》和版画《庚子正月——逆行，武汉进军》《庚子正月——冬已去，春将至》等作品，画家庞家俄教授创作钢笔画《中国样子》等，从不同的视角用画笔展现了这场没有硝烟的人民战争中各个行业、各个层面的中国人民的精神风貌，为疫情防控阻击战贡献了强有力的精神力量。

雅安职业技术学院图书馆在图书馆网站首页开辟"抗疫文艺作品选"和"抗疫新闻"专栏，专门发布抗疫先进事迹、报道和相关文学作品，鼓励职工积极参与创作，通过文艺作品来宣传社会正能量，鼓舞抗疫斗志。馆长罗大佺描写该校毕业学子彭云耀参加四川省第一支驰援武汉医疗队，奔赴武汉抗击疫情的诗歌《母校为你点赞》和宣传学院教职员工抗击疫情事迹的《守望相助，雅职院抗疫那些人和事（组诗）》等，被《人民日报》、《四川文艺报》、四川文艺网、四川作家网、《眉山日报》、眉山新闻网等媒体发表和转载，鼓舞了抗疫士气，提高了学院的知名度，弘扬了社会正能量。

四川大学图书馆与学生工作部和教务处等联合开展"读书声中战疫情"书

评征集活动。成都理工大学图书馆开展"病毒科普知识竞赛""同心战疫、为爱告白"朗读活动。四川艺术职业技术学院图书馆开展"品读经典,全民战'疫',听书打卡""防疫专题——新型冠状病毒知识全知道"和"经典共读——共读经典共宅家中控疫情"线上活动。四川航天职业技术学院图书馆推出"图书馆战疫主题活动来袭——闭馆不闭网,以读攻毒"阅读活动和"万众一心战疫情"主题征文活动。成都职业技术学院图书馆通过学院官微向全院发布"全民战'疫',以读攻'毒',这个寒假图书馆陪你抗疫"阅读活动。四川财经职业学院图书馆推出"闭馆不闭网,以读攻毒"系列防疫主题活动。四川警察学院图书馆推出"宅家学习好时光"阅读活动。四川商务职业学院图书馆开展"闭馆不闭网——图书馆全民战疫主题活动"。

在线上教学支持服务中,四川大学图书馆和电子科技大学图书馆等四川省高校图书馆措施有力,成效显著,获得了有益的经验。

在应对重大突发公共卫生事件时,四川省高校图书馆将疫情防控工作作为当前最重要的政治任务和头等大事,全面落实疫情防控要求,科学布控,确保师生职工的健康和安全,成为校园疫情防控重要方面军。在严防严控疫情中,四川省高校图书馆精准施策,因地制宜,提供特色化、多样化战"疫"服务,从技术保障、服务保障、资源保障等多方面创新性开展服务工作,满足师生教学科研需求,探索和总结出高校图书馆在重大公共卫生事件突发时积极应对,保障学校教学科研顺利开展的多种措施方法和方案。四川省高校图书馆多渠道、多方式及时推送发布抗疫相关知识和权威信息,发挥了重大突发事件中图书馆的教育职能和信息传播职能,并通过稳定运行的线上服务和咨询服务,很好地起到了疏导师生心理、缓解不必要的恐慌情绪等作用,体现出高校图书馆在重大突发事件中的特殊意义和价值。

病毒无情,战"疫"有力。共克时艰,服务有心。师生在哪里,全省高校图书馆专业、及时、主动、周到的服务就到哪里。疫情防控阻击战是一场必须坚决打赢的人民战争。四川省各高校图书馆将响应习近平总书记的号召,不忘"传承文明,服务社会"的初心,牢记"滋养民族心灵,培育文化自信"的使命,用赤诚的坚守与无私的奉献,在平凡中书写不凡,让高校图书馆精准化、高效化的战"疫"服务伴随广大师生战胜疫情、再创辉煌,共同书写"严防严控阻疫情""抓紧抓实抓发展"的"奋进之笔",共同谱写新时代全省高校图书馆事业新发展的"奋进之篇"。

附件1

疫情期间四川省高校图书馆开展服务情况提交报告单位名单（部分）

序号	学校代码	学校名称
1	10610	四川大学
2	10613	西南交通大学
3	10614	电子科技大学
4	10615	西南石油大学
5	10616	成都理工大学
6	10619	西南科技大学
7	10623	西华大学
8	10624	中国民用航空飞行学院
9	10626	四川农业大学
10	10632	西南医科大学
11	10633	成都中医药大学
12	10634	川北医学院
13	10636	四川师范大学
14	10639	绵阳师范学院
15	10640	内江师范学院
16	10641	宜宾学院
17	10644	四川文理学院
18	10646	阿坝师范学院
19	10649	乐山师范学院
20	10651	西南财经大学
21	10653	成都体育学院
22	10654	四川音乐学院
23	10656	西南民族大学
24	11079	成都大学
25	11116	成都工业学院
26	11360	攀枝花学院
27	11552	四川旅游学院

续表

序号	学校代码	学校名称
28	91040	武警警官学院
29	11553	成都纺织高等专科学校
30	12212	四川警察学院
31	12635	成都职业技术学院
32	12637	四川化工职业技术学院
33	12638	四川水利职业技术学院
34	12639	南充职业技术学院
35	12641	四川航天职业技术学院
36	12753	绵阳职业技术学院
37	12763	四川工程职业技术学院
38	12764	四川建筑职业技术学院
39	12767	达州职业技术学院
40	12964	四川国际标榜职业学院
41	12966	宜宾职业技术学院
42	12967	泸州职业技术学院
43	12969	成都艺术职业大学
44	12970	四川职业技术学院
45	13048	乐山职业技术学院
46	13049	雅安职业技术学院
47	13668	成都理工大学工程技术学院
48	13669	四川传媒学院
49	13671	成都文理学院
50	13672	四川工商学院
51	13705	成都医学院
52	13812	四川商务职业学院
53	13814	广安职业技术学院
54	13815	四川信息职业技术学院
55	13903	四川大学锦城学院

续表

序号	学校代码	学校名称
56	14005	四川华新现代职业学院
57	14007	四川艺术职业学院
58	14010	四川中医药高等专科学校
59	14045	西南科技大学城市学院
60	14070	四川科技职业学院
61	14086	四川文化产业职业学院
62	14091	四川财经职业学院
63	14221	四川幼儿师范高等专科学校
64	14323	四川长江职业学院
65	14389	成都师范学院
66	14393	川北幼儿师范高等专科学校
67	14410	四川电影电视学院
68	14483	巴中职业技术学院
69	14486	四川文轩职业学院
70	14513	四川护理职业学院
71	14547	成都工贸职业技术学院
72	14640	眉山药科职业学院
73	14646	天府新区通用航空职业学院
74	50881	广元中核职业技术学院

附件 2

四川省高校图书馆支持线上教学服务情况统计表

序号	单位	24小时在线资源开放	在线电子教材服务	线上信息素养课程	其他在线服务
1	四川大学图书馆	√	√	√	1. 提供QQ、微信、微博和电话等方式咨询服务； 2. 提供在线电子教材等文献传递服务； 3. 提供代查电子图书、教材和代查代检各类项目等信息检索服务； 4. 提供抗疫免费资源、OA资源和共享课程资源等资讯服务； 5. 提供图书馆和学校主页、微博和微信公众号等平台推送服务。
2	西南交通大学图书馆	√		√	1. 提供线上线下全方位咨询，全力保障在线资源访问服务； 2. 提供抗疫免费资源，汇集资讯； 3. 提供图书馆主页、微信公众号等平台推送服务。
3	电子科技大学图书馆	√	√	√	1. 提供QQ、微信、电话等方式咨询服务； 2. 提供图书馆主页、微信公众号等平台推送服务； 3. 提供"书送达"纸质图书预约服务。
4	西南石油大学图书馆	√	√	√	1. 提供QQ、微信、电话等方式咨询服务； 2. 提供纸本教材、教参个别电话预约外借服务； 3. 提供在线文献传递服务； 4. 提供在线培训等服务。

续表

序号	单位	24小时在线资源开放	在线电子教材服务	线上信息素养课程	其他在线服务
5	成都理工大学图书馆	√		√	1. 提供QQ、微信、电话等方式咨询服务； 2. 提供在线文献传递服务； 3. 提供论文相似性检测服务； 4. 提供检索委托等服务； 5. 提供抗疫免费资源，汇集资讯； 6. 提供图书馆主页、微信公众号等平台推送服务； 7. 提供无接触上门送书服务及图书扫描服务。
6	西南科技大学图书馆	√	√		1. 提供QQ、微信、电话等方式咨询服务； 2. 提供图书馆主页、微博微信公众号等平台推送服务； 3. 提供"网上预约、馆员找书"纸质图书预约服务。
7	成都信息工程大学图书馆	√	√	√	1. 提供QQ、微信、电话等方式咨询服务； 2. 提供在线文献传递服务； 3. 提供图书馆主页、微信公众号等平台推送服务。
8	四川轻化工大学图书馆	√	√	√	1. 提供QQ、微信、电话等方式咨询服务； 2. 提供在线文献传递服务。
9	西华大学图书馆	√		√	1. 提供QQ、微信、电话等方式咨询服务； 2. 提供抗疫免费资源，汇集资讯。
10	中国民用航空飞行学院图书馆	√	√		1. 提供线上线下全方位咨询，全力保障在线资源访问服务； 2. 提供在线培训等服务； 3. 提供抗疫免费资源，汇集资讯； 4. 开展战"疫"艺术作品线上征集活动； 5. 提供多平台推送服务。

续表

序号	单位	24小时在线资源开放	在线电子教材服务	线上信息素养课程	其他在线服务
11	四川农业大学图书馆	√	√	√	1. 提供QQ、微信、电话等方式咨询服务； 2. 提供在线文献传递服务； 3. 提供个别上门送书服务。
12	西昌学院图书馆	√			1. 提供在线多种方式咨询服务； 2. 提供多平台推送服务。
13	西南医科大学图书馆	√		√	1. 提供QQ、微信、电话等方式咨询服务； 2. 提供纸本教材教参个别电话预约外借服务； 3. 提供抗疫免费资源，汇集资讯； 4. 提供"书送温暖"纸质图书预约服务。
14	成都中医药大学图书馆	√			1. 提供QQ、微信、电话等方式咨询服务； 2. 提供在线文献传递服务； 3. 提供在线培训等服务； 4. 提供纸质图书预约配送服务； 5. 提供科技查新、查收查引等服务； 6. 提供抗疫免费资源，汇集资讯； 7. 提供图书馆主页、微博微信公众号等平台推送服务。
15	川北医学院图书档案馆	√	√	√	提供在线答疑及咨询服务

续表

序号	单位	24小时在线资源开放	在线电子教材服务	线上信息素养课程	其他在线服务
16	四川师范大学图书馆	√		√	1. 提供QQ、微信、电话等方式咨询服务； 2. 提供在线文献传递服务； 3. 提供纸质图书预约外借服务； 4. 提供馆员在线讲座及各类在线阅读推广活动服务； 5. 编制学科分析报告，配合学校师范专业认证开展相关专业分析评估； 6. 提供抗疫免费资源，汇集资讯； 7. 提供图书馆主页、微信公众号等平台推送服务。
17	西华师范大学图书馆	√	√		提供QQ、微信、电话等方式咨询服务。
18	绵阳师范学院图书馆	√	√		1. 提供在线咨询服务； 2. 提供图书馆主页等平台推送服务； 3. 提供线上互动服务。
19	内江师范学院图书馆	√		√	1. 提供在线咨询服务； 2. 提供抗疫免费资源，汇集资讯； 3. 提供图书馆主页、微信公众号等平台推送服务。
20	宜宾学院图书馆	√	√		1. 提供在线咨询服务； 2. 提供教师纸本教材、教参； 3. 提供在线培训等服务。
21	四川文理学院图书馆	√		√	1. 提供在线咨询服务； 2. 提供在线文献传递服务； 3. 提供抗疫免费资源，汇集资讯； 4. 提供图书馆主页、微信公众号等平台推送服务。

续表

序号	单位	24小时在线资源开放	在线电子教材服务	线上信息素养课程	其他在线服务
22	阿坝师范学院图书馆	√	√		1. 提供在线咨询服务； 2. 提供在线文献传递，开通试用Worldlib服务； 3. 提供抗疫免费资源，汇集资讯； 4. 提供图书馆主页、微信公众号等平台推送服务。
23	乐山师范学院图书馆	√		√	1. 提供在线咨询服务； 2. 提供查新查重服务； 3. 提供抗疫免费资源，汇集资讯； 4. 提供图书馆主页等平台推送服务； 5. 提供个别电话预约外借服务。
24	西南财经大学图书馆	√		√	1. 提供在线咨询服务； 2. 提供抗疫免费资源，汇集资讯。
25	成都体育学院图书馆	√		√	1. 提供在线咨询服务； 2. 提供图书馆主页、微信公众号等平台推送服务。
26	四川音乐学院图书馆	√			1. 提供在线咨询服务； 2. 提供在线文献传递服务； 3. 提供线上参考咨询服务； 4. 提供抗疫免费资源，汇集资讯； 5. 提供图书馆主页、微信公众号等平台推送服务。
27	西南民族大学大学图书馆	√		√	1. 提供线上线下全方位咨询，全力保障在线资源访问服务； 2. 提供抗疫免费资源，汇集资讯； 3. 提供图书馆主页、微博微信公众号等平台推送服务。

续表

序号	单位	24小时在线资源开放	在线电子教材服务	线上信息素养课程	其他在线服务
28	成都大学图书馆	√	√	√	1. 提供在线咨询服务； 2. 提供在线文献传递服务； 3. 提供论文相似性检测服务； 4. 提供查收查引等服务； 5. 提供抗疫免费资源，汇集资讯； 6. 提供图书馆主页、微信公众号等平台推送服务。
29	成都工业学院图书馆	√			1. 提供在线咨询服务； 2. 提供抗疫免费资源，汇集资讯； 3. 提供图书馆主页、微信公众号等平台推送服务。
30	攀枝花学院图书馆	√	√	√	提供QQ在线咨询、微信互动咨询、电话咨询等多媒体、多形式的教学咨询与服务。
31	四川旅游学院图书馆	√	√	√	提供在线咨询服务。
32	成都纺织高等专科学校图书馆	√			1. 提供在线咨询服务； 2. 提供在线阅读推广活动及在线专题培训等服务； 3. 提供抗疫免费资源，汇集资讯； 4. 提供"不见面图书代借"网上预约服务。
33	四川民族学院图书馆	√			1. 提供抗疫免费资源，汇集资讯； 2. 提供图书馆主页等平台推送服务。
34	成都航空职业技术学院图书馆	√	√	√	1. 提供在线咨询服务； 2. 提供代查代检、论文检测等服务。
35	四川警察学院图书馆	√	√	√	1. 提供在线咨询服务； 2. 提供论文相似性检测服务； 3. 提供参考咨询等服务； 4. 提供图书馆主页等平台推送服务。

续表

序号	单位	24小时在线资源开放	在线电子教材服务	线上信息素养课程	其他在线服务
36	成都职业技术学院图书馆	√	√		1. 提供在线咨询服务； 2. 提供在线阅读推广活动等服务。
37	四川化工职业技术学院图书馆	√			通过学习通教育平台等多种线上方式提供咨询推广服务。
38	四川水利职业技术学院图书馆	√	√		
39	南充职业技术学院图书馆	√			
40	内江职业技术学院图书馆	√			通过学习通教育平台等多种线上方式提供咨询推广服务。
41	四川航天职业技术学院图书馆	√	√	√	1. 通过学习通教育平台等线上方式提供咨询推广服务； 2. 为教师提供《四川航天职业技术学院教学资料查询指南》，协助教师获取电子版教材。
42	绵阳职业技术学院图书馆	√			配合教学系部收集线上教学开课方案，积极向系部提供相关资源。
43	四川交通职业技术学院图书馆	√			通过学习通教育平台等多种线上方式提供咨询推广服务。
44	四川工商职业技术学院图书馆	√	√	√	为毕业生提供了专升本方面的信息咨询服务和信息资源传递服务。
45	四川工程职业技术学院图书馆	√	√		
46	四川建筑职业技术学院图书馆	√	√	√	

续表

序号	单位	24小时在线资源开放	在线电子教材服务	线上信息素养课程	其他在线服务
47	达州职业技术学院图书馆	✓			提供抗疫在线阅读推广活动等服务。
48	四川国际标榜职业学院图书馆	✓	✓	✓	1. 提供在线参考咨询等服务； 2. 提供专题文献检索服务； 3. 提供20余种网上授课平台、课程资源使用指南及网络教学咨询服务； 4. 提供抗疫免费资源，汇集资讯。
49	成都农业科技职业学院图书馆	✓			通过学习通教育平台等多种线上方式提供咨询推广服务。
50	宜宾职业技术学院图书馆	✓			
51	泸州职业技术学院图书馆	✓			通过学习通教育平台等多种线上方式提供咨询推广服务。
52	成都艺术职业大学图书馆	✓	✓		
53	四川职业技术学院图书馆	✓			
54	乐山职业技术学院图书馆	✓			
55	雅安职业技术学院图书馆	✓			
56	电子科技大学成都学院图书馆	✓			1. 提供维普论文检测系统； 2. 提供抗疫免费资源，汇集资讯； 3. 通过网上平台推广相关课程学习所需的阅读参考书目。

续表

序号	单位	24小时在线资源开放	在线电子教材服务	线上信息素养课程	其他在线服务
57	成都理工大学工程技术学院图书馆	✓			通过设置在线馆员、在线服务热线开展电子图书、电子期刊、教育视频、教育课程资源平台服务。
58	四川传媒学院图书馆	✓			1. 提供在线咨询服务； 2. 提供文献传递服务； 3. 提供抗疫免费资源，汇集资讯； 4. 提供图书馆主页、微信公众号等平台推送服务。
59	成都信息工程大学银杏酒店管理学院图书馆	✓		✓	1. 提供在线咨询服务； 2. 提供图书馆主页、微信公众号等平台推送服务。
60	成都文理学院图书馆	✓			1. 提供在线咨询服务； 2. 提供抗疫情免费资源，汇集资讯。
61	四川工商学院图书馆	✓		✓	1. 提供在线咨询服务； 2. 提供超星论文检测服务； 3. 提供抗疫免费资源，汇集资讯； 4. 通过网上平台推广相关课程学习所需的阅读参考书目； 5. 提供图书馆主页等平台推送服务。
62	成都医学院图书馆	✓		✓	1. 提供在线咨询服务； 2. 提供在线文献传递服务； 3. 提供代查代检服务； 5. 提供抗疫免费资源，汇集资讯； 6. 提供图书馆主页、微信公众号等平台推送服务。
63	广安职业技术学院图书馆	✓			1. 通过学习通教育平台等多种线上方式提供咨询推广服务； 2. 提供抗疫情免费资源，汇集资讯。

续表

序号	单位	24小时在线资源开放	在线电子教材服务	线上信息素养课程	其他在线服务
64	四川信息职业技术学院图书馆	✓	✓	✓	通过学习通教育平台等多种线上方式提供咨询推广服务。
65	四川工业科技学院图书馆	✓	✓		提供在线咨询服务。
66	四川大学锦城学院图书馆	✓	✓	✓	1. 提供在线咨询服务； 2. 提供特殊需求用书快递到家服务； 3. 提供图书馆主页等平台推送服务。
67	四川华新现代职业学院图书馆	✓			1. 提供多平台在线咨询服务； 2. 提供阅读推广活动等服务； 3. 提供馆员在线业务培训服务； 4. 提供微信公众号等平台推送服务。
68	四川艺术职业学院图书馆	✓			通过学习通教育平台等多种线上方式提供咨询推广服务。
69	四川中医药高等专科学校图书馆	✓			通过线上多个平台提供咨询推广服务。
70	西南财经大学天府学院图书馆	✓			1. 提供在线咨询服务； 2. 提供论文检测等服务； 3. 提供图书馆主页、微信公众号等平台推送服务。
71	四川大学锦江学院图书馆	✓	✓		提供在线咨询服务。
72	西南科技大学城市学院图书馆	✓	✓		1. 提供在线咨询服务； 2. 提供在线专题培训等服务； 3. 提供图书馆主页、微博微信公众号等平台推送服务。
73	四川科技职业学院图书馆	✓	✓		1. 协助线上教学教师录播及线上答疑； 2. 联系数据库商家提供线上教学视频。

续表

序号	单位	24小时在线资源开放	在线电子教材服务	线上信息素养课程	其他在线服务
74	四川文化产业职业学院图书馆	✓			1. 通过学习通教育平台等线上方式提供咨询推广服务； 2. 提供在线阅读推广活动等服务； 3. 提供微信公众号等平台推送服务。
75	四川财经职业学院图书馆	✓			1. 提供在线咨询服务； 2. 提供在线文献传递服务； 3. 提供线上阅读推广活动等服务； 5. 提供抗疫免费资源，汇集资讯； 6. 提供图书馆主页、微信公众号等平台推送服务。
76	四川城市职业学院图书馆	✓	✓		1. 通过学习通教育平台等线上方式提供咨询推广服务； 2. 提供在线文献传递服务。
77	四川幼儿师范高等专科学校图书馆	✓			通过学习通教育平台等多种线上方式提供咨询推广服务。
78	西南交通大学希望学院图书馆	✓			1. 提供在线咨询服务； 2. 提供抗疫免费资源，汇集资讯； 3. 提供图书馆主页、微博微信公众号等平台推送服务。
79	四川长江职业学院图书馆	✓			开展线上保障学校教学服务。
80	成都师范学院图书馆	✓			1. 提供在线咨询服务； 2. 提供抗疫免费资源，汇集资讯； 3. 提供图书馆主页等平台推送资讯服务。
81	川北幼儿师范高等专科学校	✓			通过学习通教育平台等多种线上方式提供咨询推广服务。
82	巴中职业技术学院图书馆	✓	✓		

续表

序号	单位	24小时在线资源开放	在线电子教材服务	线上信息素养课程	其他在线服务
83	四川文轩职业学院图书馆	√			1. 通过学习通教育平台等线上方式提供咨询推广服务； 2. 提供抗疫免费资源，汇集资讯； 3. 提供线上平台推送服务。
84	川南幼儿师范高等专科学校图书馆	√	√		提供抗疫免费资源，汇集资讯。
85	四川护理职业学院图书馆	√	√		1. 提供线上阅读推广活动等服务； 2. 提供线上多平台咨询服务推送服务。
86	成都工贸职业技术学院图书馆	√	√		1. 提供在线多种方式咨询服务； 2. 提供线上文献传递服务； 3. 提供抗疫免费资源，汇集资讯； 4. 提供图书馆主页、微信公众号等平台推送服务。
87	眉山药科职业学院图书馆	√	√		1. 提供在线多种方式咨询服务； 2. 提供在线文献传递服务。
88	天府新区信息职业学院图书馆	√			通过学习通教育平台等多种线上方式提供咨询推广服务。
89	天府新区航空旅游职业学院图书馆	√			
90	广元中核职业技术学院图书馆	√			1. 通过学习通教育平台等多种线上方式提供咨询推广服务； 2. 提供在线培训等服务； 3. 积极联系商家提供各类在线资源的试用。

续表

序号	单位	24小时在线资源开放	在线电子教材服务	线上信息素养课程	其他在线服务
91	武警警官学院图书馆	√			1. 提供线上线下全方位咨询，全力保障在线资源访问服务； 2. 提供抗疫免费资源，汇集资讯。

"红动校园" 四川大学构建新时代高校图书馆红色文化育人新体系的探索与实践[①]

党跃武 韩 夏 张盛强 杜小军 姜 晓 吴廷照
黄毕惠 丁 伟 李晓蔚 肖 敏 于 姝 赵 靓[②]

摘 要：党的十九大以来，四川大学图书馆通过整合以红色文献资源、文化空间资源、文化活动资源、文化人才资源和历史文化资源为基础的高校图书馆红色文化教育资源，率先推出以红色文化空间服务、红色文献书目服务、红色文献专题展览、红色文化阅读推广、红色文献专题编研为主要内容的高校图书馆"五环联动"红色文化教育阵列；全面打造红色文化空间"培"人、红色阅读推广"悦"人、红色专题文库"启"人、融合媒体技术"新"人的高校图书馆"四维一体"红色文化教育模式；多措并举实现全面提升效度、力度、宽度和高度的高校图书馆"四度提升"红色文化教育实效，初步构建以文献思政、服务思政和文化思政为主要特征，以"红动校园"即红色文化带动校园文化建设、红色文化教育驱动"三全育人"为发展方向，可借鉴和推广的新时代高校图书馆红色文化育人新体系。

关键词：高校图书馆；红色文化；文化育人

习近平总书记在党的十九大报告中提出："文化是一个国家、一个民族的灵魂。文化兴国运兴，文化强民族强。没有高度的文化自信，没有文化的繁荣兴盛，就没有中华民族伟大复兴。"（习近平，2017）2017年，习近平总书记

---

① 本文系2021年四川大学教学成果一等奖获奖项目总结报告。
② 党跃武（1967—），硕士，教授，四川大学教务处处长、图书馆原馆长。韩夏（1968—），博士，研究馆员，四川大学图书馆。张盛强（1975—），博士，研究馆员，四川大学图书馆。杜小军（1973—），硕士，副馆长，四川大学图书馆。姜晓（1965—），本科，研究馆员，四川大学图书馆。吴廷照（1969—），硕士，馆员，四川大学图书馆。黄毕惠（1966—），本科，研究馆员，四川大学图书馆。丁伟（1983—），硕士，馆员，四川大学图书馆。李晓蔚（1989—），硕士，馆员，四川大学图书馆。肖敏（1986—），硕士，馆员，四川大学图书馆。于姝（1987—），硕士，馆员，四川大学图书馆。赵靓（1988—），硕士，馆员，四川大学图书馆。

在全国高校思想政治工作会议上提出了"文化育人"的教育理念,他指出,要坚持把立德树人作为中心环节,把思想政治工作贯穿教育教学全过程,实现全程育人、全方位育人;要更加注重以文化人、以文育人,努力开创我国高等教育事业发展新局面。(新华社,2016)2019年,在主持召开学校思想政治理论课教师座谈会时,习近平总书记强调,用新时代中国特色社会主义思想铸魂育人,贯彻党的教育方针,落实立德树人根本任务。

四川大学在120多年的发展历程中,因图强而生,因融合而兴,因创新而立,扎根祖国大地,厚植巴蜀山川,成就了学校百廿发展辉煌,培养了一大批国家栋梁和社会精英,积淀了极其深厚的历史文化底蕴。四川大学历来是"最高文化之根芽""进步势力的大本营""传播革命种子的园地",在血与火的洗礼中涌现了一大批仁人志士。在风云激荡的望江楼畔、华西坝上,无数革命师生唱响高亢激越的青春之歌,坚持"与人民同甘苦,与祖国同命运,与时代同呼吸,与社会同进步",凝结成四川大学以"追求新知,引领社会""艰苦奋斗,献身社会""服务人民,改造社会""热爱祖国,热爱人民,坚持进步,追求真理"为主要特征的红色文化基因。(党跃武,等,2020:180-185)这种代代相传的红色文化基因正是打造新时代高校图书馆红色文化教育新体系的川大实践的根本动力。

四川大学图书馆是中国西南地区历史最悠久、规模最大的高校图书馆,源起1704年锦江书院藏书室、1875年尊经书院尊经阁和1896年四川中西学堂藏书楼,现有文理图书馆、工学图书馆、医学图书馆和江安图书馆四个分馆,馆藏纸本文献700万册、中外文文献数据库311种,以系统化的信息资源体系、科学化的信息管理体系、现代化的信息服务,在国家建设和学校发展中发挥着重要的作用,也必将在立德树人和文化育人中发挥更大的作用。深厚的历史人文底蕴和优良的文献资源服务,为构建新时代高校图书馆红色文化育人新体系的川大实践提供了根本保障。近年来,四川大学图书馆深刻认识文化育人的教育价值,深度挖掘文化育人资源,积极发挥高校图书馆建设优秀校园文化的主要阵地和培养堪当民族复兴大任的时代新人的重要平台的功能和作用,努力探索红色文化教育的新方法新路径,科学构建文化育人的长效机制的基础,进一步深入开展新时代高校图书馆红色文化教育。

一、红色文化育人的思路与创新点

1. 红色文化育人的思路

党的十九大以来,四川大学图书馆坚持以习近平新时代中国特色社会主义思想为指引,认真学习习近平总书记关于教育和高等教育的系列重要论述,深入贯彻习近平总书记"把红色资源利用好、把红色传统发扬好、把红色基因传承好"的指示,全面落实全国教育大会、新时代全国高等学校本科教育工作会议要求,切实落实《教育部高等学校思想政治工作质量提升工程实施纲要》,通过以红色文献资源、文化空间资源、文化活动资源、文化人才资源和历史文化资源为基础的高校图书馆"五个整合"红色文化教育资源,率先推出以红色文化空间服务、红色文献书目服务、红色文献专题展览、红色文化阅读推广、红色文献专题编研为主要内容的高校图书馆"五环联动"红色文化教育阵列,全面打造红色文化空间"培"人、红色阅读推广"悦"人、红色专题文库"启"人、融合媒体技术"新"人的高校图书馆"四维一体"红色文化教育模式;多措并举实现全面提升效度、力度、宽度和高度的高校图书馆"四度提升"红色文化教育实效,"学习书屋"和"纪念江竹筠烈士主题文献展"等标志性成果得到"学习强国"和《求是》《光明日报》等报道,初步构建以文献思政、服务思政和文化思政为主要特征,以"红动校园"即红色文化带动校园文化建设、红色文化教育驱动"三全育人"为发展方向,可借鉴和可推广的新时代高校图书馆红色文化育人新体系。主要思路有以下几点。

一是有效弥补高校图书馆在高校红色文化教育规划、组织和开展中的缺位,实现高校图书馆在坚持立德树人、服务人才培养中从学习园地到思想净地的转型,进一步提高当代大学生对红色文化和红色文化教育的认同度。

二是努力弥补高校图书馆在高校红色文化资源建设、开发和推广中的失位,实现高校图书馆在坚持立德树人、服务人才培养中从文化场地到思政高地的转型,进一步增强高校红色文化教育的系统性、多样化和创新性。

三是充分解决高校图书馆在全面履行社会教育职能中红色文化教育的失衡,实现高校图书馆在坚持立德树人、服务人才培养中从文献基地到文化阵地的转型,进一步健全高校立德树人和高校图书馆文化育人的长效机制。

2. 红色文化教育的创新服务特点

第一,坚持扎根资源,提升红色文化教育效度。为建设学校人才培养的"第二课堂"和文化建设的"第三空间",四川大学图书馆一直致力以巴蜀文化、红色文化、校训文化、匠心文化为主题的特色文化资源开发。以红色文献为主要内容的红色文化资源是其中的重要组成，除收藏有大量的马克思主义文献，还收藏有极其丰富的具有四川大学特色的红色主题文献，主要包括反映自辛亥革命以来四川大学革命历史进程和四川大学革命师生英勇事迹的红色校史资料，《星期日》《人声》《前进》《金箭》等四川大学师生校友各历史时期编辑出版的红色进步报刊，顾民元、马秀英、张国维等革命烈士和韩天石等进步学生当年在校期间的红色毕业论文，恽代英、吴玉章、蒋学模等著名校友各时期的马克思主义研究文献等。以红色文献资源为基础，以四川大学学校、学人、学脉、学科等丰富的文化资源填充"红色文化"之内涵，让学校的一砖一瓦、一人一事、一物一景都"说话"，构建整合红色文化资源体系，夯实新时代高校图书馆红色文化教育。

第二，坚持创新形式，提升红色文化教育的力度。通过理念创新拓展新时代高校图书馆红色文化教育的新视野，通过方法创新开辟新时代高校图书馆红色文化教育的新途径，通过技术创新搭建"两站、两微、两端"融合媒体宣传推广平台，着力创新新时代高校图书馆红色文化教育的形式。整合多载体文献资源，深度挖掘具有四川大学特色的红色文化资源，开发建设江姐、朱德与史沫特莱等专题文献库，组织专家推荐发布包含红色文献的"52经典悦读"书目。近三年，在红色文化教育中，举办"学思践悟十九大"真人书屋活动，开办"纪念马克思诞辰200周年""纪念江姐诞辰100周年"等主题文献展；建设并升级"学习书屋"（江安图书馆，习近平新时代中国特色社会主义思想主题学习空间）、"花雨厅"（医学图书馆，华西红色文化主题活动室）、"志炜厅"（文理图书馆，纪念校友江竹筠烈士学习空间）、"工院1954"（工学图书馆，纪念成都工学院创办研讨空间）等系列红色主题空间，在四个图书馆联合建设"马克思主义理论研究和建设工程重点教材专区"，建设"习近平论治学修身"等红色主题文化墙，策划举办庆祝新中国成立70周年系列活动和庆祝中国共产党成立100周年系列活动等。

第三，坚持协同创新，提升红色文化教育的宽度。把馆内馆外、校内校外协同创新作为重要的工作立足点，从四个方面做好工作：加强图书馆内部各中心、各部门的组织协调，打造一支团结协作的强有力的红色文化教育和文化育人团队；加强与学校学生管理部门（包括学生工作部、研究生工作部、校团委）等合作，具体、深入地了解学生的红色文化教育需求；加强与学校各部门（重点是学生管理部门、教学管理部门、教师管理部门）、各单位和各学院联合，面向学生和教职工开展形式多样的红色文化教育活动；加强与学校内外包括国外的各相关机构（包括档案部门、校友工作部门、文博机构、出版机构、公共图书馆等）联合，深度开发红色文化资源等。

第四，坚持立德树人，提升红色文化教育的高度。为把开展红色文化教育和"四个提高"即提高学生文化素质、教师文化素养、校园文化品位、社会文化水平有机统一起来，在科学构建全方位、全过程和全员育人体系中，把新时代高校图书馆红色文化教育做实、做深、做细、做强。依靠四川大学图书馆志愿者队，打造一支红色文化教育和文化育人学生团队，让学生志愿者通过参与红色文献资源推介和红色文化活动组织实施等进行服务性学习。近三年，超过1000人次学生志愿者参与了组织实施红色文化活动。

二、红色文化育人的实现路径

（一）明确"三个全面"和"三个进一步"的发展指导思想

"三个全面"即全面把握立德树人根本任务，全面服务人才培养首要任务，全面发挥高校图书馆特色资源优势；"三个进一步"即进一步融入高校全员全过程全方位育人体系，进一步明确高校图书馆红色文化教育的新内涵，进一步探索高校图书馆红色文化教育的新途径为指导思想。以此为发展指导思想精心策划和打造新时代高校图书馆红色文化教育新体系。

（二）积极构建"五环联动"高校图书馆红色文化教育阵列

围绕红色文化教育主题，充分发挥全国"全民阅读示范基地"的作用，以弘扬中华优秀传统文化、革命文化和社会主义先进文化为己任，不忘"传承文明、服务社会"初心，牢记"滋养民族心灵、培育文化自信"使命，全面打造以红色文化空间服务、红色文献书目服务、红色文献专题展览、红色文化阅读推广、红色文献专题编研等为主要内容，具有四川大学特色的"五环联动"高校图书馆红色文化教育阵列。

1. 红色文化空间服务

四川大学图书馆是全国首家建设学习习近平新时代中国特色社会主义思想文献服务专区的高校图书馆。2018年1月，四川大学图书馆创办"学习书架"，2019年9月学习书架全面升级为"学习书屋"。作为红色文化专属阅读空间，学习书屋分为线下空间和线上网站，与明远文库、明远讲坛、明远影苑、"志炜厅"、"花雨厅"等共同构建组成了四川大学图书馆"特色红色文化教育阵列"育人空间，成为校内进行"不忘初心、牢记使命"主题教育、党史学习教育和红色文化教育的重要基地。

2. 红色文献书目服务

专题文献区域集中收藏和展示习近平总书记的著作及其推荐图书、"不忘初心、牢记使命"主题教育专题文献、四川大学革命文化主题文献以及四川大学出版社出版的红色文献。同时，图书馆还建设了网上"四川大学江姐专题数据库""党史学习教育主题服务""欧亚交通，文轨新同：华西协合大学创办110周年主题文献展"等主题数据库，开展主题书目及文献推荐服务，整体打造社会主义核心价值观教育的重要阵地。

3. 红色文献专题展览

2018年5月到2021年7月间，四川大学图书馆分别举办了"四川大学纪念马克思诞辰200周年主题文献展""四川大学图书馆馆史展览馆揭幕仪式""庆祝新中国成立70周年系列8项活动""纪念江姐诞辰100周年主题文献展览""中国共产党在四川大学主题文献展""'人生交汇点：朱德与史沫特莱'专题展"等红色主题文献展。红色主题文献展带领师生重温了马克思的光辉足迹，讲述了四川大学红色发展历史，呈现了中国人民的爱国精神。浓郁的红色文化氛围让置身其中学习的师生在潜移默化中受到深刻的红色文化教育。

4. 红色文化阅读推广

围绕"学思践悟十九大""改革开放四十年""中华人民共和国建国70周年""中国共产党成立100周年"等年度主题，四川大学图书馆连续举办了系列红色阅读推广活动。从2018年开始，图书馆持续推出"青春之我·真人书屋"活动，并上线"青春之我·真人书屋"网络版，建设"网上团校"。同时期，图书馆还举办了"学思践悟十九大"读者服务宣传月、"我们都是追梦人"大学生阅读文化节、"庆祝新中国成立70周年"暨2019年"迎新季""校庆月"阅读推广、"川阅百年，红动校园"2021年第十六届四川大学阅读文化节、"传红色经典，抒赤子情怀"第四届四川大学中华经典美文诵读大赛、"聆听红色经典 共迎百年华诞"四川大学庆祝中国共产党成立100周年钢琴音乐诵读会等，为传播红色革命精神、营造红色文化氛围提供了丰富的活动平台。

5. 红色文献编研

近年来，四川大学图书馆逐步形成了以巴蜀文化、红色文化、校训文化和匠心文化为主要特征的特色馆藏文化资源，以红色主题文献为主要内容的红色文化资源是其中的重要组成。四川大学图书馆收藏有大量的马克思主义文献和极其丰富的具有四川大学特色的红色主题文献，主要包括红色校史资料、红色进步报刊、红色毕业论文、著名校友的马克思主义研究文献等。这些红色文化是打造以传承"红色基因"为目标的新时代高校图书馆红色文化教育新体系的重要资源和基础。四川大学图书馆组织力量，编辑出版了一批学校红色校史、川大英烈事迹及红色毕业论文等文献，扩大了特色馆藏文化资源的影响力。

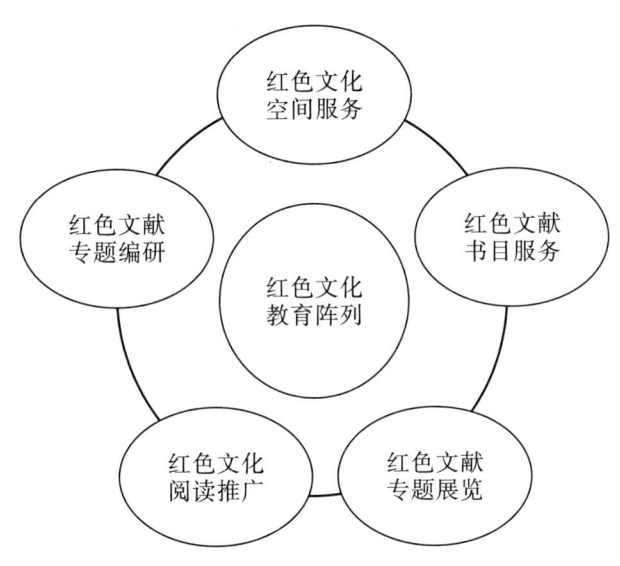

图1　高校图书馆红色文化教育阵列

（三）重点打造"四维一体"高校图书馆红色文化教育模式

重点打造全国高校首家习近平新时代中国特色社会主义思想主题学习空间"学习书屋"和由感动川大、川大记忆、创新创业三大系列组成的"青春之我·真人书屋（网上团校）"等高校图书馆红色文化教育品牌，以红色文化空间"培"人为基础、以红色阅读推广"悦"人为平台、以红色专题文库"启"人牵引、以融合媒体技术"新"人为支撑的四维一体的红色文化教育模式，不断推进实现图书馆红色文化教育的立体化和系统化。

1. 红色文化空间"培"人

在实体图书馆内，四川大学图书馆重点打造"学习书架""学习书屋""志炜厅""花雨厅"等特色红色文化教育阵列育人空间，为学校师生提供了丰富的资源及场地，构建了全员、全过程、全方位育人的阅读文化阵地，让红色文化浸润师生，感染师生。

2. 红色专题文库"启"人

图书馆致力发现和发掘丰富的红色文献资源，有效集成多形态的红色专题文库，切实发挥红色文化资源的影响力和作用力，启发川大师生进行红色资源专题研讨，发扬红色传统，传承红色基因，为新时代高校图书馆红色文化教育

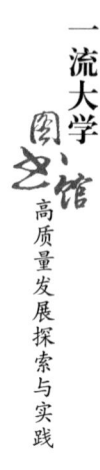

奠定了坚实的基础。

3. 红色阅读推广"悦"人

图书馆以丰富多彩的红色文化活动，推动马克思主义进校园、进课堂、进学生头脑。在阅读推广过程中，图书馆注重组织协调打造一支强大的红色文化教育和文化育人团队，加强图书馆内部各中心的协作，加强与学校学生管理部门（包括学生工作部、研究生工作部、校团委）等合作，具体、深入地了解学生的红色文化教育需求，与学校各部门联合开展红色文化资源深度开发等。多样的阅读模式，在愉悦师生身心的同时，实现了红色文化的阅读推广。

4. 融合媒体技术"新"人

四川大学图书馆打造了"两站、两微、两端、两报"融合媒体平台。通过技术创新搭建了新时代高校图书馆红色文化教育的新平台，实现了线上红色资源服务。网络书屋为川大人提供了新的学习场所和方式，为扩大川大人红色文化教育阵列做出了支撑。

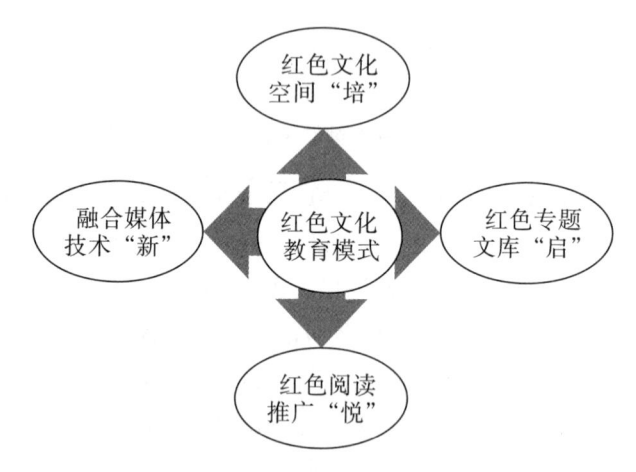

图2　图书馆红色文化教育模式

红色文化和大学文化都是社会文化不可或缺的重要构成，必须始终保持坚定的文化自觉和充分的文化自信。善于把弘扬大学文化、开展红色文化教育和提升校园文化品位、教师文化素养、学生文化素质有机统一起来，在科学构建全方位、全过程和全员育人体系中，把新时代高校图书馆红色文化教育做实、做深、做细、做强。

三、红色文化教育模式的优势与经验

（一）明确"红动校园"发展方向，精化红色文化教育体制

以"红动校园"即红色文化带动校园文化建设、红色文化教育驱动"三全育人"为发展方向，打造突出青春底色与青年志趣有责任感、坚持文化传承与创新发展有厚重感、遵循党的要求与人民希望有时代感的"三个有"红色文化教育体系。

（二）构建"四核驱动"发展机制，深化红色文化教育服务

以资源建设为基础，以资源开发为关键，以技术创新为保障，以文化活动为载体，打破红色文化的概念化和扁平化，开发多载体形态、多空间分布、多信息来源成果，搭建联动红色文化资源和红色文化品牌的融合媒体新平台，落地在大学生喜闻乐见的各个方面。

（三）优化"三层协同"保障机制，优化红色文化教育管理

强化馆内联动，联合三校区、四分馆、六中心实现红色文化教育一体化开展；强化校内合作，与教务处、学生工作部、校团委、研究生工作部等部门实现红色文化教育紧密型合作；强化校外协作，联合文化、博物、教育等部门实现红色文化教育多资源聚合。

四、推广成果

本文推广的成果被馆外媒体报道相关新闻达102篇，其中，由四川大学新闻网发布相关新闻50篇，被光明日报、人民网、新华社、学习强国、中国新闻网、成都日报、红星新闻、凤凰新闻和《求是》杂志等30余家校外媒体宣传报道有关新闻52篇。如《四川大学：早谋划细举措取实效》（光明日报、学习强国）、《四川大学聚焦主题主线紧扣学校实际，不断推动主题教育取得实效》（教育部官网）等，《求是》杂志2020年第17期《用习近平新时代中国特色社会主义思想铸魂育人》宣传了四川大学图书馆举办的"纪念江竹筠烈士诞辰100周年活动"。

先后接待北京大学、清华大学、上海交通大学、中国人民大学、武汉大学等国内近200余所高校的图书馆及其他机构、单位8800余人次参观交流。《把握立德树人根本任务，打造红色文化教育阵列》在教育部高等学校图书

情报工作指导委员会组织的"全国高等学校服务教学案例优秀案例大赛"获得最佳案例,《高校红色文化资源开发的理念和路径》等报告受邀在四川大学和四川省委党史研究室主办的"学习弘扬革命先辈崇高精神"学术研讨会、全国马克思主义学院"信仰的力量:高校青年学子对话"等线上线下专家论坛上作专门报告,并到四川大学马克思主义学院等校内单位,北京大学、山东大学等高校图书馆(档案馆)和云南、江西等省(区)高校图书馆系统作专题讲座。《打造新时代高校图书馆红色文化教育新体系的川大实践》收入《新时代高校学生优秀传统教育探析》一书。《一流大学图书馆治理能力现代化的探索与实践》论文集出版,在《国家图书馆学刊》等期刊上发表相关论文13篇。

国务院学位委员会图书情报与档案管理学科评议组成员、中国科学院大学初景利教授等认为:"本成果站位高、意义远、效果好,对深入挖掘和充分开发高校图书馆红色资源文化,对全省、全国高校乃至全社会有效开展和大力推广红色文化教育具有重要的引领和示范作用。"四川省政协常委、历史学专家曹成建教授认为:"四川大学图书馆'走出馆舍、走进师生'主动开展红色文化教育的突出成果已经在全省和全国高校产生了良好的引领和示范作用……在国内同类教学成果中居于领先水平,在各类型高校乃至广大中小学校都具有普遍的借鉴和推广的价值。"成都市政协委员、成都市图书馆馆长、四川省文旅厅公共文化服务智库专家肖平研究馆员认为:四川大学图书馆"立足新时代新阶段对人才培养的新要求,十分注重主动、深入、有效地发挥高校丰富的红色文献资源和红色文化资源的积极作用,具有思想站位高远、育人特色鲜明、活动内容充实、教育效果显著等主要特点,不仅是高校图书馆开展红色文化教育具有开创性和引领性的优秀成果和经典案例,而且为在更大范围,包括公共图书馆在内的公共文化服务领域开发红色文献资源、传承红色文化基因、探索红色教育路径提供了具有示范性和推广性的优秀样板和学习标杆。"

参考文献

习近平,2017. 决胜全面建成小康社会 夺取新时代中国特色社会主义伟大胜利——在中国共产党第十九次全国代表大会上的报告[OE/BL].(2017-10-27)[2020-08-02]. http://www.xinhuanet.com/2017-10/27/c_1121867529.htm.

新华社,2016. 习近平:把思想政治工作贯穿教育教学全过程[EB/OL].(2016-12-08)

［2020－08－02］.http：//www.xinhuanet.com/politics/2016－12/08/c_1120082577.htm.

党跃武，等，2020.打造新时代高校图书馆红色文化教育新体系的川大实践［A］//吴肇庆.新时代高校学生优秀传统教育探析.成都：四川大学出版社.

新时期高校图书馆服务人才培养新体系的构建与探索实践

——以四川大学图书馆为例[①]

杨云舒　姜　晓　党跃武　杜小军[②]

摘　要：培养德智体美劳全面发展的人才是我国新发展阶段对育人工作提出的新要求，高校图书馆作为高校重要的育人阵地，应加快构建并不断完善人才培养体系，创新德智体美劳过程性模式，全面提高人才培养质量。四川大学图书馆按照新时代高校人才培养体系对育人工作的新要求，以学生成长为中心，经过长期系统的实践与探索，形成了红色文化育人体系建设、智慧教学服务平台建设、"第二课堂"课程化建设、智慧图书馆建设、"三层协同"保障机制建设"五位一体"的育人服务新体系，以期为高校图书馆系统规划育人工作提供基础和依据。

关键词：高校图书馆；人才培养；五育

"教育是国之大计、党之大计。"在全国教育大会上，习近平总书记发表重要讲话，强调要努力构建德智体美劳全面培养的教育体系，形成更高水平的人才培养体系（新华社，2018）。2020年，中共中央、国务院印发《关于全面加强新时代大中小学劳动教育的意见》，教育部印发《大中小学劳动教育指导纲要（试行）》，强调要把劳动教育纳入人才培养全过程，标志着我国人才培养教育体系进入了德智体美劳"五育并举"的全面发展阶段。培养德智体美劳全面发展的人才是我国新发展阶段对育人工作提出的新要求，高校图书馆作为高校

---

① 本文系四川省2021—2023年高等教育人才培养质量和教学改革项目"新时代综合性大学图书馆服务人才培养的新体系研究"研究成果之一，四川大学新世纪教育教学改革工程（第九期）研究项目"新时代'劳动素养—服务能力—专业知识'三位一体高校图书馆劳动教育课程建设探索"（项目编号SCU9396）研究成果之一。

② 杨云舒（1986—），四川大学图书馆馆员。姜晓（1965—），四川大学图书馆研究馆员。党跃武（1967—），四川大学教务处处长。杜小军（1973—），四川大学图书馆副馆长。

重要的育人阵地，应加快构建并不断完善人才培养体系，创新德智体美劳过程性模式，完善综合素质评价体制，全面提高人才培养质量。

一、图书馆在新时期高校人才培养体系建设中面临的挑战

《普通高等学校图书馆规程（修订版）》指出：图书馆应不断拓展和深化服务履行信息服务与育人教育职能，积极参与学校信息化建设、全面人才培养和校园文化建设，充分发挥其在人才培养、文化传承、创新创造、科学研究和社会服务中的作用（教育部，2016）。规程明确规定育人是图书馆的基本职能，服务高校人才培养是图书馆的重要目标。新时期图书馆如何重新定位，在高校人才培养新格局中充分发挥自身的优势和功能，全面落实"五育并举"要求，助力学校健全全员全过程全方位育人机制，是亟待解决的重要问题。

（一）未形成有效的育人联动机制

虽然高校图书馆目前在文化育人、服务育人等方面能够有效开展育人工作，但基本局限在某一范围和领域之内，缺乏有效的协同机制，与学校其他部门的育人工作尚未能形成有机协作，各方面的多元力量尚未完全参与（谷娜，等，2020：46-50）。高校图书馆应主动融入学校新时代创新人才培养体系，打破部门协同壁垒，整合各种资源，构建创新人才培养联动机制，发挥协同育人效应，助力系统整体性功能的发挥，进一步健全新时代高校图书馆服务创新人才培养长效机制。

（二）育人内容单薄、育人方法单一

培养德智体美劳综合发展的大学生是创新人才培养的根本目标，也是大学生自身发展的内在需求。目前高校图书馆在人才培养各方面教育中相对发展不平衡，存在德育体系化不足、美育和体育发展薄弱和劳动教育有待加强等诸多问题（朱超，2021：62-78）。高校图书馆应将创新人才培养的各方面教育作为一个整体去考量，它们之间具有可相互融合、相互促进的发展逻辑和内在联系，图书馆应从学校人才培养体系和整体规划着手，结合自身的资源建设、空间建设和知识服务，完善图书馆人才培养的规划和内容，建立以发展素质教育为导向的科学评价体系，从而补齐教育短板。

（三）缺乏育人评价机制

坚持立德树人、发挥育人功能是高校图书馆义不容辞的责任使命和文化价

值追求，但高校图书馆目前在育人新格局中缺乏有效的育人评价机制，这对高校图书馆育人功能的发挥和育人功能的实现途径都会形成极大的阻滞，同时人才培养全程化和有效性也会受到一定程度的制约（叶玲，2021：56-62）。

二、四川大学图书馆服务人才培养的新体系的构建

四川大学图书馆深入贯彻落实习近平总书记关于教育的重要论述和全国教育大会精神，以社会主义核心价值观为引领，坚守为党育人，为国育才，以"德育""智育""体育""美育""劳育"为重点教育内容，以学生成长为中心，经过长期系统的实践与探索，形成了红色文化育人体系建设、智慧教学服务平台建设、"第二课堂"课程化建设、智慧图书馆建设、"三层协同"保障机制建设"五位一体"的育人服务新体系。

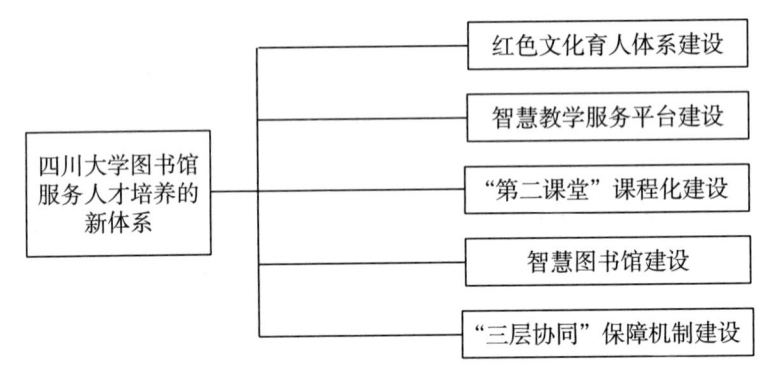

图1　四川大学图书馆服务人才培养的新体系图示

三、四川大学图书馆服务人才培养的新体系的构成要素

（一）红色文化育人体系建设

四川大学图书馆坚持以德为先，突出思想引领，为建设学校人才培养的"第二课堂"和文化建设的"第三空间"，一直致力于以巴蜀文化、红色文化、校训文化、匠心文化为主题的特色文化资源开发，以红色文化空间建设为基础，以红色文化资源建设为内涵，以红色文化教育服务为动力，持续用中华优秀传统文化、革命文化、社会主义先进文化培根铸魂、启智润心，打造具有川大特色的红色文化育人体系。

（二）智慧教学服务平台建设

为全面融入人才培养全过程行动计划，四川大学图书馆打造坚持立德树人根本任务、服务人才培养首要任务的智慧教学服务平台，重点建设"大川助教"教学资源选荐用平台、"大川博雅"通识类教育拓展平台和"大川创学"创造性学习支持平台等三大支撑平台。

1. 面向学校"全过程立德树人铸魂工程"，落实学校深化全员全过程全课程思政教育的要求，推进"思政+"计划，全面打造以思政文化空间服务、思政文献书目服务、思政文献专题展览、思政文化阅读推广、思政文献专题编研等为主要内容的"五环联动"高校图书馆思政文化教育阵列。

2. 面向学校"新时代一流专业锻造工程"和"一流课程与教材提质工程"，重点建设"大川助教"教学资源选荐用平台，配合建设新型教学资源，打造线上线下一体化的智慧服务和智能学习生态系统。

3. 面向学校"通识教育核心金课建设工程"，围绕学校全力打造的100门通识教育核心课程，以学生为中心，以"涵养人文情怀、拓展知识视野、强化使命担当、塑造健全人格、养成终身学习能力"为目标，重点建设"大川博雅"通识类教育拓展服务平台。

4. 面向学校"拔尖人才培养体系创新工程"，重点建设"大川创学"创造性学习支持平台，为"跨学科－贯通式"人才培养体系提供支撑服务。搭建创意多元式互动平台，构建新型创客服务空间，鼓励将创意变成行动的创新活动。

（三）"第二课堂"课程化建设

四川大学图书馆依托"圕学新工坊""学习书屋"等创新实践基地和"勤工助学＋志愿者"学生管理服务团队，推动图书馆"第二课堂"活动课程化、科学化建设，构建学生服务学习实践、劳动教育和美育教育多层次、多样化协同育人机制，搭建服务育人实践平台，打造高校劳动教育"川大样板"，培养学生劳动精神和社会责任感，增强学生的团队合作、组织协调以及实践操作能力，促进学生德智体美劳全面发展。

（四）智慧图书馆建设

依托智慧图书馆平台建设，四川大学图书馆正在积极引进建设体系完备、功能齐全、科学高效的智慧图书馆信息技术应用平台，打造各类型资源元数据统一集成系统，提高文献资源的组织揭示水平，完善各类型文献资源的一体化管理，提升对全网域学术资源的发现能力，保障各类型资源的有效获取，同时适应学生自主学习、自主管理以及自主服务需求，提升学生信息素养以及专业能力。

（五）"三层协同"保障机制建设

四川大学图书馆以"三个全面"为指导思想，即全面把握立德树人根本任务，全面服务人才培养首要任务，全面发挥高校图书馆特色资源优势，进一步融入高校全员全过程全方位育人体系，强化与校内外各教育主体间的良性互动和有效衔接，建设"三层协同"融合保障机制，即强化馆内联动、校内合作、校外协作，实现育人资源的多向拓展和有效聚合，形成育人合力，提升育人实效。

四、"五育并举"背景下四川大学图书馆服务人才培养的新体系的实践路径

（一）深度融合红色文化教育与德育，用红色文化拓宽立德树人新路径

立德树人，文化育人。四川大学图书馆坚持立德树人根本任务，将坚定理想信念、厚植爱国主义情怀作为重点，深度融合红色文化教育与德育，用红色文化拓宽立德树人新路径。图书馆通过整合校内红色文化教育资源，率先推出以红色文化空间服务、红色文献书目服务、红色文献专题展览、红色文化阅读推广、红色文献专题编研为主要内容的高校图书馆"五环联动"红色文化教育阵列，并全面打造红色文化空间"培"人、红色阅读推广"悦"人、红色专题文库"启"人、融合媒体技术"新"人的高校图书馆"四维一体"红色文化教育模式，多措并举实现红色文化教育实效。

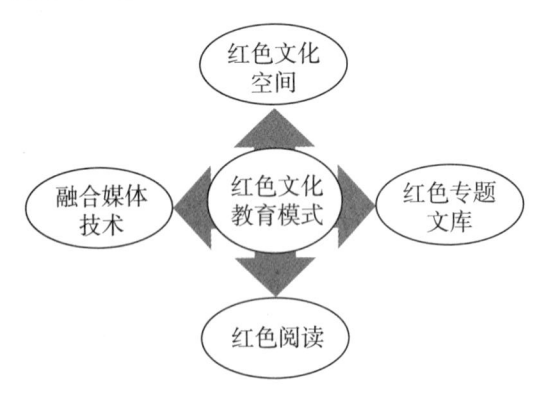

图2 四川大学图书馆红色文化教育模式

（二）构建素质教育服务体系，提升智育服务能力

为深度参与学校人才培养工作，图书馆形成了以信息检索课程、新生入馆教育、"一小时讲座"为主要内容，以"信息素养、文化素养、科研素养、知识产权素养"培养为目标的素质教育课程体系。此外，图书馆与教务处、研究生院合作共建"四川大学教材教参线上服务平台"，为师生提供"直达课程、直达师生、直达课堂"的教材教参服务，努力满足师生教材教参电子资源的使用需求。同时，图书馆还创新开发建设了"大川助教""大川博雅""大川创学"三大平台，以保障学校教学科研和人才培养工作稳步进行。

（三）探索多层级心理育人模式，提升大学生心理健康素养

图书馆与学校心理健康教育中心、校心理协会、文学社及各学院密切合作，创建了"大学生心理健康教育专属阅读区"——沐心小屋，除了在资源采访、空间布局、设备设施、队伍建设等方面为大学生心理健康教育科学规划、主动作为，还构建了"阅读疗法、音乐疗法、高层次读书研讨、邀请专家讲授经典、心理知识训练营、人际交往小课堂"六位一体的多层级心理育人新模式，将心理育人工作渗透于图书馆工作的各个环节之中，担负起学生心理健康的指导者和教育者的重任。

（四）对图书馆现有空间进行设计改进和功能布局调整，优化美育环境

图书馆以"内外环境协调、可持续发展"为原则，融合丰富的文化要素，开展"学习书屋""文俊厅""52经典悦读""明远展厅"等多项文化服务和学习空间升级改造工程，优化图书馆内外环境，以美育人、以文化人，为学生提供潜移默化的美育熏陶和文化滋养，"润物细无声"地提高学生的审美和人文素养。

（五）构建"劳动素养—服务能力—专业知识"三位一体育人新机制，为劳动教育提供实践化平台

作为学校重要的服务育人实践基地，图书馆坚持以习近平新时代中国特色社会主义思想为指引，深入贯彻落实习近平总书记关于劳动教育的指示，全面落实中共中央、国务院《关于全面加强新时代大中小学劳动教育的意见》，将劳动教育与立德树人、服务育人根本任务相结合，实施"劳动素养—服务能力—专业知识"三位一体育人新机制的协同推进，构建了圕学新工坊、红色文化教育基地等创新实践基地。为打造图书馆劳动教育特色，图书馆除了为志愿者和勤工助学学生的劳动教育提供多样化的实践平台，还成立了图书馆劳动教

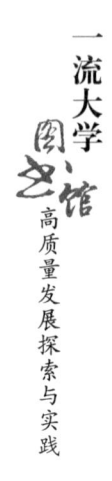

育委员会，从劳动教育的组织管理、课程的顶层设计、实践内容、师资建设与评价体系构建等维度，提出建设方案，遴选和培训师资，完成《图书馆服务性劳动教育实践活动方案》《图书馆劳动教育课程设计表》等制度的建设，指导图书馆劳动教育实践的开展、落实和考核，将劳动教育纳入人才培养全过程并取得显著教育实效。

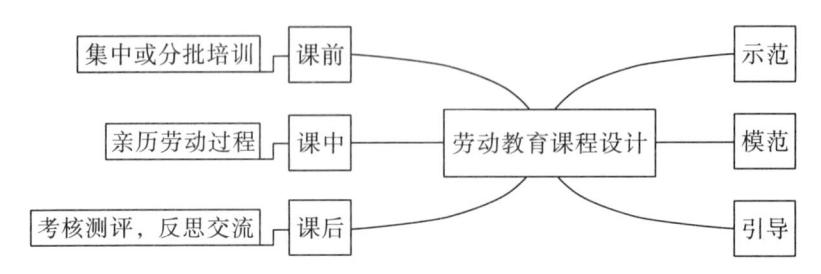

图 3　四川大学图书馆劳动教育课程设计

五、结语

图书馆育人工作是学校育人工作的重要组成，育人文化是校园文化的重要内容，应与学校育人格局同频共振、相得益彰（山东师范大学图书馆，2021）。近年来，四川大学图书馆按照新时代高校人才培养体系对育人工作的新要求，聚焦学校"双一流"建设，面向"十四五"，以立德树人为出发点，结合图书馆育人功能的理论研究成果和育人实践成果，全面落实"五育并举""三全育人"要求，全面融入学校人才培养全过程行动计划，形成了高校图书馆服务人才培养"五位一体"的新体系，在服务育人、文化育人、环境育人、劳动育人等方面做出了富有成效的探索和实践，开展了一系列丰富多彩的特色育人活动，迄今已举办 80 余项，吸引全校约 15 万人次师生参与，并被央视新闻联播、光明日报、人民网、新华社、学习强国、中国新闻网、成都日报、红星新闻和《求是》杂志等 30 余家媒体或平台宣传，"五位一体"的创新思路与建设实效得到了充分的肯定。实践证明，四川大学图书馆服务人才培养"五位一体"的新体系能充分发挥图书馆作为大学服务育人重要阵地的作用，对提升学校的人才培养水平具有实效，使图书馆成为大学实现"立德树人"教育目标的重要平台，促进图书馆和学校事业共同发展。

参考文献

谷娜，张行，2020. 立德树人理念下高校图书馆"五位一体"育人服务模式创新研究［J］. 图书馆界（2）：46—50.

教育部. 教育部关于印发《普通高等学校图书馆规程》的通知［EB/OL］.（2016-01-20）［2022-11-17］. http：//www. moe. gov. cn/srcsite/A08/moe _ 736/s3886/201601/t20160120 _ 228487. html.

山东师范大学图书馆. 图书馆是大学立德树人的"磁场"［EB/OL］.（2021-11-30）［2022-11-17］. http：//www. qlshx. sdnu. edu. cn/info/10442/126998. htm.

新华社，2018. 习近平出席全国教育大会并发表重要讲话［EB/OL］.（2018-09-10）［2022-11-17］. http：//www. gov. cn/xinwen/2018-09/10/content _ 5320835. htm.

叶玲，2021. 基于内容分析法的高校图书馆育人功能评价指标体系构建［J］. 河南图书馆学刊（4）：56—62.

朱超，2021. "三全育人"视角下高校智慧图书馆的构建［J］. 华北水利水电大学学报（社会科学版）（5）：62—78.

面向新时代人才培养的四川省高校图书馆多元协同创新服务体系建设研究[①]

党跃武　张盛强　李　禾[②]

摘　要：本文聚焦新时代高等教育人才培养，围绕人才培养工作中的落实立德树人要求，发挥高校图书馆在开展通识教育、综合素养培育方面的"人才资源、文献资源、智慧资源、文化资源和空间资源"优势，借助大数据、物联网、智能计算等现代设备和信息技术开展研究，以构建四川省高校图书馆之间、跨系统图书馆之间、跨区域图书馆之间的协同创新为手段，通过建设跨学校、跨行业和跨区域的资源平台服务学生通识教育，实现多元发展，通过整合地方特色文化资源拓宽学生视野，促进综合素养提升，通过跨区域合作充分体现人才培养面向地方经济，以期为图书馆服务新时代人才培养的协同发展探索出可借鉴、有价值的方法和模式。

关键词：人才培养；高校图书馆；服务体系

教育是国之大计、党之大计。习近平总书记指出："要从党和国家事业发展全局的高度，坚守为党育人、为国育才，把立德树人融入思想道德教育、文化知识教育、社会实践教育各环节。"（中国青年报，2021）为实现上述目标，需要高校与社会的多元力量参与、协同与合作。在此过程中，各类社会群体因自身属性与职能的差异，发挥着不同作用。可将此种状况归纳为"三个课堂"，即第一课堂、第二课堂、第三课堂。目前学界对"三个课堂"尚未有明确规范的定义，学者们对其看法各有不同。黄志敏认为，"第一课堂"最接近传统意义上对于"课堂"概念的解读，也是"三个课堂"中唯一限定于教室中进行教师教学和学生学习活动的课堂。关于"第二课堂"，目前各个高校的第二课堂

[①] 本文系四川省2021—2023年高等教育人才培养质量和教学改革项目"面向新时代人才培养的四川省高校图书馆多元协同创新服务体系建设研究"成果之一。

[②] 党跃武（1967—），硕士，教授，四川大学教务处处长、图书馆原馆长。张盛强（1975—），四川大学图书馆副馆长。李禾（1976—），硕士，副研究馆员，四川大学图书馆。

活动主要是由学校组织主导或者由学生社团组织推动的各类课外活动，表现为各类竞赛活动及社会公益活动。关于"第三课堂"，主要就是让学生在行业相关企业进行的实习实训活动（黄志敏，2020：203-204）。王飞飞等认为，第一课堂是学习专业知识的课堂教学平台，第二课堂是实习实践平台，第三课堂是创新创业平台（王飞飞，等，2016：84-86）。从培养现状看，"第二课堂"对于拓展课堂知识，提升大学生多方面的综合素质具有重要意义，而高校的图书馆以其知识服务、文化传播等职能成为第二课堂的重要阵地。同时，切实落实立德树人根本任务，培养担当民族复兴大任的时代新人，是新时代高校图书馆的历史使命和责任担当。

据调研，四川省高校类型多样，高等教育存在基础相对薄弱、发展不均衡的问题，而高校在高质量人才培养方面也普遍存在机制创新不足、特色突出不够、结构布局不佳、国际化水平不高等问题。高校图书馆作为高校人才培养体系的组成部分，正处于高校高质量发展的内在要求与技术环境更迭的外部变化叠加效应的新时代，因此以上问题也是四川高校图书馆在服务高质量人才培养中亟待解决的全局性、整体性和基础性问题。

一、四川省高校图书馆在人才培养方面的既往实践与研究

1. 四川省既往的协同创新实践
（1）四川省跨行业、跨区域协同的丰富实践案例

四川省普通高等学校图书情报工作指导委员会（简称四川图指委）具有丰富的组织全省高校图书馆、跨行业文献机构和跨区域文献机构协同发展的实践经验。四川图指委是协助教育厅对全省高等学校图书情报事业进行统筹、协调、咨询、研究和业务指导的专家组织，以促进全省高等学校图书情报事业整体化建设，推进文献信息资源的共知、共建和共享。近年来，四川图指委推动"四川高校特色数据库建设""四川省高校图书馆文献传递服务体系建设""四川省高校教学参考服务体系建设"等项目，为全省高校图书馆提供服务。

四川省高校图书馆与四川省图书馆、中国科学院文献情报中心、党校图书馆、社科院图书馆等跨行业文献机构开展了文献信息资源共建、馆藏资源开发、专业人员培训、阅读文化推广等多项合作，如与四川省图书馆合作申请建立"国家级古籍修复技艺传习中心四川古籍修复中心传习所"，联合开展古籍保护人才培养。同时，四川省高校图书馆与跨区域图书馆也开展了多项合作。

例如建立成渝高校知识产权信息服务联盟，两地高校知识产权信息服务机构实现了充分交流学习与工作协作。共建巴蜀文库（四川省方志馆川大分馆）充分发挥地方志书的"资政、育人"功能，服务成渝地区双城经济圈建设。建立了西南地区高校图工委联席会议制度，加强了西南地区馆际间经验交流。

（2）四川省高校图书馆人才培养实践

近年来，省内高校图书馆围绕人才培养不断改善服务条件，创新服务手段，提升服务水平。为全面落实立德树人根本任务，切实提高大学生创新精神和实践能力，从2019年起，四川省各高校依托图书馆，积极探索以信息素养竞赛新模式为抓手，积极探索人才培养的新方式，以赛促学，以学促知，以知促用，提升大学生信息素养能力。从2019年起，连续三年举办全国高职院校信息素养大赛四川赛区选拔赛，近30所高职院校的20322名学生参赛。

2021年川渝高校信息素养大赛正式启动，历时3个月，经过学校选拔赛、省赛、川渝联赛三轮赛制。学校选拔赛阶段，72所学校19844学生报名，其中四川48所14099人，重庆24所5745人，实际参加的有72所学校，共13120人（四川9963人，重庆3157人）。

在人才综合素质培养方面，还积极推进阅读推广活动。

连续4年联合组织全省性"悦读新时代：四川高校阅读文化节"和服务创新案例大赛、信息素养大赛、诵读大赛、演讲比赛等2000余项活动，推动了大学生综合素养提高，直接受益人群超过200万。仅2022年，四川省第五届高校阅读文化节的高校图书馆共100余所，子活动共计970项，主要活动共24种类型，包括共读类活动、抗"疫"知识科普类活动、诵读类活动、书评类活动、专题书展、竞赛类活动、图书推荐、真人图书馆、专题讲座、党史学习活动、表彰类活动、征集类活动、文化展览、习惯养成活动、文化素养课程选修活动等。

四川大学图书馆坚持立德树人和文化育人，发挥校园文化建设和大学生人文素养培养重要基地的作用，推进书香川大建设和发展，为构建书香校园，弘扬阅读文化不断努力。持续推进"全国全民阅读示范基地""四川省社科普及基地——全民阅读普及基地"建设，统筹多样化、融媒体化"四季书香"阅读推广活动，持续扶持打造系列化阅读服务和阅读文化建设精品项目。

2. 既往相关研究综述

刘文哲提出了新建本科院校图书馆通过挖掘资源、服务、空间育人要素，构建"资源·服务·空间"相融合的协同育人服务体系的策略思路（刘文哲，2019：74−78）。张晓芳提出新文科的重磅启动为高校图书馆协同育人带来了机遇与挑战,要从资源育人、服务育人、空间育人三个方面构建并实施高校图书馆协同育人的路径(张晓芳,2022:125-128)。马捷等提出结合图情档学科的特点,构建"思创融合,协同育人"课程思政建设模式(马捷,等,2022:11-21)。王静认为地方高校应构建知识服务体系为载体,发挥文献信息资源和人力资源优势,为学校学科建设、人才培养和科技成果转化等方面提供服务支撑(王静,2021:31-32)。

3. 综合评述

综上所述,既往全国各高校图书馆在人才培养方面都具有丰富的协同创新实践案例,充分利用了高校图书馆利用多元要素、多种模式开展人才培养。而四川省高校图书馆在人才培养方面具有大量的实践经验,能在新时代人才培养中发挥更大的作用,但既往在人才培养方面协同创新的研究不足,仅有的研究集中于校内单位的协同,而对更广阔范围内的协同方式研究不足。

二、协同发展的多元化策略

1. 一体化均衡性发展

四川高校类型众多,发展不均衡,在人才培养水平上参差不齐。很多中、小院校在人才培养上存在诸多困难。为努力突破制约高校图书馆服务高质量人才培养的发展瓶颈,需要通过全省高校多元协同、合作共建的方式,着力解决四川省高校图书馆发展不均衡造成的人才培养资源保障不足、技术装备总体落后和实施效果差距悬殊等实际困难。通过技术、人员、资源、平台等多元模式的深度交流、互助、共建方式实现协同发展。

2. 协同创新性发展

针对协同创新不足的问题,需要提升全省高校图书馆创新服务意识,主动融入高校人才培养的全流程,通过协同发展,充分发挥高校"第二课堂"和文献资源中心、教学支持中心、科研支持中心、文化教育中心作用,改变四川省高校图书馆整体在人才培养过程中参与不足的现状。

3. 个性化特色发展

拓展全省高校图书馆人才培养思路,通过跨行业、跨区域协同,整体性解决全省高校图书馆人才培养特色资源和区域特点开发不足的问题。一方面,从高校图书馆自身而言,深入分析学科建设特点和馆藏资源条件,创建图书馆的优良人才服务环境。另一方面,根据人才培养的特点和特色,开展跨行业、跨区域协同发展的活动。从不同的要素出发,建立多元要素的协同服务体系。

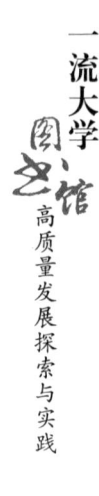

三、协同创新目标

在四川省多元协同的培养模式下,需要实现的协同创新目标包括建设四川省高校图书馆、跨行业文献机构、跨区域文献机构之间的多元协同创新服务体系,搭建数据共享和研究平台,增强服务人才培养能力,提升人才培养参与意识,建设服务人才培养知识库和案例库,开展专题研讨促进特色资源的开发。

在上述目标基础上,需要完成以下几个方面的工作。

1. 建设四川省高校图书馆服务人才培养专题资源共享平台

全面总结和梳理全省高校图书馆服务人才培养的资源和服务,在知识产权框架下,完善四川省高校图书馆馆际交流机制和资源共享机制。针对人才培养建设专题资源库,提供线上平台鼓励和促进全省高校图书馆在服务人才培养方面开展合作。通过共享服务数据,共享研究成果,切实提高全省高校图书馆服务人才培养的资源保障能力。

2. 提升人才培养参与意识,增强服务人才培养能力

通过业务流程的梳理和总结,组织撰写图书馆服务人才培养业务指南,定期开展全省高校图书馆服务人才培养培训班,积极组织全省高校图书馆服务人才培养案例大赛等活动,在此基础上建设案例库和知识库,从整体上提升全省高校图书馆在人才培养中主动作为的意识,提升服务人才能力培养的业务水平。

3. 开发四川省高校服务人才培养的特色资源和区域特点

加强四川省内高校各图书馆、各行业文献机构以及以川渝双城经济圈为代表的文献机构的协同,有意识地针对有四川特色的、有区域特点的人才培养资源开展专题研讨和建设。在特色资源框架下,鼓励高校图书馆探索合作模式,探索将优秀地方文化融入高校学生立德树人教育的机制。

四、实现人才培养协同发展的思路

1. 开展专题调研

从整体上把握四川省内各高校图书馆的发展状况和特点,并根据汇总数据和田野调查结果,系统梳理和深入分析四川省内各高校图书馆在服务人才培养过程中存在的瓶颈和主要问题。

本次专题对四川省34所高校进行了调研。其中,通过田野调查方式开展

深度访谈的高校图书馆有4个：电子科技大学图书馆、四川师范大学图书馆、乐山师范学院图书馆以及西南医科大学图书馆。通过对其"十四五"规划的文稿分析，我们对本科院校图书馆和高职院校图书馆总体情况有了进一步了解，大家共同关注的问题有经费投入不足，硬件等基础建设薄弱，纸本资源和电子资源建设水平不足，服务质量和管理水平仍需要提升，办馆特色、文化特色薄弱等。

在所有调研高校的回答问题中，"服务质量和管理水平""经费投入和硬件建设""多元化文献资源建设"等问题位列前三，这也是当前在四川省高校图书馆发展中亟待解决的问题。

2. 多元协同服务体系建设方案

（1）以精准学科分析为基础，建设人才培养学科资源平台，促进不同规模和类型的四川省高校图书馆馆际协同发展

根据各高校图书馆的学科属性和研究方向，彼此互补，协同建立涉及各学科的交流和沟通机制，实现多维度、多学科的资源共建和共享，推动高校自然科学、工程技术和人文社会科学等不同学科领域的交叉融合发展，也为高校学生多元化创新和通识教育提供资源和服务保障。

（2）以整合和挖掘地方特色文化资源为主要手段，构建特色文化服务体系，促进四川省跨系统图书馆的协同发展

有效整合和挖掘公共图书馆的优秀地方文化特色资源，并充分利用它们在政治、经济、文化、科技等方面的文化资源和传播平台，共同构建通识文化服务的多元化渠道，有效弥补高校图书馆文化育人在方式、资源、平台等各方面的薄弱环节，进一步扩宽学生视野，服务于高校通识教育和提升学生的综合素质能力。

（3）以服务川渝经济区协调发展为主要目标，建立川渝高校图书馆服务的联动机制，促进四川省跨区域图书馆的协同发展

建立跨区域图书馆合作论坛机制，从顶层设计上解决跨区域协同发展的根本性问题。整合川渝两地高校图书馆的人才、文献以及服务等要素资源，共同开展文化推广、知识服务以及科研合作等活动，组织跨区域的专题式学术交流活动，提升学生学习和实践能力，挖掘不同地域内的红色文化、革命文化以及中华优秀文化等丰富特色资源，开展阅读推广活动，不断满足和丰富学生终身学习需求，实现文化育人，落实立德树人。

3. 探索协同创新服务体系框架的保障和完善机制

通过建立长效沟通机制、协同创新机制、冲突解决机制，保障协同服务体

系的日常运行。通过建立用户反馈机制，不断满足用户的需要和提升图书馆自身服务的能力。

2022年2月，四川大学图书馆联合西部27所"双一流"高校图书馆成立"新时代西部双一流大学图书馆建设联盟"。该联盟凝聚西部高校图书馆界的共识与合力，以"广泛交流、深入协作、协同创新、发展共赢"为宗旨，以"共建管理服务平台，共享管理服务资源，共创管理服务经验，共用管理服务成果"为目标，努力探索高校图书馆深度协作的新方法和新途径，为更大范围的高校图书馆协作先行先试，共同助力西部高等教育攻坚行动的实施。

在工作思路上，全面落实《关于新时代振兴中西部高等教育的若干意见》，采用集群式发展思路，并通过建立和健全西部高校图书情报工作指导委员会联席会议制度、组织开展每年一度的教育部高校图书情报工作指导委员会"高校图书馆服务创新西部行"活动等一系列举措，有效推进了联盟的建设。

上述案例为我们探索协同创新服务体系的机制，做出了有益的尝试。未来我们将总结和归纳探索经验，完善和创新图书馆协同服务体系。

五、总结

人才是富国之本、兴邦大计。高校图书馆是培养高层次人才的重要阵地，应当在人才发展中发挥更加重要的作用。本文对"面向新时代人才培养的四川省高校图书馆协同创新服务"这一课题进行初步的研究，提出了解决思路、工作目标以及工作办法。但面对这一课题，仍有许多问题需要进一步探索，希望取得的成果能为开展相关研究的学者提供一定的帮助和借鉴。

参考文献

黄志敏，2020．"三个课堂"理念下的大学生实践创新能力培养研究——以会展专业为例［J］．当代教育实践与教学研究（2）．

刘文哲，2019．新建本科院校图书馆构建协同育人服务体系策略研究［J］．西安航空学院学报（06）．

马捷，赵天缘，田园，等，2022．思创融合，协同育人——吉林大学图情档学科课程思政建设模式与实践探索［J］．图书情报工作（01）．

王飞飞，胡波，2016．"三个课堂联动"旅游管理创新人才培养模式研究［J］．山西财经大学学报（S1）．

王静，2021．"政用产学研"协同创新下地方高校图书馆助力高校内涵式发展研究［J］．山西青年（10）．

张晓芳，2022．新文科建设下的高校图书馆协同育人研究与实践——以文物与博物馆学专业人才培养为例［J］．渤海大学学报（哲学社会科学版）（02）．

中国青年报，2021．"要全面贯彻党的教育方针"［EB/OL］．（2021－03－08）［2022－10－11］．https：//baijiahao．baidu．com/s？id＝169365333717 7749061&wfr＝spider&for＝pc．

业务工作

高校图书类固定资产管理研究
——以四川大学为例

张 丽[①]

摘 要：本文以四川大学为例，就当前高校图书类固定资产管理普遍现状进行了分析，指出图书类固定资产由于种类多、数量大、易损毁、流动性等特点给图书资产日常管理工作带来的很多难题，探讨了在图书资产管理工作中存在重视不足、制度不健全、体制不协调、手段落后等问题原因，从增强意识、管理队伍建设、管理制度完善、信息化系统建设等角度探讨解决方案，以促进图书馆资产管理水平的提升，加强图书固定资产管理。

关键词：高校；图书类资产；固定资产管理

高校固定资产是高校教学、科研发展的物质基础，因此，应高度重视和加强固定资产管理工作。继2019年3月第二次修订的《事业单位国有资产管理暂行办法》之后，财政部又于2020年8月26日印发《关于加强行政事业单位固定资产管理的通知》（财资〔2020〕97号）（以下简称《通知》），强调"做好固定资产管理工作，对于提升行政事业单位国有资产管理整体水平、更好地服务与保障单位履职和事业发展，具有重要意义"。"贯彻落实党中央、国务院关于'过紧日子'的要求，有效盘活并高效使用固定资产，有针对性地解决固定资产管理中存在的突出问题。"（财政部，2020）

图书类资产是高校一项重要的国有固定资产，做好图书类固定资产的管理工作，对于提升学校和图书馆国有资产管理整体水平，更好地服务与保障学校和图书馆履职和事业发展具有重要意义。由于图书类固定资产有别于其他固定资产的特殊性，使得图书类固定资产管理工作成了高校固定资产管理工作的难点。笔者在四川大学图书馆从事6年多固定资产管理工作，现结合工作实践谈谈四川大学图书类资产管理及管理现状与存在问题，并初步探讨对策。

---

① 张丽（1977—），硕士，馆员，四川大学图书馆。

一、固定资产的含义

2017年《政府会计准则第3号——固定资产》指出："固定资产是指政府会计主体为满足自身开展业务活动或其他活动需要而控制的，使用年限超过1年（不含1年），单位价值在规定标准以上，并在使用过程中基本保持原有物质形态的资产，一般包括房屋及构筑物、专用设备、通用设备等；单位价值虽然未达到规定标准，但是使用年限超过1年（不含1年）的大批同类物资，如图书、家具、用具、装具等应当确认为固定资产。"（财政部，2017）2020年《通知》中对行政事业单位固定资产概念再次明确"使用年限和单位价值在规定标准以上，并在使用过程中基本保持原有物质形态的资产，包括房屋及构筑物，专用设备，通用设备，文物和陈列品，图书、档案，家具、用具、装具及动植物等"（财政部，2020），范围有所扩大。就图书类固定资产管理而言，这里的图书类资产包括全校每年各种经费采购和各单位及个人赠送的中文图书、外文图书、中文期刊、外文期刊、纸质资料、缩微资料、视听资料、光盘资料和数据库等各种文献资源。

二、四川大学图书类固定资产管理的现状

（一）四川大学图书类固定资产的特点

1. 历史悠久、来源复杂、获得方式多样

四川大学由三所重点高校合并而来，藏书丰富、历史悠久。仅以图书馆藏书为例，文理图书馆藏书源于1704年创办的锦江书院藏书室、1875年创办的尊经书院尊经阁和1896年创办的四川中西学堂藏书楼，工学图书馆藏书源于1954年创办的成都工学院图书馆，医学图书馆藏书源于1910年创办的华西协合大学图书馆。历经400余年的历史传承与发展，四川大学馆藏图书得到极大丰富，来源非常复杂，获得方式多样，有购买、接受捐赠、院系调整时调拨、交换、出版社呈缴等。

2. 品种多、数量大

品种多，包括中外文图书、中外文期刊、光盘、软件、数据库、电子图书、视频、课件、电子期刊等。所有中外文图书，包括图书馆自购图书、接受捐赠的图书、各院系部处所购图书、教师科研经费所购图书等均作为固定资产来管理；中外文期刊，图书馆从2012年起仅合订本作为固定资产管理，其余

复本和其他杂志及报纸不作为固定资产，第二年就可处理；数据库、电子图书期刊等（只具有使用权的电子资源除外）作为固定资产进行管理。

随着国家对高等教育事业经费投入不断加大，高校国有资产数量一直持续、快速地增长，图书文献资料作为高校教学和科研发展的保障，数是每年都在大量增加。四川大学图书馆及各院系资料室每年都要购置大量的图书资料，图书资产数量大，仅图书馆现有纸质文献总量就达到819万余册，电子文献数据库325个，中外文电子图书281.5万册，中外文电子期刊11.8万种，音视频12.2万小时。随着学校的发展建设，购书经费会不断增加，图书类资产总量越来越大。

3. 馆藏地分散

为最大限度满足师生教学与科研的需求，四川大学长期沿用"图书馆—院系（中心）资料室"二级文献保障体系，一直是图书馆和资料室并存，图书资产分布在图书馆和各个院系（中心）。除四个图书馆外，四川大学院系（中心）大小资料室最多时有38个，后来部分学院（中心）因发展规划、资料室利用率低以及场地等原因撤销资料室，目前还有20多个。2018年起依托有条件的院系建设专业图书馆（分馆），搭建"学校图书馆—院系/专业图书分馆—院系资料室"文献保障体系，专业图书分馆的图书由图书馆统一编目，图书数据统一进入图书馆集成管理系统，图书资产与使用管理由专业图书分馆负责。

图书馆自购图书分门别类、有序存放在四个分馆的书库以及阅览室，根据流通使用情况而下架的图书存放在密集书架或书库。各院系（中心）的图书情况比较复杂，经费来源于各单位的图书一般存放在各单位资料室，供本单位师生使用，经费来源于教师科研经费的图书一般都长期存放在教师手中。

近几年，由于图书购置经费大量增加，每年大批新书入库，图书馆馆舍日益紧张，暴架、暴库问题严重，对此图书馆做了一些改造与库室调整；学校也给予一定支持，给图书馆提供了两处场地建设密集书库。

4. 体积小，流动性大

图书体积一般比较小，可随手携带，流动性大；图书馆的图书资料供读者使用，读者可馆内阅览，也可外借。之前多年，四川大学本科生可借20册，研究生和教师可借30册，每次借期30天（马工程的书籍借期为5个月），可续借2次；2019年9月起四川大学师生外借册数调整为100册，退休教工、院聘人员、进修教师、一年制学生可外界借册数为30册。所以，图书馆有相当一部分图书在学校师生手中，在流通中；很多流通频率高的图书会不断在不同读者手上流动。

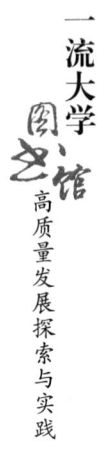

5. 易损毁、丢失

书刊在长期存放与保管过程中，因保管不善，避免不了发黄、受潮发霉、被虫蛀鼠啮及絮化等；在长期频繁流通过程中很容易被磨损、污损、撕坏、丢失等；还有人为因素，比如利用管理漏洞将书刊据为己有，利用工作之便将禁止外借的图书借出，借出去的图书长期拖欠不还，甚至偷盗等所致的丢失。

6. 经费来源多样

学校图书购置经费来源多样，图书一般购置经费、文科专款、985 专项、211 专项等，医学类图书专项，还有行政业务经费、教学业务经费、研究生经费、科研经费等等。不同经费管理方式和要求多不相同。

7. 建账标准低

2000 年《中央行政事业单位固定资产管理办法》明确固定资产分六大类，也明确了仪器设备固定资产单位价值标准，但未明确家具、图书等固定资产单位价值标准（国家机关事务管理局，2000），后者一直是由各单位自己确定。四川大学根据国家规定在 2009 年明确设备建账的单位价值为≥500 元，2016 年调整为≥800 元，2019 年调整为≥1000 元，但多年来未明确家具类和图书类固定资产的单位价值标准，所以，一直是不论单位价值大小都建固定资产账。直到 2020 年 1 月《学校专题会议纪要》（第十期）才对图书、家具等资产建账做了补充说明，明确图书类固定资产建账标准：科研经费购置单位价值 1000 元（含）以上、批量 10000 元（含）以上，非科研经费单位或批量价值 1000 元（含）以上。

（二）四川大学图书类固定资产管理中存在的问题

1. 图书资产账实不符

图书资产账实不符现象普遍存在。采编部门统一按单册图书的定价（码洋）进行图书编目记入图书集成管理系统，而资产管理系统和财务记账采取单批图书按实际购买价（实洋）入账方式，三个系统不存在一一对应关系，账实无法对应；同时，在资产需要处置时，从图书集成管理系统中导出拟处置资产的明细，但无法获取该批拟报废图书的折扣率从而推导出资产真实原值，销账环节又难以账实相符。

图书资产因种类多、数量大、流动性等特殊性，全面的清产盘点工作难度较大，由于没有定期的盘点和周期性清查，账实不符问题也难以及时解决，账实不符问题会因累积越来越严重。随着图书数量越来越大，图书管理系统与财务账、资产台账的金额差距也越来越大，账账不符、账实不符现象会愈演愈烈。

2. 院系资料室图书资产管理混乱、资产数据不准

院系（中心）资料室购置图书资料是学校图书类固定资产的一部分，但有的院系（中心）资料室图书管理比较混乱，缺少资产管理意识；图书管理人员不固定且变更频繁，有的院系（中心）有专人管理，有兼职管理；有的虽有专人管理资料室，但管理员并不懂图书资料管理，管理能力低，还有的管理员工作很不负责，对图书资产进出管理不及时做认真登记，需要提供数据时则随意报；有的院系图书没有固定存放地点，图书期刊等搬来挪去，有的院系由于办公用房紧张，把图书随意堆放在一个角落，闲置与丢失现象严重。院系（中心）资料室图书资产管理混乱、统计数据不准，严重影响了全校图书固定资产管理工作。

3. 图书资产价值不准

图书资料标价方式多样，有人民币标价，也有美元、日元、台币、港币等标价方式；采购图书资料时，由于没有按照当时付款额折算成人民币标注在书后，为日后图书资料价值核算或清点带来很大困难。还有少量珍贵图书是以远高于原定价的价格购入的，在建账时也没有统一标准，其资产价值不准确。另外，图书资料采购时常有折扣，通常是折扣后实洋结算，但是在资产统计时没有规范的要求，很多院系资料室是以定价（码洋）登记入库，造成该部分图书资产账出现偏差。

4. 图书资产价值缺少科学评估

多数高校图书馆对馆藏图书的资产价值认定停留在图书资料的标价水平。图书的价值在于其中的文字信息而非图书实物本身，所以随着时间的推移，图书的实际价值往往难以再通过标价真实反映（宋昌健，2018：126－127）。有些书籍内容质量不高或信息陈旧过时，实际价值低，应作折旧剔旧；而有些书籍标价并不高，但其信息价值增加或者版本价值增大，可能已经成为珍稀版本或者珍贵文物，它们的价值已远远超过当时的标价。但目前图书馆缺少对这些图书资产专业的、科学的价值评估。四川大学图书馆历史悠久，拥有许多珍贵的古籍特藏文献、民国时期文献等，尚在整理与挖掘中，价值无法评估，对前期古籍普查出来的部分珍贵文献只能以名义价值建账。

5. 积压库采取估算法致数据不准

馆藏量每年增大与馆舍日益紧张是图书馆面临的一对矛盾，图书暴库、暴架常见，一些图书不得不密集存放、垒垛堆放。部分管理不规范的院系资料室更是如此。这些积压的文献通常因为没有准确的清单记录，清点又不易，需要报相关数据时常常只能采取估算方法统计，必然与实际数量、账面价值等存在较大差距。

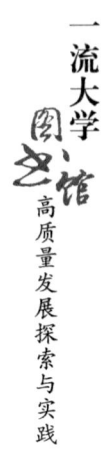

6. 接受捐赠的图书管理不规范

根据学校固定资产管理要求，接受捐赠的图书要作为固定资产建账，图书馆执行学校相关文件对接受捐赠图书以标价（码洋）建账，而院系（中心）资料室对此类图书有的建账，有的不建账，没有规范与统一。

7. 电子出版物类资产管理没有明确、统一的标准

随着信息技术的发展，越来越多的非纸质出版物如磁带、光盘、数据库、电子书、视频等大量出现，但对这类出版物的固定资产属性一直存在争议，缺少明确的管理制度。目前图书馆界缺乏这方面权威性的指导性意见，各图书馆只能自选办法进行管理，因而极不规范，普遍存在重视程度低，没有按照固定资产管理要求进行管理与统计的问题。四川大学最初将这几类出版为均作为固定资产建账，2015年起将数据库等电子资源分成仅购买使用权的和本地镜像的两类，后者作为固定资产建账，前者仅购买使用权的数据库作为购买服务而不再建固定资产账，并对之前已建账的这类资产账进行处置销账。

8. 图书损毁丢失、资产流失严重

图书发生破损、毁坏的现象普遍，有些读者不爱惜图书，在图书上涂写、标记、折页甚至撕页，造成图书资产的损毁；还有馆舍因地震等原因受损未及时整修以致库室内图书遭雨水浸泡损毁；等等。图书资产流失也时有发生，比如因图书馆工作人员操作失误或借书者素质不高等造成图书资产被带出馆外、无法追回；因为占有成本很低，个别借书者（包括教职员工）会长期占有一些对自己有价值的文献资源；防窃堵漏措施不力，被盗、内部私藏等问题也未能根治，导致图书资产流失。

9. 图书文献移交、接收管理手续不规范

在图书资料购置时，审批、监督、验收、会计核算等程序比较严格，但因为固定资产管理意识薄弱，管理者或工作人员从减轻工作量方面考虑往往简化图书资料移交、接收等规范手续，编目、典藏和流通过程便出现手续简化、交接不严的情况；传递清单被直接简化成一个数据或一份不严谨的交接单；不进行认真清点，使图书资料入库数量无法得到保证。

10. 信息化管理程度低、尚未实现动态化管理

图书馆于2005年使用新的图书馆集成管理系统，实现图书采访、编目、馆藏目录、图书状态、借还流通、读者借阅证、各项数据统计等业务工作的信息化管理，但该系统却无法完成对图书资产的管理工作，无法体现图书资产的真实价值，也无法实现固定资产建账、变动、处置等生命周期管理，因而需要另外建设图书资产管理信息化管理系统。该项工作一直没有纳入学校和图书馆

的工作计划，直到2015年才启动。经过一年多的建设，四川大学于2016年开始使用图书资产信息化管理系统，但信息化程度低，仍然存在很多问题：①2016年10月以前是人工建账，且是批量建账，这些人工批量建账的数据作为四川大学图书资产原始数据在仔细核对校正后直接导入资产管理系统，不是图书资产明细账，无法与实物一一对应；②早先批量建账的图书资产在后来要报废处置时，由于资产系统内没有资产明细账，不是与实物一一对应，所以处置销账下库难以准确开展；③图书馆集成管理系统与图书资产管理没有实现对接，无法从图书管理系统里直接获取新入库图书的资产数据，依然需要人工录入资产系统，进行固定资产建账，也无法实现动态管理，无法实现数据共享；④图书资产实物极其庞大，因而无法一一粘贴资产标签，所以后期在资产管理系统内明细建账的图书与之前未明细建账的图书实物无法区分；⑤现有图书资产管理系统对清查盘点工作基本没有帮助；⑥现有图书资产管理系统的统计和报表等功能不完善，不能满足工作需要。

11. 多年未开展全面的清查盘点

四川大学图书资产自2007年起至今未开展全面的清查盘点工作，因图书数量庞大，涉及单位众多，几乎涉及学校的每一个院系、研究所（中心）及部处，清查盘点难度与工作量极大；同时，归口管理图书资产的图书馆人员和经费都很有限，图书资产清查工作耗费大量时间、精力，图书资产管理部门和工作人员有一定的回避或抵触心理。

三、图书资产管理方面所存在问题的原因分析

1. 管理意识淡薄、重视程度不够、管理流于形式

图书资料的固定资产属性毋庸置疑，但在图书资料的日常管理中它的资产属性并未得到足够重视。很多高校对设备、家具等资产管理工作高度重视，但是将图书资产简单地作为图书"资料"进行管理，国有资产管理部门对图书资产的管理大多有名无实，无暇过问图书资产的管理，多是交给图书馆。而学校图书馆的定位是为全校师生提供文献信息服务，工作重心在开展图书采访、编目、阅览、借还、信息咨询、数据库资源服务等业务工作，对图书管理的目标与方法与国有资产管理部门不同，所以图书馆管理者容易忽视图书资产的管理，或缺少应有的重视。

四川大学也不例外，学校与图书馆都一直对图书资产管理工作重视不够。学校虽已将图书资产管理纳入日常管理工作，但只重视图书资产统计数据，未

重视图书资产的日常管理；学校和图书馆至今均没有图书资产管理制度；图书馆归口负责全校图书资产，但至今尚未配备专职的图书资产管理员；对图书类资产管理笼统，没有责任到人；图书资产的清查、盘点工作滞后、流于形式，工作中的问题得不到重视和解决。

图书资产信息化管理建设远远落后于其他管理工作：首先，学校层面，设备资产管理于2009年初就使用了"实验室与设备管理系统"，实现了全校仪器设备的建账与审核、入库、资产标签、领用人与存放地管理、报废与审核、处置下库等全流程的信息化系统管理，学校家具资产的信息化管理开始较晚，在2014年2月份也已实现，可图书资产的信息化管理直到2016年9才实现；其次，图书馆层面，早在2005年使用Aleph500图书集成管理系统就实现了采访、编目、馆藏目录、借还流通、各项数据统计等业务工作的信息化管理，但图书资产信息化管理直到2015年才启动。

2. 管理体制不协调

学校将图书资产管理权力下放至图书馆，由图书馆归口管理全校图书资产。《四川大学固定资产管理办法》（川大财［2005］22号）明确图书馆负责学校图书馆（含院系）图书类的采购、建账、盘点、处置等各项管理工作。《四川大学院系购置图书文献管理办法》（川大国资［2010］11号）规定："院系使用各种类型经费采购的图书有院系资料室进行实物管理，图书馆建立固定资产账。"从图书资产管理工作角度看，这种管理体制是合理的，但图书馆在实际的图书资产管理过程中却存在许多难处。主要表现有以下几点。

（1）图书馆与各学院图书资料室关系理不顺。学院资料室在行政上归属学院，但在具体文献资源购买与图书资产清查等工作方面又受图书馆业务指导，图书资产接受图书馆管理，而双方从图书资料采购方式、财会手续到管理使用等多方面都存在很大差异，多头管理使院系（中心）资料室图书资产管理工作处处掣肘。

（2）图书馆业务指导缺乏权威地位支撑，图书馆在为学院购置的图书进行建账、数据核查或资产处置时，有的院系不配合，态度敷衍、工作推诿或拖沓、数据不准确，图书馆无法去加强管理；许多工作需要通过人情关系协调，没有形成正常的工作流程。

（3）不少院系（中心）资料室没有专职管理人员，兼职人员也变更频繁，没有工作交接，有的对图书资产管理一无所知。

（4）院系资料室的图书资产管理较混乱，有的资料室甚至没有自己的图书资产明细账，采购图书不登记明细或登记不完整，图书资料目录不完整或没有，借还登记也不完整；有的不分图书资产是否建账有账，随意处置，也无销账意识，以致账实严重不符，影响全校图书资产管理。此类现象院系不报，图书馆则不知晓，对此也无从管理。

3. 管理制度不健全

国家、高校层面都有资产管理相关的政策法规或制度办法，但是缺少具体工作实施细则，对图书资产管理的指导意义有限。尤其是图书资产具有特殊性和专业性，也难以套用或参考其他资产的管理模式和经验。

四川大学有图书资产管理制度，但没有具体的实施细则。2007年11月起执行的《四川大学图书馆规章制度与业务规范》中有《四川大学图书馆设备管理制度》和《四川大学图书馆家具管理办法》，但没有图书资产管理制度；仅《四川大学图书馆书刊遗失、损毁赔偿办法》提到"本馆书刊是国家财产，读者必须爱护书刊，不得遗失、撕毁或在书上批注、圈点、涂改，违者按《四川大学图书馆书刊遗失、损毁赔偿办法》处理"，以及《四川大学藏书剔除管理办法》中提到"为保证学校教学科研活动的顺利进行，保证国有资产安全，特制定四川大学藏书剔除管理办法"，规定在剔除时填写《四川大学固定资产（图书类）报废申报表》，报学校审批，并在书目数据库中注销相关记录，最后由学校国有资产管理处按学校固定资产报废管理办法到财务处进行销账处理。这些制度能够保证图书馆在借阅流通等层面的有效运行，但无法指导图书这项固定资产的管理工作。2020年图书馆修订"规章制度和业务规范"，并没有增加图书资产管理制度。可喜的是，2021年初图书馆牵头制定了《四川大学图书资产管理办法（试行）》。

图书资产管理制度不健全，无法应对在资产管理中遇到的诸如新增资产类目管理、校内文献资源统筹划拨、调配等问题，管理效率低下。

4. 多口管理，责任义务不清晰

四川大学图书类固定资产归图书馆统一管理，但院系使用各种类型经费采购的图书由院系资料室进行实物管理，验收管理部门和使用管理部门分属不同的行政单位，多头管理，缺乏统一领导，无法责任到人、管用结合，责任义务的界定不够清晰。责任划分不清，问责机制无从谈起。就拿各院系（中心）资料室来说，除了个别由专人管理、个别管理员具有图情相关专业知识，大多数是兼职管理。图书馆原则上是图书资产归口管理部门，但从行政上来说，图书馆对各单位图书资产管理员没有管理权。图书馆的主要职能是为学校教学、科研等提供文献信息保障服务，基本没有图书资产管理的责任意识，资产管理认识未达到应有水平，而学校资产管理部门却淡化了对图书资产管理的监管，导

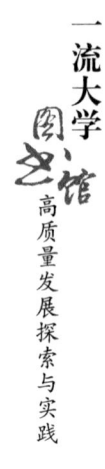

致图书资产管理工作中的一些问题不能及时解决。

5. 管理手段落后，制约清查盘点与监管

四川大学设备资产较早实现了信息化管理方式，使用的资产管理系统较为先进，结合条形码技术，赋予每个实物一张唯一的条码资产标签，能对资产自购入学校起至退出的整个生命周期进行动态管理。但图书资产管理远远落后于设备与家具等资产。即便在2016年开始使用图书资产信息化管理系统，但该项目只进行了一期，至今再没有继续该系统的后期建设，所以四川大学图书资产尚未实现真正的信息化管理，管理手段仍旧落后，尚未实现动态管理，并且因为以前手工批量建账，图书固定资产账无法与实物一一对应，制约着图书资产管理的报废处置的有效开展；图书没有粘贴电子资产标签，没有信息化动态管理系统，制约图书资产的清查盘点等工作。

四、图书资产管理问题的对策建议

图书资产管理，是整个图书馆管理中重要的日常基础工作，涉及高校办学的效益，各级管理者必须高度重视。《普通高等学校图书馆规程》（2015）规定："图书馆应重视馆藏文献等资产的管理，建立完整的资产账目和管理制度。"为有针对性地解决固定资产管理中存在的突出问题，《关于加强行政事业单位固定资产管理的通知》明确要求："落实管理责任，健全管理制度；加强基础管理，确保家底清晰；规范管理行为，提升管理效能；完善追责机制，加强监督检查。"因此，要解决图书馆资产管理中存在的问题，关键要转变观念，提高认识，健全法规，完善制度，规范管理，建立有效的约束和激励机制，对资产管理过程中的重要事项和重要环节进行严格把关和控制，使资产管理有章可循，有法可依，保障国有资产安全、真实、完整，提高资产的使用效率。

1. 增强资产管理监督意识，认真落实资产管理责任。

领导者是工作的决策者，领导者的认识程度决定着固定资产管理工作的深度和力度。学校与图书馆的领导要重视图书资产管理工作，加大对图书资产管理的宣传力度，强化全校教职工图书资产意识；各部门要切实履行固定资产监督管理职责，建立健全固定资产管理机制，组织落实固定资产管理各项工作；明确图书馆主体地位，协调图书馆与院系（中心）资料室关系，从而整合配置全校图书文献资产；督促院系（中心）资料室等以学校资金购买图书资料的单位自觉接受图书馆的业务指导，按照图书固定资产管理制度对所购图书资料进行建账、清查、处置等有效管理，按时准确上报相关数据，对滞后或不接受指导的单位，学校应给予批评教育，甚至纪律处分；财务部门作为资产管理与预算管理相结合的主管部门，要切实履职尽责；将图书资产管理列入干部轮换离任审计内容，增强领导干部的资产管理意识；推行资产管理责任制，确立单位资产管理工作的组织领导制度，实行单位领导人为全面责任人、分管领导为主要责任人、使用部门为直接责任人的三级管理责任制；明确相关责任人的职责范围，将资产管理责任落实到人，定期考核责任履行情况；对管理制度执行情况进行定期或不定期检查，及时发现问题，严格追究相关人员责任，把文字制度落实到管理的每个细节上。

2. 完善图书资产管理办法，规范资产管理行为

图书类资产要经历采购、验收建账、入账入库、分类管理、清查盘点、剔旧、处置等环节，各个环节要规范有序，配套的管理制度不可或缺。

高校资产管理处和图书馆应从固定资产管理的角度，根据财政部及国有资产管理部门颁布的相关政策及制度，结合本校的实际情况，建立由图书馆牵头的图书资产管理小组，研究并制定图书类资产管理办法和配套的实施细则；规范图书购置、验收、入账、保管、使用、盘点清查、处置等，查漏补缺，针对重点环节明确操作规程，确保流程清晰、管理规范、责任可查；制定电子文献资源相关的资产管理办法，规范管理；对图书资料管理相关规章制度按照要求调整，进一步完善现有的损毁或丢失赔偿制度、剔旧制度；对长期占有图书资源和离退休人员未归还所借图书等情况要在制度上明确处理方式，与资产管理部门和财务部门配合管理，提高这些行为的成本；完善单位内控制度，加强固定资产管理部门与采购、财务、人事等部门的沟通协作，形成管理合力；图书资产管理及使用人员离任或退休时，要根据具体情况组织核查，办理资产移交手续，确保人走账清；同时，结合学校教学科研工作实际，制定《科研经费购置图书管理办法》，加强和规范科研经费购置图书的管理，既方便教师科研用书，又解决教师用书方便和固定资产管理之间的矛盾，保证图书资产的安全性。高校通过建立健全图书资产管理办法，把图书资产管理纳入制度化、规范化的轨道。

目前，四川大学已由图书馆牵头制定学校图书资产管理办法。有了管理办法，能在一定程度上规范学校图书资产管理，解决实际工作中的一些问题。

3. 加强资产管理人员培训，重视资产管理队伍建设

图书资产管理工作是一项烦琐的日常工作，涉及范围较广，政策性强，审批应规范严格，要求资产管理人员具有耐心、细心和责任心，并具备资产管理、部分财务知识和相应的计算机操作能力，还要熟悉相关法律、法规，因

此，要打造一支精通业务、高素质的资产管理队伍。（1）学校要适当增加固定资产专职管理人员编制，在编制紧缺的情况下要明确各单位兼职图书固定资产管理人员，在全校范围内建立起相对稳定的固定资产管理队伍。（2）定期组织图书馆、院系（中心）资料室的图书资产管理人员参加业务培训，通过短期培训、外派学习和交流来加强对国有资产管理政策和业务知识的学习，熟悉资产管理专业知识、工作程序和方法，熟练掌握资产管理业务软件，提升业务技能和管理水平，不断提高资产管理人员的综合业务素质，为图书资产管理工作的规范开展奠定基础。（3）实行奖惩制度，执行资产管理目标与院系及个人绩效考核相联系的制度，调动院系（中心）资料室图书资产管理员的积极性，做好图书资产管理工作。

4. 完善图书资产信息化管理系统，做好图书资产动态管理

图书馆、财务处和资产管理处各负其责，互相促进，共同做好图书固定资产信息化动态管理。（1）针对目前图书资产管理系统存在问题及未来图书资产管理工作需要，进一步建设和完善图书资产管理动态系统。（2）克服技术难题，尽快实现与图书馆集成管理系统、学校财务系统的对接，实现入库资产数据的动态抓取及传输转换。（3）推动实现图书资产电子标签，做好资产盘点管理系统建设，实现图书资产的动态化管理；做好数据和系统维护，真正实现图书资产管理的信息化、动态化。

5. 定期开展图书固定资产对账、清查工作

建议每季度对当季度新增或减少的图书固定资产进行对账，及时发现问题并解决。需要注意的是，当季度入了固定资产的图书，其报账也须在当季度内办结，这样财务账和资产账才能保持一致。如此，每年的图书资产对账也就不再是问题。

固定资产盘点有利于摸清家底，提高管理水平，防止国有资产流失。因此，要重视资产清查盘点工作，建立定期的图书资产清查盘点制度，逐步实现图书资产的账实相符。学校国有资产管理部门、财务部门和图书资产归口管理部门组成清查小组，定期进行图书固定资产清查，掌握现有固定资产情况，及时与财务部门对账，及时处理图书资产管理工作中发现的问题，资产盘盈盘亏按照管理权限上报审批或审核备案，及时做好相应的资产账与财务账调整，使账账相符、账实相符；对院系各单位图书资产管理基础台账制度的执行情况定期组织检查，督促其规范管理，切实做好全校图书资产管理。

"固定资产管理部门、财务部门和使用部门应每年对本部门的固定资产进行一次全面清查盘点，查明固定资产的实有数与账面结存数是否相符等。"（教

育部，2012）图书资产因其自身特殊性，无法做到每年全面清查盘点，尤其对于历史悠久、经历合并、办学规模大的高校，图书固定资产全面清查盘点难度很大，是一项浩大的工程，需要先制定科学、严密、可操作性强的清查方案与计划，结合实际，采用科学、规范的方法，充分利用现代技术手段，合理安排时间，分阶段推进。

五、结语

只有提高对图书固定资产的重视度，用资产管理的思维模式，配套科学合理的管理制度，才能做好图书资产管理，保证图书资产的完整和安全，有效防止国有资产流失，并最大限度地发挥图书资产的效益。高校图书资产管理是高校图书馆和高校国有资产管理部门共同的工作，需要部门间的协作沟通，才能发现和解决资产管理中存在的问题。图书馆归口管理全校图书资产，要提高认识，重视资产管理工作，把加强图书资产管理作为图书馆一项重要工作加以推进，积极探索，完善制度，使图书资产管理水平得到有效提升；同时重视图书资产管理信息化建设，努力实现图书资产动态化管理。

参考文献

财政部，2017. 政府会计准则第3号——固定资产［EB/OL］.（2017-1-1）［2021-3-12］. http：//kjs. mof. gov. cn/gongzuotongzhi/201611/t20161125_2466990. htm.

财政部，2020. 关于加强行政事业单位固定资产管理的通知［EB/OL］.（2020-9-7）［2021-1-16］. http：//zcgls. mof. gov. cn/zhengcefabu/202008/t20200831_3578022. htm.

教育部，2012. 教育部直属高等学校国有资产管理暂行办法［EB/OL］.（2012-12-31）［2021-3-18］. http：//www. moe. gov. cn/srcsite/A05/s7052/201212/t20121217_181258. html.

教育部，2016. 普通高等学校图书馆规程［EB/OL］.（2016-1-20）［2021-3-16］. http：//www. moe. gov. cn/srcsite/A08/moe_736/s3886/201601/t20160120_228487. html.

国家机关事务管理局，2000. 中央行政事业单位固定资产管理办法［EB/OL］.（2000-02-16）［2021-03-16］. http：//www. ggj. gov. cn/zcfg/fgxwj/zcgl/201207/t20120716_22051. htm.

宋昌健，2018. 从固定资产管理角度谈高校图书管理［J］. 现代盐化工（5）.

论高等学校图书资产管理办法[①]

李锦清[②]

摘　要：随着高等教育事业的快速发展，高等学校图书资产日益丰富，同时图书资产管理也遇到了许多新情况和新问题。新时期如何做好高等学校图书资产科学管理，是高等学校图书馆面临的重要课题。

关键词：高等学校；图书资产；管理办法

近年来，高等学校图书馆在上级教育部门和学校党委的正确领导下，认真贯彻《事业单位国有资产管理暂行办法》《教育部直属高等学校国有资产管理暂行办法》《教育部关于规范和加强直属高校国有资产管理的若干意见》等文件精神，针对图书资产管理面临的诸多实际问题，遵循权属清晰、安全完整、风险控制、注重实效的原则，积极推进图书资产整合与共享共用，建立图书资产使用效益评估体系，不断提高图书资产使用效益，为高等学校教学科研提供了较好的文献信息资源服务保障。同时，在新形势下高等学校图书资产管理也出现了一系列瓶颈问题，亟须加强科学管理，予以解决。

一、高等学校图书资产管理存在的问题

高等学校图书资产是指校内各单位购置和接受捐赠的各类纸质文献以及具有永久使用权的电子文献资料。随着高等教育事业的不断发展，高等学校文献信息资源日益丰富，图书资产数量巨大。高等学校图书资产既有校内各单位购置的图书资产，也有教职工通过科研经费购置的图书资产，还有校内各单位通过各种途径接受捐赠的图书资产。高等学校对图书资产普遍存在重投入而轻管理的现象。高等学校对图书资产管理总体呈现管理意识淡薄、校内各单位管理

[①] 本文系四川大学党政管理服务项目"智能协同视角下新时期高校图书资产的一体化管理策略研究"（项目：2023DZYJ-45）成果。

[②] 李锦清（1974—），硕士，副研究员，四川大学图书馆副馆长。

职责不清、管理制度不健全、对科研经费购置图书不建账、对具有永久使用权的电子文献不建账、图书资产建账不科学、对接受捐赠的图书管理不到位、对离职退休人员领用的图书资产管理不到位、图书资产安全管理不到位、长期不开展图书资产盘点、图书资产账实不符、图书资产账和财产账不符、图书资产处置不规范等系列问题，导致高等学校图书资产损失严重，使用效益普遍不高。

二、高等学校图书资产管理策略

（一）图书资产管理体制

实行学校国有资产监督管理委员会对图书资产管理统一领导，学校图书馆为图书资产归口管理部门，使用单位对图书资产具体管理。图书资产管理坚持"统一领导、归口管理、分级负责、责任到人"的管理体制，同时应明确图书资产归口管理部门和图书资产使用单位管理职责。

图书资产归口管理部门主要职责有以下几点：按照学校资产管理处管理规定，开展图书资产管理工作；贯彻执行图书资产管理相关法律法规、规章以及学校规定，负责拟定学校图书资产管理办法等管理制度；负责组织图书资产采购计划的审批、评审以及新增图书资产预算编制等相关工作；负责组织图书资产清查盘点、盘点抽查、调剂移交、数据统计等综合管理工作；负责指导、监督和检查图书资产采购采访、审核验收、编目加工、图书剔旧、维护管理等业务工作；负责落实图书资产建账和处置等常规管理工作；做好图书资产信息系统的管理和维护工作，定期与财务部门核对图书资产明细账。

图书资产使用单位主要职责应该包括：根据学校图书资产管理制度，制定实施本单位图书资产管理制度；负责编制本单位图书资产购置预算；负责本单位图书资产日常使用、保管、维护、调剂等工作，确保图书资产处于良好状态；负责本单位图书资产清查盘点工作，保证图书资产账实相符；做好本单位图书资产信息系统的管理和维护工作；配合图书资产归口管理部门开展本单位图书资产处置工作。

图书资产归口管理部门和使用单位，应当建立健全图书资产清查盘点制度，定期对学校图书资产开展清点或抽查核对，做到账实相符。各种账簿和标签应妥善保管，不得随意涂改。图书资产管理人员如发生变动，应及时办理交接手续，变更图书资产相关记录。图书资产归口管理部门每年度对学校图书资产开展一次全面的清查或抽查盘点。对于盘盈或盘亏的图书资产应及时查明原

因和明确责任，并按规定程序予以处理。

图书资产领用人在离职、调动或退休时，应及时办理图书资产移交手续。对于使用科研经费购买并已建立固定资产账的图书，如果领用人退休后仍需使用，领用人退休时经书面申请并经所在单位审批同意，仍可继续保管使用所领用的图书。退休人员继续领用的图书，应由图书资产使用单位制定相应的管理办法。

（二）图书资产购置管理

购置（受赠）图书资产须符合《出版管理条例》和《出版物进口备案管理办法》以及国家新闻出版总署和教育部的相关规定。高等学校应严格按照《中华人民共和国政府采购法》《中华人民共和国政府采购法实施条例》《中华人民共和国招标投标法》《中华人民共和国招标投标法实施条例》等相关法律法规，并结合学校采购工作规定购置图书资产。

（三）图书资产建账管理

根据国有资产管理相关规定，结合高等学校实际工作情况，图书资产建账应根据购置经费性质明确单位价值或批量价值建账金额标准，使用科研经费购置的图书资产建账金额标准原则上应高于使用非科研经费购置的图书资产建账金额标准。学校图书馆和校内各单位图书分馆（资料中心、资料室）购置的面向师生提供外借阅览服务的图书资产，无论金额，都应建固定资产账。具有永久使用权的电子文献，只要符合建账条件的，均应建无形资产账。

新购且需要建固定资产账的图书应建资产明细账，建账金额与学校财务处图书资产报账金额保持一致。受赠或校外无偿调拨的图书资产，其建账金额可按有关财务凭据加上相关税费和运输费等确定；没有财务凭据的受赠或校外无偿调拨的图书资产，其建账金额可比照类似图书资产的市场价格加上相关税费和运输费等确定；既无相关财务凭据，也无类似图书资产市场价格比照的受赠或校外无偿调拨的图书资产，可按照名义金额建固定资产账。

对于特殊情况的图书资产可以不建固定资产账。主要包括用于师生培训和学习的图书资料、用于学术会议交流的图书资料、作为支撑材料提供给专家评审的图书资料。使用科研经费购置图书不建固定资产账的，应由课题负责人签字审批；使用非科研经费购置图书不建固定资产账的，应由校内各单位分管国有资产工作的负责人签字审批。不建固定资产账的图书在报销购置经费时须出具用途情况说明（包括名称、数量、用途、价格、发放对象等）。同时，不应在校外单位人员或学生名下建图书固定资产账。学生使用项目经费购买且符合建固定资产账的图书资产,应统一建在指导教师或各单位图书资产管理员名下,并在学生毕业前对图书资产进行回收。

(四)图书资产处置管理

图书资产处置是指学校对占有、使用的图书资产进行产权转让或者注销产权的行为。处置范围包括剔旧、复本、置换、盘亏、呆账及非正常损失的图书资产。处置方式包括报废报损、出售、出让、转让、无偿调拨(划转)、对外捐赠和置换等。图书资产报废处置应坚持"公开、公正、公平、竞争、择优"的原则,严格按照《事业单位国有资产管理暂行办法》《教育部直属高等学校国有资产管理暂行办法》等规定,并结合学校国有资产处置管理办法执行。图书资产报废申请及审批应履行相关规定:一是由图书资产领用人或使用单位提交图书资产报废说明材料(包括拟报废图书资产的基本情况、报废原因等),图书资产使用单位根据实际情况明确非正常损失责任事故的鉴定意见和对责任者的处理意见,填写图书资产申请处置清单和国有资产处置申请表;二是图书资产申请报废应请相关专家进行鉴定,单位价值较大的图书资产申请报废的,应请多名专家进行鉴定。

图书资产报废处置按照建账金额实行分级审核审批,各级审核审批应严格执行学校"三重一大"集体决策制度。结合学校实际情况,应根据图书资产价值分别明确图书资产使用单位、图书资产归口管理部门、学校国有资产管理部门和学校校务会对图书资产报废处置审批权限。图书资产归口管理部门应定期集中向学校国有资产管理部门报送图书资产报废处置审核和审批材料。为了避免图书资产流失或随意处置,尽可能减少图书资产损失,对于经学校审批同意报废的图书资产,应由图书资产归口管理部门按照学校国有资产处置管理办法规定实行定期集中处置,图书资产使用单位和领用人不应自行处置。

采用出售方式处置报废图书资产残值应履行相关规定:一是由图书资产归口管理部门负责在学校选聘的具有资产评估资质的评估机构中,通过比选确定资产评估公司,对报废图书进行资产残值评估,并出具资产评估报告;二是在学校相关网站发布报废图书资产残值处置竞价公告;三是由学校国有资产、财务、审计部门和图书资产归口管理部门等相关单位集体确定报废图书资产回收公司;四是竞价结果经在学校相关部门网站公示无异议后,由图书资产归口管理部门对报废图书资产残值进行处置。

采用出让、转让、无偿调拨(划转)、对外捐赠和置换等方式处置报废图书资产残值,由图书馆提出具体处置方式,报学校国有资产管理部门,按照学校相关规定审批同意后实施。对于符合不建固定资产账情形且已经建固定资账的历史图书，原则上不作销账处置。图书资产处置收入交学校财务部门，实行"收支两条线"管理。图书资产处置收入在扣除相关税金、评估费、拍卖佣金、运输费等相关费用后，按照政府非税收入管理和财政国库收缴管理的规定及时足额上缴中央国库，任何单位和个人不得截留挪用。

三、结语

在新的时期，高等学校图书馆要严格按照《事业单位国有资产管理暂行办法》《教育部直属高等学校国有资产管理暂行办法》要求，严格落实图书资产管理规定，切实增强图书资产管理意识，不断完善图书资产管理制度，进一步强化图书资产管理措施，有效提高图书资产使用效益，不断加强图书资产科学管理，为高等学校教学科研提供有力的文献信息资源服务保障。

参考文献

财政法规数据库，2006. 事业单位国有资产管理暂行办法［EB/OL］.（2006－05－30）［2021－10－12］. http：//fgk. mof. gov. cn/law/getOneLawInfoAction. do? law_id=83891.

教育部，2012. 教育部关于印发《教育部直属高等学校国有资产管理暂行办法》的通知［EB/OL］.（2012－12－17）［2021－10－12］. http：//www. moe. gov. cn/srcsite/A05/s7052/201212/t20121217_181258. html.

教育部，2017. 教育部关于规范和加强直属高校国有资产管理的若干意见［EB/OL］.（2017－12－28）［2021－10－12］. http：//www. moe. gov. cn/srcsite/A05/s7504/201802/t20180205_326755. html.

刘莉，2019. 高校国有资产管理存在的问题和对策研究［J］. 中国市场（17）.

高校图书馆工会优化维权服务预防劳动人事争议路径探索

黎 梅[①]

摘 要：充分发挥高校基层工会的协调前置功能，优化工会维权服务，能够有效预防劳动人事争议，促进校园和谐稳定，为高校各项工作的顺利开展提供有力保障。本文从现阶段高校基层工会维权服务的现状、图书馆工会维权服务面临的困境及其成因等方面入手，并以四川大学图书馆为例，探索工会优化维权服务的有效路径。

关键词：高校图书馆工会；维权服务；劳动人事争议；路径

高校图书馆是学校的文献信息资源中心，是为人才培养和科学研究服务的学术性机构，是学校信息化建设的重要组成部分，是校园文化和社会文化建设的重要基地。随着社会的发展和法律常识的日益普及，教职工的维权意识也越来越强。当教职工认为其权益受到损害，且又缺乏有效的途径进行反映和解决时，就势必会产生不稳定因素，以致影响校园的和谐和稳定。当教职工与学校发生劳动人事争议时，图书馆工会在调解过程中应起到有效的沟通和平衡作用，其维权服务在高校基层工会中具有代表性。

目前，高校图书馆普遍受人事政策制度的限制，新进在编人员非常困难，一般通过招聘合同制的外聘员工、项目制助理、临时工、勤工助学学生等方式，来保障图书馆业务的正常运作。加之近年来高校人事制度的不断改革，图书馆的人员类型多，人员的诉求呈现多样化，发生劳动人事争议的概率增加。将图书馆工会的协调作用前置，充分发挥优势，妥善处理学校和教职工的利益关系，优化维权服务，能有效预防劳动人事争议的发生，构建和谐的校园氛围。

---

① 黎梅（1983—），硕士，讲师，四川大学图书馆馆员。

一、高校基层工会维权服务的现状

高校基层工会维权服务的理想效果是有效避免劳动人事争议的发生。当劳动人事争议发生时，处理方式有协商达成和解、向调解组织申请调解、向劳动人事争议仲裁委员会申请仲裁、向人民法院诉讼等。当劳动人事争议无法通过和解、调解、仲裁的方式来解决的时候，就只能通过法律诉讼来处理。在中国裁判文书网检索，2021年6月1日至2022年5月31日的一年时间内，高校发生的劳动、人事争议民事案件且进入民事二审的判决共有182件。最终通过诉讼方式来解决的高校劳动人事争议数量已接近200件，如果加上和解、调解、仲裁的方式处理的劳动人事争议，数量会更多。由此可见，高校基层工会维权服务的效果未能实现有效避免劳动人事争议的理想效果。检索到的182个劳动人事争议民事案件中，部分争议案件涉及多个纠纷点，如劳动者要求用人单位解除劳动合同并支付经济补偿的案件，同时涉及劳动报酬和劳动合同解除两个争议点。对于此类案件，在统计时将其分别纳入所涉的多个争议点。所以，图1数据总和大于182件。

图1中，关于劳动报酬、工伤医药、社会保险的案件数量最多，高达138件。解除、终止劳动人事关系的案件数量有84件，位列第二。分析原始案件内容后得知，这类案件大多数集中在外聘员工的劳动关系纠纷方面。该数据反映出目前高校在员工的福利保障、外聘员工的管理方面的问题，基层工会的维权服务的前置作用有待进一步发挥。特别是像图书馆这样人员类型多、外聘员工占比大的单位，工会更需要分类细致地做好维权服务。

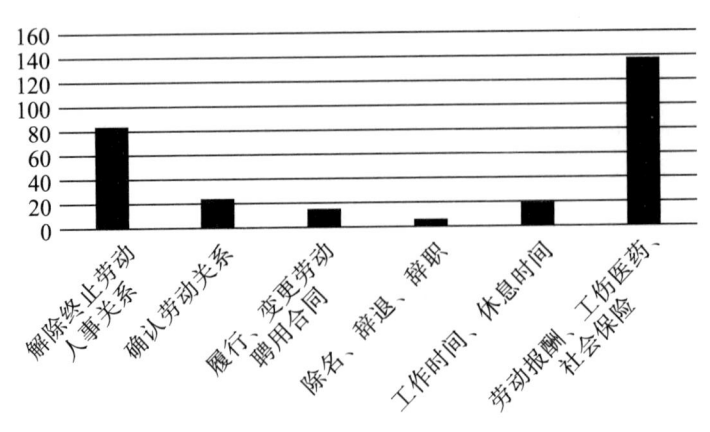

图1　2021年6月至1日至2022年5月31日高校相关劳动人事争议案件类型分布图

二、结合高校图书馆特点分析工会维权服务面临的困境

高校图书馆工会维权服务的对象是在图书馆工作的教职员工。近年来,高校新进在编人员的数量受限,加之每年退休人数不减,人员不足的问题日益明显。教育部高等学校图书情报工作指导委员会公布的《2020年中国高校图书馆发展报告》显示,2020年高校图书馆在编工作人员馆均值已由2010年的50人下降到31.8人,下降比例近40%。

高校图书馆为了缓解人员不足的问题,梳理业务工作内容,通过招聘一定数量的编制外员工、项目制助理等将一部分技术含量不太高的基础性工作分流。所以,高校图书馆属于高校内部人员构成类型多的部门,有在编教职工、外聘员工、项目制助理、临时工、勤工助学学生等类型。在此基础上,为了进一步缓解人员不足问题,一些高校图书馆也逐步尝试将部分基础性服务工作外包,如四川大学图书馆目前已将后台上书理架等工作外包给人力资源公司。服务外包的形式虽是由人力资源公司聘请工作人员,但是这些人员的工作场所仍然在图书馆,一旦发生劳动人事争议,图书馆通常也会成为起诉的对象。在前面提到的182件高校发生的劳动、人事争议民事案件中,就有近10%的案件属于类似情况。多样的人事构成,以及各类型人员的特点,使得服务教职员工的工会工作面临更多的复杂性。

1. 高校图书馆缺乏维权服务的专职专业人员

高校图书馆工会因进人指标有限,很难增加专职的工会工作人员。一方面,当前高校的进人标准高,普通行政管理人员一般需要具有博士研究生等高学历,造成应聘人员期望值与实际工作岗位之间存在差距,因此,基层工会维权服务领域要引进法律专业的人才有现实困难,高校图书馆工会的工作者基本都是兼职。他们来自业务、管理等工作岗位,本身都是各自岗位上的骨干,有着良好的群众基础,并且善于做群众工作,愿意为教职工服务。但是由于平时需要完成主要岗位的工作等客观原因,工会工作者分配给工会工作的时间和精力十分有限,他们大多数停留在完成常规工作的状态,难以深入研究、创新、优化工会工作。另一方面,高校基层工会维权服务参照的法律法规较多,并且相关的法律法规也在不断修订。要做好维权服务工作需要紧跟最新的法律法规,理解、吃透政策,才能做到精准服务。高校图书馆工会工作者大多是兼职,具有法律专业背景和专业知识的比例比较小,处理劳动人事争议的经验也不够丰富。

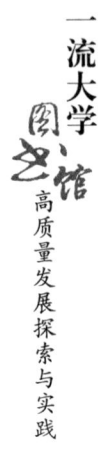

2. 高校图书馆复杂的人员构成有可能增大维权服务的难度

高校图书馆外聘员工类型占一定比例。根据教育部高等学校图书情报工作指导委员会公布的《2020年中国高校图书馆发展报告》，从聘用合同制职工人数排名前5位的图书馆（山东大学图书馆、暨南大学图书馆、清华大学图书馆、河北经贸大学图书馆、山西大同大学图书馆）数据看，合同制职工人数呈增长趋势。聘用合同制职工较易发生劳动人事争议，如前述图1中位列第二的劳动人事争议案件，大多数集中在外聘员工的劳动人事纠纷方面。一些高校图书馆如四川大学图书馆也将逐步采取服务外包的形式来完成一些基础性工作。

图书馆外聘员工、临时工等的文化程度、素质总体来说不够高，法律意识不够强，他们对基层工会的维权服务不了解。不同编制类型的员工在不同岗位上的期望值和诉求也不同，有可能使高校图书馆工会的维权服务难度增大。图书馆工会掌握各类型教职工的维权服务诉求不够充分，一旦发生劳动人事争议，特别是通过和解、调解、仲裁等无法解决最终通过法律诉讼来解决的问题，会消耗个人和单位大量的时间精力，对个人和单位都不是理想的解决方式。

3. 高校图书馆工会维权服务的体系不够完善

目前国内研究表明，完善的高校工会维权服务体系包括依法建立维权协调机制、健全的教职工代表大会及工会会员代表大会制度、民主管理制度、主动维权服务模式、专业的维权服务队伍等。

高校图书馆工会通常受到种种条件的限制，工会维权服务的体系不够完善，维权服务工作相对滞后，通常处于被动维权状态；有待建立有效的劳动人事争议预防机制和维权协调机制，使维权服务关口前移。如前所述，高校图书馆维权服务的专业队伍建设还需加强。

三、高校图书馆工会优化维权服务的路径探索

以四川大学图书馆为例。四川大学图书馆属于学校人事体量大的基层单位，包含四个分馆，多样性的用工制度，在薪酬分配、岗位晋升、福利待遇、休假制度等方面较易发生劳动人事争议。当前，以图书馆工会的维权服务为支撑点，探索有效预防人事争议的途径，不仅有利于优化图书馆的人事管理、增强教职工的满意度，而且利于维护学校的和谐稳定。

（一）加强高校图书馆工会维权服务组织建设

坚持在党的领导下，加强自身的组织建设，有效开展工作。高校图书馆工会可以通过建立激励机制等举措，充分调动教职工的积极性，让更多的教职工成为维权服务的工作者，使教职工既是维权服务的对象，又是维权服务的参与者。激励机制可以从晋升渠道、薪资待遇及评优评先等方面来考虑。图书馆更多岗位的人员参与工会维权服务，能更广泛地听取和收集教职工的意愿，预防劳动人事争议的发生。处理劳动人事争议发生时，当事者和参与调解的工作者也有了更多的同理心，能够更顺利地寻求问题的解决。四川大学图书馆工会由九个工会小组组成，小组组长来自图书馆各个部门，与部门同事日常接触多，能更多地了解同事们的情况及诉求，并及时反馈给图书馆工会，使工会能够预判问题，采取相应措施化解问题；四川大学图书馆还根据图书馆人员学科背景情况，充分挖掘具有法律及相关专业知识的人员，吸纳其参与工会维权服务工作；同时通过选派人员参加校工会组织的劳动人事争议专题培训，加强图书馆工会工作人员维权服务的能力培训，不断强化工会工作人员的维权意识，提高参与处理劳动人事争议的能力。

（二）构建高校图书馆工会劳动人事争议预防机制

维权服务的关键在于基层，以预防、调解为主。因此，高校基层工会首要解决的是建立劳动人事争议的预防机制，将被动维权转向主动维权。四川大学图书馆充分发挥"双代会"等群团组织平台的作用，坚持源头参与、民主决策，落实信息公开，保障广大教职工拥有单位的决策参与权和知情权，如在图书馆"双代会"上主动公开图书馆的年度工作、财经工作、教代会和工会工作等。图书馆工会通过双代会"提案"、座谈会、职工生日会等多种方式主动、及时了解广大教职工的利益诉求，针对不同人群关心的热点和需求做点对点的交流沟通，预防劳动人事争议的发生。对不可避免的劳动人事争议，特别是已发展到诉讼处理的案例，图书馆工会维权服务人员要建立争议处理过程档案，进行分析总结，找出争议的源头，并提出改进措施，为以后有效避免类似劳动人事争议提供参考。

（三）打造高校图书馆工会维权服务专业化队伍

在打造高校图书馆工会维权服务专业化队伍方面，四川大学图书馆积极争取学校人事部门从政策上给予基层工会支持，扩大基层工会的专职工作人员编制，给予基层工会维权服务最根本的支持与保障。在选聘工会专职工作人员时，优先选择具备法律知识或具有维权服务相关工作经验的人员，增强维权服务的法律基础。另外，加强对工会维权服务专、兼职工作者法治思维的培育，制订最新法律法规等知识培训计划，提高依法维权能力。同时，通过多种形式，如讲座、宣传海报、知识竞赛等，开展法治宣传教育，营造学习法律、遵纪守法的良好氛围，增强教职工的法律意识，使教职工知晓如何依法保护自己的权益并合理表达诉求，避免矛盾的激化与冲突的升级，构建和谐稳定的劳动人事关系。

（四）创新高校图书馆工会维权服务平台与模式

高校基层工会维权服务的落脚点在于及时掌握教职工的思想状况和利益诉求，有效避免或妥善处理劳动人事争议。在创新维权服务平台与模式时，从该落脚点切入，将会获得事半功倍的效果。四川大学图书馆工会积极探索创新维权服务的平台与模式。一是在"互联网+"的背景下，充分利用网络工具、新媒体平台等媒介，拓展教职工表达诉求的方式。图书馆网站设立馆长信箱、留言板块，提供维权服务的专用通道，使教职工可以方便及时地反映诉求和意见建议。二是在馆舍内打造教职工多功能室，利用物理空间平台创新维权服务。多功能室不仅可以为教职工提供茶歇、工作餐、休闲锻炼的场地，同时也为图书馆工会工作者提供了轻松愉快的环境平台，通过日常的交流沟通，了解教职工的利益诉求，收集意见建议，使问题得到及时处理，有效预防劳动人事争议的发生。三是在现有专、兼职工作者的基础上，从单位教职工中吸纳维权服务志愿者，这样不仅能够加强维权服务的群众基础，而且增加了维权服务的帮手。同时，利用高校多学科的人才资源，借力聚力推进基层工会维权服务。如邀请法学、心理学等专业的师生在基层工会担任维权服务志愿者，增强维权服务的法律保障。

参考文献

陈峥嵘，2013. 高校工会参与劳动人事争议处理的途径探析［J］. 工会论坛（山东省工会管理干部学院学报）（2）.

洪萍，戴彩云，2011. 试论高校工会劳动人事争议调处机制的完善［J］. 江西青年职业学院学报（2）.

黄羡琳，2011. 高校工会维权职能在构建和谐校园中的运用及强化［J］. 工会论坛（山东省工会管理干部学院学报）（6）.

井水，2011. 浅谈新时期高校图书馆工会维权问题［J］. 边疆经济与文化（9）.

宋云清，2014. 新时期高校工会干部素质与能力提升路径［J］. 武汉商学院学报（4）.

谭华霖，田禀炜，2011. 人事制度转型背景下高校工会维权职能分析［J］. 山东科技大学学报（社会科学版）（3）

王宝清，徐淑芝，2015. 高校图书馆非在编员工工会权益保障的实践与探索［J］. 图书管理（7）.

高校图书馆流通服务外包探索与实践

——以四川大学工学图书馆为例

唐桂华　刘　蓉　曾加洪[①]

摘　要：如今高校图书馆工作人员匮乏的现象越来越严重，流通服务外包是图书馆发展的必然趋势。本文以四川大学工学图书馆为例，对流通服务中后台外包服务的探索和实践进行了分析和总结。

关键词：高校图书馆；服务外包

一、四川大学工学图书馆后台服务外包的背景

由于学校人事制度的改革，四川大学图书馆严格控制进人编制和条件，而每年退休人员却在增加，图书馆文献服务中心2018年以来出现了人员严重缺乏情况。对此，我们做好了前期的应对准备工作，即对馆藏、工作流程、馆舍利用以及增值服务等做了梳理和优化，为采取下一步措施奠定良好的基础，同时提升服务效率，在一定程度上减轻人员不足所带来的压力。

从工学图书馆人员匮乏的情况来看，要从根本上彻底解决困境存在两种思路：一种思路是以全面实行自助服务为主体的模式，其核心是智慧图书馆服务模式，可以依托数字校园化平台，采用众多的数字化、智能化设备来完成类似自助银行式的自助服务模式，如自助查询、自助借还、自助收费、自助打印等，原服务人员可为读者提供多元化的服务；另一种思路是图书馆流通服务外包，图书馆流通服务外包是指图书馆将其部分非核心的流通服务业务委托给外部企业或组织，从而达到降低成本、提升服务质量和效率的目的。考虑到流通服务中涉及的图书馆系统核心部分的安全性，且图书馆将大量业务外包出去，

---

① 唐桂华（1967—），本科，副研究馆员，四川大学图书馆。刘蓉（1965—），本科，副研究馆员，四川大学图书馆。曾加洪（1963—），专科，馆员，四川大学图书馆。

会降低读者的服务体验，我们可先将流通服务中简单的事务性工作实行外包，目前这两种思路正在工学馆逐步得到实践，今天要探讨的就是流通服务中的后台服务外包工作。

二、四川大学工学图书馆后台服务外包的必要性和可行性

四川大学工学图书馆是20世纪80年代修建的老馆，2018年至2019年完成了部分馆藏空间的改造，对馆藏资源进行了调配、整合，设立了新书资源区、教材教参区、研讨室、晨读空间等，取消了各阅览室门口和书库门口的服务点，在大厅设置了进出门禁、人工服务台及自助服务区，把阅览量少的旧书书库服务时间改为预约阅览服务，其他图书使用频率高的一线、二线书库及阅览室等服务空间全开放，实现了藏借阅咨一体化的开放服务模式，以上大硬件的投入和改造缓解了工作人员减少的压力。与此同时，图书馆也开始启动流通服务后台外包的准备工作。根据人员及服务模式的变化，工学图书馆将基础的流通服务内容整合为前台服务（图书借还、预约书处理、毕业论文收取、新书刊接收、馆际互借与文献传递等）与后台服务（图书上架、理架、阅览区域巡视等）两大部分。在一楼服务台完成的工作称为前台服务，所有公共阅览及书库区域完成的工作统称后台服务，后台外包服务的工作岗位职责也由此设置。

（一）外包工作的必要性

一是可解决人员不足的问题。四川大学工学图书馆面临人员严重不足的情况，后台岗位共有人员6人（3名正式工，3名外聘工），其中2名即将因退休等原因离岗，后台就只剩下4名在岗人员，人员严重不足，难以支撑日常工作的开展，图书馆的安全也得不到保障。

二是有利于排除干扰，确保工作的稳定性。后台岗位的外聘工工作中均存在不同程度的问题，又因聘用合同的保护，不能随意变动其工作，当工作效果不尽如人意时，就会严重影响后台服务工作的长期、稳定、有序地开展，给用人管理也增加了麻烦。

三是有利于提高管理效率。实现后台服务外包后，只要明确详细的后台服务用工要求，加强后台服务的严格监督，就可提高管理效率。同时也能让更充足的人力来做个性化读者服务，管理效果远优于现有用工模式。

四是有利于节省用工成本。引入后台服务外包后，只需把后台涉及图书

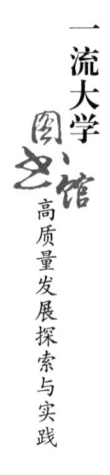

自动化系统相关的工作如图书期刊验收、图书的数据修改等工作转给前台工作人员,可以有效地利用图书馆的人力资源,从而降低用工成本。

(二)外包工作的可行性

在分管馆领导的带领下,我们分别与几家外包公司进行了洽谈询价,不断对外包可行性进行论证分析,根据实际情况,决定外包公司需承担以下工作:

(1) 负责本中心 2 楼至 10 楼书库电源、门窗的开关;
(2) 负责自助借还机设备的取书和分类整理;
(3) 负责对已有馆藏图书、报刊(含期刊清装)上下架、理架;
(4) 负责预约图书及专题图书、报刊的查找;
(5) 负责阅览室及书库的安全巡视;
(6) 回答读者有关咨询,纠正读者不文明行为;
(7) 负责新入馆藏图书、报刊及装订刊的上架工作;
(8) 其他工作。

这些都是较简单的基础流通服务工作,不涉及图书馆自动化系统的核心业务,我们计划分步骤、分阶段实行后台服务的外包,从用工成本、工作效率、人力资源结构上来看都是可行的。

三、后台服务外包的实施及效益分析

经过前期一年多的调研,2019 年四川大学图书馆工学分馆通过招标的方式确定了外包公司,开始尝试流通后台服务外包。图书馆根据招标文件中详细的服务内容和标准制定科学规范的管理制度和切实可行的考核指标,对外包公司的服务质量按季度进行考核,合格后再付款。每年招标一次,目前已持续了两年,这两次连续中标的都是本馆的物业中心。将流通服务的后台业务以合同的方式委托给本馆的物业中心,最大的好处是物业经理可以统一管理图书馆物业和后台工作,统一人员的管理和使用,提高工作效率。从整体效果来看,外包利大于弊,在节约用人成本、提升用户服务体验及管理服务效益方面成效显著。

(一)经济效益

外包公司招聘的人员不要求高学历,用工费用低,运营成本也低,图书馆节约了由正式编制和外聘工带来的其他支出费用,每年节省了大量的资金。

（二）服务效果

工学图书馆有很多开架图书区域，图书易乱架，过去理架工作做得不到位。后台服务外包后，图书的外观摆放整齐度和乱架的情况都得到了很好的改善，为读者查阅图书提供了更好的服务。特别是在防疫期间，因图书馆开馆时间和服务模式的临时调整，外包人员承担了比平时更多的工作，如读者还回图书的消毒与静置，因临时改开架书库为闭架书库，增加了很多人工找书工作量，满足了全校师生特殊时期的服务需求，赢得了师生的好评。

（三）管理效益

过去工学馆后台的外聘工因聘任制度的原因不能随意解聘，当有工作需要人员重新调配和安排时，常常不尽如人意。后台服务外包后，因人员都是公司化管理，基本都能服从图书馆的工作安排，工作任务的响应速度和呈现的效果比过去大有改观。

四、存在的问题

通过对后台服务外包的不断探索，四川大学工学图书馆外包经验越来越丰富，但也暴露出一些问题，需要在今后工作中加以改进。

（一）外包服务质量与专业化水平有待提高

经过近两年的沟通、交流、磨合，外包公司虽然能够完成合同上规定的基本工作要求，但在读者个性化服务及应急处理能力方面还有所欠缺，服务质量与专业化水平不稳定，还需要长期持久的培训。

（二）外包人员的不稳定影响工作的有序开展

外包人员流动频繁、稳定性差是普遍存在的问题。外包员工的频繁流动，带给我们的是无止境的培训和停留于表面的服务，同时给图书馆正常的业务工作也造成了影响。外包人员不能开展深入的读者服务，馆员将大部分精力投入对外包人员的培训指导，没有更多的精力和时间进行深入细致的读者个性化服务。

（三）外包人员的综合素质制约其读者服务水平

外包公司质量的好坏与招聘员工的素质高低直接关系到图书馆的读者服务水平。外包公司通常根据项目合同按最低价招聘工作人员，外包人员的文化水平参差不齐，整体素质尚待提高，深度服务质量不高，仅仅能完成简单的读者

服务，在读者的个性化服务需求和应急事件处理方面，缺乏专业的图书馆知识和工作经验及能力，不能提供有效的服务，在一定程度上制约着读者对图书馆专业服务的需求，不利于图书馆读者服务的深入开展。

五、主要的对策

（一）加强对外包人员的业务培训

外包人员的专业素质和职业能力是影响图书馆外包服务的关键因素。严格进行岗前培训，兼顾理论学习与实际操作，业务培训可由高校图书馆组织开展，也可由外包商负责，要求全面掌握高校图书馆的后台工作要点，了解各种注意事项，提升外包人员的服务水平。业务培训中增加对高校图书馆的业务认知、对服务的认可内容，只有保持服务理念的一致，才能提高为读者服务的意识，尽心做好服务工作。

（二）设置项目主管

项目主管在外包服务团队中起着关键性作用，需要具备较高的职业素养和丰富的管理经验，项目主管自身的素质往往决定了整个团队的风气，主管需要营造一个良好的团队氛围，才能带领团队顺利完成外包服务工作。项目主管相对来说流动性不大，图书馆将简单的业务培训工作交由外包公司的项目主管完成，可以降低因人员流动太大而增加的业务培训工作量。

（三）加强外包公司的业务监管

高校图书馆的监督工作必不可少，加强对流通外包公司的质量监管和沟通成为重中之重。我们除了根据合同约定的服务条款对外包公司的服务质量按季度进行考核外，还要不定期地抽查工作质量，随时梳理服务过程中存在的问题，同时要加强与外包公司之间的交流沟通，及时修正实施过程中发现的问题，制定行之有效的解决方案，保证后台外包服务水平和工作质量。

六、结束语

综上所述，流通服务后台外包的目的是在人员不足的情况下，通过部分业务外包的措施来提升效率，从而维持正常服务，进而提升读者服务。四川大学工学图书馆的后台外包服务还在探索中，只有不断地在实践中改进，才能使后台外包管理模式更好地发挥功效，图书馆的服务才能得到不断深化。

参考文献

丁明春，2017. 公共图书馆服务外包相关问题的探讨［J］. 农业图书情报学刊（3）.

黄薇，2019. 基于融合共赢的流通服务外包模式探究——以北京师范大学图书馆流通服务外包实践为例［J］. 中国管理信息化（7）.

李宏秋，2017. 图书馆业务外包发展的再探讨［J］. 农业图书情报学刊（10）.

鲜冉，2011. 近十年我国高校图书馆流通业务外包研究述评［J］. 图书馆研究与工作（1）.

徐磊，2018. 论高职图书馆的外包化服务［J］. 天津职业院校联合学报（5）.

赵静，2019. 馆—院联合模式下流通外包服务绩效评价指标体系构建研究——以辽宁师范大学图书馆为例［J］. 四川图书馆学报（1）.

祝小静，2018. 基于PDCA循环的高校图书馆流通服务外包工作研究［J］. 大学图书情报学刊（1）.

基于用户行为研究的嵌入式图书馆服务工作探讨
——以四川大学图书馆为例

赵兰蓉　唐李杏　徐忠珊[①]

摘　要：用户至上是图书馆一贯的宗旨，有效高效开展图书馆服务是践行这一宗旨的有力推手。如何把图书馆服务深入用户的学习生活，是值得图书馆馆员研究探索的课题。

关键词：用户；行为；嵌入式；服务

嵌入式服务最早是1993年米歇尔·鲍文斯（Michel Bauwens）提出的概念。鲍文斯提出，图书馆馆员应走出图书馆，走进用户的知识环境。随着时间的推移，图书馆嵌入式服务更多地实践在学科服务方面。初景利等专家认为，图书馆员以学科信息专家的身份嵌入用户的团队，嵌入用户的学习、科研等过程，实现图书馆员与用户的深度合作。曹静仁、刘颖、黄传惠等学者指出，学科嵌入式服务以用户为中心，以学科为单元，以适应用户个性化需求为目标，有机融入用户的物理空间或虚拟空间，构建信息网络保障环境，提供集约化、参与式信息服务，以及以此为基础的机构重组、资源组织、服务设计、系统构架的全新运行机制。嵌入式服务正在被各图书馆探索、践行。

一、嵌入式服务存在的问题

嵌入式服务是抛弃图书馆学"中介论"基础，实现图书馆与用户深度合作的全新模式。经过多年的实践探索，图书馆在以用户需求为中心的思想指导下，进行了信息资源推送、资源检索收集、专题嵌入、信息素养培训等方面的工作，努力争取与用户进入物理空间和虚拟空间嵌入的探索。但是，目前普遍存在图

[①] 赵兰蓉（1969—），硕士，馆员，四川大学图书馆。唐李杏（1978—），硕士，副研究馆员，四川大学图书馆。徐忠珊（1965—），本科，副研究馆员，四川大学图书馆。

书馆不能广泛深入开展嵌入服务的困境。究其原因，不外有三：用户参与的积极性不高，馆员自身素养导致嵌入的深度广度不够，双方的互信协作度不足。

二、信息推送嵌入式服务的研究

新时代高校图书馆是集学术文献收藏与服务中心、学术文献研究与服务中心、学术数据集成与应用中心、信息素养教育与发展中心和优秀文化传承与创新中心为一体的公共学术服务机构（朱为群，2020：50-55）。信息推送嵌入式服务贯穿以上五个中心工作，并在其中起着重要作用。

有效开展嵌入式服务工作必须研究嵌入的对象身份和需求、嵌入的内容、嵌入内容的深度、范围和希望达成的目标，以及与嵌入对象的交互方式，必须明确用户需求，基于此图书馆员能做什么工作、能解决什么问题、达到什么目的。本文以文献信息资源推送为主要对象，通过抓取图书馆后台数据进行研讨。

（一）用户分层

教职工分为科研教学用户和行政教辅用户；学生分为本科生、硕士研究生和博士研究生，并按学科性质分为文、理、工、医四个方向。

（二）用户行为分类

用户对图书馆的利用一般包括进馆、文献借阅、数据库使用、增值服务使用等方式。

1. 进馆人次

以2020年为例：

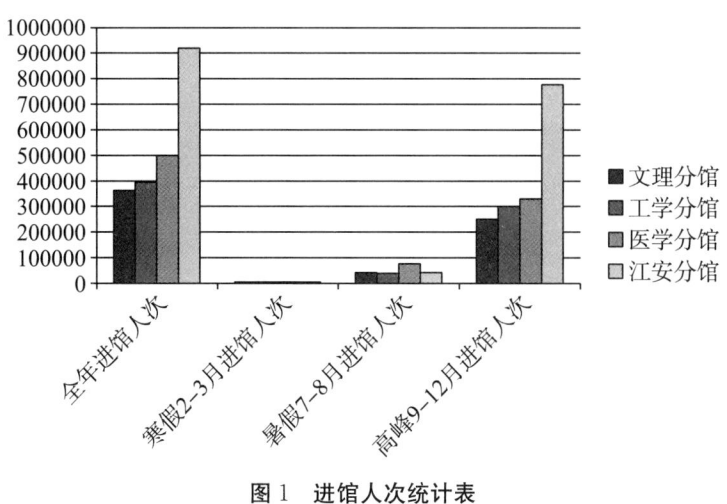

图1 进馆人次统计表

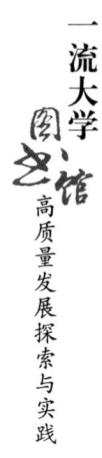

从图 1 可以看出，每年寒暑假进馆用户较少，9 月至 12 月进馆用户是高峰。9 月至 12 月进馆人次多是因为有全国研究生入学考试，高年级学生需要备考，图书馆自习室座位一席难求。此时，本科生用户的需求是延长服务时间、提供学习资料存放空间、提供背诵朗读空间等。图书馆基于此需求，在保证学生路途安全的前提下，合理延长服务时间是有必要的。同样，寒假用户到馆非常少，两个月分馆到馆人次平均不足千人次。并且，这个时段处于每年用电高峰期，中央空调必须开放，消耗的人力物力巨大，是否可以减少开放空间或时间值得商榷。如何合理开辟并管理资料存放空间，满足用户资料存放需求，也是图书馆可以拓展的服务项目。

如果能够按照师生身份对用户到馆人次数据进行分类，在此基础上进行到馆目的分类收集、分析，将对图书馆提高服务针对性有很大帮助。基于身份分类，图书馆可以分别归纳出教工、研究生、本科生进馆目的，从而提供针对性更强的服务项目，使实体图书馆的空间得到更充分的利用，体现第三代图书馆的优势。

2. 文献借阅

（1）各分馆纸本图书外借量

以 2018—2020 年为例，见图 2。博士含八年制学生，硕士含七年制学生，本科生包含创新班、五年制、四年制三个类型的学生。

从数据抓取来看，研究者认为可以在图书馆系统中进一步定义细分用户身份，区分用户的职称、学科领域（文、理、工、医、农）等。尤其是对教工身份，可以系统定义当前职称年限，或者与学校人事系统共享教工职称等信息变化情况，当教工职称年限到期或职称变化后系统可以自动变更或通知教工到馆或线上变更身份，以便于图书馆进一步分析不同职称用户对文献资源的需求。

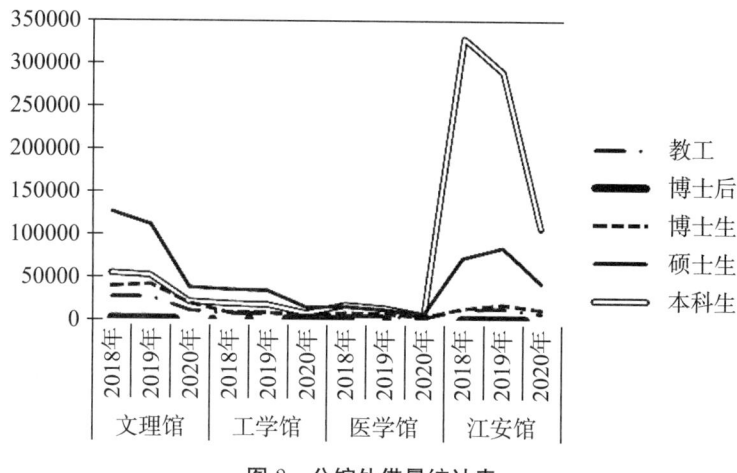

图 2　分馆外借量统计表

从图 2 可以得出以下几条结论：第一，总体上来说，本科生对纸本图书的需求远大于其他用户，尤其是本科生集聚的江安分馆，本科生借阅量远远超过其他三个分馆；第二，四个分馆都有一个特点，硕士研究生的外借量较大，均超过博士研究生，有必要进一步调研这两个群体的阅读倾向和阅读习惯，以便提供个性化更强的服务；第三，文理、工学两个分馆硕士研究生外借量大于本科生，可以调整馆藏资源，进一步提高馆藏资源针对性，更好地适应研究生群体用户的需要。

本科生，特别是新生，在使用图书馆的过程中，有四大难点：不懂图书馆藏书规则，读不懂索书号，不会使用数据库，不知道哪些图书是经典。针对前三个难点，图书馆加大新生培训力度，新生培训加强重点、难点问题的考核，力争做到培训全覆盖、培训全合格。针对第四个难点，图书馆可以加强对经典图书的推荐，经典图书的依据来自用户，服务用户。四川大学图书馆已经着手开展"明远学习榜"工作，收集整理公布用户综合使用图书馆排行等内容，笔者认为可以进一步挖掘以下内容：第一，按专业大类收集教辅借阅量靠前的图书文献和该学科成绩排名前 30% 用户的借阅图书书目，提供给其他用户；第二，按专业收集学术专著借阅量靠前的图书文献推荐给用户；第三，把用户推荐的图书推荐给其他用户；第四，图书馆提供推荐书目电子图书链接，解决用户需求大于纸本图书复本的矛盾。在好书推荐栏目，可以增加教师或学长荐书，针对每个学院、学科和用户身份开设"好书天天读"栏目等。

按年级收集整理本科生的阅读记录和学习内容，分析本科生用户的文献需求，文献资源信息推送的重心要有所侧重：第一，本科一年级用户侧重通识教育、基础课的教参教辅文献资源推送；第二，本科二、三年级用户侧重专业课教参、教辅和学术专著等文献资源推送；第三，本科四年级用户侧重升学需求的各类文献资源和本科生各类考试的文献资源推送。

针对研究生和教师的纸本图书借阅量相对较少、到实体馆次数少、文献资源类型倾向于学术论文的实际情况，图书馆重点推送相关学术期刊数据库和研习平台。

从图2可以看出，相对海量的图书馆馆藏，不大的外借量似乎显示出图书馆收集和储藏学术文献的基本任务和基础功能的弱化。同时，图书馆实体馆基本上为用户提供的是自习功能、面对面交互研讨空间功能。不过，当网络出现故障的时候，图书馆收储的纸本文献是科研教学、学习的最后保障。

（2）各学科类别外借量

调研发现，文理类学科对纸本图书的需求远高于其他学科类别，符合图2所示各分馆"文理类用户的外借量大于其他学科用户的外借量"的分析结论。针对工医类用户外借量小的情况，图书馆应多收集该类用户意见，对症探求服务方案，提升该类用户的外借量或提供符合他们需求的文献资源。

文理类学科的机构主要集中在文理馆和江安馆，因此，图书馆文献服务部的人员、设备设施相对其他分馆应该有所侧重。

3. 数据库使用

四川大学图书馆的数字资源非常丰富，目前数据库已经是用户常用、必用工具，作为高校文献保障中心不可缺少的资源形态。据统计，自2016年起，四川大学图书馆用户每年访问下载电子资源上亿次。相对纸本图书，电子图书的浏览量非常大，如图3、图4。本文以电子书为对象，对2016年1月至2020年9月这一时段进行研究。

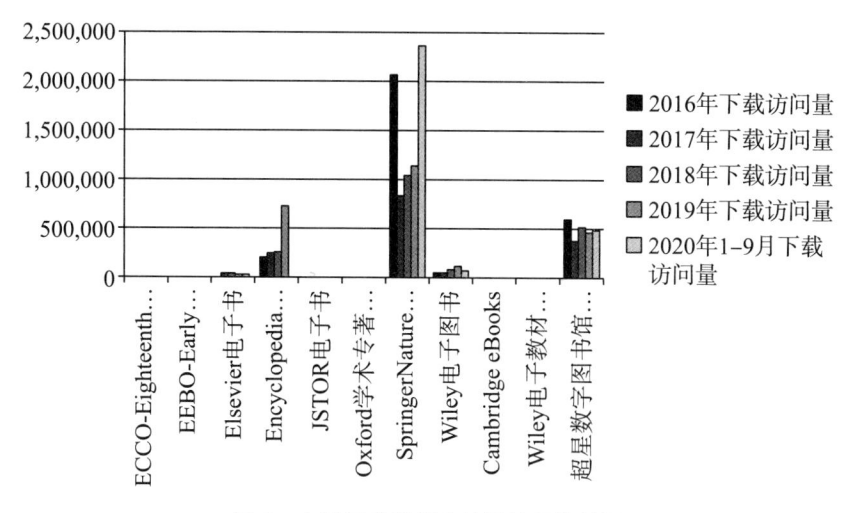

图3 电子图书数据库使用情况统计图

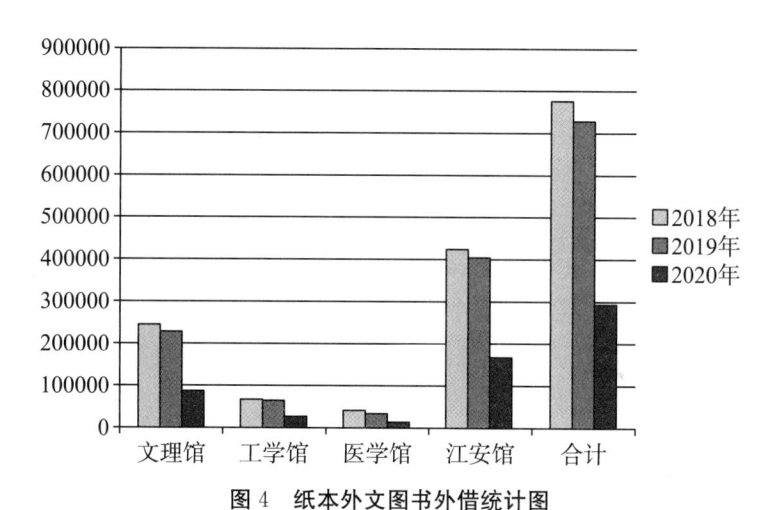

图4 纸本外文图书外借统计图

结合纸本外文图书借阅量（图4）可以看出，从2018年起，纸本外文图书外借量减少，图5则显示电子图书的使用量逐年增高。尤其是2020年因为疫情，电子图书的使用量猛增，前9个月的使用量大于2019年全年总量。同期，纸本外文图书的借阅量大幅度降低。笔者认为外文图书浏览的主要途径是电子图书，原因有三：第一是便捷，无需到馆便可借阅；第二是电子外文书馆藏多，回溯远，纸本外文馆藏图书有各种局限；第三是多数电子书无并发用户限制，一本电子书可同时供多个用户使用，而纸本外文图书基本没有复本，优劣显而易见。笔者认为在图书馆平台上加大外文纸本图书的推介力度，让更多用户不到馆也能了解外文图书馆藏，及时了解外文纸本图书更新情况，增强用户到馆借阅的意愿，仍然是必要的。同时，加大对电子图书借阅情况的挖掘力度，提升电子图书的推介工作也刻不容缓。

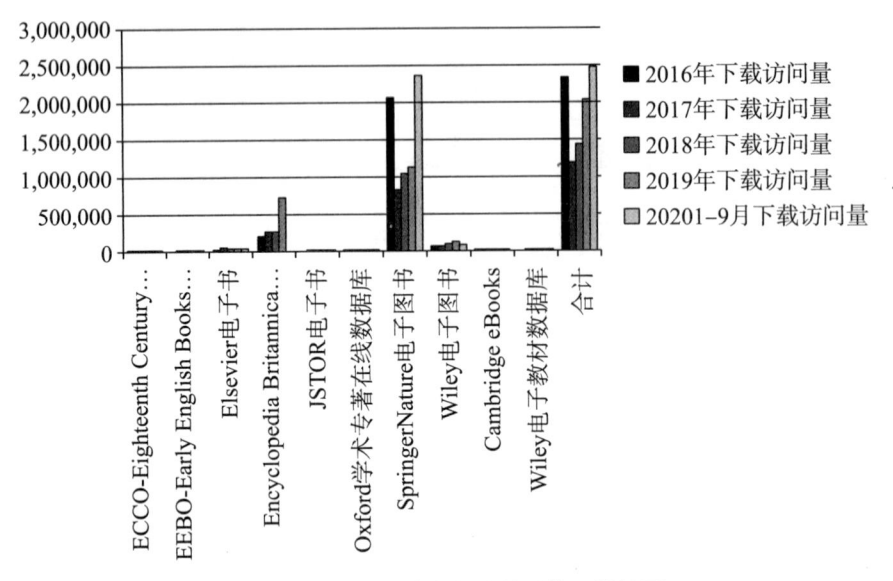

图 5　外文电子图书数据库使用情况统计图

4. 增值服务

四川大学图书馆推出好书推荐、每周一书、知识博客、知识服务速报、知识产权服务、数据库微视频、研学平台等增值服务。例如，四川大学图书馆为用户提供了研讨室等形式的空间服务，得到用户的好评，在建设第三代图书馆的征途上踏实前行，取得了较好的成效。还有，四川大学图书馆开展了知识产权服务，建立了知识产权服务机构，配备了专业人员，加强了学校知识产权服务的专业性和权威性。从德温特专利数据库使用情况，从 2016 年近 70 万的访问量逐年大幅增长到 2019 年近 200 万的访问量，可以看出开展这项工作的必要性、及时性。

三、结论

用户需求第一，图书馆肩负"传承中华文明、提高国民素质、推动经济社会发展等"（习近平，2019）使命。高校图书馆是大学科研教学水平的重要标志，是滋养学生心灵、培育学生文化自信的重要场所。不断探索、创新服务方式，提高图书馆工作效能和个性化应用，推动师生更多更好地使用图书馆，更好地满足师生精神文化需求，是图书馆不变的追求。

参考文献

朱为群，2020. 新时代高校图书馆的学术功能定位探析［J］. 图书馆杂志（6）.

习近平，2019. 习近平给国家图书馆老专家回信［EB/OL］.（2019－09－09）［2021－03－03］. http：//www.gov.cn/xinwen/2019－09－09/content_5428594.htm.

浅谈西文古籍整理

李咏梅　华礼娴[①]

摘　要：本文略述西文古籍的概念、发展历史和装帧特征，并重点介绍了四川大学图书馆西文古籍整理情况，包括遴选、编目数据著录以及深入的整理和挖掘工作，并列举其中的部分重要馆藏，以期在四川大学"双一流"建设中让西文古籍继续发挥积极的作用。

关键词：西文古籍；整理研究；装帧形式；四川大学图书馆

一、西文古籍概述

西文古籍，是国内学界相对于中文古籍而提出的概念，尚无确切的定义，通常是指1911年及以前以欧美国家语言文字出版的西文文献，一般把1800年前出版的称为西文善本，也有图书馆把1850年前出版的称为西文善本。西方国家将善本划分为三个时期：第一个时期是活字印刷术发明前的版本，如蜡版、泥版、抄本等；第二个时期是活字印刷术在欧洲应用后，即1450—1500年间的摇篮版图书；第三个时期是16世纪以后的古籍一直到20世纪的版本（全勤，1996：29-30）。国内各图书馆根据自身的情况来划定各自西文古籍善本的范围，出版年代是最主要的参考标准，同时还会考虑其学术研究价值、艺术价值和文物价值等。

15世纪50年代德国约翰·古腾堡（1398—1468）发明的西方活字印刷术开启了西方印刷革命，标志着西方图书批量生产的开端，极大地推动了西方科学和社会的发展。他在1455年用金属活字印刷出版的《古腾堡圣经》是摇篮本（incunable，源于拉丁文 incunabula）的开端。所谓"摇篮本"，专指1450—1455年《古腾堡圣经》印制的年代至1500年间用金属活字印刷术出版

[①] 李咏梅，硕士，四川大学图书馆研究馆员。华礼娴，博士，四川大学图书馆馆员。

的书籍、小册子等印刷品，1501 年到 1540 年的活字印本则被称为"后摇篮本"（post-incunabula）。《古腾堡圣经》当时印制了 160~180 册，其中大约有四分之三用纸张印刷，有四分之一是用羊皮纸印刷，现存于世的仅有 50 册。美国摩根图书馆与博物馆是世界上唯一拥有三本《古腾堡圣经》的机构，其中一本为羊皮纸。

图 1　美国摩根图书馆与博物馆馆藏《古腾堡圣经》（1455 年印刷）

随着西学东渐，大量西文古籍被传教士带到了中国，如利玛窦、金尼阁等，西方的哲学、天文、数理化、生物医学、历史地理、社会学、经济学、法学、文学艺术等传入中国，对中国的学术、思想、政治和社会经济都产生了重大影响。如我国第一部机械工程著作《奇图器说》就是从金尼阁的西书"七千卷"中的《奇器之图之说者》选译的。同时，传教士们著书立说，将他们在中国的耳闻目睹传回欧洲，一经出版便被奉为经典，促进了中西文化交流，如利玛窦的《利玛窦中国札记》、曾德昭的《中华帝国通史》等广为流传。此外还有公使的著作，如 1793 年英王乔治三世遣使中国，副使斯当东爵士撰写的《英使谒见乾隆纪实》就是其中的代表，该书对乾隆盛世末期的士农工商、农林牧副渔等各方面进行了较详实的记载，是一部反映清代社会生活的"现实记载"。

二、西文古籍的装帧特点

西文古籍以其精美的装帧著称，其装帧形式颇具特色。

（一）书口镶金（edge gilding）和绘画（edge painting）

书口镶金（又称烫金）是欧洲传统豪华精装书中常使用的书籍装饰工艺，即在书芯天头一侧书口或整个书芯的三面书口上装饰以金箔，并经过刮刨、打磨、涂基底料和胶料、贴金、抛光等工序，使书口呈现金色的镜面效果，彰显奢华与珍贵（胡泊，彭福英，2018：87－93），同时也起保护书芯的作用。

后来在书口镶金上又发展出轧花（gauffering）和绘画两种工艺。前者是在书口烫金后，用加热的轧花工具在书口轧出图案，后者则是在书口上进行彩色绘画，使书籍装帧更加精美。美国加州大学圣克鲁兹分校馆藏一册明刻本《玉海》（卷一百二十八至卷一百三十），书口绘制了一幅精美的中国画（如图2左），该书的函套也很精美（如图2右）。在中文古籍书口上绘制彩图更显得珍贵。

图2 美国加州大学圣克鲁兹分校馆藏明刻本《玉海》书口彩绘（左）及函套（右）

书口镶金和绘画最早由意大利人和西班牙人从阿拉伯世界带入欧洲，在16世纪盛行于欧洲，但由于其工艺较为复杂，技术要求和制作成本高，逐渐退出了历史舞台。

（二）大理石花纹纸的使用

在装帧中大量使用大理石花纹纸是西文古籍的又一大特征。大理石花纹纸又称作流沙笺、水拓画、湿拓画，西方装帧界普遍认为起源于中国，也有少数人认为起源于日本。北宋苏易简著的《文房四谱五卷》中记载了蜀人制作"十色笺"的方法，在此之前还有唐代的"薛涛笺"，这些中国纸张制作工艺最终流传到欧洲并在17世纪盛行，得到进一步发展，是中西方文化交融的又一明证。

大理石花纹纸大量被用于封面、环衬和书口的装帧。最早用于环衬，后来又用于书口和封面。大理石花纹纸的纹样形式多样，名称以其形状与相似的动物命名，或者以初创地命名，主要有孔雀纹、蜗牛纹（又称法式卷纹）、斑马纹、虎斑、贝壳纹、意大利纹、西班牙纹、土耳其纹等。

此外，产生于13世纪意大利的水印也在西文古籍中普遍使用，这种在造纸过程中通过改变纸张不同区域纸浆纤维密度制成的有明暗纹理的图案，为研究书籍开本和出版年代提供了重要的参数依据。

西文古籍的装帧形式也颇具特色，如珠宝装帧，采用珠宝、贵金属等材料装饰封面，彰显富丽与奢华，此外还有腰带书、连背装帧、混凝纸装帧和古软装帧等形式，从这些装帧形式可以窥探西方古书装帧形式的发展脉络。

三、四川大学图书馆西文古籍整理情况

据初步梳理，四川大学图书馆藏有1949年前出版的外文图书约5万册，西文古籍整理及建设工作首先就是从这5万册书中逐一遴选出1911年及以前出版的西文图书，接下来就是建库工作，最后是进行深入的整理和挖掘工作。

（一）遴选

1949年前出版的约5万册外文图书集中藏于密集书库里，从中遴选出1911年及以前出版的图书是西文古籍建设工作中最重要、也是最艰巨的部分。密集书库空间狭小，空气流通不畅，图书破损、虫蛀情况很严重，在遴选过程中会产生很大的粉尘，遴选任务十分艰巨。

在遴选西文古籍过程中遇到的最大困难是判断出版年，由于以前出版的图书有些并没有标明出版年，需要进一步阅读前言等相关内容来辅助判断其出版时间，比较耗时，也需要具备一定的外语阅读能力，实在无法判断的则暂时不选出来。在遴选时还需要关注以下图书：

（1）1800年以前出版的图书；
（2）1850年以前出版的图书；
（3）论述中国的图书；
（4）有毕启印章的图书；
（5）丛书/套书。

此外，在遴选图书的同时，还要从每本书中选出有读者亲笔签名的书袋卡以及藏书票。

最终遴选出4000余册西文古籍，书袋卡约7000张，藏书票约100枚。

（二）建库

建库工作主要包括三个方面的内容。一是物理建库，即将遴选出的图书逐一上架，建成西文古籍专库。二是进行编目著录，著录的项目共计十项，包括：题名、作者、出版社、出版年、条形码、分类号、卷次号（丛书/套书）、丛书名（有则著录）、架位号（由书柜号+架次号+位次号组成，可作为索取号）、学

科/专业、备注（书中是否有题字、签章或者其他需要注明的事项）。三是回溯建库，有两种情况：(1) 在 ALEPH 系统里已有馆藏数据的图书需要更改馆藏地信息，其中有少数没有贴条形码的还需要补贴条形码并补充数据；(2) 无馆藏数据但有条形码的图书可以将相关编目著录数据一次性导入 ALEPH 系统，其中一些没有条形码的需要先贴上条形码才能完成回溯建库。

建库工作完成后，形成的编目著录数据为后续进一步整理和挖掘打下了基础。

（三）进一步整理和挖掘

整理出来的约 4000 册西文古籍，内容涵盖哲学、宗教、文学、艺术、法律、经济、教育、心理学、历史、地理、军事、数学、物理、化学、生物学、天文学、工学、医学等学科专业领域，语种包括英、法、德、意、拉丁等，其中论述中国的图书大约有 110 册。1850 年前出版的西文善本约有 80 册，馆藏最早的西文古籍是 1669 年出版的 *Oeuvres Completes de Molière*（《莫里哀作品全集》，法文版）。经过著录整理发现，这些西文古籍的来源包括捐赠、募集和购置等。捐赠来源包括个人和机构，有签名和印章的个人包括毕启（华西协合大学创建人）、刘自乾、廖学康、陆德礼、那爱得、熊锦帆、彭博士、Yates 博士、Dryden L. Phelps 等，机构包括中华教育文化基金董事会、British Council Cultural Scientific Office（重庆）等。

经过初步的整理挖掘，形成了西文古籍的部分重要馆藏，包括 1850 前出版的善本、论述中国的图书、有毕启印章的图书和各个学科领域有重要影响的学术著作；此外，还发现了一些装帧精美的图书。以下例举其中一些有代表性的图书。

（1）*Oeuvres Completes de Molière*（《莫里哀作品全集》，法文），1669 年出版，馆藏最早的西文古籍。莫里哀是法国十七世纪古典主义文学最重要的作家，古典主义喜剧的创建者，在欧洲戏剧史上占有十分重要的地位。该书收录了莫里哀的《无病呻吟》等 9 部作品。

（2）*Vie Des Animaux：les Oiseaux*（《动物生活：鸟类》，法文），1715 年出版。

（3）*Species Plantarum*（《植物种志》），1797 年出版。作者卡尔·冯·林奈（Carl von Linné）为瑞典著名生物学家，建立了植物命名的双名法，对动植物分类研究产生了很大的影响。

（4）*The works of Francis Bacon*（《弗朗西斯·培根作品集》），1807 年出版。

(5) *The poetical works of William Wordsworth*（《威廉·华兹华斯诗集》），1851年出版。作者华兹华斯为英国著名浪漫主义诗人，是文艺复兴时期最重要的诗人之一，曾获得"桂冠诗人"称号。

(6) *The Chinese Repository*（《中国丛报》），1835年出版，馆藏为第3卷，时间从1834年5月至1835年4月，为馆藏最早的论述中国的图书。《中国丛报》创刊于1832年5月，于1851年12月停办，共出版20卷，232期，每卷约600页，内容涉及中国政治、经济、地理、历史、法律、博物、贸易、语言等方方面面，主要为早期传教士的所见所闻。这些珍贵的第一手史料对研究19世纪上半叶的中国史和中外关系史具有极为重要的参考价值。

(7) *Collection of British Authors*（《英国作家集》），主要收录英国作家，也包括了一些知名美国作家，如马克·吐温的作品，其中收录了其经典之作长篇小说《王子与贫儿》，该小说于1881年在加拿大首次出版，同年被收录于该丛书中，为第2027卷和2028卷。还有斯托夫人的《汤姆叔叔的小屋》，于1852年出版，为丛书的第243-244卷，为馆藏最早的本套丛书分卷。

(8) *Weltgeschichte*（《世界史》），1896年出版，扉页上钤有"四川高等學堂所藏金石圖書之印"馆藏章。作者利奥波德·冯·兰克（Leopold von Ranke）为世界史鼻祖，兰克学派创始人，近代客观主义历史学派之父，是19世纪德国和西方最著名的历史学家，该书是其晚年的一部力作，对后世产生了深远的影响。

(9) *The Complete Works of Thomas Babington Macaulay*（《托马斯·巴宾顿·麦考莱作品全集》），丛书，1900年出版。该书封面用大理石花纹纸装帧（见图3）。托马斯·巴宾顿·麦考莱（1800—1859）为英国维多利亚时代早期辉格派历史学家、政治家。

(10) *Everyman's Library*（《人人丛书》），为大众经典系列丛书，约瑟夫·邓特（Joseph Dent）和厄内斯特·莱伊斯（Ernest Rhys）为创办者，1906年开始出版，当时出版了50册，直到1956年完成出版1000册的目标。在其每一册图书扉页上都印有"Everyman, I will go with thee and be thy guide, In thy most need to go by thy side"，旨在成为所有人的精神向导，与读者紧密相依。

图 8　人人丛书

(11) *Gmelins Handbuch der Anorganischen Chemie*（《盖墨林无机化学手册》），1909 年出版，鸿篇巨制，全书多达 900 多页。该书为化学领域之权威性工具书。作者利奥波德·盖墨林（Leopold Gmelin）为德国著名化学家。1817 年最初编辑出版的《理论化学手册》在当时引起轰动，后更名为《化学手册》，最后改版为《盖墨林无机化学手册》。

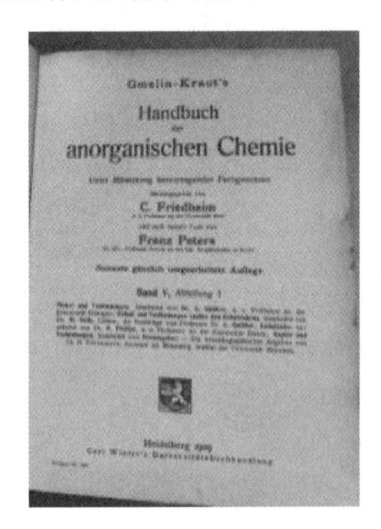

图 9　盖墨林无机化学手册（1909）

(12) *Encyclopedia Britannica*（《大英百科全书》），1910—1911 年出版，第九版、第十版。世界知名百科全书，第一版于 1768—1771 年创始于苏格兰爱丁堡，最新的第 15 版于 1974 年问世，现由总部设在美国芝加哥的不列颠百科全书公司出版。

四、装帧精美的西文古籍

1. 大理石花纹纸封面

图 11　大理石花纹纸封面

2. 大理石花纹纸环衬

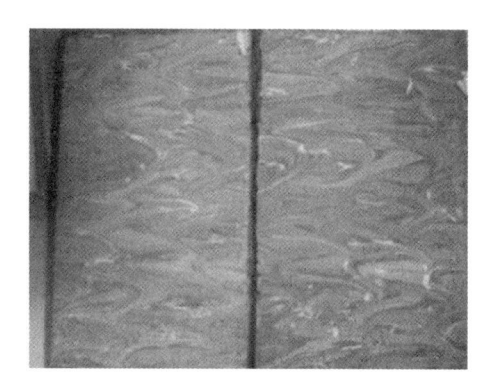

图 12　大理石花纹纸环衬

3. 封面及书脊彩绘和烫金

图 13　封面及书脊彩绘和烫金

4. 封面压花和浮雕

图 14　封面压花和浮雕

5. 烫金书口

图 15　烫金书口

五、结语

西文古籍不仅见证了中西方文化的交流，其本身也是中西方文化交流的重要组成部分。西文古籍整理作为四川大学图书馆特色资源建设的重要工作，极大地扩展和丰富了特色资源的范围。四川大学自建立以来馆藏西文古籍就在科研、教学和人才培养中发挥了极其重要的作用，对西文古籍进行深入的整理和挖掘，使其在四川大学的"双一流"建设中继续发挥积极的作用。

参考文献

博悟斋，2019.《英使谒见乾隆纪实》英国人视野下的清代社会生活［EB/OL］.（2019－01－15）［2021－08－16］. https：//baijiahao. baidu. com/s? id=16226874085961944 12&wfr=spider&for=pc.

费毓龙，1983. 什么是"摇篮本"?［J］. 图书馆杂志（2）.

胡泊，彭福英，2018. 欧洲传统书口镶金工艺［J］. 文物保护与考古科学（3）.

彭福英，胡泊，2017. 西文古籍装帧中的大理石花纹纸浅说［J］. 文津学志（总第十辑）.

齐世峰，成雯吉，2021. 书口生花：西文古籍常见书口装饰的类型和工艺［J］. 创意设计源（3）.

齐世峰，2020. 书有其表：西方古书经典装帧形式拾珍［J］. 出版与印刷（3）.

全勤，1996. 养在深闺待人识——试谈图书馆外文古籍善本书的区分标准［J］. 河南图书馆学刊（3）.

Morgan Library & Museum，2021. The Morgan Gutenberg Bible Online Introduction［EB/OL］.［2021－08－15］. https：//www. themorgan. org/collection/Gutenberg-Bible.

四川大学图书馆藏古籍雕版考

魏 涛[①]

摘 要：本文运用文献研究法，通过查阅有关书刊资料，目验四川省图书馆馆藏、四川大学图书馆馆藏有关古籍，考证四川大学图书馆藏古籍雕版的刊刻者、刊刻时间和刊刻地点等信息。

关键词：古籍 古籍雕版

四川大学图书馆历史悠久，其馆藏历史可追溯到成立于1704年的锦江书院之藏书之轩。经过三百余年的不断搜集、整理和传承，形成了包括古籍线装书、古籍雕版、碑帖拓片等特色资源在内的丰富馆藏。四川大学图书馆馆藏古籍雕版共三种：《荀子附考证》《四声切韵表》和《赵忠节公遗墨》。

一、《荀子附考证》和《四声切韵表》

《荀子附考证》和《四声切韵表》的刊刻者是赵少咸先生。赵少咸（1884－1966），名世忠，字少咸，安徽休宁人，我国著名语言学家。1904年入四川高等学堂求学，开始接受新思想和革命理论，后积极投身民主革命。1918年起在成都多所中学、大学任教，1943年始执教于四川大学直至去世。

赵振铎先生在其《我的一家》中提道："祖父（指赵少咸先生——引者注）除了校刻江永的《四声切韵表》以外，还翻刻了宋台州本《荀子》，书后还附有王念孙、郝懿行、刘台拱、王先谦等人有关的校语。凡是要印这些书的学生，只需要出纸张和印工费，祖父就无偿地提供刻板，因为家里很宽敞，刻印书很方便，直到抗战期间，还有学生到我家来印书。"（《南大语言学》编辑部，2008：333）

[①] 魏涛（1968—），本科，馆员，四川大学图书馆。

另外，赵振锟、赵振铣两位先生[1]撰写的《赵少咸生平简介》中提道："'文革'结束后，先生（指赵少咸先生——引者注）的书籍、手稿得以部分退还，但皆残破不堪，少有完整者。若《广韵疏证》《经典释文集说附笺》，原一为二十八本，一为三十本，而幸存者各不及十本。其他如《说文解字集注》、四十卷《校刻荀子附考证》《校刻四声切韵表》等手稿则已全部遗失（后二种为自刻本）。"（赵少咸，2017：5）

此外，殷焕先先生[2]撰写的《记学——纪念马宗霍师、赵少咸师》中提道："一天，我到先生（指赵少咸先生——引者注）家去，在厢厅谈话，我看到天井对面的走廊一排书架上满列着平装书，我问，走廊会照日、溮雨，怎能放书？先生说：'那哪是书。那是我做的《荀子》注释木刻的版子。'"（殷焕先，1983：43）

四川省图书馆藏有《荀子附考证》，其书名页有篆书"荀子二十卷附考证二十一卷"，题"萧参 署"，钤"中仑"印。萧参（1885—1961），号中仑，四川井研人。通经史，工诗词书法。1905年，他与赵少咸、谢慧生、张培爵、祝同曾、李植等人组建以推翻清朝为目的的"乙辛社"，后来该团体成为孙中山先生领导的同盟会的一部分。萧参身为书法家，作为赵少咸青年时代志同道合的好友，为其大作题写书名亦在情理之中。

经初步目验、比对，四川省图书馆藏《荀子附考证》的行款版式、版面拼接等情况，与四川大学图书馆藏古籍雕版完全一致，省馆藏本就是用此雕版印制而成。另外，印制此书所用纸张（包括封面和内文）与四川大学图书馆藏《四声切韵表》所用纸张也完全一致。

综上所述，结合四川省图书馆藏《荀子附考证》书根字"赵刻荀子""赵刻荀子考证"等情况，四川大学图书馆藏古籍雕版《荀子附考证》的刊刻者无疑是赵少咸先生。此书"考证"部分有章太炎、刘师培等大家的注释，故其刊刻时间是民国时期。根据赵振铎先生和殷焕先先生的上述文章，此书刊刻地点是成都赵少咸先生家中。

四川大学图书馆藏古籍雕版《四声切韵表》的书名页、牌记是："四声切韵表 附校刊记 戊午冬休宁赵氏刊"；此书前有赵少咸先生撰写的"校刊四声切韵表叙"，后有其撰写的"四声切韵表校刊记"。结合赵振铎、赵振锟和赵振铣三位先生的上述文章，此书的刊刻者也是赵少咸先生，刊刻时间是农历戊午

---

[1] 赵少咸先生文孙。
[2] 赵少咸先生弟子，山东大学中文系教授。

年即 1918 年，刊刻地点是成都赵少咸先生家中。

二、《赵忠节公遗墨》

四川大学图书馆藏古籍雕版《赵忠节公遗墨》的书名页、牌记是"归安赵忠节公遗墨 光绪丁酉增补重刊"。因此，此书的刊刻时间是光绪丁酉年即 1897年。根据此书后"跋"，编纂者是赵忠节公子赵滨彦、赵溱彦、赵涞彦、赵润彦和赵滋彦，刊刻者是赵忠节公侄赵权，刊刻地点在四川，具体情况不详。

赵忠节公即赵景贤（1823—1863），字季侯，号竹生，浙江归安（今属湖州）人。历任宣平县教谕、内阁中书，在籍倡团练，以战功授福建督粮道，加布政使衔。太平军攻克湖州，被俘死，谥忠节。《清史稿》有其传。

赵振铎先生撰写的《我的一家》中提道：

> 我家最早在安徽省休宁县，更早的情况就不清楚了。康熙九年（1670）我前面第十一辈承恒公的时候，从休宁迁到了浙江省湖州，堂名清澜。承恒公是我们迁浙的始祖，我家的情况从到湖州以后才有明确的记载。根据长辈回忆，我家辈分排行是一付十三个字的对联，上联是：承道继学，徽光景彦，世泽振家邦。下联是哪些字，问了许多族人都说不出来。我家在清澜堂属于老大房，高祖景恩公在太平天国以后从老家带了一些钱，到四川成都安下家来。我的曾祖父澄彦公，字仲清，早年在亲戚川东布政使姚觐元的手下作一个小官，后来在富顺、懋功当过知县，光绪三十一年（1905）病死在懋功任上，终年 54 岁。我祖父赵少咸，在赵家排行"世"字辈，讳世忠。我的父亲幼文公，名泽宗，又名屺，字瞻甫。（《南大语言学》编辑部，2008：333）

赵振铎先生的高祖父是赵景恩，与赵景贤同属"景"字辈；赵振铎先生的曾祖父是赵澄彦，与赵景贤子赵滨彦、赵溱彦、赵涞彦等同属"彦"字辈；根据赵家辈分排行，他们系同宗。因此，四川大学图书馆藏古籍雕版《赵忠节公遗墨》也与赵氏家族有关。

《荀子附考证》四川大学图书馆缺藏；四川省图书馆有藏，内容完整，不缺页。《四声切韵表》和《赵忠节公遗墨》四川大学图书馆有藏，内容完整，不缺页；其行款版式、版面拼接等情况，与四川大学图书馆藏雕版完全一致，这两种书就是用此雕版印制而成。

　　四川大学图书馆藏古籍雕版具有较高的历史文物价值、学术资料价值和艺术代表价值，是传统雕版印刷技艺的重要实物证据，需要我们深入地做好保护、研究和利用。从保存状况看，这批雕版多数版面完整、字体清晰、用材讲究、雕工精湛。由于历史和自然因素，部分雕版有开裂和虫蛀现象，急需抢救性保护。这批雕版现存241块，占原有雕版总量约50%，在经费允许的前提下，需要抢救性补刻已缺失的雕版。这些雕版基本保持其刊刻时（清末民初时期）的原始状态，而且始终没有远离过原始刊刻地，这对研究雕版本身提供了可靠的背景信息。四川大学图书馆可与四川省图书馆合作，开展上述三种古籍的数字化工作，并在网上全文发布，以便读者利用，开展科学研究。

参考文献

《南大语言学》编辑部，2008. 南大语言学［M］. 北京：商务印书馆.

殷焕先，1983. 记学——纪念马宗霍师、赵少咸师［J］. 文史哲（6）.

赵少咸，2017. 赵少咸论文集［M］. 赵吕甫，整理. 北京：中华书局.

"圕"字的创制与使用研究

刘裴裴[①]

摘　要："圕"字由杜定友先生创制并推广，具有高度行业化及字形、字义具象化的特点，20世纪30年代在图书馆行业中使用较多，并沿用至今。围绕"圕"字，曾有争议，但"圕"字与图书馆事业发展相互交织，这决定了它还会继续使用下去，并将有新的发展。

关键词：圕；杜定友；图书馆事业

"圕"字读作"tuǎn"，意思是"图书馆"，由中国近现代图书馆事业奠基人杜定友先生创制。自创制以来，曾引发过讨论和争议。"圕"字一定时期内在图书馆业内使用活跃，至今仍有使用。商务印书馆1978年12月的第一版、1983年1月北京第39次印刷的《现代汉语词典》中收有"圕"字，解释为"图书馆"。

一、"圕"字的创制及发展

"圕"是一个新的创制字，各古代文献中并未发现。苏全有考证，清代木犀香馆刻本、胡培翚《仪礼正义》卷十八及清代稿本、蒋清翊《纬学原流兴废考》卷中的"圕"为讹误。（苏全有，2019：102）

关于"圕"字的创制人并无异议，但诞生时间有几种观点。第一种观点为1924年。王启云提出，"圕"于1924年创制，但并未说明详细的时间点。杜定友先生的女儿杜燕在《慈父杜定友回忆录》中提道："（1924年）9月，（父亲）受聘兼任江苏第二师范学校，讲授圕学课程。在这期间，父亲创造发明了'圕'新字。因为做图书馆工作，三句不离本行。无论在写作文字上或图书馆工作上，都嫌'图书馆'三字太麻烦，将三个字并成一个字，'三合一'成为

---

① 刘裴裴（1980—），研究生，馆员，四川大学图书馆。

一个合体字'圕'。"（杜定友，2012b：288）

另一种观点是1926年。1926年7月，时任上海南洋大学图书馆主任的杜定友访日，考察日本图书馆事业期间，与日本图书馆界人士间宫不二雄先生一见如故，成为挚友。在与间宫不二雄探讨图书馆发展的时候，两人有一个共同的感觉，即"图书馆"三字笔画太多，会降低书写效率。因此杜定友提出使用"圕"字来表示图书馆的含义。当时日本正处于提倡增加外来词汇的背景下，间宫不二雄对"圕"的字形也十分认可，便将"圕"字作为筹备发行的新杂志的名称。日本图书馆学刊物《圕》于1926年10月15日创刊。1927年，杜定友记录了上述经历，并写成《圕》发表在《图书馆季刊》上，呼吁图书馆界使用"圕"字，同时还指出"此字除书写撰述之外，亦作为我图书馆界之特殊符号。犹国旗之一国，会章之一会：令人一望而知，以引起各界人士，对于图书馆之注意"（杜定友，2012b：293）。可见杜定友创制"圕"字，除减少笔画，提高书写效率外，还期待"圕"字作为图书馆行业的形象代表，有助于宣传。

从上可知，杜定友创制"圕"字有一个酝酿的过程，日本之行是一个契机，使"圕"字的公开使用成为现实（《圕》期刊的公开发行）。

为获得认可，继《圕》一文后，杜定友还于1929年和1932年分别在《图书馆学季刊》上发表《"圕"新字之商榷（第二次）》和《"圕"新字之商榷（第三次）》，征求"'圕'新字之意见"，将征求来的意见、建议附在文中，从字形、结构、书写、读音、应用等方面阐明"圕"字的合理性及可行性。

在日本，《圕》发行1期后停刊，但"圕"字在日本仍在使用。1926年11月，日本图书馆协会杂志使用"圕"字。1927年12月，间宫不二雄主持创立了日本青年图书馆员联盟。1928年，该协会的刊物《圕研究》季刊发行。创刊号中发表了3篇探讨"圕"字创制和使用的文章。1943年，《圕研究》因战停刊，共计出版16卷。1955年，《圕研究》在间宫不二雄的努力下复刊。

在国内，中国第一个全国性图书馆专业协会——中华图书馆协会成立于1925年。第一次年会上，杜定友向大会提交了"采用'圕'字新字案"："理由：'圕'为图书馆三字之缩写，其说明见《图书馆学季刊》第二卷一期一六四至一六八页。办法：（一）凡本会之出版品，概用此字。（二）凡本会之通告，及会员来往书札，概用此字。（三）通告各版家，凡关于圕专门书籍，概用此字。（四）通告各圕，尽量采用此字。"（中华图书馆协会执行委员会，1929：95－96）

年会决议通过了该提案。《中华图书馆协会概况》分为"沿革""组织""事业"及"附录"四部分。在"事业"中的"图书馆行政之促进"下，专门对"圕"新字进行了推荐:"'圕'新字,此新字乃图书馆三字之缩写,于图书馆界同人事务上极为经济便利,故应用颇广。"(中华图书馆协会,1933:19)在中华图书馆协会会报所刊《"圕"一字早由交通部编入明密码电报书中》指出,"'圕'一新字,交通部已于民国二十四年编入明密码电报书中,其号码为'□九五九'……除正式函达建议人外,特再披露,甚望本会会员及各界注意利用,以兹推广"。(佚名,1941:6)

"圕"字在杜定友先生及中华图书馆协会的努力下在全国得到推广使用。以"圕"字作为关键词,在民国时期期刊全文数据库进行检索,共获得2763篇标题中含有"圕"字的期刊文献,刊登年度集中在1927年至1949年。1949年以后,"圕"在正式出版物中出现较少。因此,也有学者认为,"圕"在中国的存在有较为明显的时间界限,并将这段时间称作"圕时代"。

新中国成立后,"圕"字仍有使用。"北京航空学院计算机科学与工程系和中国文字改革文员会汉字处从1977年至1982年间社会科学和自然科学的一亿叁仟八百万字的材料中抽样一千一百零八万余字利用计算机统计完成"(本社,1990:341),得到了《最常用的汉字是哪些——三千高频度汉字字表》,其中"圕"字使用次数为311次,频度为0.0026,累频为97.84,在3000字中排序为2206位(本社,1990:341)。

二、"圕"字的特点

(一)高度行业化

"圕"字的创制人杜定友先生是我国著名的图书馆实业家、图书馆学家和图书馆学教育家。他在发展图书馆事业、研究图书馆学、文献分类学、目录学、地方文献和培养图书馆学人才上都做出了杰出的贡献。他在"圕"字的推广上身体力行,不仅悉心收集各界对于"圕"的建议,逐一附于文中加以说明,还在自己的研究中使用"圕"字。根据"全国报刊索引"及"读秀学术搜索"的检索结果,1927—1942年间,杜定友先生发表了23篇标题中含有"圕"字的文章。另外,杜定友先生还著有专著《新圕手册》,由中华书局于1951年出版。1954年,杜定友先生设计审定了《圕表格用品说明》,由商务印刷所圕用品部印刷。可以说,"圕"字的诞生与应用,与杜定友先生本人在图书馆界的地位、影响和努力密不可分。

在推广过程中,中华图书馆协会这一专业图书馆协会起到了重要作用。中华图书馆协会将"圕"字应用呈请政府采择施行,是"圕"字社会化应用的关键环节。在教育行政力量的强势推行下,"圕"字在学术界,特别是图书馆界得以普遍采用。商务印书馆和中华书局也特别制作了"圕"的铅字,应用在印刷中。1927年至1949年间以"圕"为题的文献集中刊登在图书馆行业期刊上,中华图书馆协会会报、图书馆学季刊、浙江省立图书馆馆刊、天津市市立通俗图书馆月刊、武昌文化图书科季刊(浙江流通图书馆参与发行)、上海圕协会会报、图书展望(浙江省立图书馆总发行)、浙江圕通讯、浙江省立图书馆月刊等图书馆业内期刊刊登次数共计2315次,占相关文献总数的83.78%。

从创制、推广、应用的全环节来看,"圕"字都是在图书馆行业中使用。普通民众对于"圕"字的接触,也是通过当时的图书馆。因此创制字"圕"具有高度的图书馆行业性。

(二)字形、字义的具象化

杜定友先生在解释"圕"字的创制时,曾指出"按此新字,从□从书。书乃我国原有之字,□乃取自图字,用其部分,以代全体,仿略字之例。且□字有疆域之义,仓颉以之为国字,可作图书馆馆舍解,而寓有坐拥百城之意,则此字亦可望文生义矣。"(杜定友,2012b:293)

胡朴安先生也提道:"图书馆作圕,揆之六书颇合会意之例,口即围字象图书馆四围之壁……"(杜定友,2012b:294)另有学者陈伯逯认为,"口字,象回币之形,具地方之意。中间置一'書'字,即命意书之四周,围成馆屋,成为藏书之地方。则'图书馆'三字之意,不期然而包含于其中。字之已成立者,有'困'字,困者,廪也。藏谷之所也。禾之四周,围以屋,故藏禾之所,即为困。以此证彼,故'圕'在字形构造上,可以成立"(杜定友,2012b:295)。

从字形上来看,"圕"字于口中有书,书被周围馆室所围绕,成为藏书之所,具有现代图书馆前身——古代藏书楼的意象。从字义上看,也十分清晰。

三、围绕"圕"字的争议

(一)余论

"圕"字的诞生与应用,从广义上看,仍是一种社会语言现象,反映了一定时期的语言面貌。从行业角度来看,"圕"字的提出与推广,有20世纪二三十年代文字改革运动的背景,也有图书馆事业快速发展的行业背景。"圕"字的创制和使用,符合当时图书馆人提高效率,提升图书馆事业发展的要求。

围绕"圕"字,也曾存有争议。季羡林先生曾于 1952 年指出,汉语文字结构为一字一音,复音字会影响阅读的效率。从个体来看,"圕"在在书写上确有便利,但并不能抵消复音字整体对中国文字结构带来的混乱,建议制止创造复音字的风气。曹先擢同样肯定"圕"字符合经济的原则,因而值得提倡。但"图""书""馆"三个字可以分别单独构词,"圕"字却再生能力有限。同时,从文字流传的角度来看,"圕"这种"合体简字"的生命力不强。

五四新文化运动后,文字简化的呼声日渐高涨,汉字简化成为文字改革的方向和趋势。胡适、钱玄同等学者提出汉字整理与改革计划,建议采用简体字。"圕"字"囗"中有"書","書"为"书"的繁体字。这与当下的书写习惯并不相同。同时,"圕"字的应用绝大多数在图书馆行业中。行业外对"圕"字的接触很少。实际上,目前各种主流的字典、辞典中,大多数都没有收录"圕"字。从中可见一斑。

(二)"圕"字生命力的延续

2021 年 1 月的《大学图书馆学报》中,陈建龙以《耕耘圕界四秩始,繁荣学术新征程》为题,对《大学图书馆学报》发展的新征程寄予厚望。"圕"字仍然出现在图书馆人的视野中。这从"圕"字的诞生起,已有近百年历史。

"圕"字的核心推动人物是杜定友先生,作为图书馆行业内专家,他对图书馆事业的影响力一直存在。同时,"圕"字的应用与图书馆事业发展相互交织。这是"圕"字仍有绵长生命力的重要原因。

"圕"字并不是只存在于图书馆史的理论研究中,除业内对"圕"字的相关研究论文外,在图书馆业内还有一批以"圕"字参与命名的阅读推广、行业培训等项目。2016 年,厦门大学图书馆"圕·时光"(Tuan Time)项目获得第 13 届 IFLA-Bib Libre 国际图书馆营销奖。2017 年至今上海交通大学图书馆开展的"交圕·安泰书道计划"阅读推广系列活动持续开展。四川大学图书馆成立了双创实验室——"圕学新工坊","圕学讲习所"成为其学术活动开展的重要平台,"圕蒙学堂"则用以探索高校图书馆未成年人分级阅读推广实践。

圕字的发展不能单纯以语言文字的角度加以考察,而是图书馆事业发展及行业文化共同作用的产物。它的生命力不在日常文字使用环境中,而应继续在图书馆行业中去寻求。"圕"字在图书馆事业发展中,曾在激励图书馆人提升效率,扩大图书馆事业的宣传方面发挥过不可忽视的作用。沿用至今,可以作为我国图书馆发展特有文化的代表,继续发挥作用。当下,如"圕"字的字形进一步图形化,作为图书馆行业的 Logo,而不单单作为文字来使用,也许能进一步扩大图书馆事业的影响,"圕"字也可从中获得新的生命力。

参考文献

本社，1990. 语言文字规范手册［M］. 北京：语文出版社.

曹先擢，2015. 汉语汉字文化常谈［M］. 北京：外语教学与研究出版社.

杜定友，1929. 采用"圕"新字案［R］//中华图书馆协会执行委员会. 中华图书馆协会第一次年会报告. 北京：中华图书馆协会事务所.

杜定友，2012a. 杜定友文集（第16册）［M］. 广东省立中山图书馆，中山大学图书馆，编. 广州：广东教育出版社.

杜定友，2012b. 杜定友文集（第20册）［M］. 广东省立中山图书馆，中山大学图书馆，编. 广州：广东教育出版社.

杜定友，2012c. 杜定友文集（第22册）［M］. 广东省立中山图书馆，中山大学图书馆，编. 广州：广东教育出版社.

范凡，2014. 杜定友访日开启中日图书馆学双向交流的"圕"时代［J］. 山东图书馆学刊（4）.

季羡林，1952. 随意创造复音字的风气必须停止［J］. 中国语文（10）.

苏全有，2019. "圕"字的发明与使用史探析［J］. 大学图书馆学报（4）.

王启云，2015. 图书馆学散论［M］. 北京：知识产权出版社.

佚名，1941. "圕"一字早由交通部编入明密码电报书中［J］. 中华图书馆协会会报（6）.

中华图书馆协会，1933. 中华图书馆协会概况［M］. 北京：中华图书馆协会（8）.

中华图书馆协会执行委员会，1929. 中华图书馆协会第一次年会报告［M］. 北京：中华图书馆协会事务所.

基于 H5-DeviceMotion 技术的图书馆微信公众平台开发实践
——以"摇一摇推荐电子书服务"为例

王丽华[①]

摘 要：随着移动互联网技术的飞速发展，移动端的应用日益广泛。应用新媒体、新技术提升高校图书馆服务质量和效果势在必行。为此，研究者基于微信公众平台，以移动端 HTML5 技术为支撑，开发"摇一摇推荐电子书系统"，建立出系统架构模型及数据流闭环服务控制。该系统兼具时尚性、实用性、创新性，能为高校图书馆开辟新的电子资源服务模式。

关键词：微信公众平台；HTML5；摇一摇；数据流闭环控制

2014 年 10 月 28 日，W3C 的 HTML 工作组发布了 HTML5 的正式推荐标准。相比 HTML4，HTML5（可扩展标记语言的第 5 版）作为万维网的核心语言，带来了新的用户体验：Web 的音频和视频无需插件，通过 Canvas 能更灵活地完成图像绘制，而不必考虑屏幕的分辨率；浏览器对可扩展矢量图（SVG）和数学标记语言（MathML）的本地支持；通过引入新的注释信息以增强对东亚文字呈现（Ruby）的支持，对富 Web 应用信息无障碍新特性的支持等方面。像百度 iBreath "智"呼吸、维秘"摩擦摩擦"雾化技能等场景应用，堪称 HTML5 营销上非凡脱俗的"高大上"，值得赏鉴。

移动互联网时代国民阅读方式正逐步改变，即从传统纸质阅读向新媒体阅读过渡。微信阅读作为新媒体阅读的代表，成为当今社会人们阅读的主要方式之一（邱璨，2016：346）。新媒体的广泛应用为图书馆阅读推广提供新的机遇，微信已经成为高校图书馆阅读推广工作的一个新的辅助手段（万慕晨，等，2015：72-78），通过微信平台提升图书服务水平和资源利用率是促进图

[①] 王丽华（1984—），女，硕士，馆员，四川大学图书馆。

书馆转型和升级的有效途径（张秉军，2016：85-86）。

现阶段图书馆微信公众平台推广内容以通知、活动及讲座宣传、书刊推荐、影片推荐、电子资源推荐为主（于姝，等，2015：44-47），其中电子资源推荐的类型以图文为主，不够丰富，由于局限在图文上，大多数只能做到广而告之。鉴于此，做这样一个尝试：将电子资源由PC端移植至公众平台上，突破微信图文的限制，深度挖掘微信阅读，方便用户在线即时阅读全文。在保证资源安全方面，由PC端IP访问限制转变为微信端身份合法性验证，融入热点技术"摇一摇"，增加系统趣味性，以这种方式激发用户的参与兴趣，吸引用户精读、深读，把碎片化阅读引向精读（陈文文，等，2015：80-83）。

一、"摇一摇推荐电子书服务"之设计

（一）系统架构模型建立及数据流闭环控制

本系统主体由微擎、微信公众平台以及客户终端（手机）组成，这几部分互相依托、不可分割，数据流的控制贯彻整个系统框架，并形成闭环。

系统由两部分构成，其中一个为"数据生成"子模块，主要解决数据来源和获取问题，是数据流闭环控制中的始端。另一个为"服务主体"子模块，客户终端（手机）发出请求并将请求信息传送给微信公众后台，再由微信公众后台调用微擎服务器，将数据依次回调给客户终端。另外，本系统面对的用户群体为本校在校读者，所以在客户终端发出请求时会进行用户身份验证，以保证系统安全。关于系统架构及数据流中的具体细节请参见图1系统架构模型及数据流闭环控制（实线箭头标识）图。

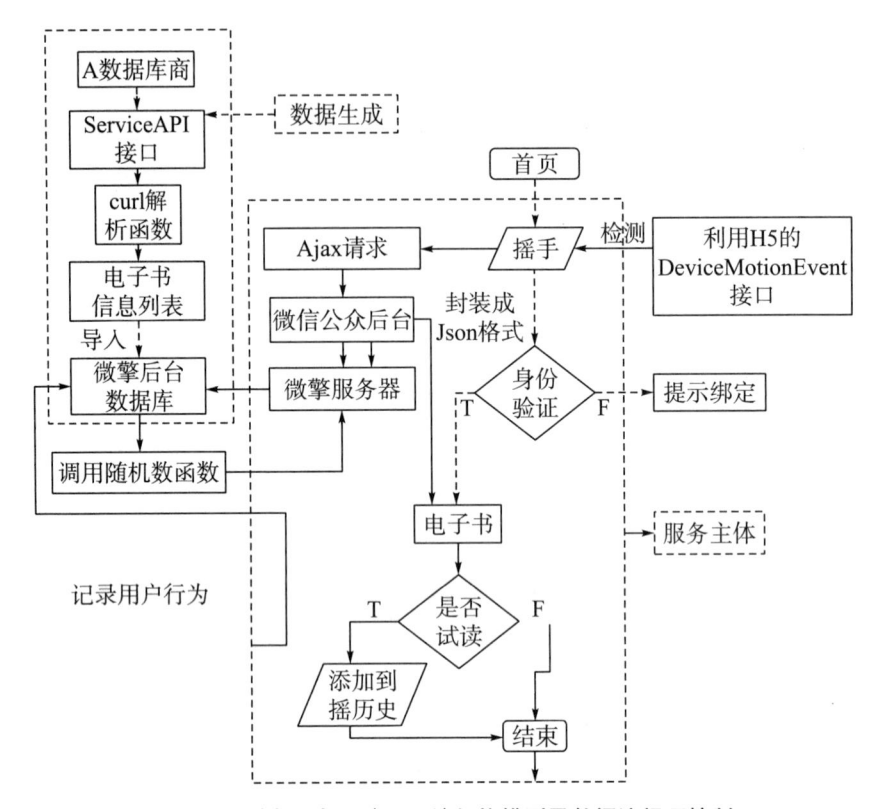

图1 "摇电子书系统"系统架构模型及数据流闭环控制

（二）"数据生成"子模块说明

数据来源的选择是服务实现的关键，除了可提供接口还要考虑数据的更新速度是否及时，由于是在微信端，数据量不能太大，但内容涵盖要全面，而A数据库商的数据恰好契合这些特点，其提供的接口形式为 http://url，返回 json 格式的数据类型，其中书目列表信息节点包括作者、图书编号、封面地址、书名、图书简介、以及是否新书、是否热门图书、试读构造参数等。这里用到作者、封面地址、书名、图书简介以及试读构造参数这几个节点。

A 数据库商提供的电子书数据接口返回值为 json 格式，而微擎采用的数据库是 MySQL，为避免频繁访问接口影响数据加载速度，需要将 A 数据库商提供的接口数据转换至微擎的 MySQL 数据库。

（三）系统数据库分析与设计

根据上述系统结构和业务流程详细分析，后台数据方面需建立 Books、Yaonum、Useryao 三个表，表 Books 主要存放电子书的信息，表 Yaonum 存放的是用户"摇"次数的记录，表 Useryao 记录的是用户"摇"的主要行为数据（包括摇的时间，openid，是否阅读了全文，历史数据的删除、清空以及相应次数等）。各表的详细情况限于篇幅，兹不详述。

二、"摇一摇推荐电子书服务"之实现

（一）CRUL 技术应用于数据转换模块

利用 php 提供的 curl 库，使用前需开启 php 的 crul 库支持，在 php.ini 中进行配置，将 extension=php_curl.dll 前的；号去掉。基本步骤如下：

第一步，通过函数 curl_init() 创建一个新的 curl 会话；

第二步，将 A 数据库商提供的 API 接口 url 传递给 curl_setopt() 函数；

第三步，执行 curl 将会获取 API 接口的内容，检查错误并释放句柄；

第四步，将获取的文档内容进行编码，读取图书列表节点，并计算图书列表节点中图书的数量；

第五步，建立与服务器的连接；

第六步，将图书列表信息导入数据表 Books。

（二）难点技术攻克：DeviceMotion 技术应用于本系统

手机加速传感器提供的相应的 API，可通过监听手机加速事件，根据获取的加速值来执行不同的动作，而 HTML5 技术将底层的方向传感器和运动传感器设备进行了高度的封装，通过移动浏览器可以直接访问重力加速度设备。

目前最常用的传感器事件有两个：一是 deviceorientation 封装了设备的物理方向数据，例如手机静止状态下的方向、朝向和角度等；二是 devicemotion 封装了运动传感器数据的事件，可以获取手机运动状态下在 x（y，z）方向的运动加速度等数据信息。通过研究这两个事件，我们发现使用 devicemotion 事件即可实现摇一摇功能。实现原理是利用 devicemotion 获取手机移动速度，从而得到手机移动时相对之前某个事件的差值比。

首先为浏览器绑定 DeviceMotionEvent 事件，监听运动传感事件，是相对于之前的某个瞬间值的差值时间比，即变化的速度的，一旦设备静止，则会恢复为 0。然后绑定 deviceMotionHandler 摇晃事件处理程序，手机移动的差值比判断将在 deviceMotionHandler 事件中完成。计算差值比时需要用到

DeviceMotionEvent 提供的对象属性：

event. accelaration 属性代表设备在 x（y，z）轴方向上的移动加速度值；

event. accelarationIncludingGravity 属性考虑了重力加速度后设备在 x（y，z）方向上的移动加速度值；

event. rotationRatealpha、beta、gamma 表示设备绕 x、y、z 轴旋转的角度。

通过对比发现 event. accelarationIncludingGravity 与 event. accelaration 的区别在于前者加入了重力加速度，即在 z 轴方向加了 9.8，在 x、y 轴方向上的值两者相同，因此我们使用能够很容易实现重力感应的 accelarationIncludingGravity 属性，即可获取手机在 x（y，z）轴方向上的重力加速度值。

另外，在判断前需要设置一个 SHAKE_THRESHOLD 阈值。阈值越大，表示触发摇晃事件时手机的晃动程度就越大。由于手机晃动的判断是通过对比移动之前的差值比，是相对值，正负都有可能出现，因此这里计算手机当前的晃动值需要定义返回数的绝对值，用 Math. abs（x）函数来完成。

用户摇晃手机向服务器触发 Ajax 请求，服务器接收到请求后，经身份验证模块过滤，不合法则用户返回 false 信息，合法则在后端自动向服务器记录摇次数到 Yaonum 表，从电子书数据表中随机推荐一本电子书，然后将电子书的信息封装成 Json 数据返回给客户端，利用 jQuery ajax-post［url，data，success（data，textStatus，jqXHR），dataType］方法实现。

参数 1 url 必需。含义是接收摇一摇的请求页面。调用微擎后台的 Ajax 函数。

参数 2 data 可选。发送需要保存到服务器的数据，比如说封面、全文数据字段等。

参数 3 success（data，textStatus，jqXHR）是回调函数，可选。请求之后返回的数据和状态信息。告诉用户请求返回状态是否成功。

参数 4 dataType 可选。设置服务器返回的数据类型。该服务用的类型是 json 格式，默认的还有 xml、script 或 html 格式。

对于随机推荐函数，我们这里做了个性化改进，以解决用户摇一摇推荐的电子书存在重复推荐的现象。当用户向服务器发送摇电子书请求时，后台自动采集该用户的摇历史数据。该用户曾经摇到但未阅读的电子书，将不会加入随机图书推荐列表，避免重复摇到不感兴趣接口。数据中的封面信息为封面地址，需将电子书封面图片上传至本地服务器以提高页面加载速度，这里利用

HTTP/GET 请求技术实现，其原理为 A 数据库商提供的 API 接口中封面字段的地址是 A 数据库商服务器的保存地址，需将封面数据加载至本地服务器，以页面数据加载速度。具体实现：当用户进行摇一摇请求时，判断该图书封面是否存在，如果不存在则上传至微擎后台服务器，发送 ihttp_get（）请求，判断 http 状态码为 200 时表示返回成功，将要获取的图片内容调用 file_write（）方法写入本地服务器。

（三）数据流闭环控制服务

数据流的控制贯彻整个系统框架，并形成闭环。

为保证用户合理有效地利用数字资源，本系统只向在校师生提供服务。技术实现通过微信公众平台提供的 OAuth 2.0 验证接口与 OPAC 集成管理系统验证通过的用户绑定信息是否一致，判断用户的合法性。

读者试读的电子书信息将自动添加到其个人摇历史 Useryao 表中，便于后续继续阅读。摇历史页面展示书的封面，以分页形式呈现，且可单独进行删除操作，也可清空列表。其中分页技术实现采用的是异步读取方式，避免数据一次性加载，减少对服务器的消耗。

自动记录用户行为数据不作前端展示，当用户进行操作时在微擎后端自动完成。其原理为摇一摇用户 openid、时间，摇出什么书、有没有在线阅读全文以及用户对摇历史中的数据进行删除和清空的操作等都会记录在后台数据库 Useryao 表中，采用微擎数据读取 PDO 兼容方式，以参数绑定的形式进行查询操作，微擎系统已对 PDO 兼容性进行检测和封装，具有高度的安全性。

三、实践效果及系统优势分析

本系统自 2016 年 5 月推出，服务运行效果平稳，摇次数为 68589 次，3699 位读者使用，阅读全文的电子书 3981 册。鉴于其良好的使用效果，图书馆于 2016 年 11 月对服务进行升级，甄选电子书中精美句子，对于提升电子资源利用率具有显著作用。

本系统具有以下优势：系统开发是以微擎为基础架构，具有高度的安全性、稳定性；利用当前热点技术"摇一摇"，具有一定的娱乐性便于用户接受和推广；将数字资源以接口的形式重构到微信平台，提高图书馆资源的利用率；通过身份识别和验证可以保证用户身份的合法性；数据流闭环控制系统，后台记录用户行为数据，便于后续做统计分析；此系统以嵌入新媒体平台方式进行阅读推广服务，作为阅读推广的补充方式，为阅读推广方式的创新和发展提供参考。

四、结语

互联网+时代，新媒体与新技术的应用变得更加重要。本系统是本馆微信公众平台的其中一个扩展模块，利用微擎、PHP、MySQL、H5、JQuery、Ajax技术以及API可实现更多扩展服务，本馆已实现毕业季阅读账单及年度对账单（H5微信场景+个性化数据）、卡号找回小游戏（针对忘记卡号的校友）、讲座预约、好书推荐、验证码小游戏、照片墙等一系列微信端的实践性尝试，以满足用户多样性、个性化的需求，提升图书馆整体服务水平。

参考文献

陈文文，李燕，周欢，2015.微信环境下高校移动图书馆信息服务的创新［J］.图书馆建设（5）.

达克特，2015. JavaScript & jQuery交互式Web前端开发［M］.杜伟，柴晓伟，涂曙光，译.北京：清华大学出版社.

季国飞，2010. jQuery开发技术详解［M］.北京：电子工业出版社.

邱璨，2016.微信阅读的特点与发展策略［J］.新闻研究导刊（12）.

孙翌，李鲍，高春玲，2014.微信在图书馆移动服务中的应用研究与实践［J］.图书情报工作（5）：35-40.

万慕晨，欧亮，2015.基于微信公众平台的高校图书馆阅读推广效果实证研究［J］.图书情报工作（11）.

佚名，2012.用HTML5实现手机摇一摇的功能的教程.［EB/OL］.（2012-10-30）［2020-08-08］. https：//www.jb51.net/html5/64644.html.

佚名，2014.带你一起学习微擎是什么，微擎bae 3.0怎么用［EB/OL］.（2014-08-18）［2020-08-08］. http：//www.aiweibang.com/yuedu/45733433.html.

佚名，2016.微擎开发文档之微擎执行主流程介绍［EB/OL］.（2016-06-08）［2020-08-08］. http：//www.360doc.com/content/16/0608/21/9200790_566147258.shtml.

佚名，2020. curl的使用［EB/OL］.（2016-09-05）［2020-08-08］. http：//blog.csdn.net/qq_36031634/article/details/52442066.

佚名，2020.微擎-看云［EB/OL］.［2020-08-08］. http：//www.kancloud.cn/

donknap/we7/136559.

于姝，杨辉，姜婷婷，等，2015.图书馆微信公众平台阅读推广现状与发展对策［J］.四川图书馆学报（3）.

张秉军，2016.基于微信平台的高校图书馆资源建设与探索［J］.图书情报导刊（2）.

网络环境下西文编目工作的实践与思考
——以四川大学图书馆为例

王瑞荣[①]

摘 要：本文基于当前网络环境下西文编目现状，提出西文编目效率的提高依赖于国际、国内范围书目数据的共建共享。结合四川大学图书馆西文编目实例，分析如何参考外部书目数据源高效开展不同类型资源的编目，并就书目数据构建的相关问题进行探讨。

关键词：图书馆；书目数据；西文编目

网络环境下，由于电子资源出版的及时性、用户使用便利性等特点，电子资源在图书馆资源采购总量中逐渐占据绝对优势，纸质资源的占比呈萎缩态势，图书馆入藏的资源类型也更加多样化。相较电子资源，纸本资源从出版到图书馆入藏需经历较长时间，尤其是国外采购的西文纸质资源，其滞后性更加突出。本文拟以我馆西文编目为例，探索和思考如何更有效率推进资源的编目工作。

一、网络环境下西文编目现状

网络时代的西文编目工作，书目记录的建立主要依赖于国际和国内范围书目数据的共建共享，我馆西文编目工作的实践也充分印证了这一点。首先，编目就是寻求书目数据的共享。通过各种数据源获取可供套录使用的书目记录，西文编目的国外书目数据源主要有 Library of Congress、OHIO link、OLLC 等。国内西文书目数据源主要源自 CALIS 联合目录和国家图书馆西文书目数据库。通过套录使用上述来源的书目记录，可大大节约编目环节耗费的人力和时间，保证资源尽早与图书馆用户见面，及时发挥资源效益。其次，编目也是

[①] 王瑞荣（1972—），硕士，馆员，四川大学图书馆。

书目数据共建的过程。书目数据的共建共享从来不可分割，共享以共建为前提，共建以共享为目的。在编目过程中，当无法套录外部书目数据时，就需要编目人员对在编资源进行原始编目，并将创建的书目记录提交至联合编目机构的书目数据库，以便为其他图书馆或机构提供数据共享。书目数据的共建与共享充分发挥了书目数据的重要价值，大大提高了编目工作的效率，同时推动了国际、国内范围的书目数据库不断发展与壮大。

二、西文书目数据的构建

在资源数量庞大和资源类型多样的情况下，如何更有效率地开展编目工作？以我馆西文编目为例，因西文纸本资源到馆的时滞性，所购资源进入编目环节时，基本上已有国外编目机构的书目记录可供套录和使用。在西文编目实践中，除书目信息完全匹配，可以直接套录外部书目数据，经常会遇到的情况是外部书目数据源仅可用于参考，需要参考该书目数据进行手头文献的编目，以便节省时间，提高编目效率。比如参考其他载体形态资源（主要是电子资源）的书目数据进行西文纸质文献的著录和标引，尤其是在主题标引方面可以节省不少的时间和精力，同时编目数据的质量也得到了保证。

通常，纸本资源与电子资源是分别建立各自的书目数据，但两者的书目数据在著录元素上大同小异。因电子资源时效性强、纸本资源出版相对滞后的情况客观存在，在西文纸本资源编目实践中，通常可以借鉴电子资源的书目记录。下文拟以普通西文图书为例，分析探讨西文编目工作中纸本资源和电子资源的编目实践。

（一）西文纸本、电子资源著录对比

本文选取西文图书 *The End of Literature*，*Hegel*，*and the Contemporary Novel* 为实例，对其纸本资源和电子资源的各个著录项目进行了对比，详见表1。

表1　西文纸本资源与电子资源著录对比

字段（及指示符）	纸本资源	电子资源
LDR	nam a i	cam a i
006		m⌃⌃⌃⌃o⌃d⌃⌃⌃⌃⌃⌃⌃
007		cr⌃cnu⌃⌃⌃unuuu

续表

字段（及指示符）		纸本资源	电子资源
008		210511s2019^^^^sz^a^^^^b^^^001^0^eng^d	191129s2019^^^^sz^a^^^^ob^^^001^0^eng^d
020		ǂa9783030313944 ǂqprint	ǂa9783030313951 ǂqelectronic book
040		ǂaSCU ǂbeng ǂerda ǂcSCU	ǂaLQU ǂbeng ǂerda ǂcLQU ǂdGW5XE ǂdYDXIT
100	1_	ǂaCampana, Francesco, ǂd-1546, ǂ0http://id.loc.gov/authorities/names/nr96022329 ǂeauthor.	
245	14	ǂaThe end of literature, Hegel, and the contemporary novel / ǂcFrancesco Campana.	
264	_1	ǂaCham, Switzerland： ǂbPalgrave Macmillan, ǂc［2019］	
300		ǂaxvi, 265 pages： ǂbillustrations ; ǂc22 cm	ǂa1 online resource（xvi, 265 pages）： ǂbillustrations
336		ǂatext ǂ2rdacontent	
337		ǂaunmediated ǂ2rdamedia	ǂacomputer ǂ2rdamedia
338		ǂavolume ǂ2rdacarrier	ǂaonlineresource ǂ2rdacarrier
340			ǂgpolychrome ǂ2rdacc ǂ0http://rdaregistry.info/termList/RDAColourContent/1003
504		ǂaIncludes bibliographical references and index.	
505	0_	形式化内容附注略	
520		内容摘要略	
506			ǂaAvailable to OhioLINK libraries
650	_0	ǂaLiterature ǂxPhilosophy. ǂ0http://id.loc.gov/authorities/subjects/sh85077524	

续表

字段（及指示符）		纸本资源	电子资源
710	2_		∣aOhio Library and Information Network. ∣0http：//id. loc. gov/authorities/names/no95058981
776	08	$iebook version：$z9783030313951	$iprint version：$z9783030313944
856	40	∣3OhioLINK ∣zConnect to resource ∣uhttp：//rave. ohiolink. edu/ebooks/ebc/9783030313951	
		∣3SpringerLink ∣zConnect to resource ∣uhttp：//link. springer. com/10. 1007/978－3－030－31395－1	
		∣3SpringerLink ∣zConnect to resource（off－campus） ∣uhttp：//proxy. ohiolink. edu：9099/login? url＝http：//link. springer. com/10. 1007/978－3－030－31395－1	

（二）西文纸本、电子资源著录分析

西文纸质图书 *The End of Literature，Hegel，and the Contemporary Novel* 的著录和标引，参考国外套录的电子图书书目数据创建的新书目数据，头标区05位更改为n（新记录）。按照表1中书目记录的著录对比，对该西文图书的纸本、电子两种形态资源在著录上的异同分析如下。

1. 著录相同之处

表1可见，纸本、电子资源在主要款目标目（100字段）、题名与责任说明（245字段）、出版发行项（264字段）、书目等附注（504字段）、格式化内容附注（505字段）、内容摘要（520字段）、主题字段（650字段）以及电子资源定位与检索（856字段）的著录和标引是一致的。在创建纸本资源书目数据时，通常都对套录的电子资源书目数据中的856字段予以保留，目的是为用户提供电子资源的访问路径。

2. 著录不同之处

实例中，纸本、电子资源著录上的不同主要体现在以下两个方面。

一是字段相同，但字段著录内容存在差异，纸本资源编目时需修改。本例中，纸本资源参考电子资源的书目数据进行编目，因此纸本资源著录时，需要对电子资源书目数据源中的字段进行修改。纸本资源书目数据008字段的记录入档日期（00-05位）需要修改为新的记录入档日期，载体形态（23位）需修改电子资源载体形态"o"为空格；020字段著录纸本资源的ISBN号；040字段著录新的编目机构代码；300字段需将载体形态项的著录格式修改为纸本资源对应格式；336-338字段，需按照新编目标准——资源描述与检索（RDA）提出的内容类型、媒体类型、载体类型进行对应修改。本例中，纸本、电子资源的内容类型均为文本型资源（TEXT），故不需修改，337、338字段则需修改为纸本资源对应的媒介类型和载体类型术语；776字段（用于记录与在编文献有关的其他载体形态出版物的信息）需修改，记录对应电子资源出版物的相关信息。

二是对于不同载体形态类型资源的特有字段，纸本资源编目时应删除。本例中，电子资源书目数据中的特有字段，比如，006字段、007字段（以代码形式描述非书资料或含有非书资料类型特征的定长数据字段）、340字段（用于描述特殊类型文献的物理特征，例如在使用时需要特殊技术设备或需要特别保存和存储的文献）、506字段（关于资源获取的附注信息）、710字段（著录与该电子资源出版有关的相关团体名称，而非本书的责任者）。以上字段在纸本资源编目中均不适用。

网络环境下，寻求可供参考的书目数据源是西文编目工作者的一项重要技能。上述实例反映的是参考电子资源的书目数据高效率进行纸本资源编目的情况。推而广之，针对各种载体类型的资源，只要明确资源著录上的"共性"以及不同载体类型所具有的著录"个性"，轻松高效地构建书目数据就不再是难题。

三、西文书目数据构建的思考

在西文编目实践中，数据的套录是书目数据构建的主要渠道，同时也是编目员学习提高业务素养的契机。从我馆西文编目实践中，研究者体会到套录数据不只是简单的数据复制、粘贴式的体力活，更是需要用心思考的脑力劳动。通过套录的国外最新RDA书目数据，经常能够发现国际编目领域的最新变化和进展，这有助于编目员思考和跟进未来资源编目的发展方向。

（一）紧跟国际编目规则的变化与更新

MARC格式在FRBR和RDA相继出现以后进行了一系列的格式探索和内容修订，这一时期被业界称为"后MARC时代"。MARC格式与传统编目规则 AACRII 的"如影随形"的惯例，注定后 MARC 时代的书目记录必然要体现与新 RDA 内容规则的适应性。RDA 出台之后，MARC21 很快跟进做出应对，按照 RDA 提出的内容类型、媒体类型、载体类型，分别启用了 336-338 字段。国内为了紧跟国际编目规则的新发展，CALIS 联机合作编目于 2014 年 11 月举办了首次 RDA 编目业务培训。与会高校图书馆西文编目员接收了 RDA 全面、深入的培训，对 RDA 理论到实践的阐释、RDA 与 AACR2 的对比、各种具体实例分析等内容的学习，为开展 RDA 编目提供了切实指导。CALIS 联合目录发布的 RDA 实施声明中，鼓励有条件的成员馆采用 RDA 规则进行西文编目。结合我馆编目实际制订的《四川大学图书馆西文编目 RDA 实施方案》于 2014 年 12 月 1 日起执行，我馆开始采用 RDA 规则作为西文编目标准，属于最早开展 RDA 编目的高校图书馆之一。近七年的 RDA 编目实践对国际编目新规则 RDA 逐渐熟悉并加深了认识，今后仍需要持续跟随 RDA 发展的脚步，与时俱进地开展西文编目工作。

（二）体现书目数据的规范性、资源聚合及关联

西文编目构建的书目记录虽独立存在，但通过某些字段或子字段可以实现书目数据的规范、资源汇集和与外部网络世界的互联。

本实例中，100 等字段中包含的 $0 子字段具有资源关联和汇集的功能。100 字段中，$0 子字段对责任者个人名称形式进行规范，通过此名称规范形式明确责任者实体的相关信息，可以汇集该责任者的所有作品；6XX 字段中，$0 子字段对作品的主题形式进行规范，实现对该主题的相关资源聚合。书目数据中 336-338 字段的使用，有助于将同一作品的不同内容类型、媒介类型和载体类型的资源汇集起来，使传统的单一扁平化书目数据向立体分层、树状的资源揭示方式转变，构建资源的立体网络，方便读者一站式查询和获取。

构建西文书目数据时，要注重建立书目数据之间以及与外界相关资源的关联。实例中，使用 776 字段建立纸本资源与电子资源的书目数据关联；无论电子图书还是纸本图书的书目记录，均使用 856 字段提供了电子资源的 URI 链接。这些关联的构建方便用户根据需求获取不同载体类型的资源。

四、结语

RDA 时代已经来临，编目的未来将处于不断变革之中。国内西文编目界紧跟国际发展，已率先采用 RDA 新规则。西文 RDA 编目的实践与积累，必将推动中文编目相关规则的 RDA 化进程，共同向国际化方向迈进。

参考文献

CALIS联机合作编目中心，2016. CALIS外文书刊RDA编目培训教材［M］.
RDA发展联合指导委员会，2014. 资源描述与检索（RDA）［M］. 北京：国家图书馆出版社.
谢琴芳，2000. CALIS联机合作编目手册［M］. 北京：北京大学出版社.

浅谈高校机构库建设中的几个问题

胡 琳　霍 林　舒 予　王圣洁　罗 宏[①]

摘　要：本文以四川大学机构库建设实践为基础，对建库过程中涉及的商业方案调研、数据清洗、机构库开放形式调研、机构库嵌入校级公共服务平台等重点工作进行回顾和总结。

关键词：机构库；数据质量；数据清洗；开放权限；功能嵌入

2021年3月12日，教育部发布《高等学校数字校园建设规范（试行）》，文件共分为十部分，给出了高等学校数字校园建设的总体要求和主要组成，规定了基础设施、信息资源、信息素养、应用服务、网络安全和保障体系的通用要求，适用于高等学校数字校园及智慧校园的规划、设计、建设和实施。机构知识库作为可选项列入其中的数字化科研资源系列，被认为是"保存、管理和传播机构知识资产的重要工具与机制"（教育部，2021）。

四川大学机构知识库建设工作始于2016年，到2019年初步建成。本文从一线参与者的视角，对建库过程中涉及的商业方案调研、数据清洗、机构库开放形式调研、机构库嵌入校级公共服务平台等重点工作进行回顾和总结，以期为兄弟高校机构库建设工作提供参考。

一、商业公司机构库建设方案调研

由于本馆技术开发及人力方面的不足，为提高建库效率，同时也有规避建库中可能涉及知识产权风险的考虑，建库工作小组决定采用购买商业公司现成的建库方案，并在其基础上进行深度定制。但各商业公司的解决方案各有所长，仅仅依据商家单方面的宣传或主观判断很难做出选择。小组经过多次研讨

[①] 胡琳（1977—），博士，研究馆员，四川大学图书馆。霍林（1965—），本科，馆员，四川大学图书馆。舒予（1983—），硕士，馆员，四川大学图书馆。王圣洁（1982—），硕士，馆员，四川大学图书馆。罗宏（1973—），硕士，馆员，四川大学图书馆。

之后认为机构库的核心在数据，应将候选机构库解决方案的数据质量作为遴选的重点。

（一）评价指标体系的构建

发表于 2017 年的《机构知识库建库调研阶段的数据质量评价研究》（胡琳，等，2017）一文，运用层次分析等数理方法构建了一个机构库数据质量评价指标体系，对多个候选机构库数据质量进行比对、评价。数据质量评价指标体系划分为四个层次，如图 1 所示。

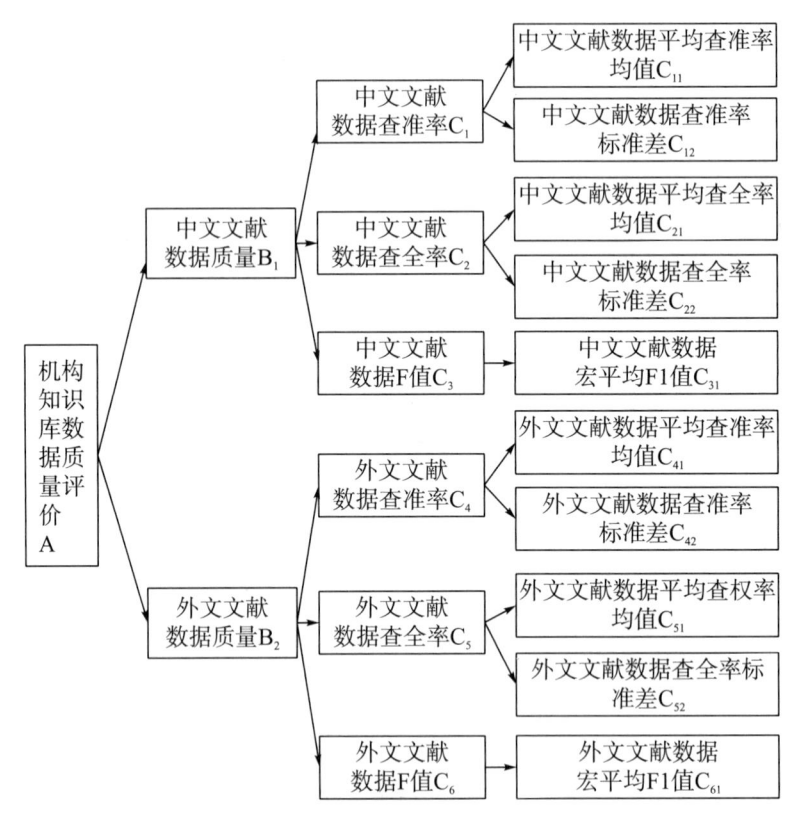

图 1 机构库数据质量评价指标体系

（二）指标权重的计算

建立层次分析模型之后，引入 T. L. Saaty 提出的 1~9 标度方法，对各层指标进行两两比较，构造出判断矩阵，计算得出各自的权重系数，如表 1 所示。

表 1　一、二、三级指标权重系数及三级合成权重系数

一级指标权重 W1	二级指标权重 W2	三级指标权重 W3	三级合成权重 W
中文文献数据质量 0.3333	中文文献查准率 0.2970	中文文献平均查准率均值 0.7500	0.0742
		中文文献查准率标准差 0.2500	0.0247
	中文文献查全率 0.1634	中文文献平均查全率均值 0.7500	0.0408
		中文文献查全率标准差 0.2500	0.0136
	中文文献 F 值 0.5696	中文文献宏平均 F1 值	0.1898
外文文献数据质量 0.6667	外文文献查准率 0.2970	外文文献平均查准率均值 0.7500	0.1485
		外文文献查准率标准差 0.2500	0.0495
	外文文献查全率 0.1634	外文文献平均查全率均值 0.7500	0.0817
		外文文献查全率标准差 0.2500	0.0272
	外文文献 F 值 0.5696	外文文献宏平均 F1 值	0.3798

（三）实证研究

建库工作小组分别向 7 家入围公司提供了本校 3 个二级单位共计 800 余名在职教师的人事信息（姓名、工号、单位等），要求各公司在规定时间内建成机构库小样。小样建成后，兼顾不同职称、层次的教师，从中选择 25 名教师的文献数据作为样本数据集合，再由专业馆员以人工检索的方式从 Web of Science、EI 等数据库检索相关文献作为标准数据集合，然后将两个集合进行逐条比对，统计各家机构库数据漏检和错检的文献数目，最后换算成中文文献数据的查准率和查全率（以 CP 和 CR 表示）、外文文献数据的查准率和查全率（以 EP 和 ER 表示）。根据前面通过层次分析法计算得到的各层次指标权重，按照 $Y_i = \sum w_i C_{ij}$ 可以依次得到各机构库在二级指标、一级指标的得分以及总得分情况，从而对 7 家入围公司建库方案的数据质量进行排序，作为最终方案确定的重要依据。

二、数据清洗工作

在选定商业公司（以下简称乙方）建库方案之后，建库工作小组配合乙方，深度参与了数据清洗工作。

（一）二级机构的清理、映射

乙方以"四川大学"机构名在各数据库源进行检索获取的数据中分离出了约1.5万个与四川大学相关的二级机构名称，为了与学校现有二级机构进行映射，建库小组组织专业馆员对这些数据进行清理。经过耐心细致的调查、追溯，甚至直接联系相关学院老教师，剔除其中的错误数据，最终有6700多个与四川大学有历史关联的机构名称对应到了学校现有的二级机构，为论文数据的机构认领、归类做好了准备。

（二）论文呈现原则

机构库的数据质量，尤其是教师个人数据的准确性是机构库成功的关键，基于这个前提，建库工作小组确立了几条基本原则。

（1）在机构库前台和后台，教师只会看到精准匹配其所在二级机构的数据，宁可有少量遗漏，也要尽量提高可见数据的准确性，以提升用户体验。

（2）考虑到二级机构内教师重名的概率较低，精准匹配其所在二级机构的数据在系统后台默认为"系统确认"状态，无需教师再做认领操作即可在前台显示，减少工作量。对于其中有误的数据，教师可在后台做撤销处理。对于在二级机构内有重名情况的教师，特殊处理为重名教师均需在后台自行认领数据后才能在前台显示。

（3）对于抓取到的只有一级单位（四川大学），或无法精准匹配到教师的数据，统一进入论文池，在教师后台添加成果界面直接根据姓名匹配"推荐"给教师，同时也提供标题、人名等字段的模糊搜索入口，教师可以直接勾选添加、认领搜索出的数据，而不必逐一通过字段的方式添加，从而提高工作效率。

（三）论文认领规则

在机构库建设过程中，建库工作小组安排专业馆员多次对论文数据质量进行随机抽查，发现存在数据错配、遗漏等情况，经过与乙方沟通，充分考虑论文作者与对应机构的多种可能的组合形式，最终确定了机构库论文认领规则。

（1）总原则：教师论文核心数据按"作者＋二级机构"进行严格匹配，二级机构不明确的不认领。

（2）非重名的学者：作者和机构一对一、多对一、一对多的情况，如果"作者+二级机构"能匹配，认领。

（3）重名但不同二级机构的学者：作者和机构一对一、多对一、一对多的情况，如果"作者+二级机构"能匹配，认领。

（4）重名且二级机构相同的学者：全部不认领。

（5）作者和机构多对多的情况：根据角标对应得到"学者+二级机构"能匹配的，认领。没有角标，不认领。

（6）对于中文论文数据，默认第一作者与第一作者单位是对应关系，如果"作者+二级机构"能匹配，认领。

三、机构库开放形式调研

为了确定机构库的开放形式，建库工作小组通过中国高校机构知识库联盟和采用网络调查法对41所国内一流大学建设高校进行了调研。调研结果显示，共有22所高校建有机构库，其中9个机构库无法正常访问主页，或须本校用户登录才能访问；其余13个校外可正常访问的机构库仅有厦门大学提供校外全文下载权限。具体调研情况如表2所示。

表2 一流大学建设高校机构库开放形式调研

高校	机构库网址	校外访问权限	全文权限
北京大学	https://ir.pku.edu.cn/	有	校外无
清华大学	https://thurid.lib.tsinghua.edu.cn/	有	校外无
北京理工大学	http://bitssp.dayainfo.com	有	校外无
中国农业大学	http://202.112.175.14:4237/	有	校外无
南开大学	http://ir.nankai.edu.cn/	无	校外无
天津大学	https://ir.lib.tju.edu.cn/	无	校外无
大连理工大学	http://www.hongmojing.com/dlutirdlu/	有	校外无
哈尔滨工业大学	http://hit2ssp.dayainfo.com/	有（在建）	校外无
东南大学	http://ir.yun.smartlib.cn/	有	校外无

续表

高校	机构库网址	校外访问权限	全文权限
山东大学	http://ir.lib.sdu.edu.cn/	有	校外无
武汉大学	http://openir.whu.edu.cn/#/home	有	校外无
中南大学	http://libdb.csu.edu.cn/go?id=ZNDXJGZSK	无	校外无
西北工业大学	http://ir.nwpu.edu.cn/Home	无	校外无
兰州大学	http://ir.lzu.edu.cn/	有	校外无
湖南大学	http://202.197.107.253/	有	校外无
厦门大学	http://dspace.xmu.edu.cn/	有	校外有
电子科技大学	https://ir.uestc.edu.cn/irpui/index	无	校外无
华东师范大学	http://ir.ecnu.edu.cn/	无	校外无
中国人民大学	http://ir.lib.ruc.edu.cn/	无	校外无
西安交通大学	http://www.ir.xjtu.edu.cn/	有	校外无
同济大学	http://ir.tongji.edu.cn/	无	校外无
华南理工大学	http://www.irtree.cn/2151/default.aspx	无	校外无

四、嵌入校级公共服务平台

机构库建设工作要想得到学校层面的支持，增强校内存在感和影响力，积极寻找机会与相关职能部门加强合作，主动作为，参与校级事务是一个重要的举措。

多年来，图书馆一直在参与学校一年一度的职称评审工作，负责其中的论文审核工作，以往都是由申报教师自行到图书馆出具论文查收查引证明。这种传统的线下工作模式效率低下，不仅增加教师时间和经济成本，同时也增加了图书馆工作量。为贯彻学校"推进智慧校园建设，实现校内信息整合共享，让数据多跑路，师生少跑路"的工作方针，2019年，图书馆主动联系人事处，确定将已经初步建成的机构库与人事处职称申报系统进行对接，通过后台数据自动交换提高申报工作智能化水平，改善申报老师操作体验，提高工作效率。

（一）数据处理

根据职称申报的特殊需求，我们对机构库的数据进行了优化，主要包括：

（1）明确各论文的出版年字段信息是来源于数据库提供的"出版时间"字段，以符合人事处论文时间必须是见刊时间，而非在线出版时间的要求；

（2）增加通讯作者和邮箱2个字段，以协助确认通讯作者信息；

（3）增加川大期刊分级信息字段。

（二）工作流程设计

机构库提供接口，教师登录职称申报系统后，在论文提交页面可以直接匹配机构库中的论文数据。论文以列表形式呈现，按作者和二级机构严格匹配的数据优先排在列表最前面，默认认领状态；其他疑似数据列在后，待认领。教师可对数据进行增删改查操作。教师填报时间截止后，图书馆对有变化的数据进行审核，审核通过的数据再返回机构库作为最终数据进行保存。具体工作流程如图2所示。

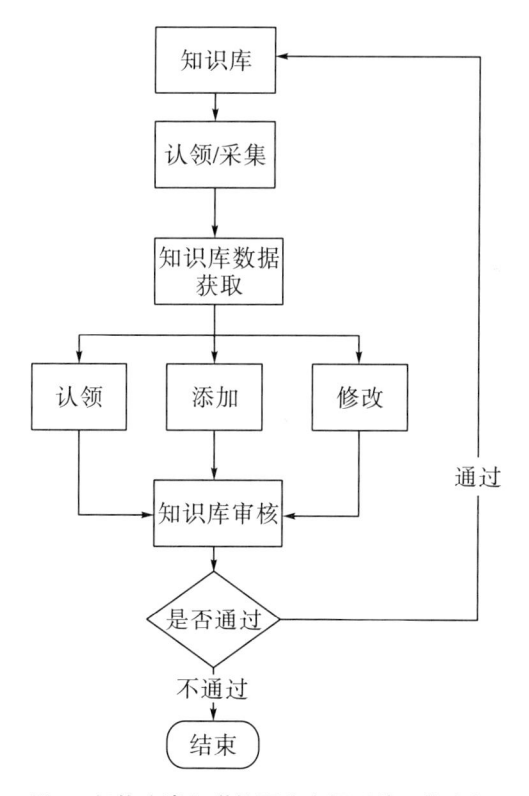

图2　机构库嵌入学校职称申报系统工作流程图

在成功嵌入学校职称申报系统之后,近期图书馆正在与校科研院协调,计划将机构库嵌入科研院的科研成果统计评价系统。

通过深度参与学校事务,不仅能真正体现机构库的价值,借助数据反馈也能进一步提高自身数据质量,为机构库最终成为学校权威数据源奠定基础。

参考文献

胡琳,舒予,2017. 机构知识库建库调研阶段的数据质量评价研究 [J]. 图书馆学研究(7).

教育部,2021. 教育部关于发布《高等学校数字校园建设规范(试行)》的通知 [EB/OL]. (2021-03-22) [2021-08-08]. http://www.moe.gov.cn/srcsite/A16/s3342/202103/t20210322_521675.html.

基于 Oauth 2.0 协议开发以用户为中心的高校图书馆资源共享系统

——以教参系统为例

冯 涛[①]

摘 要：本文简要描述 Oauth 2.0 协议的工作原理和实现方式，重点阐述该协议的应用对于促进高校图书馆与学校教学、科研系统的深度融合，加速资源流动的意义；并以图书馆教学参考书系统为例，阐述了基于 Oauth 2.0 协议的校园资源共享系统的实现方式。

关键词：Oauth 2.0；数字资源；教学；科研；教学参考书

一、Oauth 2.0 协议的工作原理

Oauth 2.0 协议提供了一种允许用户在无需提供自己的账号和密码的情况下，通过合法的授权，将自己在相关网站的资源提供给第三方应用的手段。

根据 RFC6749 的描述，Oauth 2.0 协议包括以下四种角色以及角色之间为获得受保护资源的规定动作：

(1) 资源拥有者（resourceowner），能够对受保护资源提供访问授权的实体，比如，拥有网站账户的的个人；

(2) 资源服务器（resourceserver），托管资源拥有者资源的服务器，有能力接收和识别访问令牌，按照访问令牌响应对受保护资源的请求；

(3) 授权服务器（authorizationserver），能够在用户授权的情况下，向客户端发放访问令牌的服务器；

(4) 客户端（client），一般是提供相关服务的网站，在资源拥有者授权的

[①] 冯涛（1967—），馆员，四川大学图书馆。

情况下，使用访问令牌，取得受保护资源请求的应用程序；

（5）．用户请求客户端提供相关服务，客户端要求用户授权访问用户在资源服务器上的资源；

（6）客户端获得用户授权后，向授权服务器请求访问令牌（AccessToken）；

（7）授权服务器给客户端发放令牌，客户端凭借令牌到资源服务器获取用户受保护的资源。

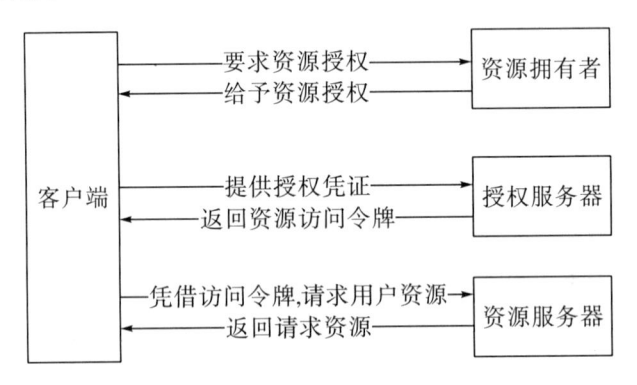

图 1 根据 RFC6749 协议流程图示

为了避免客户端和资源所有者浏览器之间链接重定向带来的不安全性，访问令牌的唯一持有方（客户端）要保证令牌不被泄露，客户端需要先从资源所有者中获取授权码，然后再使用授权码与授权服务器交换访问令牌。

二、Oauth 2.0 的应用场景

Oauth 2.0 的应用使得资源的流动得到加速。目前应用场景主要有以下几个方面。

一种是用户认证资源的共享。一般来说，用户信息比较完善，有比较可靠的认证手段。能够实现实名认证，有广泛的用户群体的网站或经营实体充当资源及授权服务器，用户把个人在这种网站或经营实体上的身份信息授权给第三方应用，以便第三方应用识别用户，提供个性化的服务。比如，用户访问某视频应用，使用个人的微信账号登录，该视频应用在用户的授权下获得用户的个人信息。有研究表明，目前使用 QQ、微信、微博账号进行授权的比较多，是 Oauth 2.0 协议应用得比较多的应用领域。

另一种是把个人的有价值资源授权给第三方应用，以便个人在第三方应用

中获得更多增值服务。比如，用户可以授权照片冲印网站获取自己在社交网站上存贮的照片来冲印照片。

三、Oauth 2.0 在促进高校图书馆资源和学校教学及科研系统中的作用

长期以来，图书馆花费了大量人力、财力，建立起比较完备的资源系统，这些系统是以数据资源的保存和发现为实现目标，解决的是数字化典藏并向用户提供发现工具的问题，但对于学校师生来说，使用图书馆系统与自己的教学、科研、学习等活动在时间上往往并不同步，加上其对图书馆资源了解不够，一定程度上造成师生使用图书馆资源的意愿不强，参与热情不高，客观上造成了图书馆花费大力构建的资源系统不能发挥应有的作用。

Oauth 2.0 具有从应用端发起、用户自主操作、用户授权等特性，我们可以在高校图书馆的资源系统和学校的业务系统中建立资源共享关系，教师和学生可以在使用学校教学及科研系统时授权图书馆系统使用自己的资源，比如学生可以授权学校离校系统调用自己在图书馆中的借书记录，通过这种资源共享关系，图书馆资源的作用可以在学校业务活动中体现出来，让图书馆资源系统的使用与教师的教学、科研工作和学生的学习活动保持高度一致。

以图书馆教参系统为例，图书馆教参系统可以要求教师注册时完成一系列表单操，同时结合大数据挖掘，能够建立以描述用户需求为目的个人肖像的构建，在此基础上，将相关资源推送到教师的个人账户，完成教师个人教学参考资源库的建设。利用 Oauth 2.0 协议可在学校教学系统的中调用图书馆教参系统的个人资源，教师可在学校教学系统中使用图书馆的教参资源，最大限度地发挥教参系统的作用。

四、基于 Oauth 2.0 的图书馆教参系统和学校教学系统资源资源共享的实现过程

根据 Oauth 2.0 协议，教师个人、教参系统、教学系统作为协议的不同的角色，可以通过请求和响应实现互操作。

教师是个人教参资源的拥有者，通过响应授权请求提供身份凭证，授权教参系统发放授权码。

教学系统是协议中定义的客户端，代表用户请求教参系统发放授权码，并

运用授权码请求资源访问令牌。

教参系统是协议中定义的授权服务器，根据用户凭证发放授权码并发放资源访问令牌，作为资源服务器，根据访问令牌提供资源元数据。

以下是图书馆教参系统和学校教学系统资源共享的具体实现流程：

（1）教师通过 web 浏览器使用学校教学系统；

（2）教师在教学系统中打开本人的教参资源，比如点击"我的教学参考书"；

（3）如果教学系统中还不存在所请求资源的授权码，或授权码不在有效期内，系统向教师的浏览器发送重定向 URL，以便获得授权码，重定向 URL 带有教学系统在教参系统中的应用 ID 和密钥以及教学系统的回调地址；

（4）教师浏览器重定向到教参的授权页面；

（5）如教师还没有在教参系统登录，教参系统将教师浏览器重定向到登录页面，同时将教学系统的回调地址带过去；

（6）教师输入其在教参系统中的账号和密码，登录成功；

（7）教参系统将教师浏览器重定向到个人教参资源页面，以使选择共享的资源；

（8）教师可以选择哪些资源共享给教学系统，这些选项可以在教参系统中保存下来，以便下一次登录继续使用；

（9）教师在教参系统中完成操作后，点击确认；

（10）教师浏览器重定向到教学系统的回调地址，回调地址中带有授权码，授权教学系统使用本人的教参资源。

（11）教学系统并使用授权码直接向教参资源请求访问令牌；

（12）教参系统验证授权码是否有效，如有效，则向教学系统发放访问令牌；

（13）教学系统收到访问令牌后，使用访问令牌向教参系统请求教师的教参资源元数据；

（14）教参系统收到教学系统的请求，检测访问令牌是否有效，如令牌有效，则向教学系统返回教师的教参资源元数据；

（15）教学系统成功获取教师教参资源元数据，将教师的浏览器重定向到基于这些元数据的教参资源页面，完成向教师展示教参资源的过程。

五、总结

一般来说，以上这种请求和响应应该基于更为安全的 https 加密通道进行，保证信息的安全传输。

Oauth 2.0 通过协议角色的请求和响应实现认证和授权，无需对学校的各种应用系统进行大的改造。作为一种应用非常广泛的协议，目前许多系统都支持 Oauth 2.0，实现成本比较低。采用 Oauth 2.0，有利于高校图书馆快速建立与学校的资源共享机制，是促进图书馆资源与学校教学及科研活动深度融合的一种比较值得推广的方式。

参考文献

胡贞华，陈雪花，何创新，2019. 基于 OAUTH 2.0 高校统一身份认证的应用研究 [J]. 电脑知识与技术（6）.

朱博昌，2019. 基于 OAuth 2.0 协议的授权登录国内应用现状研究 [J]. 现代信息科技（12）.

创新思考

高校图书馆育人职能初探

黄 欢[①]

摘 要：高校图书馆承担着传承文化、搜集信息的重要历史使命，具备传统的借还、查阅资料的功能，是高校信息和文化的聚集地。在从文献服务向知识服务转变的过程中，高校图书馆在育人方面也一直发挥着积极的作用和影响。本文从基本内涵、实现途径、保障体系和价值体现方面，初步探索高校图书馆的育人职能。

关键词：高校图书馆；育人职能

高校图书馆肩负着文化、信息资源的搜集、保存、传播、利用的职能，随着信息资源和信息服务的泛在化，图书馆的职能也在不断扩展，传统的借还、查阅功能仍然保持，新兴的学科服务、知识服务职能也在不断发展壮大。不论是传统的高校图书馆，还是新兴的智慧图书馆，其育人职能一直作为图书馆的隐性职能存在。图书馆始终由场所、文献信息资源、技术支持、人员等几方面组成，因此图书馆的育人职能也围绕这几个构成要素展开。

一、高校图书馆育人职能的基本内涵

2016年12月习近平总书记在全国高校思想政治工作会议上的讲话中指出："思想政治工作从根本上说是做人的工作，必须围绕学生、关照学生、服务学生，不断提高学生思想水平、政治觉悟、道德品质、文化素养，让学生成为德才兼备、全面发展的人才。"习近平总书记在同北京师范大学师生座谈时强调："道德之于个人、之于社会，都具有基础性意义，做人做事第一位的是崇德修身。"回望"十三五"，习近平总书记高度重视教育工作，他多次到学校考察调研，与师生亲切交流，强调教育要落实立德树人的根本任务，培养担当

[①] 黄欢（1982—），硕士，教育职员，四川大学图书馆。

民族复兴大任的时代新人。

高校图书馆汇聚来自不同年级、专业的师生，他们在图书馆获取的各类文献信息，是课堂教学内容的重要补充，高校图书馆是高校教育的第二课堂。如习近平总书记在2019年9月给国家图书馆老专家的回信中明确指出，图书馆是国家文化发展水平的重要标志，是滋养民族心灵、培育文化自信的重要场所。师生在图书馆进行学习，接受各种知识和文化的熏陶。高校图书馆是知识文化的聚集地，充满浓厚的人文气息，有不同思维的碰撞，是高校进行思想政治教育、专业技术教育、劳动教育、综合素质教育的重要场所。高校图书馆有责任和能力，贯彻国家的教育方针，在学生成长过程中，帮助他们系好人生的"第一粒扣子"。

二、高校图书馆育人职能的实现路径

（一）环境育人

把高校图书馆的工作和育人职能结合起来，是图书馆工作探索的方向。图书馆可以挖掘馆舍空间潜力，营造浓厚的书香氛围，让环境熏陶人、影响人、教育人。如设置图书馆的动静区，增加更加人性化的采光和照明，优化座位分布，提升座位质量，扩展诵读空间，设立单独的形式多样的研讨空间，并配备研讨设备，根据四季变化增加或更换绿植，捐赠小鱼美化空间，让师生认领养护绿植或小鱼，增加饮水、打印、复印等便民设施等，通过环境的改变和优化，提高师生使用图书馆的体验感，在潜移默化的环境改造中，让师生在书香怡人的环境中积极学习、探索。

（二）文化育人

学科知识学习的前提是"崇德修身"，是培养"不待扬鞭自奋蹄"的学习内驱力。品德和内驱力的培养需要文化的熏陶。师生在学习具体的专业知识之时，需要有开阔的视野，关注学科的历史、现在和未来，更需要有爱国的情怀，有用己所学造福社会、贡献国家的决心。图书馆可以对照党中央对高校的要求、高校思想道德素质教育和科学文化素质教育的要求，依托学工部、校团委的政策，从图书馆文化育人的职能出发，结合自身特点，打造图书馆文化，在高校图书馆形成积极、向上、健康的氛围，培养、引导师生的爱国、爱校情怀。如开展经典美文诵读比赛，举办馆藏珍贵古籍展，设立马克思工程教材学习专区、学习书屋，开展国学课堂讲座等，以多种形式开展阅读文化推广，创立红色文化活动室或红色文化阅览室，使师生了解作为校友的革命先烈的生平，了解革命故事、革命情怀，身临其境的学党史党章，让革命先烈的形象跃然纸上，以小见大地回顾红色经典，展望中华人民共和国和中国共产党的百年历程，让爱国情怀油然而生，生根发芽，真正把高校图书馆打造成宣传国家大政方针、宣传先进文化的重要阵地，让图书馆成为影响一代代高校师生的先进文化的传播者和建设者。

（三）服务育人

图书馆的知识服务和科研服务是各个学院进行科研工作、了解科学研究前沿动态的辅助力量，是图书馆的重点工作。图书馆可通过定期开办各类知识讲座、学术沙龙，培养提高师生的信息检索能力；可结合学校不同时期的工作重点，有针对性地开展培训，建立知识服务品牌；可通过师生座谈和问卷调查，了解师生真正的需求，设计多样化的科研服务内容；可结合技术手段，通过音频、视频、图片等多种媒体形式，打造特色展区，开展个性化学科服务；也可通过党建活动，联动学院党支部，深入教学一线，倾听师生对于图书馆工作的意见和建议，有的放矢地宣传图书馆的信息资源。总之，在促进图书馆的知识服务和科研服务工作方面，通过多个渠道、多种手段，图书馆的服务育人工作有限开展并向纵深发展。

（四）管理育人

高校图书馆志愿服务的组建、管理，是图书馆育人工作的实践。志愿服务队能有效搭建图书馆与师生之间信息交流的桥梁，广泛宣传图书馆的学科服务、知识服务，直接参与志愿服务工作，是师生了解图书馆工作，了解信息资源的有效途径。图书馆也能通过对志愿服务队的组织、管理对志愿者进行选拔和培养，为学生提供社会实践机会和学雷锋示范平台，了解其所想所需，关心关注学生的身心健康，正确引导其发展。双方在长期的合作和互相学习中，成为一个有机成长的共同体。

图书馆可制订工作章程，规范志愿服务队的工作纪律，逐渐培养学生的契约精神；结合学生课程学业的要求，量身为其开展信息素养的培训，提升其信息检索能力；结合图书馆的工作内容和学生身心发展的特点，修订工作内容，使志愿服务工作更加贴近师生，永葆活力；每学年开展"四季书香"阅读推广活动，让学生成为阅读推广活动的参与者、组织者、学习者和受益者；通过与其他志愿服务组织的交流，对欠发达地区进行阅读帮扶，学生的组织力、领导力、表达力、交际力和创造力逐步提高，能更加全面地认识自己，认识社会，认识世界，从而为其将来真正参与社会工作做好"软实力"的储备。正是通过对图书馆志愿服务队的组织和领导，图书馆的工作更能贴近师生的需求，以实际行动为青年系好人生中的"第一粒扣子"，践行管理育人的初心和使命。

三、高校图书馆育人职能的相关内容

（一）保障体系

高校图书馆育人职能的实现需要以用户的参与为依托。图书馆的主要用户是师生，也包括部分社会用户，其年龄、专业、学历，甚至是认知水平都存在差异。为更好地对图书馆使用者进行文化引领和传承，需要以课程、活动为载体，构建文化氛围、育人路径和框架。对于新生，图书馆可开设新生入馆教育、使用图书馆技能培训课程，针对老生开展数据库使用讲座，针对各年级、专业的师生可开展分级分类的学术交流活动、人文教育、红色教育，针对图书馆教职工和社会上的图书馆使用者可以图片、音频、视频等多种形式举办图书馆主题文化展、图书馆馆史展，针对全体使用者举办征文、诵读、知识竞赛、研学实践等形式多样的活动，以发挥高校图书馆的文化传播作用。高校图书馆在履行育人职能时，需要注意贯彻国家育人方针，不仅要注意本单位各个部门之间的协同，还要在育人工作上聚集图书馆的优势，积极与学校其他部门保持互动，共同参与，形成高校育人的联动机制。

（二）价值体现

高校图书馆是公共场所，图书馆通过制订文明公约，规范用户行为，让用户自觉维护图书馆馆舍环境，遵守图书馆使用规则，合理利用文献资源，养成保护公共资源和知识产权的社会意识和责任感，培养良好的文明习惯和学习风尚。高校图书馆也是大学生学习的第二课堂，是学生自习的最佳场所。学生通过在图书馆查阅、利用文献，消化课堂上的知识点，丰富、完善知识体系，拓展知识领域。图书馆提供的自学空间和自学形式，不仅使学生获得的知识体系日趋完善，也有助于培养学生终身学习的能力和创新拓展的能力。在图书馆查阅、利用文献资源，师生必然会利用图书馆的信息讲座和信息环境，提高信息获得的意识和能力，提升信息技能，提高信息素养，以便于解决科研中的实际问题。高校图书馆不仅能培养师生的信息素养，还能培养其人文素养。师生广泛涉猎图书馆中丰富的典藏，接受书香氛围的熏陶，人文知识日积月累，有益于形成正确的人生观、价值观和世界观，升华精神境界和品格。

（三）主要策略

高校图书馆育人职能需要图书馆教职工、图书馆工作人员去实践。图书馆加强对教职工育人意识的培养，专业素质的提升，定期展开教职工培训，使教职工更新专业技能，便于和用户更好地交流，对用户需求有更加全面的理解和把握，同时优化图书馆部门、人员结构，从而更好地服务用户，落实育人目标。在优化人员结构，提升人员素质的同时，图书馆也需要优化文献资源，加强创新空间建设。文献资源是图书馆育人服务的物质条件之一，文献资源的数量和质量，一直是师生高度关注的问题。图书馆可以加强数字图书馆的建设，创新馆舍利用空间，扩大师生获取信息的渠道，满足师生多元化的需求。为满足师生多元化的需求，先要建立多种和师生沟通的渠道，如读者信箱、QQ群、微信群、电话、图书馆咨询岗位，甚至通过和院系及学生工作相关部门的走访、座谈等方式，都可以实现和师生的互动，这既可以加强师生对图书馆各项工作的全面了解，加深师生对图书馆工作的认同感，也可以及时、全面了解师生的需求，以落实服务至上的工作理念，扩大图书馆的影响，充分发挥图书馆的功能和价值。现在高校图书馆的用户除了师生还有社会读者，所以图书馆除了服务高校的教学科研，还要加强和社会机构的联系，强化育人功能的多元性，让更多的人走进图书馆、利用图书馆。图书馆也可以主动走向社会，传播文化知识，参与社会的经济、文化建设。如建立方志库，开展文化扶贫工作，都是图书馆育人职能多元化的具体体现。

四、结语

高校图书馆是人类知识的殿堂，她记载和传承人类文明和智慧，她的育人功能是无形的，也是长远的，提升国民对知识和文化的认同感、对国家的忠诚和热爱，是高校图书馆的历史使命，也是育人职能的深远体现。因此高校图书馆要与时俱进，不断完善自身的教育职能，凸显以人为本，服务至上的理念，既推进高校精神文明建设，也促进自身的发展。

参考文献

都金萍，2019. 高校图书馆隐性教育功能分析［J］. 湖北农机化（16）.
胡开胜，周玉波，2020. 高校图书馆文化育人功能的价值追求与途径［J］. 图书馆（2）.

贾美娟，2021. 对高校图书馆职能定位的再认识［J］. 内蒙古财经大学学报（1）.

曾小红，2020. 高校图书馆在全面建成小康社会中的社会职能［J］. 产业与科技论坛（13）.

朱颖，2019. 谈新时代高校图书馆的教育职能［J］. 内蒙古科技与经济（20）.

藏用开发并举,服务教学科研

——四川大学图书馆特色资源"十四五"发展规划刍议[①]

李咏梅　丁　伟[②]

摘　要:本文在总结"十三五"建设的成绩和问题基础上,围绕四川大学"双一流"建设和"十四五"发展规划,探讨四川大学图书馆特色资源"十四五"发展规划,提出进一步深入整理挖掘特色资源,加强数字化建设、着力开发利用纵深发展,推进多媒体数字主题展览和进一步建设规范的安全体系等建设框架和内容,通过推进藏用开发并举,更好地服务教学科研。

关键词:特色资源建设;开发利用;十四五发展规划;四川大学图书馆

信息技术日新月异的飞速发展及其向各行各业不断快速渗透,对全球的发展进步产生了重大影响,尤其对高等教育产生了深远的影响。为了应对全球发展对我国高等教育带来的影响和挑战,习近平总书记在十九大报告中指出,"加快一流大学和一流学科建设,实现高等教育内涵式发展"。2017年9月,国务院批准公布世界一流大学和一流学科建设高校及建设学科名单,四川大学入选世界一流大学A类建设名单。为了落实和推进国家"双一流"建设,四川大学制定了《四川大学世界一流大学建设实施方案》,提出了"十个一流"建设和"4+1"学科体系建设,其中"一流环境条件保障"中"一流大学图书馆"建设是最重要的内容之一,即建设引领知识服务和创新服务的智慧图书馆。

"十四五"发展规划应紧紧围绕上述"双一流"建设的目标,同时在"十三五"建设所取得的成绩和存在的问题基础上来制订。时任馆长党跃武在《四川大学图书馆关于"十四五"发展规划的初步思考》中提出,四川大

[①] 本文系2019年四川大学"图书馆、情报与文献学"项目"数字人文视域下民国时期毕业论文的开发与利用研究"(Sktq201910)成果之一。

[②] 李咏梅,硕士,四川大学图书馆研究馆员。丁伟,硕士,四川大学图书馆馆员。

学图书馆要以"打造引领知识服务和创新服务的智慧图书馆"为方向,以"打造最有文化底蕴和文化品位的高校图书馆"为根本,将二者有机地结合起来。党跃武进一步提出了逐步建立和健全新时代高校图书馆的"六大文献信息资源体系",即完备的保障体系、完善的利用体系、高效的服务体系、规范的安全体系、科学的开发体系、系统的管理体系,这些体系与特色资源建设密切相关。

四川大学图书馆馆藏承继1704年锦江书院的藏书室、1875年尊经书院的尊经阁和1896年中西学堂的藏书楼,形成了丰富的特色资源,有26.8万册古籍线装书,还有古籍雕版、舆图拓片、西文古籍、民国文献、民国川大毕业论文、缩微资料等,特色资源的建设和开发利用工作在"十三五"期间取得了不少成绩,为"十四五"发展规划的制订和建设打下了重要基础。

一、"十三五"期间的成绩和问题

(一)取得的主要成绩

四川大学图书馆"十三五"期间在特色资源建设和开发利用上取得的主要成绩表现在以下五个方面。

1. 古籍整理工作取得重大进展

完成了馆藏线装中文古籍的普查编目工作,形成了约2万条编目数据,馆藏线装古籍约26.8万册,基本摸清了家底,古籍整理工作取得重大进展。

2. 古籍修复保护更上一个台阶

成功申报四川省古籍修复技艺中心四川大学分中心,获批"国家级古籍修复技艺传习中心四川古籍修复中心传习所",这是目前西南地区高校图书馆首家也是唯一的古籍修复技艺传习所。依托传习所这一平台,图书馆开展了许多与中华优秀传统文化传承发展相关的活动和展览,并试点性地承担了本科生公选课"文物保护概论"中文古籍装帧修复实践的教学任务,获得很好的反响。

3. 数字化建设取得一定进步

继建成最有代表性的特色资源数字化项目"新新新闻"数据库后,又完成了独家收藏的5700多册民国毕业论文的数字化扫描和著录工作,形成133多万幅书影,民国时期毕业论文包括国立四川大学和华西协合大学的论文,大多为手稿,书写十分优美,字迹工整端丽,图文并茂,非常珍贵。还完成了CASHL特藏++深度开发和服务项目"美国宗教合集"缩微胶卷的数字化和著录,这些工作为进一步开发利用打下了坚实基础。

4. 影印再造出版

继遴选本馆珍稀四川地方志影印出版后,"十三五"期间影印再造了《芥子园画传》,影印出版了《林思进批点唐诗选》《四川大学图书馆藏〈四川省城尊经书院记〉拓本》,编辑整理出版了《四川大学馆藏珍贵古籍名录》《钻坚研微 严慎细思——国立四川大学学生毕业论文选编》《欧亚交通 文轨新同——华西协合大学学生毕业论文选编》和《才性人生,始于庄学：王叔岷国立四川大学毕业论文》等。此外,还高仿复制了馆藏最早的文献《大般若波罗蜜多经卷廿二》。对舆图的整理和开发开始起步,高仿复制了《东西半球世界舆图》《一九零二年四川省城街道图》《藏区地图》《长江沿边十省计里图》等,填补了舆图整理开发工作的空白。

5. 充分挖掘馆藏特色资源潜力

充分挖掘馆藏特色资源潜力,提炼馆藏文献的巴蜀文化、红色文化、川大文化、匠心文化四大属性,重点打造了"馆史展览室""天府文库""民国文库"等特色文化空间,积极提升校园文化软实力。

（二）存在的主要问题

虽然取得了不少成绩,但存在的问题也比较突出,主要有三点。

1. 古籍数字化建设薄弱

虽然数字化建设取得一定进步,但在古籍数字化建设方面进展缓慢,零星扫描了大约 200 册古籍,1.6 万多个书影,主要原因是人手和经费不足,开展古籍数字化建设项目需要投入大量的经费和人力。古籍是馆藏特色资源最主要的组成部分,要进行"双一流"建设和一流大学图书馆建设,古籍数字化是必不可少的重要建设内容。

2. 拓片整理工作滞后

由于历史原因,馆藏拓片保存情况不佳,易受损,需要修复人员同步协助,且对专业素养要求高,有些拓片本身清晰度不够,难以识别,整理难度大,造成拓片的整理编目工作滞后。舆图的整理工作虽已起步,但进展也较缓慢,

3. 开发利用的创新性不足

特色资源开发利用的形式和内容仍以传统形式为主,开发的纵深度不够,创新性也不足,有待提升。如举办的展览仍以传统的图片展览为主,缺乏创意;文创开发乏力,文创产品的形式单一,文化元素特别是川大文化元素还较匮乏。

三、特色资源"十四五"发展规划探讨

在总结"十三五"特色资源建设成绩和问题的基础上,围绕四川大学和四川大学图书馆"十四五"发展建设规划的框架和内涵,并同"双一流"建设紧密相结合,对特色资源建设和开发利用的"十四五"发展规划有以下的思考和建议。

(一)进一步深入整理挖掘特色资源

1. 中文古籍普查编目数据审校和出版工作

"十三五"期间完成了馆藏 26.8 万册中文古籍线装书的普查编目工作,摸清了底,形成了约 2 万条普查编目数据,接下来需要对数据进行审校,逐条审核编目数据,需要查阅原书进行核对,对数据进行修改、补充和完善,一审完成后还需要进行复审,以保证数据的准确性。复审完成后,提交国家古籍保护中心,并计划出版《四川大学图书馆古籍普查登记目录》。

2. 深入整理与挖掘西文古籍

西文古籍的整理使馆藏特色资源的内容更加齐全、丰富,涵盖了古今中外。已遴选出 1911 年及以前出版的西文古籍 4000 余册,其中不乏高水平的学术名著。在"十四五"期间需进一步深入整理挖掘,包括以下七个方面的工作:①修改完善编目著录数据;②整理出 1850 年前出版的西文善本;③整理名人名著;④整理论述中国的图书;⑤整理经典丛书系列;⑥整理有毕启印章的图书;⑦回溯建库。

3. 西文图书书袋卡的整理与挖掘

"十三五"期间已遴选整理出有读者签名的书袋卡约 7000 张,完成了数字化扫描和馆藏建库工作,还需要进一步开展识别名人书袋卡、撰写名人小传、按大学建立索引、按知名人士建立索引、整理名人借阅图书目录、整理图书借阅量等工作,这对深入挖掘川大文化和川大历史以及后续的主题展览等有重要意义。

4. 开展拓片的普查编目工作

拓片是重要的馆藏特色资源类别,数量较为丰富,由于材质很脆弱,易受损,需要修复人员同步协助,这是普查编目的一个深水区,整理难度很大。"十四五"期间需要克服种种困难,开展拓片的整理工作,摸清家底,为后续的开发利用打下基础。四川大学有不少从事古籍整理研究、汉语言学和文献学方面的专家学者,必要时可以请他们来指导拓片的编目著录,从而解决专业人

员缺乏的问题。

5. 倾力打造专题书库

（1）文襄文库。张之洞捐俸置书是尊经书院早期的主要馆藏来源。时任四川学政的张之洞用自己的俸禄为尊经书院购置大量图书，以解决藏书和生员学习用书不足的问题。这批图书集档案、文物和文献于一体，是四川大学图书馆的重要特色资源。倾力打造"文襄文库"——张之洞捐俸置书专藏，开辟专门陈列空间，对推动校史文化建设，弘扬传统文化精髓有着重要意义。

（2）巴蜀文库。巴蜀文化是四川大学学术繁荣的重要内容之一，也是图书馆四大特色文化资源建设之一。作为西南地区最大的图书馆，我们有条件也有责任打造一个全国最大的巴蜀文库，包括巴蜀人所著的文献以及描述、记录和研究巴蜀的文献，这将极大地推进巴蜀文化的弘扬和传承，推动成渝国家经济开发区的大发展。

（二）加强数字化建设，着力开发利用纵深发展

大力加强特色资源的数字化建设，实现各类型特色资源的永久保存，拓展特色资源开发利用的深度和广度，打造特色资源数据库平台，建设特色资源数字图书馆，为教学科研提供全方位、跨时空的特色资源服务和保障。

特色资源开发利用的纵深发展需要引入新理念和新技术，这就是数字人文以及GIS（地理信息系统）和AI（人工智能）技术。数字人文是计算或数字技术与人文学科相交叉的学术研究范畴，包括人文学科中数字资源的系统运用，同时也反思这种运用。

1. 重点建设古籍数字化开发项目

古籍数字化建设项目是"十四五"发展规划的重要内容，主要包括张之洞捐俸置书和珍稀四川地方志数字化开发项目，并建设专题数据库。

古籍数字化需要投入巨大的财力和人力，除了尽可能争取财政经费，还应积极参加CALIS、CASHL和CADAL等全国性数字化建设项目，同时与企业合作，争取企业的资金支持，通过图书馆和企业的深度合作，加快数字化建设的步伐。可借鉴"汉典重光"的模式。该项目由阿里巴巴公益基金会、四川大学、美国加州大学伯克利分校、中国国家图书馆等合作开展，旨在寻觅流散海外的中国古籍并将其数字化、公共化，首批20万页古籍已完成数字化，并沉淀为覆盖3万多字的古籍字典，公众可通过该平台翻阅、检索古籍。汉典重光无疑是一个校馆企数字化合作共建的典范。

2. 建设古文献资源库

古文献包括古籍、雕版、拓片和舆图等特色资源，在古文献数字图书馆建

设中引入 GIS 技术，不仅使用户更加便捷地多途径检索古籍资源，还拓展了新的检索入口——时空检索，可得到时间和空间层次的直观检索集，极大地弥补文本检索的不足。如金石拓片的时空检索，可以实现包括地貌、河流、省市地界、拓片及拓片分类的叠加显示，并可以迅速定位到历史朝代地图等。

3. 打造"锦绣天府"——四川历史地理智慧图书馆

清乾隆时期董邦达领衔绘制的《四川全图》是馆藏年代最早的四川舆图，堪称四川大学图书馆镇馆之宝，已通过实施文化精品工程，对其进行了影印再造。本馆还收藏有覆盖全省的传统地方志、新编方志。图书馆历年先后编辑整理出版了《国立四川大学馆藏方志目录》《华西大学馆藏地方志目录》以及《四川大学图书馆地方志目录》，并且影印出版了《四川大学图书馆馆藏珍稀四川地方志丛刊》正、续编，2019 年四川省方志馆四川大学分馆挂牌成立。

新的建设规划拟以《四川全图》为核心，利用 GIS 技术，打造"锦绣天府"——四川历史地理智慧图书馆（详见下图），将馆藏四川地方志进行数字化与语义标注后嵌入《四川全图》，同步显示各地区的历史事件和人物、旅游景点、物产等，既可以了解各地区相关的历史文化知识，又可以虚拟旅游，极大地增强了生动性和趣味性。这是一个集馆藏（资源库）、服务、利用、实时咨询于一体的全方位知识服务集成系统，将古籍文献纸质史料集成化、数字化、图表化、动态化、可视化，具有资料查询、数据统计、地图生成等功能，是一个四川方志综合利用系统和天府知识发现系统，将大大拓展特色资源开发利用的深度和广度。

4. 打造民国毕业论文全文数据库检索平台

民国毕业论文全文数据库是我馆"民国文献数据库"和"数字特藏"统一检索平台的有机组成部分，建设内容主要包括：①用户可在线查阅并获取全文，每篇论文均列有封面，可按主题词、篇名、作者、导师等信息进行检索；②按专题模块揭示论文，包括巴蜀文化、红色文化、川大文化、匠心文化，以及学术名师和学术名家等；③按学科专业进行分类检索；④进行全文标引和著录，实现任一主题词检索。

5. 构建数字人文系统

在全文数据库基础上构建数字人文系统是一个终极目标，可以实现从信息的简单组织、检索与利用到对海量文献资源的深度分析和挖掘，从单一的研究手段到多维度的科学分析和智能介入，不仅使数据资源更加全面、完整和具有权威性，并且可以跨时空、跨文献立体交叉显示，支持不同研究领域和研究方向的学者在同一平台上开展工作，各取所需，给人文研究学者提供了一个全新的视角，也为人文学科研究的数字创新提供了更大发展空间，同时也可以使人文研究学者从繁杂的资料收集、整理和辨伪工作中解脱出来。

（三）推进多媒体数字主题展览

馆藏26.8万册古籍线装书，还藏有243块古籍雕版等各种特色资源，拟打造"典藏川大"——四川大学图书馆典籍展览馆，通过展陈设计、传统文化元素装饰打造雕版印刷与传统文化展示空间，弘扬优秀传统文化。主要包括：①实物展览，主要展览馆藏刻本、套印本、名人稿抄校本、活字印本等特色典籍，有代表性的西文古籍；展览馆藏舆图、字画、金石拓片等特色文献，馆藏民国时期抗战文献、红色文献、校史文献，雕版实物展陈以及雕版史、印刷史展，同时可采用电子瀑布墙同步进行展示，凸显中华优秀传统文化；②融合线装书制作、雕版印刷体验、碑刻印章传拓、活字印刷体验等读者互动体验活动；③定期推出主题鲜明的特色展览，开展阅读推广活动。

在实体展览基础上利用多媒体新技术大力发展数字展览是创新的重要手段，通过数字化、交互式、有声化加工，实现人与资源的互动，为读者提供多媒体趣味体验。如举办古籍雕版展，精选部分雕版做实物展，用雕塑进行雕版刷印情景还原，展现多媒体虚拟场景，有动画，有声音；开辟互动体验区域，读者可以通过实际刷版操作，体验并了解古籍制作流程，并可制作自己的线装书互动体验，还可以通过打游戏等形式来体验。还可以举办西文古籍展，分为西文善本（1850年前图书）、关于中国的论著、大英百科全书（各种版本）、学术名著、系列丛书等专题，实体和数字展览可同步；西文古籍以装帧精美著称，可以展示西文古籍装帧形式的演变过程，同时提供互动体验活动，让读者体验西文古籍装帧制作过程。

（四）进一步建设规范的安全体系

馆藏特色资源中有很多珍品和无价之宝，历来都是图书馆消防安全工作的重中之重。消防安全工作是进行特色资源整理和开发利用的重要保障，需着力建设一个规范的安全体系，建立健全特色资源书库管理制度，严格文献出入库登记交接手续，一级防护书库实行双人双锁管理，定期巡视书库，发现异常及时上报。对安保系统进行升级改造，确保特色资源24小时得到全方位立体有效保护。此外，还需要进一步加强修复保护常规管理机制，严格执行管理制度、工作规程，推进环境监测、藏品交接、方案审核、质量验收规定及修复档案工作，制定科学、合理的修复计划，及时、有效地保护特色资源。

总之，"十四五"发展规划的制订和实施秉承藏用开发并举、服务教学科研的指导思想，旨在进一步激发馆藏特色资源的潜能，让书写在特色资源中的文字都"活"起来，打造拥有涵盖古、今、中、外文献的特色资源馆藏体系和多元立体的文化传承创新体系，推进巴蜀文化、红色文化、川大文化、匠心文化四大特色文化资源建设，整合馆藏资源实施数字人文工程，使围绕巴蜀文化和川大文化为核心的特色资源建设更上一台阶，助力"双一流"建设，推动引领知识服务和创新服务的智慧图书馆的建设，努力打造最有文化底蕴和文化品位的高校图书馆。

参考文献

党跃武，2020 收官之年布好局，攻坚克难谋新篇——四川大学图书馆关于"十四五"发展规划的初步思考［J］.高校图书馆工作（5）.

李咏梅，许卫红，丁伟，2020.四川大学图书馆特色资源开发利用的策略探讨［M］//党跃武.一流大学图书馆治理能力现代化的探索与实践.成都：四川大学出版社.

许唯临，2018.四川大学世界一流大学建设实施方案［EB/OL］.（2018—01—13）［2021—09—15］.https：//syl.scu.edu.cn/info/1002/1233.htm.

"十四五"期间高校图书馆阅读空间建设研究[①]

董 学[②]

摘 要：国家"十四五"发展规划对高校图书馆空间建设提出了新要求。高校图书馆空间改造应秉承和践行共享、创新、公平和引领等发展理念，探索新时代新征程中图书馆空间建设新方式。旧馆改造和新馆建设相结合，不断拓展新的空间建设思路和创新空间建设方式。共享空间、创客空间、休闲阅读空间等有机配置，形成人性化、便利化的有机阅读空间，营造良好的阅读环境。

关键词："十四五"发展规划；高校图书馆；阅读空间

习近平总书记指出，新发展阶段，就是全面建设社会主义现代化国家向第二个百年奋斗目标进军的阶段。与时代同行，与国家同步，各高校开启新征程，推动新发展，都需要不断更新和丰富图书文献资源，建设更加人性化的阅读空间。这为高校图书馆发展带来了新的时代机遇。高校图书馆作为社会文献利用和知识服务中心，很多具有丰富知识储备和专业素养的人才都曾经在此留下了"格物致知、修身养性"的勤奋身影。为承担独特使命和发挥应有功能，高校图书馆也应未雨绸缪，及时做好自己的五年规划。"'五年规划'是图情事业的发展蓝图，主要在凝聚共识、优化资源、创新服务、引领发展等方面发挥重要作用。"（党跃武，2020）高校图书馆"十四五规划"，将在"十三五"空间建设和改造成果的基础上，将新的发展理念融入各馆的建设改造蓝图，让图书馆成为城市的文化标志和公共书房，以切实的举措贯彻落实教育部提出的在"十四五"期间"建设高质量教育体系"（陈宝生，2020）的战略要求。

[①] 本文系2022年度四川大学党政服务管理项目"群体智能赋能图书馆空间建设研究"（项目编号：2022DZYJ-32）阶段性成果。

[②] 董学（1979—），硕士，助理研究员，四川大学图书馆馆员。

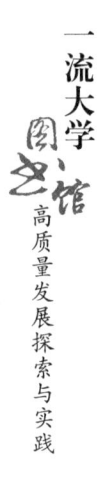

一、"十四五"期间高校图书馆空间改造新理念

"十四五"发展的新阶段,要求用新的发展理念进行图书馆空间改造和文化建设。大学图书馆空间建设要坚持以"研究性学习"为中心,探索适应师生学习和研讨需求的高校图书馆空间布局。

(一)深入践行"共享"发展新理念

"共享"一词无疑是 21 世纪最流行的词语,共享单车、共享汽车等等,共享的魅力影响着学习生活的方方面面。而在这诸多可供共享的资源中,知识无疑是最具公共性和弥散性的,任何人都有权利获取知识。而在共享知识话题中,图书馆作为这种理念笃定的引领者、躬行者,将深刻影响高校图书馆协作式学习空间的建设。

理论践行需要物质载体,在图情文献领域,共享理念需要共享空间的配套。共享空间,是指"利用多样的资源、先进的设备、高速互联的网络、人性化的多功能空间,并将图书管理人员的有效服务整合而形成的一种易于用户学习和分享的服务环境"(聂洁珠,2020:36)。先进理念的践行和阅读氛围的营造,要求高校图书馆进一步深入探索知识共享空间建设的新方式。

(二)落实大学创造性学习的发展新理念

在大众创新、万众创业的新时代,高校更是新的教学理念的践行者。创新是指"人类为了一定的目的,遵循事物发展的规律,对事物的整体或其中的某些部分进行变革,从而使其得以更新与发展的活动"(乌云娜,2012:3)。在全面建成社会主义现代化强国的新征程中,推动教育高质量发展,培养具有创新思维的人才具有战略意义,非常迫切。高校图书馆阅读空间建设要与时代同行,充分体现创新学习的发展新理念,让知识探究转化成一种求知能力,让知识在碰撞中迸发创新的火花。植入创新元素的高校图书馆专业化阅读空间势必形成一个个可以交流创新思维、分享创新理念和展陈创新作品的"创客空间"。

高校图书馆是大学生创客作品展示的最好平台。因为高校图书馆学生多,人流量大,创客的作品能够在高校图书馆得到很好的推广,更容易激起大学生的创新欲望,培养青年"创新之星",打造"创新偶像",营造浓厚的高校创新氛围。

高校图书馆是创客分享、交流和学习创新过程的场所。任何一个创新思维的产生都是不断积累的过程。共享空间中多元研讨、埋头阅读的思维碰撞、冥思静想的灵光闪烁，使这里充满无限的可能。高校图书馆现代化的设施设备能够让大学生产生灵感、汇聚创意，学习、分享、交流创新心得。

（三）深化高等教育公平化发展新理念

陈宝生指出："十四五时期建设高质量教育体系，必将沿着'实现人人皆学、处处能学、时时可学'方向前进。"（陈宝生，2020）探寻这样一种学习方式，必须建立一种能够让大家公平、自由学习的开放空间。高校图书馆建设，带有公益性文化设施特质，更应体现教育公平理念，阅读和交流空间建设改造也应彰显社会公平。公平是一个常用的词语，但是在高校图书馆建设中体现教育的公平性是一个新理念。因为大学教育培养的是社会精英、天之骄子。即使进入新时代，高等教育尚不能满足人们求知的需求。部分适龄青年未能进入大学，甚至没有机会一睹高校图书馆的真容。高校图书馆只是停留在社会青年想象空间中。人们对它的理解是先贤的化身，是书的世界，是知识的海洋。现代高校图书馆建设，应该走下神坛，采用开放借阅的方式，让更多的求知者有机会走进高校图书馆学习、阅读和交流，进而引领学习型社会建设。

（四）融入和引领地方文化发展新理念

高校图书馆的建筑、藏书和徜徉其中的师生是一座城市发展进步的重要文明标志，是城市的文化高地、灵魂净土、创新源泉，用深厚的文化、丰富的知识和价值道德引领着一个地方政治、经济、文化等方方面面的发展。如何将高校图书馆建设融入为地方发展服务，是一个很值得深入探究的课题。

这就要求将高校图书馆空间改造成为一个地方的文化圣殿。成为一座城市中人们的必去之地，或许高校图书馆就达到了它为地方发展服务的目的。因为它已经是这座城市的象征，是青春奋斗者的充电站，更是文人墨客的膜拜之地。

二、"十四五"期间高校图书馆空间改造的基本方式和特点

在空间建设上，多数高校图书馆都在旧馆改造基础上重新布局学习空间。旧馆改造，大都是在有限的空间调整原有纸质馆藏而腾出储存空间，或者利用闲置空间设置学习空间，或者通过开设具备不同功能的实体物理空间和网络虚拟空间，吸引师生走进图书馆。

"十四五"期间，要建设高质量的教育体系，高校图书馆空间改造将继续

沿着旧馆改造和新馆建设两条路前行。旧馆改造要融入更多新元素、新理念，充分利用网络新技术，更加注重内涵式发展。

（一）可塑性

空间建设及空间改造，既可根据阅读者兴趣构建，也可根据教育目标构建。改造中更多倾向大开间和设施设备的模块化，注重空间的可变性、可塑性。这种可塑性空间可以根据资源建设情况调整空间布局，也可以根据学习需要自由组合改变空间结构，空间利用就能够更充分、更人性、更便利。图书馆空间的自由调整和组合，不仅带给师生新的视觉冲击力，更重要的是能够满足新生代大学生求新、求变的阅读心理需求。

（二）舒适性

高校图书馆大都给人一种严谨肃穆的凝重氛围，容易对师生的学习、科研带来压迫感。因此，图书馆空间改造时更应注重空间细节的设计，提升读者空间使用的舒适感，注意空间与灯光、图片与色彩的搭配等，营造一种静谧、舒适的阅读氛围。

（三）便利性

大学校园的学习应该是全时空全方位的。互联网、电子资源让学习活动无处不在、随时可行。但是学习空间的基础设施配置中诸如存包柜、可借文具、插座和网络覆盖等微观设施设备与服务的欠缺，给营造便利的学习环境带来诸多问题。小细节往往成为服务最后一步的大障碍。

三、"十四五"期间高校图书馆空间建设类型

（一）公共阅读空间

高校图书馆作为公共服务机构，首先最基础的功能就是要满足师生基本的阅读需求，提供纸质文献和电子文献满足大学生学习和研究的需要。在这些基本功能区域中，一般高校都配备有插座等。师生们可以带上自己的书籍到馆学习，也可以通过图书馆提供的文献在知识的海洋中泛舟，开展自主学习。

（二）研讨交流空间

大学之所以是大学，不光有漂亮的建筑，还有学识渊博的大师和勤奋求学的学子。正是有了一个个学识渊博和学养深厚的教授们，大学才有了深度和灵魂。以空间汇聚师生，灵活多元的互动探究学习，就要求建立一些可供老师与

学生的专题讨论空间，学生与学生的交流空间等。这些开放式的研讨空间可以促进各类读者群体之间进行信息交流、思想碰撞和共识凝聚。活跃的学术思想在交流中广泛传播，知识通过分享滋养更多心灵，研讨让师生们对知识理解得更深、运用得更好。

（三）休闲阅读空间

传统的高校图书馆一般比较严肃，师生围绕学理问题展开讨论，曲高和寡。但是这样的学习氛围可能会使参与者感到紧张，甚至压抑。为了提高学习效率和改良学习效果，新时代图书馆空间改造可以融入休闲阅读思想，既生动活泼，又严肃认真。师生们可以在宽松的环境中敞开心扉，放飞思想，不拘一格地讨论问题。很多创造性思想将在这种不经意间萌生。

休闲阅读也可以让紧张的学习慢下来，可以在沁人心脾的淡淡茶香中，在浓郁芬芳的咖啡余香中，深入思考。冬日的暖阳、春日的繁花，不经意已让阅读在大学的任何一个角落生根发芽了。

（四）创客空间

创新能力是一个民族发展强盛的重要动能。建立创客活动和成果展示空间，利用图书馆的人流量，形成一个激励大众创新的学习氛围，引领校园文化建设，有助于青年学生获取前沿知识，引领社会学习风尚。在一个大众创新、万众创业的时代，大学校园更不能回避创新、创业活动。图书馆的创客空间，更是一个集创新展示、交流、分享于一体的空间，激发步入知识殿堂的青年学生的创新思维。

（五）主题展示和历史文化展示空间

建设文化强国，要求将现代技术和人文理念融入图书馆空间建设。时代主题展示和历史文化展示空间是一种封闭性的展示空间，具备很高的保护价值与参观价值。师生们可以在阅读之余，走进各种主题展示空间或历史文化展示空间，感知时代，近思先贤，陶冶情操，增长知识，激发人生动力，等等。

（六）共享空间

当下社会，共享思维已经深入人心。借鉴国外建设经验，高校图书馆中共享空间更多的是一站式学术和信息交流中心，为供需双方提供一个协调工作的环境。高校图书馆能够利用专业的人力资源，"通过结合本校专业学科组成特点、合理参考同行对出版物的评价，通过学习资源推荐清单的方式为师生提供精准学习资源服务"（成胤钟，2017），建设便捷高效的图书情报共享空间。

高校图书馆为高素质人才的培养提供了不可替代的学习场所。它为大学营造了浓郁的学习氛围，也为大学生独立学习、独立思考创造了得天独厚的环境条件，为学生终身学习打下了良好的基础。"十四五"期间高校图书馆空间改造，要以满足师生对美好阅读环境的需要为奋斗目标，继续加强内涵式空间改造，提升阅读空间的品质，为大学建设和人才成长做出独特的贡献，为全面建设社会主义现代化国家提供更好的智力服务支撑。

参考文献

陈宝生，2020. 建设高质量教育体系［N］. 光明日报，2020－11－10（13）.

成胤钟，2017. 面向情境需求的高校图书馆信息共享空间建构研究［J］. 河南图书馆学刊（12）.

党跃武，2020. 收官之年布好局 攻坚克难谋新篇——四川大学图书馆关于"十四五"发展规划的初步思考［J］. 高校图书馆工作（5）.

聂洁珠，2020. 高校图书馆共享空间建设策略探讨［J］. 科技传播（6）.

乌云娜，2012. 创新力［M］. 北京：国家行政学院出版社.

图书馆用户与系统的交互

赵兰蓉　唐李杏[①]

摘　要：图书馆用户与系统的交互带来了图书馆文献信息流的变化，研究二者之间的交互可以提升用户对图书馆的忠诚度和使用图书馆的兴趣，提升图书馆的学术影响力，加强文献资源保障作用。

关键词：用户；图书馆；系统；交互

一、交互的概念

交互指的是参与方不受时空限制，彼此直接沟通的方式和手段，并由此影响或促进个人、组织的知识和行为，一般指信息源和接收者之间的双向交流，通常发生在线上平台。交互可以影响个人对文献知识信息阅读的选择。

用户与图书馆系统的交互包含了用户之间、用户与图书馆之间的文献知识信息交换，这个交互过程是一种协同创造的过程，不单纯是图书馆系统单向输出文献知识信息，是用户和图书馆系统不断交流、同时吸收经验、信息和知识的过程，是图书馆系统收集到用户反馈信息，通过大数据采集、分析，对用户反馈做出二次反馈，从而创造出新的知识信息并反馈给用户的动态过程（图1）。

[①] 赵兰蓉（1969—），硕士，馆员，四川大学图书馆。唐李杏（1978—），硕士，副研究馆员，四川大学图书馆。

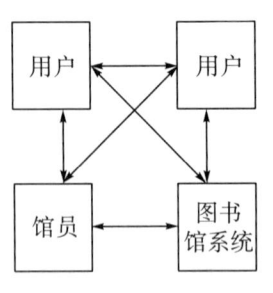

图1 交互示意图

用户与图书馆之间的交互分为直接交互和间接交互，前者即用户之间和用户与馆员之间的面对面沟通；后者以互联网为媒介的间接沟通。目前主要采用用户留言、微信微博留言、图书馆网上各类问卷调查、大数据采集等方式。

二、用户与图书馆系统的交互类型

目前用户与图书馆之间按交互对象分为用户之间（图2）、用户与图书馆之间（图3）、用户和阅读环境之间三种交互。其中，用户与图书馆之间的交互更多的是文献资源和知识信息交互，它是指通过直接交流或分享经验、图书馆提取用户在馆行为等方式，获得文献、知识、建议等有用信息，为用户选择文献知识信息提供支持的过程，包括用户与文献之间、用户与馆员之间和用户与数字图书馆之间的文献知识信息的交流合作，包含文献知识信息的搜寻、提供、交流和共享等多种活动。

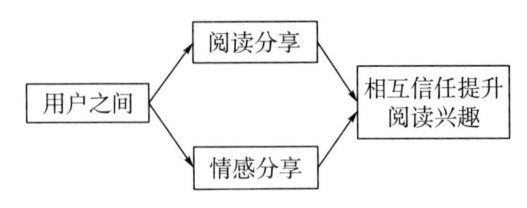

图2 用户之间的交互示意图

有用性、易用性、个性化

图3 用户与图书馆之间的交互示意图

用户之间的交互按内容分为信息交互和情感交互两个维度。用户与图书馆之间、用户与阅读环境之间的交互包含感知控制、感知响应和感知个性化三个维度，感知控制即用户对图书馆系统的使用过程体验到的有用性，感知响应是易用性，感知个性化是图书馆提供的个性服务的针对性。这三个特性决定了用户对图书馆的使用程度，这三者依赖于图书馆对用户持续提供高质量的交互反馈和服务。

三、交互的优势

第一，用户通过交互获取对方的直接经验，能降低文献资源和知识信息的获取成本；第二，用户的直接经验更具有说服力和有效性，更易得到其他用户信任；第三，在线交互增加了沟通的灵活性，交互双方或多方对交互对象的选择、交互时间的选择、交互场所的选择都有了很大的自主空间和积极响应，增加了交互参与方随时、随地交互的可能性。

（一）用户之间的交互

用户行为主要是文献借阅和阅读分享，用户之间的交互对阅读满意度和阅读分享意愿有显著影响，这种影响能促进用户频繁交流，积极分享阅读经验，提升阅读兴趣，拓展阅读范围。

（二）用户与图书馆之间的交互

用户与图书馆之间的交互有显性交互和隐形交互之分。显性交互有文献借阅、文献传递、用户推荐等，隐性交互是图书馆通过对用户行为的抓取、分析得来的结果，如阅读趋势、使用图书馆频次等。

首先，用户通过借阅文献、使用图书馆数字资源、使用图书馆提供的其他增值服务等渠道，获得图书馆对其需求的积极响应，对图书馆的有用性、易用性和针对性的正向体验产生信赖，使用户建立起对图书馆整体的信任和交互意愿。其次，图书馆文献资源和知识信息的质量，即图书馆提供的文献资源和知识信息的可靠性和及时性被用户认可，用户愿意从被他们信任的图书馆获得推荐意见。第三，在高质量、互动频繁的环境里，用户也愿意分享自己的体验给其他用户，从而影响潜在用户参与阅读活动，增加潜在用户使用图书馆的意愿。

图书馆对用户的反馈质量通过对图书馆系统的有用性、易用性和个性针对性体现。图书馆为用户提供高效、有用的信息和建议，辅助用户做出阅读决策，用户就会对其产生信任，从而提升用户对图书馆文献和服务的信任，增加用户使用图书馆的次数。图书馆积极使用社交媒体和数字图书馆平台为用户提

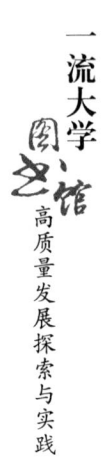

供了有效互动方式和渠道，用户通过它们，如利用"双微"频繁互动构建用户与图书馆之间的交互，从而快速沟通、及时反馈，图书馆和用户之间形成良性互动氛围，进而增强用户进行阅读分享的兴趣，进一步积累图书馆人气并扩大影响，可以提升用户对交互行为的参与积极性。这样的交互有助于图书馆了解用户需求，减少信息不对称，减少文献建设过程中的不确定性，提升文献建设的针对性、时效性，保障图书馆作为高校文献信息资源中心作用的发挥。如何建立用户对图书馆发布信息的信任是图书馆需要研究的重要课题。

（三）用户和阅读环境之间的交互

这包含用户与实体馆阅览环境的交互、用户与数字图书馆平台的交互。前者，用户更在意的是开放时间、环境舒适度、环境配套设施设备的无障碍使用、馆员对待用户咨询的专业程度和服务意识态度等方面；后者，更多关注能否随时、高效使用图书馆数字平台，该平台能否快速响应用户操作、提供个性化定制服务。目前数字图书馆平台技术升级，许多数据库并发用户数限制减少，用户随时使用平台的困扰减少，更多的困扰是在使用过程中遇到的问题、希望获得的个性化帮助时，图书馆平台能及时回复，提供高效解决方案，这是今后图书馆要关注的方向。

四、交互过程中存在的问题

碎片化的信息来源为用户的选择增加了难度，互联网海量的信息增加了筛选的复杂性和信息真伪的不确定性，可信赖的信息来源平台可以提升用户参与交流互动的积极性。用户对图书馆的满意度、图书馆对其个人信息的安全保障度是影响用户参与交互意愿高低的重要因素。

（一）用户满意度不高

用户满意度取决于以下几点：第一，用户使用图书馆系统的易用性，即图书馆系统的响应，用户能否不受约束地使用图书馆平台，用户能否及时掌握图书馆平台使用方法，用户能否自主有效管理图书馆平台提供的信息；第二，用户使用图书馆平台的有用性，即图书馆系统的控制，图书馆系统能否对用户需求快速响应，图书馆系统能否对用户需求提供相关度高的信息，图书馆系统在用户访问时没有延迟，图书馆系统能否对用户个人信息做出正确或相关度高的反馈。第二点要求图书馆系统专业程度高，提供反馈的馆员经验丰富，能对用户提出的需求给出专家级的建议，能对用户个人信息完整正确解读，能了解用户需求、发现用户偏好、提供符合偏好的信息，能够通过对用户个性化需求推送相关信息和偏好相似的用户，使用户体会到与图书馆系统交流的流畅性、趣味性和专业程度，这项工作要注意保护用户隐私。

图书馆对养成用户参与交互的行为习惯要有耐心，使用户形成交互行为的日常程序性，养成定期查看图书馆推文、用户留言等栏目的习惯。

（二）信息不对称，用户信任度有待进一步提高

交互行为中，交互方之间的信任对用户的参与度有显著影响。目前用户与图书馆之间的矛盾主要是信息不对称，用户不了解图书馆资源构成、平台提供的服务种类及获取方法，用户对图书馆的认识还停留在老式藏书楼模式，一方面希望能随心所欲地使用图书馆，另一方面没有静下心来了解图书馆。图书馆已进入探索建立智慧图书馆的阶段，图书馆不断顺应时代科技潮流，使用新技术更新改造自身体系，打造出了具有收集、整理、分析和综合体系的一站式服务数字图书馆系统，创新性地探索出了多系列、多方位、个性化的增值服务项目。但是，用户和图书馆之间缺乏一个纽带，一个信息互通的渠道，图书馆要积极探索与用户互动的渠道，积极搭建可信任环境，让用户更了解图书馆，尽量减少信息不对称的现象。

（三）用户个人信息的安全保障度

图书馆要重视用户隐私，一方面要收集、审读每个用户的个人信息，同时要注意对其信息的保密和有限使用是提升用户信任度的关键。

五、解决措施

（一）图书馆提升用户信任度的策略

对用户公开分享文献信息，尽量满足用户的需求，保护用户个人信息。通过这些方式，增强用户对图书馆的认同感。图书馆可以试图将采购人员的出发点、编目人员的意见分享给用户，阐述文献的采购意图，让用户更容易地借阅到感兴趣的文献资源；还可以通过发帖、点评、回复或者私聊等方式与其他用户交互。

（二）图书馆提升用户满意度的策略

用户更倾向于相互帮助，愿意从事共同的阅读活动并将其分享出来。图书馆要引导用户更多地参与交互，以更好地满足用户需求。第一，与数据库商协调，尽量增加数据库的用户并发数，保障用户在使用过程中的流畅性。第二，

加大对数据库或其他形式文献资源的二次开发。第三，加大对馆员的业务能力、业务素养的培训，提升专业水准。第四，加大交互渠道建设力度，减少信息不对等，增强对用户需求反馈的时效性、准确性。探索建立阅读分享平台，将相关内容按专题集中，便于用户查找并分享自己的阅读体会。建立这样的平台的优势是可以建立起用户之间的阅读认同，提升用户使用图书馆的意愿，以及用户对图书馆文献资源的利用率和认可度。第五，加深图书馆隐形交互信息的挖掘，提高图书馆服务的针对性。

六、结束语

交互的目的是让图书馆与用户之间沟通畅通，让图书馆资源尽快、尽量多地为用户所用，让用户在使用图书馆过程中的困惑难处能及时得到解决，提升用户的阅读意愿和分享意识，形成社会阅读氛围、学习氛围，提高全民文化素养。

参考文献

茆意宏, 2016. 移动互联网用户阅读行为研究 [M]. 北京：中国社会科学出版社.

杨根福, 2015. 数字化学习（E-Learning）用户持续使用行为研究 [M]. 杭州：浙江大学出版社.

周涛, 2020. 社会化商务环境下用户行为模式与机理研究 [M]. 杭州：浙江大学出版社.

新时代高校图书馆开展创新性劳动教育探索

——以四川大学图书馆志愿者开展阅读推广活动为例[1]

马梦灵　杜小军[2]

摘　要：高校图书馆作为大学的第二课堂，具有成为大学生校内劳动教育重要实践基地的得天独厚的优势。本文以四川大学志愿者参与阅读推广活动为例，探讨高校图书馆如何开展创新性劳动教育，完善劳动教育课程内容，从而达到增强学生创造性劳动能力的目的。

关键词：高校劳动教育；图书馆；志愿服务；阅读推广

2015年"五一"劳动节前夕，习近平总书记指出，让劳动光荣、创造伟大成为铿锵的时代强音，让劳动最光荣、劳动最崇高、劳动最伟大、劳动最美丽蔚然成风。2020年3月，中共中央、国务院出台《关于全面加强新时代大中小学劳动教育的意见》，强调"把劳动教育纳入人才培养全过程，贯通大中小学各学段"。该文件出台之后，包括广东工业大学、华东师范大学、上海交通大学等多所高校积极响应，开展了形式多样的高等学校劳动教育。

高校图书馆作为大学第二课堂，承担着管理育人、服务育人、文化育人等功能，是大学生接触社会、接受锻炼的最佳社会实践平台之一。高校图书馆具有开展劳动教育的得天独厚的文化优势和资源优势，其中志愿者服务就是具有代表性的劳动教育活动。

四川大学图书馆志愿者队成立于2005年，现已成长为全校志愿者人数最多、服务时间最长的队伍，参与了大量图书馆的服务工作。四川大学图书馆指导志愿者奉行"沉默于书间，执着于奉献"的誓言，致力探索劳动教育和社会实践的结合，打造高校实践育人基地。大学生志愿者在实践中以知识为依托、

---

[1] 本文系四川大学校级教改面上项目"新时代'劳动素养服务能力-专业知识'三位一体高校图书馆劳动教育探索"（项目编号：SCU9396）研究成果之一。

[2] 马梦灵，馆员，四川大学图书馆。杜小军，四川大学图书馆副馆长。

以技能为基础，强化"实践出真知"，加强"手脑并用"，切实提高了自身劳动能力（吕艳娇，等，2021：116-124）。

综观高校图书馆志愿者从事的志愿活动，多以诸如馆藏整理、文明监督、引导答疑等简单的传统一线服务为主，如何充分利用高校学生的综合素质，激发大学生志愿者的原动力，投身图书馆更深层次的服务工作，将创新性劳动教育和图书馆志愿活动深度融合，是四川大学图书馆一直在研究的课题。

2021年发布的《全民阅读"十三五"时期发展规划》指出，鼓励和支持公务员、教师、新闻出版工作者、大学生等加入阅读推广人队伍，纲领性地指导了大学生志愿活动维度的拓展。

四川大学图书馆以此为契机，指导志愿者开展了多种形式的阅读推广服务。"光影阅动·微拍电子书"将读者的阅读推荐用微视频这种年轻人喜闻乐见的形式呈现，"圕蒙学堂"以分级阅读理论为基础开展了未成年人的阅读推广，"沐心小屋"将阅读疗法和阅读推广结合持续关怀大学生心理健康，这些服务持续时间长久、参与人数众多、社会效应显著，切实拓宽了劳动教育的实施渠道。

同时，为吸引更多志愿者投身社会实践，参与阅读推广活动，将劳动教育同大学生自身专业技能更好结合，四川大学图书馆于2019年3月推出了资源推介类的阅读推广活动，全程由志愿者参与。在这个活动中，志愿者既是阅读推广的对象，也是阅读推广的实施者，为进一步推行创新式劳动教育探索了前路。

一、四川大学图书馆开展创新性阅读推广劳动教育实践

（一）依托志愿服务，培养劳动能力

大学生志愿者是特定的社会群体，涉世尚浅、社会经验较少、求知欲旺盛、各方面技能亟须提高，迫切的社会参与意识、强烈的自我发展需求，决定了他们把参加社会实践看作自我迅速成长的途径之一，而阅读推广志愿活动这个社会实践能让同学们在接受劳动教育的同时，运用专业知识，培养认真务实的工作态度和严谨科学的工作能力。

范并思教授曾经深层解读过：阅读推广目标的核心"就是要引导缺乏阅读意愿的人提升阅读意愿，使缺乏阅读能力的人提升阅读能力，帮助阅读有困难的人跨越阅读的障碍"（范并思，2017）。在图书馆开展的阅读推广活动中阅读经验分享、名师导读是比较常见的形式，这些活动吸引的更多是阅读意愿强

烈、具备一定阅读能力的人，如何吸引目标中的核心人群参与是阅读推广中的难点所在。四川大学图书馆以这种形式开展劳动教育的目标人群就是全体志愿者，四馆四个分队每年投身志愿活动的大学生人数超过一千五百人，占四川大学每年全国招生人数的近六分之一。这一千多人加入志愿者队伍的初衷可能是获取志愿服务的时长和积分累积、实现自我的社会参与价值、锻炼自己的社会工作能力，但最后通过志愿工作的细分，希望他们能尽可能多地参与阅读推广活动。他们中有的人可能除了教材和专业书并无其他的阅读意愿，有的人可能只会阅读网络小说，有的人并不具备数据库的使用能力，在隐形的阅读任务化之后，推广工作显性化。

同时范教授也提出，公共图书馆承担着保障公民信息权利的使命，其传统服务是围绕文献、知识或信息展开的，这是其主业（范并思，2017）。推及高校图书馆，服务对象更集中，主业也应该围绕馆藏文献、高校学科知识体系、科研工作所需的信息开展。因此将推荐范围设定为四川大学图书馆收藏的文献、购买使用的数据库。以往的阅读推广工作更多地把推荐资源默认为图书、文献，其实在网络时代对数字资源的使用熟练程度更多地决定了信息获取的快捷和准确，据了解，除了写毕业论文，本科低年级学生很少使用本馆购买的专业数据库资源，故图书馆在新设置的栏目中包含了数据库的推介。

阅读推广是一件需要长期投入、扩大参与人数、丰富参与形式的图书馆服务，仅仅靠馆员无法独自承担和完成。高校图书馆可以利用劳动教育的课堂，将服务主体扩大，"通过志愿者服务解决碎片化服务所需人力资源问题，而图书馆员的角色也由服务的直接提供者转型为服务的组织者"（范并思，2014）。图书馆官网和图书馆官微同时推出的不同栏目，包括每周推出两书、一库，另外还包含各种主题资源、时事热点并行的推送，仅仅靠兼职宣传推广的馆员是无法完成的，志愿者的加入优化整合了这项工作的人员组成。

（二）搭建推广平台，开展劳动教育

1. 前期准备

首先四川大学图书馆根据自身的服务定位和服务对象，对志愿者参与资源推介的阅读推广活动制订了明确的指导方案，该活动涉及多个栏目，包括官方网站的"每周一书""每周一库""主题资源"，官方微信的"每周新书"、不定期的数据库推荐和主题资源推送。

另外，根据官网和官微的受众，将看似雷同的栏目做差异化设置，扩大推送的覆盖面，不一味追求点击率、重视志愿者的实践和专业结合、要求原创，也是在栏目设置中遵循的准则。

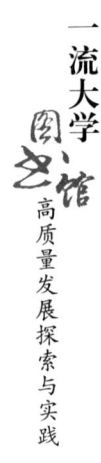

2. 具体实施

探索适合四川大学图书馆特色的志愿者参与资源推介模式的过程也是一个渐进的过程，在此之前，并无经验可以照搬。

要确定志愿者全员都参与资源推介。志愿者中不乏前文提到的阅读推广的核心人群，比如"缺乏阅读意愿的人""缺乏阅读能力的人"。这类人群在推介资源的同时必须使用资源：要推荐书籍，基于原创的要求必须阅读这本书；要推荐数据库，首先要有使用数据库的经验。在这个过程中，志愿者兼具阅读推广主体和对象的两种身份，馆藏资源在这一活动中被使用被阅读再被推广。

因为有一部分志愿者的阅读愿望和推荐愿望的阈值偏低，导致对馆藏资源的熟悉度偏低，直接体现为无法自主确定推介内容。指导教师针对这部分人群提供了阅读清单，同时根据时下热点不定期拟定推广主题。

推介工作涉及图书馆三个部门，包括采访、交换、期刊、电子资源、中外文图书编目、官网维护、官微编辑、微博管理多个环节的配合，以及文理分队、工学分队、江安分队的志愿者管理。成立各种小组，细化工作，专项工作专人负责，指导教师精心拟题、悉心阅稿，保证了稿件的质量。

三、成效与反思

（一）主要成效

四川大学图书馆通过资源推介这一阅读推广活动的设立，立足实践育人基地的建设，丰富了劳动教育的形式，构建了劳动教育的多维空间。

在活动开展中，大学生志愿者看见自己的文字出现在官方媒体上时体会到了"劳动最光荣"的喜悦，树立了正确的劳动观念；当每一份为资源推介付出的力量并不会因为没有报酬而减轻半分的时候，理解了志愿服务的精神价值——"无私奉献"；在稿件的收集和修改中、排班和任务的安排中、和指导老师的沟通中，锻炼了团队协作的能力，培育了一丝不苟的工作态度。活动实现了图书馆发展和志愿者自我成长的双赢。

栏目自 2019 年开设至今已经有超过 300 名志愿者参与了这项阅读推广活动，收到各种资源的推介稿件近 400 篇，官网的各种栏目累计超过 174 期，官微的各种栏目累计超过 40 期，总浏览量截至 2020 年底为 173205 次。

其中"每周一书""每周新书"栏目致力于结合志愿者专业特色，每周各向读者推荐一种或多种图书资源。四川大学是一所综合性大学，有本科专业 136 个，在阅读推广活动中尽量让志愿者的学科优势最大化，将书本中学到的知识广泛用于各种实践中,将劳动教育和专业教育相结合。

"每周一库"和数据库推荐也建议志愿者结合专业特点和使用心得推荐图书馆购置的电子资源,有公管专业的学生推荐的毕业设计助手"德温特世界专利创新索引",也有在招就处志愿服务的同学根据实习经历用心整理的中科JobLib就业创业知识数据库推介,还有四级高分能力者撰写的银符题库应考攻略,都获得了较高的点击率。

图书馆的资源从一个人、特定部分人的阅读使用经由社交媒体发酵为一群人的关注和使用,也契合了网络时代阅读推广的特点。经过两年的探索,志愿者已不再局限于给栏目简单供稿,已经深入资源推介各环节工作,包括主题策划、内容提供、新媒体编辑等。

(二)改进措施

综观两年来的资源推介活动,还有很多不足之处,有待提高。

1. 提升品牌影响力,扩大参与人群

活动涉及的各个栏目首先需在名称上提高辨识度,应结合图书馆和阅读推广活动的特点增加更多的川大特色元素;活动参与人数应逐步拓展至全校范围,寻求和校内各学生机构、社团的合作,提升品牌知名度。

2. 健全培训体系

"高校图书馆实施专业志愿者培训工作,既为了图书馆的未来发展,不断提升服务质量和服务水平,适应多样化的用户需求,又要兼顾专业志愿者的个人利益,提高其自身能力和综合素质,实现自我价值的需要。"(王琼,等,2020)高校图书馆要综合考量在志愿服务中,如何满足同学们获取更多知识储备、提升工作能力的需求,有针对性地安排培训计划。具体到阅读推广工作,可以针对新媒体运营、撰写新闻稿标题、各种编辑软件的使用技巧等进行专题培训,志愿者学以致用,服务水平和个人能力都可以得到提升。

3. 寻求可持续的长效机制

一是有效的激励机制。通过和大学生团体合作阅读推广活动发现,当代大学生对荣誉的获得是非常重视的。在公平公正的基础上设立一些阅读推广先进个人的奖项,体现榜样的力量,能激励更多大学生投入这项活动。

二是加强团队建设。一个有凝聚力的团队会激励成员的参与意愿,获取情感忠诚和社会认同,能发扬传帮带的优良传统。指导教师要加强和志愿者团队及领导者的交流,及时获取信息,修正活动实施方案。

三是设置劳动教育课程。可以将图书馆的志愿服务设置为劳动教育的选修课,除了志愿时长,参与者可获取相应的学分。课程内容的设置需规范,受众面广，简单劳动和专业服务相结合，才能切切实实把"劳动育人"落到实处。

四、结语

随着高校大力推进劳动教育，将其贯穿于人才培养全过程，高校劳动教育将会持续深化，一方面可以在传统的课堂中开展，另一方面也可以充分利用各种类型的社会实践活动。高校图书馆作为劳动教育实践活动的重要场所，要发展志愿服务，紧密结合劳动教育，让大学生在实践中锻炼劳动能力，培养劳动素养，树立正确的劳动观。阅读推广活动的广泛开展，势必成为健全劳动教育体系、创新性多元育人的有效途径。

参考文献

范并思，2014. 阅读推广与图书馆学：基础理论问题分析［J］. 中国图书馆学报（5）.
范并思，2017. 图书馆阅读推广的合理性审视［J］. 图书情报工作（23）.
吕艳娇，姜君，2021. 时代高校劳动教育与创新创业教育融合：价值、困境与路径［J］. 当代教育论坛（4）.
王琼，王丽玲，2020. 高校图书馆构建专业志愿服务运行机制研究［J］. 图书馆学研究（18）.

5G 技术背景下高校图书馆"无人书车"服务模式探究

李晓蔚[①]

摘　要：随着信息技术和网络的飞速发展，第五代通信技术（5G）的到来给高校图书馆带来了新的机遇和挑战。根据现有研究，5G 技术未来在图书馆的应用场景包括身份快速识别、馆内智能引导、服务精准响应、智能管理服务等。本文结合当下 5G 技术与智能物流的应用案例提出了"无人书车"的设想，并指出 5G 技术背景下图书馆可能面临的服务模式在线化转向、技术人才的完善化培养、数据安全的专业化保护等严峻挑战。

关键词：5G 技术；无人车；智慧图书馆

2019 年 6 月，工业和信息技术部向中国电信、中国移动、中国联通和中国广播电视颁发了 5G 商业许可证，标志着中国 5G 商业发展的第一年。5G 技术的应用，加速了多年来一切和数据互联的进程，促进了人工智能和机器学习的快速发展，进一步影响了人们的消费、工作和学习。回顾图书馆的发展历程，在新技术的带领下，传统图书馆逐步向数字图书馆、复合型图书馆发展，直至现在的智慧图书馆，而 5G 时代的来临为图书馆服务模式的演变注入了新的内涵和活力，同时也带来了新的挑战。

一、5G 技术的定义与特性

5G 是第五代移动通信技术的缩写，是具有超高速传输速率、低延迟、支持大规模高密度高速设备连接和高可靠性的新一代蜂窝移动通信技术，也是 4G（LTE-A，WiMAX）、3G（UMTS，LTE）和 2G（GSM）系统的延伸（见表 1）。5G 不再仅仅是一种具有更高速度、更大带宽和更强功能的无线技术，而是一种面向服务应用和用户体验的智能网络。它是一个多业务、多技术

---

① 李晓蔚（1989—），硕士，馆员，四川大学图书馆。

的集成网络，通过技术演变和创新，可以满足未来各种服务迅速发展的需要，包括广泛的数据和连通性，并改善用户体验。5G 将成为整个网络连接世界和未来信息社会的重要基础设施和关键因素。

表 1　5G 技术发展（Liqun Zhang，2021：2）

通信技术	开发时间	应用场景
第一代（1G）	20 世纪 80 年代	语音业务
第二代（2G）	1992—2000	语音服务，文本通信
第三代（3G）	2000—2009	音乐、图片、视频
第四代（4G）	2009—	宽带业务
第五代（5G）	即将到来	EMBB+MMTC+uRLLC

从技术上看，5G 通过一系列关键的新技术创新，将提供 10 Gbps 的超级容量，端到端 1 毫秒的超低延迟，以及 1000 亿的大规模连接。为了应对未来十年信息和通信技术产业的巨大变化，"万物互联"将实现。基站峰值速率从 4G 的 1Gbps 提高到 5G 的 20 Gbps，用户体验率比 4G 时代高出数倍，移动性能还支持 500 千米/小时接入设备，同时可以满足城市自动驾驶的控制，并在城市一级提供高密度传感器的在线连接。5G 的应用不仅增强了移动宽带和数据流量，更具有低功耗、低延迟的技术特性，能够满足高密度人群广泛使用的需求（见表 2）。从 5G 技术的发展来看，它不只是简单满足移动通信，也促进了人工智能的发展，在一定程度上实现了多项功能融合、多元技术开发的融合发展模式。

表 2　4G 与 5G 关键性能对比（Liqun Zhang，2021：2）

指数	4G	5G
密度测量	0.1 Tbps/平方千米	10 Tbps/平方千米
连接密度	100000/平方千米	1000000/平方千米
延迟	10 毫秒	1 毫秒
机动性	350 千米/小时	500 千米/小时
能源效率	1 倍	100 倍
用户体验率	10 Mbps	0.1~1Gbps
频谱有效性	1 倍	3 倍
高峰期	1 Gbps	20 Gbps

有学者将 5G 技术特性归纳为"超低时延、高速带宽、低效功耗、海量接入"：超低时延是 5G 通信系统里面最核心的一个问题，5G 让端到端实现无缝连接；高速带宽是 5G 通信系统里面最直观的一个问题，5G 传输速度可达每秒数十 G；低效功耗是 5G 通信系统里面最科学的一个问题，5G 产品完全能够符合低消耗、科学发展、绿色发展的理念；海量接入是 5G 通信系统里面最便捷的一个问题数据的海量接入可以收集到超多终端的信息并处理，实现万物联网。（王文琰，2020：154，178）不少学者认为，5G 的崛起为智慧教学、智慧图书馆和一体化学校智慧平台提供了强有力的技术保障，高速率、低延迟等性能优势为智慧校园的构建打下了基础。（王瑶，等，2021：200−203.）

二、5G 时代图书馆的应用前景

随着 5G 时代的到来，物联网技术、大数据技术、云计算的新时代、人工智能等技术应用接踵而至，智慧图书馆建设工作迎来新的发展机遇。2018 年，教育部发布《教育信息化 2.0 行动计划》，提出要建设"适应 5G 网络技术发展，服务全时域、全空域、全受众的智能学习"（陶春，等，2018：19）。对于图书馆来说，5G 技术将在管理服务、信息分发、知识存储和学术传播中得到进一步应用。参考国内外研究前沿，目前 5G 技术在图书馆的应用前景有如下方面。

（一）身份快速识别

有研究者认为，5G 技术将使智慧图书馆真正实现"智能"。通过 5G 的超高传输速率进行快速人脸识别，用户不再需要出示各种凭证来证明自己的身份，从而缩短用户进入图书馆的等待时间。同时，个人身份认证还借助物联网技术与图书馆各项服务协同联动，在图书馆门禁系统、自助图书馆系统、智能书架定位系统、智能座位分配系统等方面实现个性化、无感式服务，为用户使用图书馆提供灵活有效、精准专业的解决方案。

（二）馆内智能引导

在现实生活中，人们在开车时使用导航系统，同样，导航系统也可以在图书馆中使用。当用户进入图书馆时，如果对图书馆的楼层分布、功能区域不熟悉，或看不懂架标标识，可以利用 5G 超高速移动带宽，通过图书馆提供的智能导航设备或智能手机终端应用程序进行精确的导航定位，查看区域介绍、楼层布局、位置信息、通知服务等，根据导航系查找图书所在的楼层、书籍借

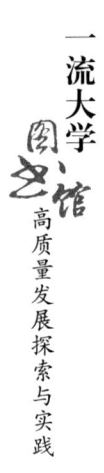

阅情况，节省获取文献的时间和精力。

（三）服务精准响应

高校图书馆除了实现文献保存和知识传播功能，还有重要的教学科研功能。在数字时代，高校图书馆电子馆藏组织的有序性、获取方式的便捷性、信息服务的个性化，直接关系到教学科研成果转化的效率。智慧化的精准推送服务是对图书馆用户行为进行收集和统计，需要利用大数据和智能算法对物联网采集到的读者需求、行为习惯、个人偏好等进行精密分析。数据采集通道越来越多，涉及的维度越来越多，数据量将呈指数增长，传统网络已经无法支持如此大的数据量调节，而5G的高传输容量刚好解决了大数据流的问题。5G开创了人对人、物联网、物联网的新时代，为大数据的收集带来了新的途径。同时，5G还将提高数据处理的速度，保证数据的应用范围，从而促进大数据分析技术的发展，实现资源、服务和活动的精准响应，为用户提供更有针对性的资源、更个性化的服务和更好的使用体验。

（四）智能管理服务

在5G技术和物联网控制感知技术的支持下，图书馆所有电子设备的内部空间都可以实现在线智能控制。通过该系统，管理人员可以对图书馆的温度、湿度、亮度、人员密度、空气中有害气体含量（浓度）等进行实时监控，实现对环境自动监测，并根据管理需要智能调节。比如根据人数多少和所在位置自动控制灯光开关数量，在无人使用时自动关闭，或根据外界光照强度自动调节灯光亮度，降低能源消耗。在闭馆后系统自主监测并及时关闭潜在的隐患设备，防止事故发生，实现系统自动预警，提高安防系数，实现智能安防，做到智慧安全管理。（王瑶，等，2021：200-203）

三、从"无人车"到"5G无人书车"

在自动驾驶的所有场景中，物流将是最先落地的。（任芳，2021：113-115）2017年，京东在北京、西安和杭州的4所高校内测试60多台无人车。以中国人民大学校园为例，小车每日穿梭于公共教学楼等3个测试点，配送的订单由调度中心系统后台下发，依据包裹重量和体积进行筛选，贵重和特殊品类则被排除在外。无人车的核心能力在于根据目的地自主规划路径，即SLAM（即时定位与地图构建）。基于车顶的激光雷达传感器、双目摄像机等核心部件，配合视觉、路径和调度算法，无人车在运行过程中对周遭环境形成感知，对障碍物进行识别检测，并自建地图完成定位，沿途还会结合路况进行实时动态调整（沈玉姗，2017：49-51）。随着移动互联网和5G技术的发展，移动网络领域技术革命的两大支柱将是部署5G接入和多接入边缘计算（MEC）。除了超可靠、高带宽和低延迟的连接，还包括车联网（Vehicle to Everything，V2X）技术，即车上装载的通信设备与道路设施、其他车辆、云平台，甚至是人等互联互通，实现信息共享协同。车联网的应用包括车与路之间通信、车与人之间通信、车与车之间通信和车与网络之间通信（张进，等，2021：23-26）。简而言之，5G技术背景下，我们将见证计算和通信的紧密结合。

2018年，中兴通讯携手中国电信、百度在河北雄安新区完成了基于5G网络实况环境下的无人驾驶车测试，这是国内首个在5G网络环境下完成的无人驾驶，开启了5G网络在无人驾驶领域的应用大门。测试结果显示，对于V2C通信方式（单播传输），在开放道路速度50千米以上场景下，能实现下行吞吐量大于500兆比/秒/车。例如红绿灯信息、路面气象信息（积水、结冰）、道路状况信息（破损、限速）、无人车感知信息、MEC对无人车博弈的决策处理、车人通行博弈处理能力等。随着5G商用产业基础建设的逐渐完善，5G无人车技术较为日常的应用是在物流配送领域。

2019年8月17日，苏宁物流末端5G无人配送车在地实测，完成了5G末端无人配送、5G远程紧急处置、5G远程辅助驾驶的业务场景测试。据报道，"'5G卧龙'自动驾驶功能大幅度提升，速度更快，常规运营速度平均8千米/小时，最快可达15千米/小时；同时，可检测到100米外的障碍物，并能迅速做出应对判断"（亿欧物流，2019：12）。

近年来的新冠肺炎疫情也客观上加速了5G无人车的发展，应用场景包括为医院配送医疗物资，为前线医护人员配送餐食，为隔离区群众配送蔬菜粮油等生活必需品，有效解决了部分物资末端配送的问题。

理论上讲，5G无人书车在高校图书馆的应用有以下优点。

1. 有利于搭建5G技术应用场景

5G技术与物联网分不开，"无人车相当于步行状态的行人，虽然行驶速度较慢，对感知范围要求较低，但它需要与人、车、门、电梯、闸机等诸多外界环境交互、协同"（任芳，2021：115）。因此，5G无人书车的实现，不仅需要依赖5G技术进行信号的及时传输和位置的精准判断，还需要更多的环境协同。以高校为代表的半封闭环境，或许是最适合5G无人配送的末端场景之一：环境单一、人员简单、不可控因素较少。

2. 有利于提升用户需求响应率

对于大多数高校图书馆而言，日常的自助借还书服务主要集中在图书馆所在地。对于取预约书，目前的解决方案也是用户到图书馆来人工处理，或者部分高校使用了预约取书柜的"快递柜"模式。无论附加何种增值服务，这些模式采用的都是将用户"拉进"图书馆的方式，属于前互联网时代的管理服务理念。对于下一代智慧图书馆，我们应当思考如何将服务"推送"到用户面前。在5G技术背景下，5G无人书车可以实现将书运送至学生宿舍区、教学区等方式，不仅能够实现"师生少跑路、数据多跑路"的管理理念，提升用户需求响应率，还能够快速提升文献流转率，增加单位文献的用户服务量。

3. 有利于搭载图书馆多元服务

作为深入师生教学、生活区域的载体，无人书车的优势还能够灵活搭载其他图书馆服务，不仅包括传统的用户捐赠图书、发放赠阅报刊、推送讲座活动信息等物流服务功能，还可以搭载微型助手服务，利用5G技术无延迟、大宽带的特性实现与虚拟馆员或真实馆员"面对面"真人视频交流，减少目前因邮件、电话、网络不畅而导致的沟通不及时的情况，为用户提供更精准的在线服务指导。

四、5G技术带给智慧图书馆发展的思考

5G技术给智慧图书馆的发展带来了机遇，也带来了新的挑战。

1. 服务模式的在线化转向

图书馆是知识和用户之间的桥梁。5G技术的普及使人与人之间的交流更加直接和高效，当用户能够通过技术方便地获取他们想要的文献信息时，用户对图书馆查找文献、获取信息等传统服务的需求将会大大降低，图书馆到馆率下降已成事实。这就要求图书馆从离线服务向在线服务转变，同时对用户的需求进行扩展分析，开展技术无法替代的、更有深度的知识管理服务。

2. 技术人才的完善化培养

在5G时代，智能馆员的服务工作应该是信息化、智能化的。传统的图书馆服务核心业务是采访编目、参考咨询等，而对于信息技术，甚至有趋势是将图书馆信息服务等开发、维护工作交由外包，这种思路在5G技术背景下显得过于简单。在下一代智慧图书馆的建设中，倘若缺乏对信息化人才建设的重视，将使得图书馆馆员整体的专业能力和思维素养大大受限。因此，在人才队

伍建设中，结合 5G 技术的应用，有必要不断加强人才队伍建设，完善人才培养体系。智能馆员应具备认知与适应、服务与行动、合作与沟通、发展与创新的能力。只有全面提高馆员的知识素养，才能为用户提供更加人性化、多样化的服务，提升图书馆的想象力。

3. 数据安全的专业化保护

5G 背景下的数据交互是巨大的，而共享和交互必然伴随着数据安全的防护。已有研究强调，"智能设备在高速移动网络通信技术支持下，个人数据将更加透明，相关企业或用户在利益驱动下存在行为失范的可能，若对其缺乏有效引导与管控，不仅个人生物体征等数据信息存在泄漏风险，个人内心世界亦可通过外在表现进而以数据化处理方式被获取，社会伦理道德面临进一步下滑的可能"（王勇旗，2019：7）。在大数据时代，加强数据管理策略，提高数据的安全性和稳定性是高校图书馆数据服务不可或缺的核心要素。

参考文献

任芳，2021. 5G 支撑下的雄安新区数字交通与自动驾驶——访雄安新区数字交通实验室主任任大凯［J］. 物流技术与应用（6）.

沈玉姗，2017. 无人车诞生记［J］. 21 世纪商业评论（12）.

陶春，宋毅，2018. 高等教育的"变轨超车"［J］. 中国教育网络（5）.

王文琰，2020. 浅析 5G 在物流配送中的应用［J］. 数字通信世界（2）.

王瑶，邓迪凡，杨凤，等，2021. 基于 5G 与新兴技术的智慧校园构建［J］. 信息技术与信息化（7）.

王勇旗，2019. "5G+AI" 应用场景：个人数据保护面临的新挑战及其应对［J］. 图书馆（12）.

亿欧物流，2019. 818 苏宁物流无人车"5G 卧龙"送出首单［J］. 起重运输机械（14）.

张进，蔡之骏，杨波，2021. 车联网关键技术及应用研究［J］. 汽车实用术（13）.

Liqun Zhang，2021. Exploration on Smart Library Construction in 5G Era［J］. Journal of Physics. Conference series，1952（4）.

角色期待视角下 A 图书馆新生入馆安全文明教育卡通形象设计研究[①]

王晓琪 淳姣[②]

摘 要：图书馆安全文明规范教育是高校图书馆新生入馆教育的重要内容。设计具有趣味性的卡通形象是改变当前单一培训形式，丰富新生入馆教育内容，引起用户注意的有效方式。本研究以西南地区某大学图书馆新生入馆安全文明教育为例，从角色期待理念视角，探索设计高校图书馆安全文明教育卡通形象的设计要素，包括基本形态（人物/动物/非生物）、年龄、性别、服饰、性格塑造和体态。此外，对 20 名新生的访谈分析反映出，考虑以上设计要素设计的安全文明教育卡通形象的受众满意度较高。通过访谈结果反馈，研究提出实际工作中的五点启示。

关键词：新生入馆教育；图书馆；安全文明教育；角色期待；卡通形象设计

新生入馆教育是高校图书馆教育的重要内容。过去研究新生入馆教育主要涉及五方面内容：第一，编写新生入馆手册并配合网络手段展示，如范爱红等提出编写图书馆入馆指南，并将其放置在网上的"新生专栏"中（范爱红，等，2003：51-53）；第二，利用大众熟悉的 PowerPoint 讲解，制作简便、易修改保存且直观形象，如王学勤等早在 2005 年便提出利用 PowerPoint 软件展示开展新生入馆教育（王学勤，等，2005：123-125，149）；第三，利用网络短剧进行新生入馆教育培训，将传统的培训方式与网络结合，如卢波提出引入校园 DV 剧进行新生入馆教育的培训形式（卢波，2007：100-102）；第四是探索了新生入馆与校志愿服务与阅读推广相结合的方式，包括探讨高校志愿服

[①] 本文系"双一流"背景下新生入馆教育模式及内容创新研究（项目编号：sktq201902）成果之一。
[②] 王晓琪（2001—），本科生，四川大学艺术学院。淳姣（1986—），硕士，副研究馆员，四川大学图书馆。

务、阅读推广以及与新生入馆教育的融合模式；第五，探讨新生入馆教育模式，包括学生自助入馆学习模式、新生入馆自助式教育设计等。然而这些研究普遍认为当前新生入馆教育培训效果有待加强，无法有效唤起学生的学习兴趣。其中一个重要原因是培训形式和内容过于单一，无法以大众喜闻乐见的形式引起读者注意。

如何通过引入设计或媒体元素，丰富新生入馆教育内容，引起用户注意，是当前新生入馆教育值得探索的教育实际问题。漫画形象设计作为一种常见的知识宣传方式，具有较强的社会性和娱乐性，具备认识、教育、审美等社会功能。正如学者张莹、殷瑜所说："随着视觉化时代的到来，图像元素的表现力与不可替代属性尤为突出。我们正处在从以文字为主导的时代向以图像为主导的时代转型过程中，图像比文字具有更多优势。"（张莹，等，2015：105）此外，还有其他研究证明漫画形象对于教育宣传有十分重要的作用。比如学者朱笑宇在对纽约和波士顿图书馆形象宣传片的剖析中指出视觉化、具象化、人格化的重要性（朱笑宇，2020：74，81-85）。

因此，思考如何设计有趣且具有吸引力的卡通漫画形象，对于引起学生注意，高校传递新生入馆安全知识，创造图书馆品牌形象具有重要意义。在卡通漫画设计领域，一个较为常见的设计视角是角色期待理念。角色期待是社会心理学理论中角色理论的一个重要分支内容，包括角色导向、角色冲突、角色情感等方面内容。在多元文化交融时代下，引入大众喜爱和普遍接受的卡通形象会带来更好的培训效果。

一、研究意义

社会心理学中角色期待理念认为，漫画设计需要考虑角色的社会功能属性，年龄互动性、拟人性、角色服饰、角色性别、角色体态等（田蓝玉，2021：91-92）。基于此，本研究应用角色理论中的角色期待理念，探索设计更为读者喜欢的文明安全教育卡通形象。因此，本研究具有以下学术和实践意义。

（一）优秀卡通形象设计更能抓住读者吸引力

卡通形象颇受人们喜爱，且卡通成人化在传媒实践领域已有不可阻挡之势。成功的卡通成人化案例如国产动画电影《哪吒之魔童降世》，国外著名的迪斯尼动画电影公司《冰雪奇缘》《美女与野兽》等。大学图书馆新生入馆安全教育往往以普通的文字说明为主，且内容分散，不利于推广，难以引起读者兴趣。因此，大学图书馆有必要突破纸质安全教育局限，通过设计符合读者审美需求的形象，用活泼有趣的方式，让新生在快乐中学习知识，更好地认识到入馆教育的重要性，达到高效传递安全文明规范的效果。

（二）有利于促进多学科交叉融合

本研究引入社会学的角色期待理论，探索设计读者喜欢的卡通形象。在研究过程中以社会学的角色期待理论为指导，结合图书馆学的新生入馆教育探索，并从艺术动漫视角设计内容，在此基础上对访谈结果进行评估分析。因此，本研究是将社会学角色理论，艺术动漫设计学，以及图书馆学相结合的一次跨学科研究与探索。

（三）创新发展高校校园文化

新时代高校校园文化呈现多元发展的新面貌，二次元形象和作品频繁地涌入人们的视野。二次元卡通漫画作品具有强大的文化包容性和跨地域的影响传播力，能推动全球文化的交流和人类文明的融合发展。因此，本研究将二次元文化与高校文化进行结合，可创新发展高校校园文化。以高校社团文化为例，各高校均有动漫社、cosplay（角色扮演）社等，受到大学生的喜爱，拥有很大的社员团体。同时动漫形象设计作为引导，极具吸引力、潮流性，满足学生群体对于时尚潮流的追求，十分利于高校多元文化的发展。

二、角色理论及角色期待

角色一词人们并不陌生，无论是在社会学领域还是设计学领域，甚至哲学、心理学领域，角色都有非常重要的地位。"角色"一词原是戏剧界的术语，用来描述演员所扮演的戏剧人物。20世纪20年代，美国社会学芝加哥学派开始借用这一概念研究社会结构。1934年，美国社会心理学家、符号互动论的创始人G.米德又将它引入社会心理学的研究，从而使"角色"成为社会学和社会心理学的一个重要概念。经过半个多世纪的发展，已形成较为系统的角色理论。

角色理论（Role Theory）是指与人的地位、身份相一致的一整套权利、义务和行为模式。它是阐释社会关系对人的行为具有重要影响的社会心理学理论。它强调人的行为的社会影响，认为人既是社会的产物，又能对社会作出贡献，是一种试图从人的社会角色属性解释社会心理和行为产生变化的社会心理学理论。角色理论主要包括角色认知、角色学习和角色期待等要素内容。在这几个要素中，角色期待占有很重要的地位。组织中的每个人，在组织中总是占有一定的"职位",对于占有这个"职位"的人,人们对他总是赋予一定的期望,而人们对这一角色所应具有的行为期望,就称为角色期待。R. 林顿(1936)认为,当个体根据他在社会中所处的地位实现自己的权利和义务时,他就扮演着相应的角色(Parker,2007:403-434)。

角色期待是角色理论的重要分支,其核心内容包括三个方面:角色导向、角色冲突、角色情感。角色导向是指个体如何定义自己的工作角色,例如,感知自己角色范围有多广,哪些类型的任务、目标和问题跟自己的角色有关,以及如何着手处理这些任务、目标和问题是有效的。角色冲突则是指个体扮演的角色与其所对应的社会关系是否一致或相互冲突,以及如何正确调整冲突。角色情感主要是对于角色所处位置付出的相应感情,达到与其他角色相呼应并产生共鸣的作用。

角色期待的三个组成部分,角色导向、角色冲突、角色情感都包括这个角色所承担的相应责任。其最重要的评判标准要从该角色的年龄、服饰、展现出的精神面貌、性格、体态等方面综合考虑。人们对任何一个角色形象都会有最开始的期待,所以在印象中就会有大概的形象轮廓,再结合其本身的社会地位和行使的社会职能,进而对于该角色的形象有大致的认知。在进行图书馆安全文明教育宣传工作时,也应当考虑角色的职能和责任,对角色期待进行分析,考虑角色的年龄、精神面貌等,从而设计出更符合其身份与人们乐意接受的形象。

角色期待在针对角色出现的性别、场景、表现行为也提出明确指示,与身份特征相符是基本底线,还要结合考虑社会平等性、与时俱进性、符合常规认知性。角色期待对于人们在社会生活中的工作岗位的表现也有着重要指导意义。例如对于教师,根据角色期待的相关理论,教书育人、传道受业解惑是人们对于教师角色的基本认知,假定为人师表却在知识、实践等方面漏洞百出,则会与人们基本的角色期待不符,甚者会引起非议,导致原本承担教师角色的人丧失该角色地位。

三、角色期待应用于新生入馆教育卡通设计的可行性

角色期待在新生入馆教育中具有可行性。

一是角色理论广泛应用于各行业卡通形象设计中。对于角色期待的应用案例数不胜数,角色期待较多应用于人际关系和管理学中,如侯伟达和张丽娜在《从管理者角色理论看高校党支部支委班子队伍建设》中就运用角色理论中的

角色期待分析高校的党支部支委队伍建设。针对随着时代不断发展进步涌现出的短视频高效益，王姝媛在文章《角色理论视阈下短视频主体角色建构透析》中也应用角色理论中角色期待对短视频主题角色构建进行了较为详尽的分析。新生入馆教育也可尝试引入角色期待理念。

二是角色期待理论设计卡通角色有助于满足受众需要。段昔希在《城市卡通吉祥物的研究与设计——以肇庆市为例》一文中探索了形象角色对目标受众的影响，并对相应的个性化造型进行研究，指出城市形象设计的人物期待和角色职能对永华有积极影响。

三是角色理论尤其是角色期待与图书馆形象具有紧密的关联。罗丹说"美是到处都有的"。大千世界，凡有人类生活的地方，都存在着美。同样，美也存在于图书馆学中。从馆舍的设计、建造，到室内实物的陈列、环境的布置、美化，以及各个业务工作的具体环节和工作人员的道德修养，无不充斥着美的因素，体现着美学原则，因此可以说，美学与图书馆学有着密切的、特殊的关系。结合社会美学和角色理论，在美的前提下进行创作和设计也是众多学者孜孜探索的道路。这也说明角色期待理论应用于图书馆形象设计具有可行性。

四是角色期待理念有助于多视角设计图书馆的安全文明教育形象。由于角色理论概念体系尤其是角色期待本身接近真实生活，因而具有良好的解释能力，它不仅受到社会心理学的重视，也受到社会学、人类学、管理学、教育学等多领域研究者的高度重视。从其发展渊源来看，它的概念演化、发展和完善是由多种因素共同促成的，是在 20 世纪 20 至 60 年代逐步建立和发展起来，并且主要受到了来自社会学中的符合作用论、来自心理学的角色扮演技术和来自人类学的结构功能论的影响。对图书馆的安全文明形象设计也应结合该理论进行理性分析，在感性创作和体会中择优进行推广和宣传，从而达到更好的效果。

四、角色期待视角下 A 图书馆安全文明教育卡通形象的设计策略

A 图书馆是西南地区历史最悠久、规模最大的高校图书馆。该图书馆每年都会实施新生入馆教育，而安全文明教育是新生入馆教育的重要组成部分。角色期待中明确提出，角色需要与其本身地位、身份相一致。在设计图书馆安全文明形象时，要思考其所处的外在环境，综合考虑角色是人物形象、自由创作形象，年龄、性别、服饰、性格以及体态等，并且应结合 A 图书馆特点进行设计。

表1 卡通角色形象设计思路

考虑要素	解释
基本形态（人物/动物/非生物）	采用人物形态。人物形象可以更好地吸引目标受众。
年龄	设置区间为16~25岁。高校读者的年龄在16~25岁之间，与大学生的年龄相仿，更利于通过推广宣传吸引新入学学子。
性别	一男一女。符合现代教育的平等化要求，也可以促进大学异性学生之间的交流，且更具宣传性、美观性、搭配性和细致性。
服饰	活泼青春型。结合环境特征设计为青春活泼的牛仔背带裙和背带裤，且设计服饰花纹图样来源于A图书馆外形及寓意。
性格塑造	基本性格为独立思考、乐于助人、勤学好问。向同学们展示正能量的性格和人生追求，在潜移默化中影响、引导更多的同学追求更为积极的远大目标。
体态	男生体重为65千克，身高175厘米；女生体重为55千克，身高165厘米。根据国家学生体质健康标准，人物的BMI指数为19~22。本研究设计的形象体态匀称，属于健康体态。

（一）人物形象设计

卡通形象设计包括人物形象、动物形象、植物形象、非生物形象等。角色期待认为，对于具有一定职能的形象，人们通常根据其大众化特点进行期待。人类学家斯图尔特·格思里（Stewart Guthrie）曾说，我们是人，所以我们很了解自己，通常我们把其他物类也视为"人"来理解（Guthrie，1995）。这也体现了无论是否是人物形象，拟人化是塑造角色个性和刻画形象以吸引目标受众最有效的方法之一。拟人化设计的核心思想即对事物外形、动作、神态等均拟人化。如对于动物拟人化，会根据动物本身的特性，将其爪拟人为手与足，赋予其人物的神态和动作，并根据人类的语言对其进行改造，以被大众接受。图书馆安全文明形象的设计，首先应考虑其社会职能，需要通过语言形式向学生传递安全文明的知识。

（二）年龄

从年龄互动性考虑，选择16~25岁的形象为基础进行设计。从布尔迪厄理论的艺术社会学视角审视，任何艺术作品的创作都不能独立存在，需要将其置于特定的场域中来实现其真正的价值。图书馆安全文明引导的形象首先要考虑的就是图书馆环境形象的基本特征。它面向的受众主要是刚入学的大学生，偏年轻化、集中化，学术风格较强，所以在设计时要符合年轻、活力又不失严谨的基本特点。米德认为"角色扮演是社会互动得以进行的基本条件"（转引自奚从清，2010），对于角色应该具备的特征更应考虑其在发挥能效时与真人形象或虚拟形象的互动。因此大学生安全教育的卡通漫画的年龄特征应与受众的年龄特征一致，年龄不宜过低或过高，高校读者的年龄在 16~25 岁，因此，拟人化的卡通设计应选择年龄与之相近的形象为基础。这样更利于通过推广宣传吸引新入学学子。

（三）性别

卡通漫画形象采用一男一女两个角色。这主要是基于角色期待互相平等的核心思想，因此在进行设计时考虑到性别选择上一男一女的设置不仅符合现代教育的平等化要求，也可以促进大学里异性之间的交流。而且在进行劝导式交流时，有互动的角色表演的宣传效果会更好。研究表明在医学中，互动式健康教育可有效提高患者的自我管理能力，促进患者快速恢复健康学习。因此，一男一女的性别设置最为合适。

（四）服饰

设计采用背带裤和背带裙形式，其衣纹则根据 A 图书馆外形及内在寓意设计。俗语道"人靠衣装马靠鞍"，生动体现着衣着服饰对人们的重要影响，所以对服饰的要求不容忽视。角色期待的内容指出，设计要注意形象与其本身身份相符合的重要特征，且在品牌推广形象设计过程中，既要把握卡通形象的设计准则，突出性格特征，明确二者之间的共同性，也要把握其不同点、差异性。进行设计时考虑到选择年龄和属性是活泼青春型，而背带裤和背带裙体现一种活泼的青春气息，易搭配且被戏称为"减龄神器"，所以选择了当下较为流行的背带裤和背带裙进行设计。

服饰本身花纹设计时考虑到 A 图书馆作为地标性建筑物，所以在设计时考虑到三点：一是 A 图书馆外观独的特寓意"知识之火绵延不绝"，将其加入女生角色的背带裙上；二是图书馆常用元素，如图书、笔记本等，在设计男生角色的背带裤调节处，采用了小图书的标志，裤脚处采用类似笔记本开合扣的设计，这不仅直接表明其本身为图书馆服务的特点，也多了一丝俏皮感；三是 A 图书馆内部的规章制度，与校内社团馨心社合作为同学们服务的馨心伞，于是将其作为小标识添加在了服饰的衣领、裤脚部分，也使得该形象更具有亲切感，详见图 1。

图1　图书馆卡通人物形象设计

（五）人物性格

人物性格应具备独立思考、乐于助人、勤学好问特点。对于两位形象的性格塑造，可以在举止言谈中进行间接表现。对于放置在图书馆的对新生进行安全文明教育的形象，要更有生机和活力才能区别于其他机构形象。符合新时代的要求，积极向上，充满理想追求的性格塑造背景下，所设计的人物形象更要具备独立思考、乐于助人、勤学好问的性格特点，这些特点可以在角色互动以及向学生群体进行安全宣传时凸显。"个体认识到他（或她）属于特定的社会群体，同时也认识到作为群体成员带给他的情感和价值意义。"（Tajfel，1978）社会认同理论认为个体通过社会分类，对自己的群体产生认同，从入馆文明安全须知的卡通形象设计开始，便向同学们展示一种正能量的性格和人生追求，会潜移默化地影响、引导更多同学追求更为积极的远大目标。

（六）人物体态

最后需要注意的就是人物的体态，健康且身材较均匀的体态是人物设计不可忽视的一个重点。对于出现在动漫世界或游戏中不同世界观的人物形象，要根据其所在世界观和性格、年龄等因素考虑其体态。同样对于图书馆安全文明形象的设计，也要结合此前所探讨的性格、年龄、性别、服饰、社会职能来进行设计。根据国家学生体质健康标准，人物健康的BMI指数要在19~22之间，所以在人物设定中：男生体重为65千克，身高175厘米，BMI为21.2；女生为体重55千克，身高165厘米，BMI为20.2。

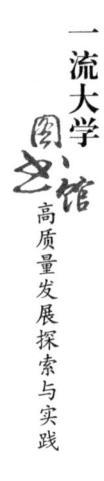

五、成果评估效果分析

本研究通过访谈法探寻大家喜欢和接受的形象，问卷内容涉及新生喜欢的安全宣传教育、偏好的年龄和性格等，还将基于角色理论设计的形象以图片形式展示，请大家提意见和建议。通过对 20 个新生的访谈结果分析，得出如下几点建议。

一是人物形象满意度。访谈结果显示，86％的同学表示，对于人物、动物、植物、非生物等选择更喜欢人物形象，且十分满意目前设计图中富有青春活力的人物形象。二是角色受欢迎度。在年龄选择上几乎所有的同学更喜欢与自己同龄的角色作为图书馆安全文明宣传形象，20％的同学表示也可以接受年龄较小的形象，而近乎 65％的同学表示不太喜欢年龄较大的人物进行宣传，感觉严肃和枯燥。三是角色性别认同度。所有的同学一致认为一男一女的形象设计是最好的，对本次设计给予肯定回答的同时亦表达了对其他活动设计的期望。四是服饰设计认同度。对于服饰的选择，90％以上的同学表示喜欢现在设计的服装，尤其是对于服装细节设计和处理，感觉很惊喜。设计中的 A 图书馆特色和学校的特点让大家更感亲切。在接受访谈的同学中，有同学提出建议可以尝试古风服装，如穿着汉服进行讲解，也是对中国传统文化的一种宣扬。研究思考后认为，图书馆安全文明教育宣传员的主要任务是对安全文明以及正确使用图书进行讲解，穿着汉服固然是弘扬传统文化的行为，但进出图书馆的同学、老师也包括少数民族，穿着汉服对于正确宣传安全文明和正确使用图书并没有直接的引导作用，所以暂不考虑汉服。

访谈结果显示本次设计也有三点不足之处。一是可以考虑采用熊猫形象作为辅助角色进行讲解。熊猫是四川地区非常有特点的标志，也是中国的国宝，受到广泛欢迎。二是没有考虑到服饰的季节性。有同学建议可以再根据时令设计一套冬装，可以使人物更鲜活，更具生活气息。三是可以尝试通过动画形式进行讲解，并注意提高讲解的趣味性。这与研究者的初衷和想法一致，后续研究会继续改进形象设计，并对于文本部分的组织和讲解进行梳理，做出更符合大家期望的讲解宣传。

六、结语与启示

针对以往新生入馆教育形式单一、培训效果不理想的状况，在角色期待理论的有力支撑下设计出有趣味性的安全文明卡通形象。根据角色期待理论在其他行业的可行性分析以及应用角色期待理论设计形象的基本形态（人物/动物/非生物）、年龄、性别、服饰、性格和体态等六大特征，同时将该形象投入 A 图书馆的实际应用，并对 20 名新生进行深度访谈后发现，该形象的应用已取得积极乐观的效果，更说明角色期待理论视角下设计的符合环境特色及观众预期的形象，为高校图书馆安全文明教育开辟一种新方式。

根据数据分析，研究得出五点启示。

其一，卡通形象设计充分吸收用户建议。可以采取意见箱形式，吸纳更多建议并尝试改进。如本次研究采取的后期效果评估收集到的更改建议应用到设计中，定会取得更好的成果。

其二，形象设计应融入地方文化或习俗。形象设计时可以考虑文化特异性和融合性。对于服装、习俗等要素考虑考虑到民族性特点，针对不同的受众群体采用不同的形象引导。

其三，形象设计可结合社会发展热点。例如设计形象性别设置时，根据当前社会讨论男女平等以及教育个性化的热点采用一男一女的设置；设计形象的具体体态，根据国家学生体质健康标准，应为身体体态构成合理健康化考虑并树立标准，因此设计体态均为正常健康体态。

其四，引入漫画卡通促进新生入馆教育形式多样化。教育方式具有多样性，杜绝方式单一、单调。本次研究的影响和积极作用更展示了教育多样性的特点，教育方式可以采用多种形式相结合的安全引导，将漫画形象、沉浸式体验、入馆测试等多项内容相结合，从而取得更好的教育效果。

其五，可采用短视频、动画短片的动态形象设计。动态图形和连续片段具有特殊性，动态形象设计会带来不一样的效果，可以考虑制作短视频、动画短片，以期获得更好的视觉效果。

参考文献

曹福勇，蒋啸南，2010. 高校图书馆新生培训效果调查及培训模式创新——以中山大学东校区图书馆为例［J］. 图书馆学研究（12）.

曾沛颖，2018. 关于动画教学中"漫画日记"课程的设置研究［D］. 南京：南京艺术学院.

范爱红，花芳，邵敏，2003. 大学图书馆新生教育的改革与实践［J］. 图书馆杂志（12）.

郭利伟，陈泉，2013. 近十年我国高校图书馆新生入馆教育研究综述［J］. 图书馆工作与

研究（5）.

侯伟达，张丽娜，2020. 从管理者角色理论看高校党支部支委班子队伍建设［J］. 吉林广播电视大学学报（8）.

金盛华，2005. 社会心理学［M］. 2版. 北京：高等教育出版社.

乐国安，2009. 社会心理学［M］. 北京：中国人民大学出版社.

李迎，潘飞，曹铂潇，2019. 高校志愿服务与阅读推广融合模式下的新生入馆教育服务创新实践研究［J］. 图书馆学研究（1）.

刘洪深，汪涛，张辉，等，2011. 顾客参与对员工工作满意的影响研究——基于角色理论视角［J］. 商业经济与管理（5）.

卢波，2007. 试论用校园DV剧进行新生入馆教育［J］. 图书馆建设（6）.

马弘，刘海涛，2019. CDIO视角下基于移动端的新生入馆自助式教育设计初探［J］. 图书馆学研究（5）.

孟宇，2009. 卡通形象在校园文化中的有效性探究［D］. 苏州：苏州大学.

秦德清，2008. 角色理论在服饰形象设计中的应用［J］. 艺术与设计（理论）（2）.

田蓝玉，2021. 品牌形象设计创新优化的重要性［J］. 艺术品鉴（21）.

王姝媛，2020. 角色理论视阈下短视频主体角色建构透析［J］. 今传媒（10）.

王学勤，章蕾，2005. 论大学图书馆的新生入馆教育工作［J］. 农业图书情报学刊（9）.

奚从清，2010. 角色论——个人与社会的互动［M］. 杭州：浙江大学出版社.

徐春，张静，卞祖薇，2020. "双一流"建设背景下高校图书馆服务本科教育现状及发展对策研究［J］. 图书馆学研究（12）.

燕道成，2010. 卡通成人化的传播学辨析［J］. 新闻与传播研究（2）.

张静，2020. 服装设计与影视动画角色塑造——评《人物与服饰——动画与影视角色造型参考》［J］. 上海纺织科技（12）.

张莹，殷瑜，2015. 脸萌软件何以走红新媒体社交网络［J］. 新闻与写作（11）.

赵之昱，2019. 卡通品牌形象代言人的设计与故事性在新媒体时代下的应用研究［J］. 美术研究（5）.

朱笑宇，2020. 公共意识融入宣传片创作方式的三种表现——以纽约公共图书馆和波士顿公共图书馆形象宣传片架设为例［J］. 图书馆杂志（5）.

GUTHRIE S，1995. Faces in the Clouds：A New Theory of Religion［M］. Oxford：Oxford University Press.

PARKER S K，2007. That is My Job How Employees Role Orientation Affects Their Job Performance［J］. Human Relations（3）.

TAJFEL H，1978. Differentiation Between Social Groups：Studies in the Social Psychology of intergroup Relations［M］. London：Academic Press.

技术哲学视角下的智慧图书馆建设评述[①]

周一萍　霍　林[②]

摘　要：考察智慧图书馆的发展现状、架构和其中人与技术的关系，能够帮助我们了解现阶段技术的理性引入和合理利用。本文从技术哲学的视角对智慧图书馆的建设探索、本质、价值取向、实践、审美等问题进行了探讨。梳理智慧图书馆的体系架构，在技术能量转移过程中，分析技术现象事例以把握智慧图书馆的人—技关系。技术与馆员形成具身关系、与读者形成解释关系是智慧图书馆技术应用的理想发展指向。

关键词：智慧图书馆；技术哲学；技术人文；人—技关系；技术转移

图书馆一直在努力进行理念更新、技术变革与职能创新，而目前最突出的建设方案就是朝着智慧化的方向发展。海德格尔曾说，对技术变化没有准备比技术世界可怕。为此，我们也不禁要问一句：面对智慧化建设，我们是否已经做好了准备，有了应对？而过于关注技术层面，出现"价值偏离""急功近利"的建设误区恰恰是由于对技术哲学的忽视。既不能乐观地夸大技术的支撑作用，又不能只是悲观地站在悖论的一方，应该合理地思辨和实践，在图书馆智慧化进程中，认真地对待技术、利用技术。技术哲学的理性将从整体上指引我们处理和驾驭同技术的关系，进而改造图书馆。本文将从各国智慧图书馆的服务探索和发展情况开始进行论述，之后就本质与认识、价值取向与实践中的人—技关系、审美等问题进行探讨。

一、智慧图书馆建设的探索

新时期新环境下，公共图书馆仍然是提升社会包容性、数字包容性、人际

[①] 本文系四川大学图书馆情报与文献学项目"新环境下高校图书馆用户行为研究"（项目编号sktq201714）成果之一。

[②] 周一萍，硕士，馆员，四川大学图书馆。霍林，学士，馆员，四川大学图书馆。

互动和终身学习的重要公共空间。图书馆重新设计服务、架构，为发展未来图书馆做准备。

美国学术图书馆馆员借助智慧设备开展适应读者背景和需要的学科服务互动。欧洲智慧移动服务，用上下文敏感多模态会话代理（Context-sensitive multimodal conversational agents）动态考虑特定用户需求和偏好，考虑交互发生环境的具体特征，提供先进服务。又有探索利用地理信息系统（GIS）和地理空间技术绘制从用户所在位置到图书馆目标物（资源、位置等）的路径，改善用户体验。服务弱势群体方面，借助物联网技术，以手持的交互式增强现实应用，提供触摸屏界面实时在架清单，RFID智慧货架，帮助轮椅使用者独立定位和查询。新加坡的智慧学术图书馆建设，向用户提供集成的多用途技术环境，以支持头脑风暴、项目作业、口述实践、写作、问题解决、同伴学习、非正式社交、自省、反思、分析、创造性思维、资源和服务的个别咨询与指导，组织兴趣共同体，激发最大化的互动机会，以满足不同用户的图书馆使用需求。土耳其高校通过实证，在科研数据的智慧管理的技能、知识、政策、策略支持方面做出改变。印度学者曾意指没有智慧图书馆的城市不可能成为一个智慧都市。智慧城市建设也同时为智慧图书馆建设提供了准备和契机。不仅立法、财政、服务质量要得到提升，而且基础设施WIFI、OPAC、电子书、数据库、RFID、信息服务等要有所保障，中心馆、分馆都应该要有足够的馆舍、人员配备和面对不同受众的服务，应具有创客空间、数字枢纽、学习空间、会议空间、游戏空间等功能。中国的高校也积极推进智慧图书馆的实践探索，比如利用元数据仓储、数据关联开发智慧门户网站，利用智慧门户协助开展智慧学科服务，根据用户信息挖掘提供智慧资源推荐等。

可以看到，图书馆界利用新兴技术在学科服务、移动服务、空间服务、科研服务、消除障碍和鸿沟方面陆续开展智慧服务的思考和试验，让服务和资源更加满足用户需求。技术馆员的角色，除了具有传统的计算机和图书馆系统技能，还着力培养项目管理、数字保存、客户服务、技术实施以及问题解决等技能。技术图书馆员已经不再单纯专注于维护图书馆数据库和自动化集成管理系统，而是与图书馆内部进行更多的拓展和整合，认清技术的任务，为智慧建设和服务做好准备。

二、认识与本质——定律延伸，技术转移

（一）智慧图书馆系统解构

1. 对智慧图书馆自身结构的认识

从不同角度认识智慧图书馆的结构。以智慧服务、智慧建筑、智慧管理三个维度进行整体功能设计，按感知层、网络层、应用层框架进行智慧移动平台系统搭建，由多时空、以人为本、高度智能、"第三空间"、资源共享、集群发展构建可能的服务途径，从传输感知、智慧云存储、大数据处理、搜索、智慧服务来设计用户交互，还少不了系统运维体系及信息安全体系的有力保障。综合以上，再结合杨现民的智慧教育体系，将系统解构为智慧云中心枢纽（智慧数据交换、智慧安全），智慧实体馆舍、智慧虚拟空间环境，订购、特色、机构、开放四种智慧资源，云计算（智慧存取）、大数据（智慧建模）、物联网（智慧感知）、泛在技术（智慧呈现），馆员、机构读者、公众读者、管理者、服务商五类用户，智慧服务、智慧推广、智慧阅读、智慧学研、智慧互动、智慧评价、智慧管理、智慧阅读管家等多种业务。

2. 智慧图书馆与社会

智慧图书馆并非孤立的系统，它受政策、机制、标准、理念护航，与其他智慧系统共同作用，构成智慧城市的重要一环。

（二）忒修斯悖论

这样更新体系架构的图书馆还是我们熟知的那个图书馆吗？正如古希腊哲学家普鲁塔克根据神话传说提出过的思想问题：当忒修斯之船腐坏的船木和零部件被一点点更换完后，那是否还是原来的忒修斯之船？类似的更新和争论也存在于大学及大学教育之中。聚焦智慧图书馆的建设过程，一方面，当图书馆的馆舍布局、理念服务、功能制度、内容形式一点点变化、发展时，有些人评价这已经不同了，不同于自动化图书馆、数字图书馆，带来太多的挑战和忧患，不是以前熟知的图书馆了；另一方面，有些人会说这一样还是图书馆，虽然换了些方式，但始终为人们提供所需的精神食粮，仍然如博尔赫斯描述的似天堂般美好。矛盾的答案又都很有道理。随着技术的吸纳，在智慧图书馆阶段，图书馆存在的"四因"并未发生变化，只是其内涵和外延都得到了扩展。结合并引申图书馆五定律对智慧图书馆的本质进行审视。图书馆存在和发展的形式因仍然是个生长的有机体，资源作为图书馆的重要组成可以看作基本的质

料因,合理吸纳和应用技术以提升图书馆智慧是动力因,目的因也未发生变化。智慧的资源是为读者服务的,每个读者都能获得智慧的推荐,每个资源都能得到智慧的推广,节省读者、馆员、服务商的时间。

(三)技术的任务

如何才能让这艘"忒修斯之船"稳固地航行?

1. 克服图书馆的"本能缺陷"

希腊神话中,普罗米修斯用给予技术的方式来弥补人类天生本能贫乏的缺陷,这个视角可以说技术塑造人;叶晓玲、李艺曾论述过技术现象学视域下教育的"缺陷存在"和技术的"补缺",借助技术,教育可以突破时空、面授等限制,极大地扩展教育信息的承载和传播,也即是技术改造教育;溯源图书馆的职能,可以说"藏"就是本能缺陷,"藏"限制智慧的传递,图书馆的文化交流、学习教育、分享互动、推广辐射、开放空间等作用和功能也是通过引进技术而得到大幅的提升和改善。也许有人会说图书馆早已不是古老的藏书楼,但图书馆在步入智慧,步入互联、高效、便利的路途中,仍需破除壁垒、填平鸿沟、克服困难。

2. 技术火种能量转移

本能缺陷带来的是对外界更加开放的拥抱。看似完全不属于图书馆自有范畴的技术火种为图书馆的发展变化带来了巨大的能量,技术能量转移为图书馆服务提供了巨大的潜力。当计算机、局域网、互联网、数据挖掘、云计算及移动互联技术、虚拟及智能技术为代表的阶段性技术分别在图书馆得到关注和引入之后,图书馆先后经历了自动化管理、网络化、数字化、个性化服务、泛在化、智能化等阶段的发展。可见,图书馆对技术的吸纳,促进了图书馆信息化的进程和服务的演变。参考技术影响下的信息化走向的描述,以及信息化背景下图书馆相关服务的演变,将图书馆对技术的吸纳作出归纳。用图1来表示技术对图书馆变化发展进程及图书馆服务的影响。信息化带来的新兴技术继续为智慧化转移能量,智慧化仍然是图书馆信息化的范畴,是图书馆信息化发展的必然产物,是新生长点,是技术在图书馆中全新的应用阶段。

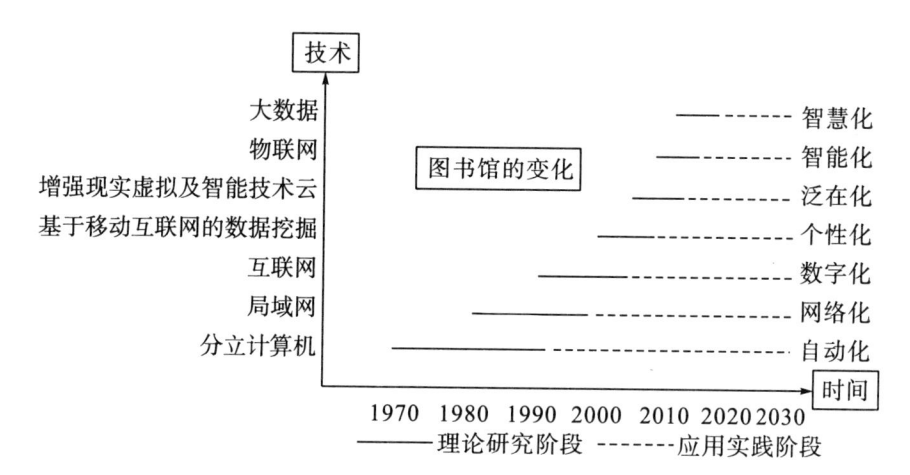

图1 技术影响下图书馆及其服务的变化

若一项技术的输入输出条件适应该阶段系统的发展，无论该技术细节如何复杂，最终可以被系统感知，并加以实践利用。结合Gartner新兴技术成熟度报告中提到的近2~5年进入主流应用的新兴技术，以及学术图书馆技术采用趋势研究，无论是平台保障、机器智能，还是数据优化、安全隐私等都能得到提升，图书馆的智慧化将进入大规模的应用实践阶段。

三、价值取向与人—技关系——以人为本，人技协调

无论技术如何更迭，无论人如何发展，技术与人总是相互伴随、相互依存、相互支撑。所以，技术虽然能够帮助建构智慧图书馆架构，但是，我们不能仅仅强调其单一价值。"以人为本"依然是图书馆服务需要秉承的价值取向。智慧图书馆之所以产生，就是要让技术更好地服务于人，使人能够更好地利用图书馆各类资源。而在智慧图书馆的实践过程中，应该最大化地体现图书馆理性的人—技关系的发展，人—技关系又为实践指明了方向。

（一）人—技关系分析

从技术的数量和种类看，经过每个阶段的技术继承，人与技术可能的对应关系逐渐从自动化阶段、一人使用一台电脑的一对一关系，发展到泛在化阶段、一人拥有多种移动设备、享受随时随地的多样化服务的一对多关系。智慧化阶段，将是多人、多机相互连通、相互交互的关系。

从技术的属性和功能看，人在感知和体验世界的过程中，与技术有着复杂而暧昧的关系，很难用数量描述清楚。唐·伊德将"人—技术—世界"的关系

概述为具身关系、解释关系、它异关系、背景关系。(王良辉，2012：15—20)

关系引申，"人—技术—智慧图书馆"中也同样存在上述四种关系。利用指向符号来表示四种关系：具身关系，(人—技术)→智慧图书馆，技术作为人的延伸，技术作为人的无机部分，二者一体用于感知智慧图书馆；解释关系，人→(技术→智慧图书馆)，技术对智慧图书馆进行理解和表征，人通过阅读技术中介感知智慧图书馆；它异关系，人→技术(—智慧图书馆)，技术成为智慧图书馆的一部分，成为人感知的对象，故障不影响智慧图书馆运作；背景关系，人—(技术/智慧图书馆)，技术隐身在智慧图书馆中，成为背景，不被人感知，但故障却影响智慧图书馆运作。

(二) 实践中的人—技关系举例

1. 具身关系

利用软件、技术、工具延伸馆员和读者对图书馆的感知。例如，利用软件进行受众反应监测，软件捕捉读者面部表情进行识别判断，从而辅助调查图书馆服务、讲座等的受欢迎程度。馆员通常使用问卷、访谈等方法来进行读者调查，软件作为馆员的延伸用以感知读者的心理，这是智慧读者服务中具身关系的体现。眼动实验运用技术获取眼球注意力聚焦点，可以用于发现网页热点，进而改进网站，设计智慧门户，补足了馆员无法同时关注用户眼动和鼠标操作的劣势，同样也是具身关系的体现之一。另外，当读者利用智能可穿戴设备与图书馆智慧热点相连，可以搜索图书馆资源、设施设备位置，获得准确定位，可穿戴设备延伸了读者对图书馆的感知，形成具身关系。

2. 解释关系

数据挖掘并利用图形图像对挖掘到的信息进行分析展示。比如，智慧图书馆的网络安全问题，利用网络安全可视化技术，可以处理、挖掘智慧图书馆网络中的大数据，还能以图示形式对网络的潜在安全事件进行分析、展示和预测，馆员通过阅读可视化报告，即可掌握智慧图书馆网络安全的全局态势，追踪异常细节，这是智慧管理中的解释关系。智慧微信服务，当数据挖掘出的有针对性的资源和服务被编辑为微信图文后，读者通过微信智慧推广的资源图文能够很容易地捕捉到其中的要点，微信图文对智慧资源进行了表达，读者通过图文的信息呈现了解到资源，读者与微信形成解释关系。

3. 它异关系

初期的技术服务、失败的技术服务或可独立作为主体的技术服务。像智慧微服务运行初期，大家都持观望态度，虽然意识到技术的存在，但却没有投入人力、财力、物力去应用，也没有对馆员和读者起到很大的作用，故只有它异关系。再比如电子阅览室，读者知道有这项服务，但还是习惯使用自己的电脑，电子阅览室几乎处在半淘汰的状态，虽然仍在图书馆中运行，但是却没有为智慧图书馆带来预期收益，这也是个它异关系的存在。另外一种它异关系案例，智慧教育游戏，读者通过游戏获得知识，读者玩游戏，游戏地位相对独立，游戏不能实现资源检索，而没有游戏也不影响图书馆服务，只能形成它异关系。

4. 背景关系

技术自我隐蔽的代表。RFID作为智慧馆舍、门禁、定位、导航服务的支撑技术。对读者而言，RFID是并不需要读者感知和体会的技术，它通常都是隐蔽的。只有当系统故障时，才被发现该项技术的重要性，而出现故障时，人—技之间的关系也不复存在了。对读者而言，运转良好的RFID就是享受智慧服务的背景。此外，RFID服务中技术与不同主体互动，存在不同的关系。对于馆员而言，RFID又成了提供智慧管理的延伸的具身关系。对服务商而言，服务商帮助部署，知道RFID的存在，但服务商不需要享受RFID提供的馆舍相关服务，两者同为智慧服务的重要主体，形成了它异关系。

在智慧图书馆实践中，技术引入是一项挑战。通常情况下，技术引入初期，读者和馆员都比较陌生，这时主要是它异关系或者背景关系。面对挑战进行操作和磨合。随着时间推移，技术融合度提升，开始呈现解释关系和具身关系。技术的融合度越高，解释关系和具身关系越明显。智慧图书馆中"馆员—技术具身关系""读者—技术解释关系"是理想的发展方向，以期技术能最大化延伸馆员的智慧服务，能让读者最大化获取智慧知识和信息。如果关系无法过渡到解释和具身，或多或少体现出技术对人造成了认知负担，就要考虑技术是否适合该阶段的智慧实践应用。

四、审美——解放积累，量变到质变

"劳动创造美"，所以美与实践是分不开的。尽管我们提到要用一定的理性去聚焦智慧图书馆的人—技关系，但我们也希望看到有一定自由度的技术应用，培养一定的"新感性"来认识和对待智慧图书馆，在技术理性与技术感性间取中值，在技术自由与技术审美间找到平衡。不能因为害怕应用技术有可能产生失败的、并不那么智慧的服务，而故步自封去压抑超越和创新的自由，也不能因为炫技而滥用不必要的技术，产生技术垃圾。以技术审美指导系统设计，以诗意生存引领技术互动，以技术生态倡导科学发展；要把人从技术的束缚中解放出来，从认知的负担中解放出来，全身心地投入智慧的传播和获取。从空间的建筑美学、虚拟空间的文化标识到对读者的指引，从馆员的服务艺术到可以传承的工匠精神，从研究人员的理论探索、实际践行到智慧图书馆的艺术化，智慧图书馆的美本来也就是一个从量变到质变，慢慢积累而体现良好生态的过程。

五、结语

智慧化对图书馆的发展会有怎样的影响？在智慧图书馆的设计上如何运用系统的方法、优化的方案？如何总结出智慧图书馆的特点和规律？如何吸纳其他行业技术的创新？如何能够争取到最大化的来自社会、政策的支持？图书馆员怎样迎接挑战，发挥新价值？智慧化与用户有怎样的关系，如何才能做到人—技协调持续地发展？如何进行现阶段的努力，才能产生智慧图书馆的质变？以上这些建设进行中不确定的问题也许会让图书馆人感到压力和苦恼。但是，正如叔本华对行船和压舱物的描述，在建设智慧图书馆的过程中，由于系统的不确定性，在吸取理念、应用技术时总会有"一定的忧愁、痛苦或烦恼"，对于系统中的每个馆员、每个读者、每个服务商、每个管理者，这些不确定都是可能"随时出现"的，在开创一个新的图书馆局面的进程中，这样的不确定伴随着创新和开拓也是"必要的"。这些不确定和困惑，就像"行船时的压舱物"，如果没有他们，"便不会稳定，不能朝着目的地一直前进"。

参考文献

曾子明，宋扬扬，2017. 基于 SoLoMo 的智慧图书馆移动视觉搜索服务研究［J］. 图书馆（7）.

陈俊，2010. 技术与自由——论马尔库塞的技术审美化思想［J］. 自然辩证法研究（3）.

陈远，许亮，2015. 面向用户泛在智慧服务的智慧图书馆构建［J］. 图书馆杂志（8）.

程君青，朱晓菊，2007. 教育游戏的国内外研究综述［J］. 现代教育技术（7）.

董晓霞，龚向阳，张若林，等，2011. 智慧图书馆的定义、设计以及实现［J］. 现代图书情报技术（2）.

杜涵，庞博，陈基越，等，2013. 网页与报纸广告在不同呈现条件下的比较研究——来自行为和眼动实验的证据［J］. 心理学探新（4）.

封顺天，2014. 可穿戴设备发展现状及趋势［J］. 信息通信技术（3）.

傅畅梅，2010. 伯格曼技术哲学思想探究［M］. 沈阳：东北大学出版社.

黄楚新，王丹，2016. 智能时代的传媒产业发展路径［J］. 新闻与写作（2）.

拉普，1986. 技术哲学导论［M］. 沈阳：辽宁科学技术出版社.

李宏伟，2007. 技术审美取向的时代变迁［J］. 科学技术哲学研究（2）.

李燕波，2014. 国内智慧图书馆研究中的"不智慧"［J］. 国家图书馆学刊（1）.

刘振，2015. 论忒修斯之船问题及其解决——对 E. J. 连续历史解释方案的批判［J］. 自然辩证法研究（7）.

马捷，赵天缘，王思，2017. 高校智慧图书馆功能结构模型构建［J］. 情报科学（8）.

莫贤棠，2014. 人与技术关系的历史演变［D］. 昆明：云南师范大学.

倪钢，陈凡，2003. 技术审美价值的认识论分析［J］. 科学技术哲学研究（5）.

任理轩，2015. 人民日报：坚持开放发展——"五大发展理念"解读之四［EB/OL］.（2015－12－23）［2020－09－08］. http：//opinion. people. com. cn/n1/2015/1223/c1003－27963150. html.

阮冈纳赞，1988. 图书馆学五定律［M］. 北京：书目文献出版社.

叔本华，2009. 不幸是积极的［J］. 视野（18）.

王良辉，2012. 教育中信息技术用途及限度的伊德技术现象学分析［J］. 现代远程教育研究（4）.

王世伟，2012. 论智慧图书馆的三大特点［J］. 中国图书馆学报（6）.

王世伟，曹磊，罗天雨，2016. 再论信息安全、网络安全、网络空间安全［J］. 中国图书馆学报（5）.

吴国盛，2016. 技术哲学讲演录［M］. 北京：中国人民大学出版社.

吴晞，甘琳，2006. 迈向智能化图书馆——无线射频识别技术在图书馆的应用和创新［J］. 中国图书馆学报（6）.

杨现民，余胜泉，2015. 智慧教育体系架构与关键支撑技术［J］. 中国电化教育（1）.

叶侨健，1995. 系统哲学探源——亚里士多德"四因说"新透视［J］. 中山大学学报（社会科学版）（4）.

叶晓玲，李艺，2013. 论教育的"教育—技术"存在结构及其中的延异运动——基于技术现象学观点的分析［J］. 电化教育研究（6）.

袁斌，邹德清，金海，2016. 网络安全可视化综述［J］. 信息安全学报（3）.

袁辉，2017. 基于确定事件的智慧图书馆推荐服务策略实施探究［J］. 图书馆建设（8）.

袁辉，沈敏，杨新涯，2017. 用户行为模型在图书馆"智慧门户"建设中的应用与探索［J］. 图书情报工作（7）.

张洁，袁辉，2017. 智慧图书馆系统支撑下的学科服务实践［J］. 图书馆论坛（7）.

张灵犀，谢继荣，2014. 大学更新了什么：基于忒修斯悖论的大学本体论［J］. 现代教育科学（9）.

赵晓芳，2012. 智慧图书馆的服务途径实现与构建［J］. 图书与情报（6）.

周一萍，何华，2017. 教育信息化背景下图书馆资源服务演变综述［J］. 图书馆学研究（4）.

朱志伟，2017. 新技术环境下图书馆发展趋势与挑战——基于《新媒体联盟地平线报告：2017图书馆版（纲要）》的启示［J］. 情报资料工作（2）.

祝智庭，1999. 关于教育信息化的技术哲学观透视［J］. 华东师范大学学报（教育科学版）（2）.

AGUILAR-MORENO E，MONTOLIU-COLAS R，TORRES-SOSPEDRA J，2016. Indoor positioning technologies for academic libraries：towards the smart library［J］. Profesional de la Información（2）.

AYDINOGLU A U，DOGAN G，TASKIN Z，2017. Research Data Management in Turkey：Perceptions and Practices［J］. Library Hi Tech（2）.

BLEWITT J，2014. Public Libraries and the Right to the［Smart］City［J］. International Journal of Social Ecology and Sustainable Development（IJSESD）（2）.

CHOY F C，SU N G，2016. A framework for planning academic library spaces［J］. Library Management（1/2）.

GRIOL D，PATRICIO M A，MOLINA J M，2016. CALIMACO：Application of multimodal dialog systems and mobile devices to provide enhanced library services［J］. Revista Española de Documentación Científica（2）.

KULKARNI S，DHANAMJAYA M，2017. Smart Libraries for Smart Cities：A Historic Opportunity for Quality Public Libraries in India［J］. Library Hi Tech News（2）.

ORMES D，2015. Smart technology classroom in the stacks：promoting free government apps in an academic library［J］. Library Hi Tech News（1）.

RASHID Z，MELIÀ-SEGUÍ J，POUS R，etal，2016. Using Augmented Reality and Internet of Things to improve accessibility of people with motor disabilities in the context of Smart Cities［J］. Future Generation Computer Systems，76.

RATLEDGE D，SPROLES C，2017. An analysis of the changing role of systems librarians［J］. Library Hi Tech（2）.

TNN. IT City has no good public library：Guha［EB/OL］.（2015－10－20）［2020－09－08］. https：//timesofindia. indiatimes. com/india/IT－City－has－no－good－public－library－Guha/articleshow/49460350. cms.

融合媒体环境下图书馆数字资源的宣传推广探索[①]

唐李杏　张盛强　赵兰蓉[②]

摘　要：融合媒体环境下，用户对图书馆数字资源的获取途径、阅读习惯发生显著变化。本文从融合媒体环境下图书馆数字资源传播的表现形式、宣传推广面临的挑战和目标展开思考，对宣传推广的策略和方法做了进一步探索。同时指出，融合媒体环境下数字资源的宣传推广效果不是立竿见影的，而是需要长期开展。

关键词：融合媒体；图书馆；宣传推广

融合媒体是媒介融合的表现和载体。1983年，麻省理工学院教授普尔（Itheil de Sola Pool）在 *Technologies of Freedom* 一书中提出了媒介融合的概念。他认为随着技术的发展，各种媒体出现了多功能一体化的趋势。数字化是媒介融合最重要的技术基础。广义而言，万维网（World Wide Web）就是融合媒体的典型代表，融合媒体早已对图书馆产生了深远的影响，图书馆数字资源的媒介融合性的最直接和最基本的表现就是在网络环境下，图书、期刊、科技报告、学术论文等不同文献类型学术资源可以集成在一起，在同一个网络界面中提供多媒体学术传播服务。（张盛强，2013：26－28）融合媒体环境下，用户对图书馆数字资源的获取途径、阅读习惯发生了显著的变化，数字资源的"爆炸"式增长使得用户知晓、熟悉和熟练使用学术资源面临着挑战。图书馆应围绕用户的需求，积极响应融合媒体技术环境的变化，对数字资源的宣传推广开展实践探索。

[①] 本文系四川大学社科项目"总体国家安全观视阈下我国文献保障体系的风险识别与对策研究"（项目编号2021skzx－pt166）项目成果。

[②] 唐李杏（1978—），硕士，副研究馆员，四川大学图书馆。张盛强（1975—），博士，研究馆员，四川大学图书馆，本文通讯作者。赵兰蓉（1969—），硕士，馆员，四川大学图书馆。

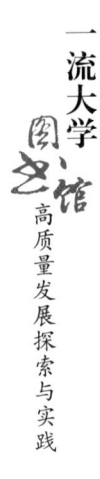

一、融合媒体环境下图书馆数字资源传播的表现形式

从受众的角度考虑，在融合媒体环境下，图书馆数字资源传播主要表现为技术融合、内容融合和终端融合。

技术融合是指以数字化和网络化为基础，数字资源不再以单一的媒介载体和形式呈现在用户面前。传统文献资源泾渭分明的状态被融合媒体消解。在融合媒体技术环境中，对于用户而言，图书、论文、报纸的检索、获取和阅读方式几乎都是一样的。用户可以在一个技术平台和界面下，获取和使用各种形式的文献资源。更进一步，传统文献资源也获得了更多的表现方式。例如，多维论文可以以声音、视频、动画等多媒体方式多角度地展现一些论文涉及的动态效果，如复杂实验的推导过程和模拟效果等。多媒体或者富媒体是数字资源技术融合的重要体现。

内容融合是指数字资源所蕴含的以文字、篇章、段落、图标甚至是知识单元的具体内容，可以在融合媒体环境下重新整理、组织和呈现，融合媒体不仅能直接揭示传统文献之间的引证关系，同时更能聚焦和展现的传统文献资源之间以知识图谱为体系的内在联系。

终端融合是指以用户的体验视角，检索、获取、阅读和再创作数字资源的设备出现普遍兼容且多功能一体化的趋势。在互联网的驱动下，从台式个人电脑开始，人类使用数字资源的设备不断推陈出新，并且不断适应技术融合和内容融合的需要。移动互联网的出现，使得人类进入读屏时代，加速了用户终端融合的变革。据中国互联网信息中心的统计，截至2021年6月，我国手机网民规模达10.07亿，网民使用手机上网的比例为99.6%。用户通过以智能手机为代表的终端，可以完成传统文献资源各个环节的利用。而且与传统文献资源相比较，融合媒体下数字资源在多媒体方面有着更好的表现效果。

二、融合媒体环境下图书馆数字资源宣传推广面临的挑战

（一）用户利用图书馆方式的改变

由于融合媒体在技术上表现出的优势，使得用户对使用体验更加重视，他们更愿意选择能够在一个平台甚至一个界面上满足自己文献需求的方式。"一站式"检索和获取成为用户的目标，也成为图书馆等众多文献机构建设数字资

源平台的方式。同时，用户对多媒体资源的使用需求也在不断攀升。据统计，多媒体资源约占全球出版物总量的1/3，西方国家的图书馆多媒体资源在馆藏资源中所占比例越来越大，接近60%。（李杨，2010）在我国，据2017年的一项统计研究，39所"985"高校拥有多媒体资源数据库共计460个、178种，最多的图书馆拥有32个多媒体资源数据库，平均每所院校拥有11个。（程静，等，2017）

融合媒体不仅在技术上提升了用户的效率和使用体验，同时也改变了用户对数字资源的认知和使用习惯。英国教授Derek Law认为网络用户具有很多有别于传统媒体用户的特征，例如"用户更重视立即获得的结果""方便性比质量更为重要""图像至少和文字一样重要"。媒介融合使得图像、音频、视频等"视觉文本"在学术传播中的比例和重要性显著增加。（张盛强，2013）

（二）数字资源推广面临的问题

无论是在印刷时代还是数字时代，对于用户而言，图书馆是知识的组织和揭示者，是学术传播的把关人。在融合媒体环境下，尽管图书馆用户可以有更多获取资源的途径，图书馆更需要通过文献资源的宣传与推广，与用户建立联系，体现资源建设的成效，凸显自身工作的价值，摆脱单一"资源购买者"的刻板印象。

与传统文献的推广相比较而言，融合媒体环境下数字资源宣传推广面临的问题包括以下几点。

1. 用户获取资源信息途径较多，图书馆吸引用户注意力难度加大

2010年OCLC发布的《图书馆认知2010》认为，已经没有人把图书馆门户作为查找信息来源入口的首选。这与我们日常的经验基本相符。即使在高校，各年级学生使用搜索引擎的比率基本维持在54%以上，而使用图书馆提供的各种数据库的比率平均为31.95%。（程欢，等，2006）融合媒体的出现加剧了用户吸引力的争夺，图书馆对数字资源的宣传推广面临激烈的"眼球"竞争。

2. 融合媒体具有一定的技术门槛，宣传推广工作面临技术升级

无论是技术融合、内容融合，还是终端融合，融合媒体都包含了新技术的更新和升级，都是数字化和网络化前沿的应用。常见的技术包括mashap、web2.0、HTML5、xml、语义网络、知识图谱、富媒体技术等，图书馆的数字资源推广工作应该了解这些技术方法的基本原理，帮助自身更新理念，升级手段方法。而且宣传工作也必须适应和熟悉各种终端的特性，例如屏幕比例标准、基本交互操作、操作系统环境等，从而规划宣传推广工作的基本思路。

3. 融合媒体是传播理念变革，宣传推广不能走老路

融合媒体不仅是媒体技术革新，不仅是信息载量的扩容，也引发了传播理念变革。一方面，融合媒体通过一体化的设计，针对不同的传播终端形成了更广泛的效果覆盖；另一方面，融合媒体的广泛覆盖，使得更多群体的需求被响应，形成了有效的长尾效应。长期以来，图书馆的数字资源推广工作以"我"为主，存在各种活动较为割裂、缺少关联，响应用户的需求不够细致，缺乏系统策划与存档等问题。（翟爽，等，2020）在一定程度上，目前数字资源的宣传推广与融合媒体的传播理念存在分歧。

三、融合媒体环境下图书馆数字资源宣传推广的目标

总体而言，数字资源宣传推广的目标必然是以用户为中心，使用户了解资源，熟悉资源的用法，促进数字资源的使用效果。在融合媒体环境下，图书馆应该针对性地提升资源宣传推广的效果，改善用户的传播体验，实现宣传推广工作的长期化和常态化。

（一）实现数字资源宣传工作的泛在

数字时代，信息爆炸的挑战使得图书馆数字资源宣传推广工作更有价值。"哪里有用户，哪里就有宣传推广"是数字资源宣传推广最理想的状态。但面对不断更新换代的媒体平台，融合媒体环境为宣传推广工作实现泛在提供了方法上的可能，同时也为实现这种理想状态确定了工作目标。

（二）满足不同群体的信息需求

近年来，我国高等教育坚持内涵式发展，学科建设更加注重发展质量。融合媒体实现了长尾效应的传播链，也为数字资源宣传推广提供了启发。图书馆的数字资源宣传推广应该改变大而全的模式，坚持为教学科研服务，更加细致地支撑学科发展，特别重视新兴学科、交叉学科的信息需求，对高校的四新建设有重要的意义。

（三）提升数字资源宣传工作的效率

高校数字资源建设的规模日益增加。各高校数据库平台虽然计算方式略有差异，但均在 200 以上。（马秋月，2021）对于数字资源宣传推广工作而言，要为所有的数据库找到用户，是阮冈纳赞图书馆学五定律的时代要求。要完成这样的任务，必须提高数字资源宣传工作的效率，找到在融合媒体环境下快、准、精的策略和方法，以合理的人力物力投入达到数字资源宣传推广的效果。

四、融合媒体环境下图书馆数字资源宣传推广的策略和方法

融合媒体技术环境对数字资源宣传推广提出了新的命题，同时也提供了思路和办法。图书馆应在数字资源的宣传推广实践中围绕融媒体技术的特性努力探索方法，认真总结策略。

（一）积极尝试融合媒体新技术的应用实践

融合媒体的应用对于数字资源宣传推广是一个全新的场景，虽然有社会媒体的经验借鉴，但在受众属性和服务属性方面仍然存在差异。数字资源宣传推广是一个对实践要求很高的工作，只有实践才能提升对融合媒体的感受，从而制定出符合融合媒体技术环境要求的资源宣传推广策略。

图书馆已经通过积极实践，在融合媒体环境下利用新技术，另辟蹊径，开展数字资源推广，取得了重要进展。例如，基于关联数据的信息聚合可以把图书馆的资源和外部的数据网络相互连接起来，增强和扩展其资源发现平台（丁楠，等，2011）。mashup 促使图书馆从信息集成服务转向可集成的信息服务（毛军，2006）。使得图书馆的数字资源有更大的可能通过其他平台被用户发现和知晓。基于 HTML5 的图书馆门户是兼容各类智能终端的操作平台，为用户提供虚拟化、泛在化、随需随用的图书馆服务（刘敏，等，2015）。HTML5 的应用可以降低移动数字图书馆基础设施的维护成本，使得数字资源服务更加适应移动互联网平台和终端。

（二）充分利用平台和终端特性实现宣传推广的分流

近年来，新媒体、自媒体、视频和短视频平台成为社会传播的重要平台，智能手机成为用户上网的主要终端，图书馆数字资源的宣传推广以用户为核心，自然不能忽视这些热门媒介。但是，我们也要充分认识到，这些平台和终端有着自身的使用特性。

以微信平台为例。微信具有双向交流、富媒体文本、精准推送等新媒体特征。同时，图书馆微信公众号又具有实用性的强服务目的用户行为特征和强社交关系中的弱社交关系的用户关系特征（李晓蔚，2016）。我们在利用微信开展宣传时，应该充分利用这些特征，对微信公众号的运营开展更加细致的工作，加强功能开发，增加用户黏度，从而为微信用户提供符合其使用特征的数字资源推广内容。

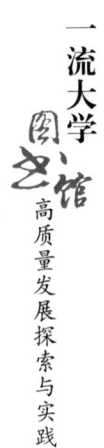

同时，平台和终端往往也对应着不同的群体属性。例如，同样是即时通信平台，QQ用户相比微信用户趋于年轻化（赵元超，2018）。数字资源推广应该重视这些属性差异，有计划、有目的地体现数字资源推广的内容和形式差异。

（三）通过主题策划加强数字资源宣传推广的内容整合

融合媒体环境不是简单的终端和内容的重复，而是更具有传播效率的展示。数字资源的宣传推广应该充分利用融合媒体的这一优势，结合图书馆对数字资源的组织揭示的业务专长，充分挖掘数字资源宣传推广工作中的学科主题、知识主题、社会热点主题，让数字资源的宣传推广工作在融媒体环境下具备长期化常态化的内容基础，使用户通过融媒体得到信息生动而有用。如此的融媒体数字资源宣传推广才可以有效满足用户的需求，并避免媒介的重复生产和资源浪费，包括用户注意力的浪费。例如，CASHL策划的名师讲堂就是以其引进的大型特藏为基础，通过邀请著名学者结合研究主题开展线上学术讲座直播，内容和形式都很好地体现了融媒体对数字资源宣传推广的整合。

（四）加强数字资源宣传工作的一体化统筹

融合媒体的变革虽然有技术发展的内在驱动，但是对于数字资源宣传推广能否在融媒体环境下充分适应多种媒体多功能一体化的趋势，却要依靠图书馆员发挥主观能动性，即做好数字资源宣传推广工作的一体化统筹。而且，从新技术实验、平台终端的分流以及内容整合的角度考量，在融合媒体环境下这种一体化统筹尤其重要，是数字资源宣传推广工作的顶层设计，同时也是新技术环境下宣传推广工作的业务逻辑梳理。

四川大学图书馆根据自身特点，制定了图书馆网站、明远驿站（定制的数字图书移动借阅设备）、微信、微博、移动客户端以及校外访问客户端（简称为两站、两微和两端）的数字资源宣传推广工作整体规划，统筹安排和共享宣传内容。同时，落实责任，由各个平台终端负责人对宣传推广工作具体执行。并按照此业务逻辑开发了融媒体工作系统，记录工作流程，共享宣传推广素材，形成宣传推广专题知识库。

五、结语

数字资源的宣传推广是数字图书馆时代开启的新业务，融媒体的兴起使得这项传统的图书馆业务面临更多的困难和可能。数字资源的宣传推广必然是以效果作为评估标准的，但这种效果不能仅仅简单以眼球关注来计算，而是以其终极目标——学校的教学科研的支撑效果来衡量的。因此，在融媒体环境下，数字资源的宣传推广效果大多不是显性的，而是应该坚持长尾效应的效果评估理念，让数字资源的融媒体宣传推广得以长期开展。

参考文献

程欢，朱沃权，白振田，等，2006. 关于大学生信息资源检索技术利用情况的调查分析［J］. 农业图书情报学刊（11）.

程静，李欣，2017. "985"高校图书馆多媒体资源建设现状调查与分析［J］. 图书馆学研究（20）.

丁楠，潘有能，2011. 基于关联数据的图书馆信息聚合研究［J］. 图书与情报（06）.

李晓蔚，2016. 高校图书馆微信公众号传播效果实证研究——以四川大学图书馆为例［J］. 图书馆论坛（11）.

李杨，2010. 高校图书馆开展多媒体资源服务的新思路［J］. 图书馆学研究（04）.

刘敏，王琼超，2015. HTML5环境下移动互联开发及在图书馆的应用［J］. 图书馆学刊（06）.

马秋月，2021. 我国高校学生图书馆数字资源利用情况的调查与分析［D］. 哈尔滨：黑龙江大学.

毛军，2006. 图书馆信息服务和搜索引擎的跨界合作［J］. 现代图书情报技术（09）.

汤军军，2017. 新闻传播学考研核心概念精讲［M］. 北京：北京理工大学出版社.

张盛强，2013. 网络学术传播媒介融合性对图书馆的影响研究［J］. 四川图书馆学报（03）.

赵元超，2018. 微信与QQ功能区别和用户差异分析［J］. 传播力研究（30）.

翟爽，李慧，2020. 高校数字资源宣传推广策略研究［J］. 图书馆学研究（07）.

DE ROSA C，CANTRELL J，CARLSON M，et. al，2011. Perceptions ofLibraries，2010：Context and Community［EB/OL］. Dublin, OH：OCLC.［2021－9－22］. https：//www.oclc.org/content/dam/oclc/reports/2010perceptions/2010perceptions_all_singlepage.pdf.

LAW D，2011. "As for the future, your task is not to foresee it, but to enable it"：(Antoine de Saint Exupéry)［J］. IFLA Journal（4）.

微信公众号和小程序在一流大学建设高校图书馆的实践与展望

赵 佳 黄丽娟[①]

摘 要：在当前微信用户规模巨大，微信公众号和小程序使用率极高的背景下，本文对42所一流大学建设高校图书馆的官方微信公众号和小程序进行了调研。通过对图书馆的微信公众号和小程序的实践现状及服务模式进行分析后探讨了当前存在的问题与建议，并对后续服务做了展望。

关键词：一流大学建设高校；图书馆；微信公众号；小程序

国家统计局于2021年2月28日发布的《2020年国民经济和社会发展统计公报》显示，全年移动互联网用户接入流量1656亿G。年末互联网上网人数9.89亿人，其中手机上网人数9.86亿人，互联网普及率为70.4%（PConline资讯，2021）。2021年1月19日，腾讯高级执行副总裁、微信事业群总裁张小龙在"2021微信公开课PRO"——"微信之夜"的活动中表示，每天有10.9亿用户打开微信，有3.6亿用户读公众号文章，4亿用户使用小程序（36e氪，2021）。根据上述手机上网和微信使用的用户数量及规模可以看出微信已经成为手机必备的软件之一。

微信公众号和小程序都是以微信平台为基础搭建的，都属于微信公众平台。微信公众平台是运营者通过公众号为微信用户提供资讯和服务的平台，可分为四个不同账号类型：订阅号、服务号、小程序、企业微信。这四个是并行的体系，其中订阅号和服务号一般统称为公众号。

微信公众号于2012年8月开始启用，主要用于信息的传递，实现人与信息的连接，并通过简单交互为用户提供方便快捷的信息服务。微信小程序于2017年1月正式推出，小程序提供了一个简单、高效的应用开发框架和丰富

[①] 赵佳（1980—），硕士，馆员，四川大学图书馆。黄丽娟（1974—），硕士，馆员，四川大学图书馆。

的组件及 API,帮助开发者在微信中开发具有原生 APP 体验的服务。微信小程序只要扫码或搜索后便可以体验,用完后退出,在整个使用过程中小程序无需下载安装,并不会占用手机空间,这对于手机空间不足的各类用户就带来了极大便捷,应用将无处不在,随时可用。

一、微信公众号和小程序的特性对比

(一) 微信订阅号和服务号

微信订阅号主要为用户提供信息,每天可以向用户群发一次消息,包括文字消息、图文消息、图片、视频、语音等。微信服务号是腾讯提供给机构,机构为个人用户提供服务。每个月可以向用户群发四次消息,推送给用户的消息直接展示在用户的微信好友聊天列表中。

(二) 微信小程序

小程序是在微信内搭建和实现特定服务、功能的平台,类似于简化的 APP,能够实现大多数图书馆目前提供的服务。

(三) 特性对比

首先,公众号和小程序两者的定位不一样。公众号更多围绕信息的展示传递与营销,小程序则面向产品与服务。公众号主要用于信息的传递,实现人与信息的连接,虽然借助 H5 和接口能够实现简单的交互,但具有一定的局限性。小程序主要提供服务,相比公众号运行更加流畅,能够提供更加复杂的产品与服务,同时不支持关注、消息推送等营销手段,但支持公众号、朋友圈、微信群与小程序之间的互动与导流。

其次,公众号和小程序分别使用不同的技术实现。公众号开发基于传统的 H5 技术,运行环境是浏览器。小程序则是基于微信自身开发环境与开发语言,是微信内的云端应用(北京仁科互动网络技术有限公司,2018)。虽然不是原生 APP,但是实际操作及体验基本接近原生 APP。

最后,用户对于公众号和小程序体验不同。公众号的操作受网络环境的影响,延时较大。小程序接近原生 APP,运行速度比公众号快,体验类似原生 APP。

二、一流大学建设高校图书馆微信公众号和小程序的实践现状及服务模式分析

（一）实践现状调研

据研究者在微信公众号中搜索调研，目前我国全部42所一流大学建设高校图书馆都已开通了微信公众号，其中订阅号25个，服务号13个，两者都开通的4个。与此同时，在微信小程序中同时搜索大学与图书馆检索词，检索结果中发现42所一流大学建设高校图书馆中仅有6所大学已开通微信小程序。具体开通情况如表1。

表1 一流大学建设高校图书馆微信公众号和小程序开通表

序号	名称	公众号开通情况（已全部开通）	小程序开通情况
1	北京大学	服务号	已开通
2	中国人民大学	服务号	未开通
3	清华大学	订阅号	未开通
4	北京航空航天大学	服务号	未开通
5	北京理工大学	订阅号	未开通
6	中国农业大学	服务号	未开通
7	北京师范大学	订阅号	未开通
8	中央民族大学	服务号	未开通
9	南开大学	订阅号	未开通
10	天津大学	订阅号	已开通
11	大连理工大学	服务号	未开通
12	吉林大学	订阅号	未开通
13	哈尔滨工业大学	服务号、订阅号	未开通
14	复旦大学	订阅号	未开通
15	同济大学	服务号、订阅号	未开通
16	上海交通大学	订阅号	未开通
17	华东师范大学	订阅号	未开通
18	南京大学	服务号、订阅号	未开通

续表

序号	名称	公众号开通情况（已全部开通）	小程序开通情况
19	东南大学	订阅号	未开通
20	浙江大学	订阅号	未开通
21	中国科学技术大学	订阅号	未开通
22	厦门大学	订阅号	未开通
23	山东大学	订阅号	未开通
24	中国海洋大学	订阅号	未开通
25	武汉大学	订阅号	已开通
26	华中科技大学	服务号	未开通
27	中南大学	服务号	已开通
28	中山大学	订阅号	未开通
29	华南理工大学	订阅号	未开通
30	四川大学	服务号	未开通
31	电子科技大学	订阅号	未开通
32	重庆大学	服务号	未开通
33	西安交通大学	服务号	未开通
34	西北工业大学	订阅号	未开通
35	兰州大学	订阅号	未开通
36	国防科技大学	订阅号	未开通
37	东北大学	订阅号	未开通
38	郑州大学	订阅号	未开通
39	湖南大学	服务号、订阅号	已开通
40	云南大学	订阅号	未开通
41	西北农林科技大学	服务号	未开通
42	新疆大学	服务号	已开通

（二）微信公众号的服务模式分析

一流大学建设高校图书馆公众号主要通过信息推送和展示、自定义菜单两种模式来提供各种服务内容，包括本馆信息推送、借阅相关服务、阅读与资源推介服务、空间设施服务、信息素养服务、科研支撑服务等。

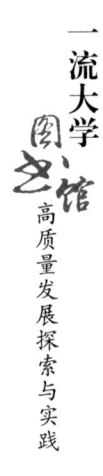

1. 信息推送和展示

微信公众号推送的信息可以瞬时到达用户的手机设备且方便阅读，这对图书馆的信息推送和展示有很大的帮助。服务号的推送消息直接在好友列表中显示，同时提醒用户有新增未读消息。订阅号的推送消息则直接显示在订阅号列表中，也不会提醒用户有新增未读消息，这对于不经常翻看公众号的人来说很容易被忽略，可见服务号的推送效果明显优于订阅号。

2. 自定义菜单提供的服务功能

用户通过绑定校园卡后，一般可以体验到自定义菜单中提供的如下服务内容：本馆信息推送服务（通知公告、新闻动态、活动信息）、借阅相关服务（馆藏查询、图书借阅 & 续借 & 预约）、阅读与资源推介服务（图书推介、资源动态与推介）、空间设施服务（空间、座位的预约等）、信息素养服务（新生入馆教育、讲座培训、咨询 & FAQ）、科研支撑（学科服务、学术视频）等。

（三）微信小程序的服务模式分析

目前已开通小程序的 6 所高校中有 4 所高校为第三方公司提供的数字阅读平台，提供看书、听书、查看期刊、查看视频等内容，未展示与本馆相关的服务内容。其余两所高校均提供了本馆馆藏目录查询，绑定本馆用户后可查看本人图书借阅、预约等个性化服务。其中一所高校还可查看通知公告、资源动态、活动信息等，提供座位预约、教学培训、新手专栏相关视频和游戏等内容，展示部分移动数据库链接。

三、一流大学建设高校图书馆微信公众号和小程序的服务瞻望

（一）一流大学建设高校图书馆微信公众号存在的问题与建议

尽管一流大学建设高校图书馆微信公众号开通率已达到 100%，但仍然存在一些问题，如关注度不高、信息推送内容吸引力不大、服务内容未全面展开、利用程度不高等。建议通过以下几方面进行改善。

1. 提高微信公众号关注率和黏性

高校图书馆微信公众号的用户主要是本校师生，要保持用户黏性的难题之一就是怎样让师生在在校期间不取关图书馆的微信公众号。同时想要提高公众号关注度，首先是增加新用户，可以要求新生关注图书馆微信公众号后，使用微信公众号完成新生入馆教育及使用权限激活。其次是留下老用户，通过公众

号推广各种用户可能感兴趣的竞赛、征文、调研等活动。目前很多高校实行预约入馆政策，也可以通过微信公众号来实现。

2. 保证微信公众号信息推送内容具有吸引力

推送信息的内容是是否吸引用户是需要重点考虑的因素。如何选择信息推送的内容决定其阅读量及转发量。不少图书馆缺乏推送内容的开拓创新意识，不善于从用户中获取反馈，这使得推送的内容没有吸引力，不符合用户实际需要，用户不感兴趣，长此以往微信公众号将被用户抛之脑后。

3. 多利用微信公众号的二级菜单功能

微信公众号的自定义菜单可以提供 15 个二级菜单，目前大多数图书馆尚未将 15 个二级菜单完全利用起来，图书馆应尽量将菜单利用率最大化，以提供多种服务。

（二）一流大学建设高校图书馆微信小程序的服务瞻望

目前，大部分高校图书馆都已开通微信公众号，一流大学建设高校图书馆更是全部已开通，但小程序的开通率并不高。图书馆可以在微信公众号的基础上推广自身小程序，提供更多的服务内容，优化用户使用体验；反之，小程序也能丰富图书馆公众号的服务功能。

1. 小程序与公众号结合扩展图书馆服务范围

微信公众号可以在其菜单中配置小程序入口，也可以在推文内植入小程序二维码，用户长按识别二维码后进入小程序、可以用小程序代码插入推文中的文字或图片，通过点击文字或图片跳转至小程序，这意味着可以通过多种方式引导用户从公众号访问小程序，扩展图书馆的服务范围。

例如，公众号在某个特殊时期推送一篇文章，推文介绍这一时期相关的书籍。之前用户看到推文后，一般通过文章中书名、作者到相关的数据库中查找图书或通过索书号借阅图书馆纸本图书，但有了小程序以后，如果此书具有电子图书，可以通过点击推文中的链接直接在小程序中阅读此书。

2. 小程序利用社交分享优化图书馆服务

图书馆可以利用微信小程序独特的社交特性开展多样的线上交流服务，可以参考目前一些已有小程序的思路，让图书馆小程序提供更好的服务。例如用户可以邀请群友或好友一起参与小程序发布的每日共读任务，用户可以查看往期共读情况，同时查看群友共读排行、群动态等；同样，用户可以和群友或好友一起挑战小程序的读书时间排行竞赛，比拼各自的阅读时长，且可以为群友或好友点赞。这些社交特性可以培养用户的阅读习惯，激发读书的内动力，提高阅读的乐趣。

3. 小程序辅助图书馆 O2O 服务

O2O（Online to Offline）指互联网与线下商务结合的商务模式，通俗来说就是让互联网成为线下交易的前台。目前，图书馆应用 O2O 模式提供了多种服务，如查收查引、图书预约、空间设施预约等。用户利用微信小程序可以方便快捷地通过互联网获取其需要的服务，同时使用手机定位功能助力线下服务推广。

例如，图书馆可以利用微信小程序进一步优化查收查引的服务流程。遇到图书馆有多个分馆时，首先用户通过在小程序上填写完毕查收查引需求。其次小程序通过定位功能得到用户实时位置后，自动推荐与用户距离最近的分馆作为用户的第一目标，同时提供其他分馆位置供用户选择。最后待用户选定分馆后，小程序就可以给用户提供到馆领取查收查引证书的路线指导，同时用户也可以通过定位功能在小程序填写当前收货地址，图书馆将查收查引证书寄送到该地址。

四、结语

微信公众号和小程序在图书馆的应用已经有了一定的基础，一流大学建设高校图书馆已全部开通微信公众号，小程序开通率则相对较低。图书馆应该在继续提升公众号的服务效果的同时大力加强并拓展小程序的服务功能及途径，增加与用户的相互交流。总之图书馆应该通过微信公众号和小程序为图书馆的用户提供更加方便、快捷、卓效的服务，更好地服务一流大学建设目标。

参考文献

北京仁科互动网络技术有限公司，2018. 基于微信开发的应用程序自动化测试方法及系统：201811589487.6［P］. 2018－12－25.

PConline 资讯，2021. 我国手机上网人数 9.86 亿全年移动互联网用户接入流量 1656 亿 GB［EB/OL］.（2021－03－11）［2022－11－14］. https：//new. qq. com/rain/a/20210301A0B4KO00.

36e 氪，2021. 张小龙：每天有 10.9 亿人打开微信，每天有 7.8 亿人进入朋友圈［EB/OL］.（2021－01－20）［2022－11－14］. https：//www. sohu. com/a/445646694＿114778.

高校图书馆"十四五"事业发展规划编制的几个相关问题刍议

——以四川大学图书馆为例[①]

姜 晓 朱珊珊 李 禾 姜婷婷[②]

摘 要：2021—2025是我国国民经济和社会发展第十四个五年规划时期，制定和实施好四川大学图书馆"十四五"事业发展规划，事关学校建设全局和图书馆发展长远大计。本文通过四川大学图书馆十四五事业发展规划编制中对标国内外一流大学图书馆的调研分析及实践，总结出需要思考的几个问题。

关键词：高校图书馆；"十四五"规划

2021—2025是我国国民经济和社会发展第十四个五年规划时期，是我国全面建设社会主义现代化国家新征程的重要开端，也是"两个一百年"奋斗目标的历史交汇期，对我国国民经济和社会发展具有重要的意义。"十四五"时期也是四川大学从建成国内一流大学迈向全面建设世界一流大学新征程的关键时期，是四川大学图书馆加快建设"中国特色、川大风格"一流大学图书馆的重要时期，制定和实施好四川大学图书馆"十四五"事业发展规划，事关学校建设全局和图书馆发展长远大计。四川大学图书馆高度重视"十四五"规划编制工作，于2020年6月启动了规划编制的相关工作，其中的调研工作成为整个编制工作的至关重要的环节。本文拟对"四川大学图书馆十四五事业发展规划"编制调研过程中涉及的相关问题进行梳理研究和实践思考。

---

① 本文系2019年四川大学"图书馆、情报与文献学"项目"新中国四川高校图书馆发展研究"成果之一。

② 姜晓（1965—），本科，研究馆员，四川大学图书馆。朱珊珊（1991—），博士，馆员，四川大学图书馆。李禾（1976—），硕士，副研究馆员，四川大学图书馆。姜婷婷（1986—），硕士，馆员，四川大学图书馆。

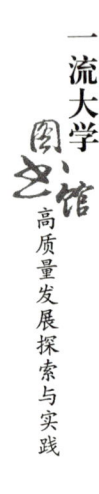

一、高校图书馆"十四五"规划编制的基本依据

高校图书馆"十四五"规划编制应紧跟国家发展，贯彻落实习近平总书记关于"十四五"规划编制的系列重要指示精神，提高政治站位，把增强"四个意识"、坚定"四个自信"、做到"两个维护"贯穿规划起草全过程，深入了解国家层面的发展战略规划和相关规范，更好地发挥国家发展规划战略导向作用，同时紧跟学校发展目标，将战略引领和落地实施结合起来，既着眼于长远，也立足于当下，制定的规划既有方向性、战略性和指导性，也具有可行性、操作性。

（一）梳理高校"十四五"规划编制的指导性文件及依据

1. 国家及省部级层面

2018年，中共中央、国务院下发《关于统一规划体系更好发挥国家发展规划战略导向作用的意见》，确立三级四类规划体系。特别强调：坚持下位规划服从上位规划、下级规划服务上级规划、等位规划相互协调，建立"定位准确、边界清晰、功能互补、统一衔接的国家规划体系"，同时"建立健全规划编制目录清单管理制度，强化规划衔接协调。属各部门日常工作或任务实施期限少于3年的，原则上不编制规划"，对规划编制工作进行了规范。（央广网，2020）

2019年，中共中央、国务院印发的《中国教育现代化2035》是中国第一个以教育现代化为主题的中长期战略规划，是新时代推进教育现代化、建设教育强国的纲领性文件，定位于全局性、战略性、指导性，重点部署了面向教育现代化的十大战略任务，提出2035年主要发展目标是总体实现教育现代化，迈入教育强国行列，推动我国成为学习大国、人力资源强国和人才强国。（共青团中央，2019）

党的十九届五中全会是在"两个一百年"历史交汇点上召开的一次具有全局性、历史性意义的重要会议。全会通过的中央规划建议，统筹考虑"十四五"规划与2035年远景目标。十三届全国人大四次会议通过并批准了《关于国民经济和社会发展第十四个五年规划和2035年远景目标纲要的决议》，这个汇聚全党全国各族人民智慧和意愿的规划纲要，成为开启新征程的行动纲领。（新华社，2021）

此外，中央各部委和各省市陆续出台的有关科技、教育、文化等领域的规划和标准，擘画出未来发展蓝图，如《"十四五"公共文化服务体系建设规划》

《国家基本公共服务标准（2021年版）》《"十四五"文化和旅游发展规划》《关于推动公共文化服务高质量发展的意见》等，成为高校图书馆明确前进方向和奋斗目标、谋划"十四五"时期事业发展的根本遵循。

2. 学校层面相关规划的梳理

高校图书馆是学校文献信息中心，是为教学科研、人才培养服务的学术性机构。教育部2015年印发的《普通高等学校图书馆规程（修订稿）》第二条明确规定："图书馆的建设和发展应与学校的建设和发展相适应，其水平是学校总体水平的重要标志。"（教育部，2016）在全面总结图书馆"十三五"发展成就的基础上，紧密对接学校发展战略，契合学校未来发展的指导思想、主要目标、发展主线、重点任务和重大举措，是图书馆编制"十四五"规划的基本依据。因此，《四川大学"双一流"大学建设方案》《四川大学"十四五"事业发展规划》及《四川大学图书馆章程》等系列文件，是图书馆加强统筹谋划，确保规划的系统性、整体性和协同性的重要基础。

此外，图书馆事业发展规划层属学校"总体规划+专项规划+部门规划"三层体系中的一部分。总体规划是在专项规划和部门规划基础上的高度凝练，专项规划是对总体规划的补充，部门规划则是对专项规划的细化。因此必须保持总体规划、专项规划、部门规划的一致性。在四川大学"1+4+N"的三层规划体系中，图书馆事业发展规划即为"N"中的一个，应与学校规划体例统一、步调一致、衔接紧密。同时，事业规划与下一轮"双一流"建设方案实施周期相同，本质上是同一事物的不同呈现形式。四川大学图书馆"十四五"规划与"双一流"建设方案应契合，保持目标不变、方向不变，承前启后。

（二）对标国内外图书馆一流大学图书馆

1. 国外图书馆战略发展趋势

图书馆战略规划是规范图书馆建设的行动指南，其中蕴含的使命、愿景、价值观及实施策略，在一定程度上指导"建设什么样的大学图书馆"和"怎样建设大学图书馆"。以美国为代表的图书馆战略规划研究起步于20世纪60年代，具有经验丰富、优秀案例参考性强等特点。在调研过程中，我们参阅了美国公共图书馆协会（PLA）《2018—2022年战略规划》《国际图联（IFLA）2019—2024年战略规划》、美国大学与研究图书馆协会（ACRL）《ACRL卓越计划》（*ACRL Plan for Excellence*）《高校图书馆发展大趋势》（*ACRL 2020 Top Trends in Academic Libraries*）以及《欧洲研究型图书馆协会（LIBER）2018—2022发展战略报告》等。

国际图联（IFLA）围绕图书馆未来五年的发展愿景、核心价值观、四大战略及关键举措等方面，提出图书馆的四大发展趋势："未来图书馆的社会责任和专业责任相辅相成、全球和区域协作互促共荣、宣传和行业发展密不可分以及标准体系和服务能力有机统一。"（张洁，2020：14）

美国大学与研究图书馆协会（ACRL）在《2020年学术图书馆的主要趋势：对影响高等教育学术图书馆的趋势和问题的回顾》（"2020 top trends in academic libraries: A review of the trends and issues affecting academic libraries in higher education"）中对高校图书馆的发展趋势进行了综述，其中包括：通过收集和分析学生使用图书馆相关的数据了解学生的学习行为；将机器学习和人工智能引入文化遗产、元数据创建等技术基础设施建设工作，并在信息素养教育中介绍算法的概念和伦理；开放获取；提供数据服务，包括数据分析、数据可视化、数据整合；支持用户对流媒体选择和获取，以及重视对学生的全面支持，促进学生的健康发展等。（ACRL Research Planning and Review Committee，2020）此外在2018年版本的报告中，ACRL还提到了批判性信息素养、数字人文、开放教育资源等。

欧洲研究图书馆协会在《关于图书馆在数字时代为可持续知识提供动力的研究：LIBER 欧洲战略 2018—2022》（"Research libraries powering sustainable knowledge in the digital age: LIBER Europe strategy 2018—2022"）中描绘出三个战略方向：一是图书馆作为创新型学术交流的平台，包括推动研究成果的开放获取，研究数据的管理和开发评估创新研究的指标等；二是图书馆作为数字技能和服务的枢纽，包括使图书馆成为数字文化遗产和数字人文中心，提升图书馆支持文本和数据挖掘的能力，提供版权咨询指导，参与和倡导发展信息伦理等；三是图书馆作为研究基础设施的合作伙伴，通过支持发展合适的基础设施来降低学科之间的障碍。（LIBER，2017）

以上规划对了解、分析图书馆发展的形势和机遇，确立发展目标具有参考价值。

2. 国外高校图书馆

调研还表明，国外高校图书馆的规划均强调要与高校发展战略保持一致，同向同行。加州大学洛杉矶分校图书馆在其《战略规划2016—2019》中提出，希望能够帮助学生发现、获取、创造、分享和保存知识，从而推进加州大学洛杉矶分校的科研、教育和公共服务（UCLA Library，2015）；加州大学伯克利分校图书馆的理念是促进研究、教学和学习（UC Berkeley Library，2018）；华盛顿大学图书馆在其《2018—2023战略规划》中提出了促进学生创新和世界一流科学研究的愿景；伦敦大学学院图书馆通过自身愿景的贯彻，实现对学校愿景的支撑，把图书馆的战略置于学校相关战略背景中；其他高校如哈佛大学图书馆、麻省理工学院图书馆等也均将推动高校学习和科研作为自己的使命；澳大利亚高校图书馆的服务主要集中在科研支持、学习支持、空间再造和开放获取四个方面。

这些规划对影响图书馆及高等教育发展趋势问题进行深入分析，为图书馆未来规划发展和定位提供支持。此外，美国加州大学系统内10所学校高校图书馆的规划文本主要内容涵盖愿景目标、人才培养、交流合作、学科服务、馆藏资源建设、馆员素养提升、评估反馈七个方面。这些规划主旨明确、特色鲜明，具有延续性、规范性、参与主体的多元性、格式体例的完整性、主题内容的丰富性等特点，值得参考借鉴。

虽然中外图书馆发展状况不尽相同，但在全球化背景下，影响各类型图书馆发展的各种因素正日趋同化，因此，分析这些规划，可以了解国外图书馆战略规划中关注的重点、热点，为我们编制规划提供参考借鉴。

3. 国内高校图书馆战略规划横向比较

调研发现，目前国内很多高校在制定发展规划时围绕图书馆发展中"资源""服务""空间""技术""馆员""管理"六个核心要素，积极创新求变。同时，在"双一流"建设的背景下，图书馆在人才培养、科学研究、社会服务、文化传承等方面有不可替代的作用，各高校"十四五"规划都与"一流大学建设方案"相互照应、互为补充。在"一流大学建设方案"中，《上海交通大学一流大学建设方案》明确提出要"构建特色鲜明、结构合理、类型完整的高质量文献信息资源保障体系""扩充更多类型的教学信息资源""探索图书馆智能化信息资源服务范式"等（上海交通大学规划发展处，2017）；《复旦大学一流大学建设总体方案》提出"以图书馆建设为基础，以信息化建设为重点，加快智慧校园建设。借助优质馆藏及数字化信息资源平台，提供开放式空间"（复旦大学，2017）；《中山大学一流大学建设方案》提出要"进一步完善图书馆的文献资源保障体系……使数字学术资源保持领先地位。大力加强特色学术资源的建设，为学科建设打造可持续发展的学术资源平台。全面建设现代化大学图书馆，改善各校区图书馆空间的布局和设施，提供更好的服务条件"（中山大学，2018）。

在"十四五"规划中，南京大学图书馆提出：在"四大资源"（人才资源、文献资源、智慧资源、文化资源）建设思路基础上持续努力，实现管理与服务的精准转型与变革，为学校的人才培养、科学研究、社会服务、国际交流等，提供精准化服务。概括言之，是与南京大学的"双一流"建设发展目标同频共振。建设"一平台、四中心",即智慧图书馆与服务支撑平台,文献与数据资源中心、学习支持中心、科研支持中心、古籍保护与文化传承中心。武汉大学图书馆的主要目标确定为建设中国特色、世界一流大学图书馆"五中心",即文献资源中心、教学支持中心、科研支持中心、文化教育中心、艺术博物中心,并将发展定位为"围绕立德树人,通过创新管理机制,健全管理制度,完善治理体系,深化思政党建,图书馆进一步建设成为'双一流'建设智库、'三全'育人重镇、大学生学习天堂及文化艺术素质教育高地"。西安交通大学图书馆提出"聚焦学校一流人才培养、一流学科建设和创新港建设,实现服务新突破",建设"服务一流人才培养,服务一流学科建设和服务中国西部科技创新港建设"的目标。

总之,国内一流大学图书馆发展规划都与学校的人才培养、科学研究、社会服务等方面发展紧密衔接,全面强化。

4. 其他高校图书馆

为全面了解各高校图书馆规划编制情况,调研还选取省内18所院校,其中包括5个"双一流"高校图书馆、10个四川省内本科院校图书馆以及3个四川省高等职业院校图书馆。在图书馆发展目标、发展方向表述中出现关键词"特色"的频率为75%,出现"智慧化"及相关内容等关键词的频率为50%,出现关键词"学术""学习"以及"研究型"的频率为58.3%。以用户为导向,以人为本等内容占66.7%,加强信息技术、基础建设与数字化占41.6%,加强人才培养相关内容占25%,服务与管理的创新相关内容占92.6%,其余是文化培育、资源建设等内容。

由此可见,在大多数高校图书馆的认知中,服务的创新转型、管理的优化提升已经成为未来发展的重中之重,而信息化水平提升和人才培养也占有重要地位。

二、高校图书馆"十四五"规划编制中对师生未来需求的调研

(一)师生需求调研

需求是图书馆发展动力所在,而准确预测师生未来的发展需求,最好的办法是调研。为全面了解师生的需求和意见,四川大学图书馆组织设计调研问卷,充分发挥图书馆志愿者队的作用,通过现场发放纸质问卷、在图书馆主页和微信平台线上问卷等方式,开展线上、线下问卷调研工作,问策于师生。

1. 调研提纲制定

在制定调研提纲时，主要围绕以下几点：一是全面呈现"十三五"期间川大图书馆发展状态和现实基础，突出亮点工作和主要成绩；二是认真做好图书馆内部评估与外部环境分析，提出图书馆未来五年面临的"发展机遇""挑战和瓶颈"；三是确立图书馆"十四五"发展的指导思想和目标；四是明确图书馆"十四五"重点任务及核心指标；五是图书馆"十四五"规划的组织实施保障。

2. 调研问卷设计及发放形式

本次调研关注的对象为全校师生，调研内容分为三部分。第一部分是对图书馆现状的评价，设计为矩阵量表题，内容包括文献资源建设、文献信息服务、文化建设活动、空间建设、基础设施建设等方面。第二部分采用开放式题目方式，搜集对图书馆建设规划的意见建议，主要是了解"四个行动计划"的师生认同度。第三部分仍采用开放式题目，征求师生对图书馆的发展期望，为图书馆"十四五"发展建言献策。

本次问卷调查采用线上和线下相结合的方式，线上主要通过微信和图书馆主页链接作答，线下则是将纸质版问卷分发到文理馆、工学馆、医学馆和江安馆四个分馆，由各分馆办公室组织志愿者分发给到馆师生填写。线上和线下相结合方式对扩大调研面、方便师生填写和提升参与度起到积极作用。

3. 调研问卷分析

本次调查时间期限为10天，共收到1086份有效问卷，其中582份问卷来源于线上收取，504份问卷来自线下收集整理。问卷填报人员主要为本科生和硕士生，占填报总人数的96.3%，博士生2.9%。教职工仅有5人填报，需要采用其他方式征集意见和建议。问卷填报人员的学科专业主要分布在文、理、工、医四个专业方向，其中理科方向人员数量较其他三科人员较少，仅占14.7%。问卷分设客观评分和主观开放题目。师生积极参与，踊跃献计献策。征集各类意见、建议2113条。

（1）师生满意度分析

总体而言，师生对"十三五"期间四川大学图书馆各方面发展及亮点工作满意度超过90%，但同时也对图书馆部分服务工作和设施条件表示不了解或不满意（详见表1）。

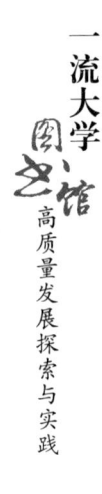

表1 图书馆现状评价汇总表

	非常不满意或不了解	不满意	满意
文献资源建设	231（5.32%）	85（1.96%）	4025（92.72%）
文献信息服务	399（4.16%）	150（1.56%）	9041（94.28%）
文化建设活动	223（6.86%）	42（1.29%）	2986（91.85%）
空间建设	516（5.32%）	163（1.68%）	9020（93.00%）
基础设施建设	100（2.31%）	192（4.44%）	4035（93.25%）

注：统计内容针对调研问题的数量。

具体而言，在文献资源建设方面，师生对纸本资源和电子资源的满意度较高，达95.58%和93.27%。矩阵量表题平均分为4.22，但师生仍希望引进更多的学科数据库。对于特色馆藏和古籍以及多媒体资源，不了解或不满意的分别为10.04%和7.93%，占比相对较高，主要原因是师生需求少或宣传不到位。

在图书馆文献信息服务，矩阵量表题平均分为4.33，师生对文献借阅、知识导航、自助服务、网页网站、校外访问系统等方面的满意度较高，分别为96.68%、95%、95%、85%、96.5%。在不了解或不满意的师生中，知识服务、讲座培训、移动图书馆和学科服务的人数较多，主要原因是低年级学生需求较少或宣传推广不到位。

在图书馆文化建设活动方面，矩阵量表题平均分为4.23，相比而言，师生对图书馆"文化建设活动"不了解（不满意）的占比较高，均值为6.86%，其中"四季书香阅读推广活动"占比10.70%。这说明图书馆针对本科生的宣传力度需要加大，宣传方式需要改进。

在图书馆空间建设方面，矩阵量表题平均分为4.29。师生对图书馆指引标识、装饰风格等满意度较高，占96.66%和97.1%。"不了解"最高值在空间建设方面，师生对多功能空间、休闲空间和创客空间不甚了解，其中对"创客空间"不了解的有119人，占比11.02%，对"阅览空间"不满意度为3.26%。

在图书馆基础设施建设方面，矩阵量表题平均分为4.23。其中师生对图书馆基础设施不满意度最高，共有119人填写，占比4.43%，其中对硬件设施、网络设施和环境卫生不满意的人数较多，最不满意的是环境卫生，占比6.18%。

（2）开放式问卷汇总分析

开放式问题调研是师生表达真实意愿和需求的最佳方式，受到师生欢迎，共收到各类意见、建议2113条。在图书馆强化文献信息资源全保障方面，共收集384条意见建议，师生主要就交叉学科、前沿学科文献资源建设，充分利用信息资源流量大数据评估、优化信息资源配置，协调一般学习资源和重点学科资源提供，对各学科的资源需求进行评估，引入前沿领域的最新资料等方面提出建议，希望图书馆优化信息资源结构和配置，采用科学的评价方式，为学校教学科研、人才培养和学科建设发展建立科学合理的信息资源保障系统。

在图书馆深度融入学科建设全领域方面，共收集287条意见和建议。师生建议主要有：加强调研，与学院、教务处合作，了解需求，有针对性地开展学科服务；将图书馆的资源与学科课堂进行链接；实行学校图书馆与各学院共建图书馆，针对需求差异制定个性化分层服务模式，满足师生需求；建立每个专业的推荐书籍专柜；学科建设全覆盖，既要关注支持重点学科建设，也要关注扶持弱势学科建设等，重点关注图书馆学科服务的覆盖面、专业化和个性化，并提出了增加学科前沿和交叉学科文献信息资源以及资源服务直达课堂的需求。

在图书馆全面融入人才培养全过程方面，共收到建议289条。师生就图书馆讲座的内容、形式及传播度，增设每个专业老师推荐专业入门书籍，进一步提升大学生的信息资源检索能力、人际交流能力及表达能力，加大学生跨学科素养的培养力度，以及扩大图书馆的文化辐射，开展多种形式读书分享会和知识竞赛，在通识教育上发挥更多作用等方面献计献策。

在图书馆进一步加强空间服务资源整合发展方面，共收集328条意见和建议。师生建议意见集中在学生宿舍围合设立微型图书馆；将图书馆进行功能分区，动静分区；扩大空间，根据人体工学设计，增加多样化、个性化座位，增加安装插座；改善网络条件、阅览区域灯光配置及卫生间条件，增加女厕蹲位等方面。

在对川大图书馆新馆建设和未来发展的其他建议方面，共收集810条意见和建议，主要集中在改善硬件设施、增设休闲空间、优化改善图书馆管理系统、增加新书和数据库种类、开展各类文化活动、提高图书更新速度等方面，其中，师生对图书馆新馆的建设及功能设计给予了极大的关注和期盼，提出了近500条建议。

图书馆汇总分析、逐条研究收集到的建议和意见，有的直接采纳，有的整合转化，尽可能纳入规划内容。

三、图书馆"十四五"规划编制的几点思考

如前文所述,高校图书馆"十四五"编制除紧跟国家和学校的发展目标,关注并对标国内外一流大学图书馆发展,准确预测了解师生需求等,还应注意以下几个问题。

1. 参与主体应具有多样性

调研显示,战略规划的制定和实施过程中注重战略规划参与编制和评估主体的多样性至关重要。四川大学图书馆在调研过程中,除对外设置形式多样的调研方式如线上线下问卷调查、读者座谈会、开设馆长信箱等方式收集建议,还对内通过多方式、多渠道让馆员参与"十四五规划"的编制和实施,包括下发提纲,请各中心、部门讨论提出本部门"十四五"规划的思路、目标和措施。各部门建议主要内容涵盖愿景目标、馆藏资源建设、文献服务、学科服务、技术提升、人才培养、空间改善、交流合作、文化建设及馆员素养提升等诸多方面,丰富了规划的内容。通过"圕学讲习所"开设相关课程5次,召开专题研讨会2次,动员宣传、了解学习四川大学图书馆"十四五"规划的制定思路、发展目标和重点措施,让全馆职工主动参与,建言献策。除此之外,还采用专家专题报告等形式问策于专家,提升规划编制的科学性和前瞻性。

2. 突出"川大实践""川大特色"

图书馆事业发展规划层属学校三层体系中的一部分,与学校规划衔接呼应。在学校的规划中,对学校未来发展作出总体谋划和系统部署,推出一系列具有支撑性、引领性、带动性的重大项目、重大平台、重大改革,将为建成"中国特色、川大风格"世界一流大学奠定坚实基础。围绕战略目标,凝练出"1、10、100、1000"(简称"一十百千")四项"十四五"发展核心目标,从六个方面提出了"十四五"实现"六个新"发展具体目标,并规划出未来五年的七项主要建设任务,彰显了川大特色。

四川大学图书馆的发展规划内容全面配合学校规划的核心目标、具体目标和主要建设任务,突出"川大实践""川大特色",同时在充分调研,多方参与,问计于专家和师生、馆员的基础上,在发展目标上提出"高质量推进中国特色、川大风格的一流大学图书馆建设,重点打造'引领知识服务和创新服务的智慧图书馆'和'最有文化底蕴和文化品位的文化图书馆'",规划建立和健全新时代高校图书馆"六大体系",即完备的文献信息资源保障体系、完善的文献信息资源利用体系、高效的文献信息资源服务体系、规范的文献信息资源

安全体系、科学的文献信息资源开发体系、系统的文献信息资源管理体系，同时提出实施一流大学图书馆建设"四大行动计划"的创新举措。在图书馆馆长党跃武提出"不拼数量拼质量、不拼条件拼理念、不拼技术拼应用、不拼全面拼特点"思路下，探索一条在西部创建世界一流大学图书馆的道路。

3. 战略规划的延续性

高校"十四五"规划编制应强化规划衔接协调，保持与"十三五"规划的内容的延续性和发展性，以"十三五"期间发展成果为基础，如四川大学图书馆"十三五"期间推进的以"四位一体信息资源构建计划""四类高端知识服务打造计划""四季书香阅读推广发展计划""四大特色文化资源开发计划"为主要内容的一流大学图书馆建设，成为"十四五"建设规划主体内容的重要组成，为四川大学图书馆"十四五"建设奠定了良好的基础。

综上，"十四五"规划编制是一项系统性极强、涉及面极广的工作，需要思考的问题也有很多，因篇幅和研究者水平有限，难免遗漏。本文仅就调研过程中所思、所想、所为，总结为以上几个方面加以阐述，望同行不吝赐教。

参考文献

复旦大学，2017. 复旦大学一流大学建设总体方案［EB/OL］.（2017-12-28）［2020-11-03］. http：//www.xxgk.fudan.edu.cn/f7/55/c12546a128853/page.htm.

共青团中央，2019. 中共中央、国务院印发《中国教育现代化2035》［EB/OL］.（2019-02-24）［2021-10-11］. https：//baijiahao.baidu.com/s？id=1626351473041230577&wfr=spider&for=pc.

教育部，2016. 教育部关于印发《普通高等学校图书馆规程》的通知［EB/OL］.（2016-01-04）［2021-10-11］. http：//www.moe.gov.cn/srcsite/A08/moe_736/s3886/201601/t20160120_228487.html.

聂华，2017. 转型中的澳大利亚大学图书馆：重新定位、重塑功能、重现价值［J］. 大学图书馆学报（06）.

上海交通大学规划发展处，2017. 上海交通大学一流大学建设方案［EB/OL］.（2017-12-31）［2020-11-03］. https：//plan.sjtu.edu.cn/info/1025/1209.htm.

新华社，2021. 中华人民共和国国民经济和社会发展第十四个五年规划和2035年远景目标纲要［EB/OL］.（2021-03-13）［2021-10-11］. http：//www.gov.cn/xinwen/2021-03/13/content_5592681.htm.

徐健晖，2020.《2019—2022年伦敦大学学院图书馆服务战略》解析与启示［J］. 大学图书馆学报（05）.

央广网，2020. 更好发挥国家发展规划战略导向作用 推进"十四五"时期经济社会高质量发展［EB/OL］.（2020－11－01）［2021－10－11］. https：//baijiahao. baidu. com/s? id=1682147206580597634&wfr=spider&for=pc.

张洁，2020.《国际图联 2019—2024 年战略规划》分析及启示［J］. 图书馆工作与研究（04）.

中山大学，2018. 中山大学一流大学建设方案精编版［EB/OL］.（2018－01－08）［2020－11－03］. http：//xxgk. sysu. edu. cn/ml/ml03/371064. htm.

ACRL Research Planning and Review Committee，2020. 2020 top trends in academic libraries［EB/OL］.（2020－06－11）［2020－11－03］. https：//crln. acrl. org/index. php/crlnews/article/view/24478/32315.

LIBER，2017. Research libraries powering sustainable knowledge in the digital age：LIBER Europe strategy 2018－2022［EB/OL］.（2017－11－20）［2020－11－03］. https：//libereurope. eu/wp－content/uploads/2020/12/May2017Mail_LIBER－Strategy－2018－2022. pdf.

MIT Library，2016. Institute－wide Task Force on the Future of Libraries［EB/OL］.（2016－10－24）［2020－11－03］ https：//future－of－libraries. mit. edu/sites/default/files/FutureLibraries－PrelimReport－Final. pdf.

UC Berkeley Library，2018. STRATEGIC PLAN：MISSION［EB/OL］.［2020－11－03］. https：//stories. lib. berkeley. edu/missionvision/.

UCLA Library，2015. Strategic Plan 2016－19［EB/OL］.［2020－11－03］. https：//www. library. ucla. edu/about/administration－organization/strategic－plan－2015/missionvision.

高校图书馆网站读者个人信息保护政策的调查与优化策略

范 琴 党跃武[①]

摘 要：本文梳理国际范围内图书馆读者隐私保护理念的发展历程，介绍我国图书馆读者个人信息保护研究现状，在对麻省理工学院、哈佛大学、牛津大学等QS世界排名领先的高校的图书馆网站读者个人信息保护政策调查分析的基础上，从加强图书馆个人信息保护意识、以相关法律政策为指导、确立数据分类分级管理思想、设置个人信息保护专员、建立读者申诉机制五个方面，为我国高校图书馆网站的隐私政策制定提供优化策略。

关键词：高校图书馆；读者个人信息保护政策；信息收集；国家立法；个人信息保护法

一、图书馆读者个人信息保护研究现状

随着信息技术和大数据的发展，数字化、网络化、智能化加速推进，个人信息处理活动更为普遍。网络空间中产生、保存、使用的大量个人数据，在深入挖掘和分析后的"二次使用"也成为社会常态，不仅成为生产者的商机，也为消费者提供了便利。但是，在数据越来越开放的社会实践中，个人数据安全领域事件频发，泄露、非法买卖、违法利用个人信息的案例层出不穷。公共领域与个人领域交织、技术发展的悖论、隐私保护法律体系的缺失等都导致了个人信息的不安全风险。个人信息的法律保护问题是近半个世纪以来随着信息社会的发展而日益凸显的问题，个人隐私数据的保护和管理问题由此越来越引起世界各国的重视。各国相继颁布法律法规，规范信息处理者对信息主体的信息

[①] 范琴（1998—），硕士研究生，四川大学公共管理学院。党跃武（1967—），硕士，教授，四川大学教务处处长、原图书馆馆长。

处理行为，加强对信息主体个人信息的保护，如 2018 年欧盟发布《通用数据管理条例》，美国加州 2018 年通过《加州消费者隐私法案》（California Consumer Privacy Act），英国出台《英国通用数据保护条例》（The UK General Data Protection Regulation）和《数据保护法案》（The Data Protection Act）。世界范围内个人信息保护相关法律法规的制定和修订为我国《个人信息保护法》的出台提供了借鉴。

图书馆一直有保护读者个人信息的历史。美国图书馆协会于 2002 年专门针对图书馆权利中的隐私权问题发表了《隐私：图书馆权利宣言的一个解释》，强调对读者隐私的保护是图书馆义务，并规定了读者的信息权利。（刘可静，孙铮，2011：92-94，113）国际图联在 2008 年的《国际图联关于历史记录中个人可识别信息的获取声明》中表示，图书馆应当帮助以学术研究为目的的研究人员获取个人可识别信息。2013 年《国际图联趋势报告》将"隐私和数据保护的边界被重新定义"确立为五个重要发展趋势之一。其后颁布的《国际图联图书馆环境下的隐私声明》为落实读者在线隐私和安全保护工作提供了系列指导意见。我国 2017 年通过《公共图书馆法》，其中第 43 条明确读者个人信息类型、规定公共图书馆承担读者个人信息保护的义务，第 50 条明确公共图书馆未履行保护义务将承担的法律后果。2016 年通过的《东莞市公共图书馆管理办法》第 54 条、2020 年修改后的《四川省公共图书馆条例》第 35 条、2021 年实施的《佛山市公共图书馆管理办法》第 55 条明确表示，对未认真履行读者隐私保护任务的公共图书馆进行处罚。无论是国家层面的法律，还是省市级层面的法规和管理办法，对于图书馆读者隐私的保护和相关处罚办法，我国都是从公共图书馆的视角展开，涉及高校图书馆的有限。

当前，学界对图书馆读者个人信息的研究主要集中在基础研究（如读者信息权利、读者个人信息的定义与分类、读者敏感信息的保护）、读者个人信息的保护技术研究、读者个人信息的保护框架研究、读者个人信息相关法律的内容研究等四个方面。但是，从图书馆网站读者个人信息保护政策的视角来看，探索读者个人信息保护的研究相对有限。对图书馆个人信息保护政策的研究主要集中在对国内各地区图书馆的调研，如陈淑文等研究台湾地区大学图书馆读者个人信息保护政策（陈淑文，等，2018：75-82），何宁宇调查香港地区高校图书馆网站读者个人信息保护政策（何宁宇，2016：18-24），韩娟娟对内地 39 所 985 高校图书馆和港澳台部分知名高校的读者个人信息保护政策的对比研究（韩娟娟，2017：96-102）。对于国外图书馆网站隐私政策的调研研究主要集中在公共图书馆和国家图书馆，如唐开敏、郑晰少对 4 个加拿大公共图书馆系统（171个公共图书馆）和10个加拿大高校图书馆进行调研（唐开敏，等，2010：38-40），徐磊对英、德、法等10国国家图书馆网站读者个人信息保护政策的调查分析（徐磊，2021：22-31），田淑娴、许春漫对比分析美国国会图书馆、澳大利亚国家图书馆、大英图书馆及新加坡国家图书馆网站隐私政策（田淑娴，等，2017：26-30），王英比较分析2012年与2017年44个国家或地区图书馆协会隐私原则和隐私政策的数据集变化（王英，2020：28-34，80），对高校图书馆隐私政策的调查研究较少。由于2020年实施的《信息安全技术个人信息安全规范》将"隐私政策"改为"个人信息保护政策"，本文不再严格区分个人信息保护政策与隐私政策之差异，对于各类不同的名称本文将一律称为"读者个人信息保护政策"。

  本文立足高校图书馆的网站读者个人信息保护政策，调查目前实施情况，分析优势和不足并查漏补缺，以期更好地促进高校图书馆事业的发展。本文的研究目的是了解和学习国外高校图书馆网站读者个人信息保护政策的制定情况。QS世界大学排名是英国Quacqureli Symonds发表的年度大学排行榜，是世上最受关注的大学排行榜之一。本文根据2021年QS世界大学排名榜，选择排名靠前的10所大学（如果没有大学网站、图书馆网页、非英语或打不开，则依次推后），将其图书馆网站作为调查对象。由于排名前十的高校中剑桥大学和加州理工大学图书馆没有专门的网站读者个人信息保护政策，而是强调根据学校的保护政策来执行，为保证调研对象内容的切合性，本文依次调研排名在前十后面的高校，最终选择耶鲁大学和哥伦比亚大学作为替补。本文主要运用网络调查法和内容分析法对图书馆网站读者个人信息保护政策进行内容分析。

二、世界高水平高校图书馆网站读者个人信息保护政策内容分析

（一）读者个人信息保护政策概况

  本研究于2022年2月20日获取了麻省理工学院、牛津大学、斯坦福大学、哈佛大学、帝国理工学院、苏黎世联邦理工学院、伦敦大学、芝加哥大学、耶鲁大学、哥伦比亚大学十所高校图书馆网站读者个人信息保护政策文本，尽管各个高校图书馆网站读者个人信息保护政策的指导思想、法律环境不尽相同，但普遍对读者个人信息的收集、保存、使用、披露、个人信息权利等进行了规定，并且部分网站对隐私政策进行定期或不定期更新（吴婷，2017：

115—120）。具体情况如表 1、表 2 所示。

表 1　国外高校图书馆网站读者个人信息保护政策概览

序号	政策名称	最后更新时间（截至数据获取时）	政策架构
1	麻省理工学院图书馆（数据隐私政策）【美国】	2020 年 11 月	（1）介绍（2）数据收集（3）谁有权访问收集的数据（4）与第三方共享数据（5）处理用户的数据（6）数据保留（7）数据的完整性和安全性（8）数据的权利（9）问责制
2	牛津大学博德利图书馆（隐私政策）【英国】	不详	（1）谁在使用用户数据（2）个人数据定义（3）收集用户数据类型（4）如何使用用户数据（5）与第三方共享用户数据（6）存储或使用用户数据的方式（7）第三方网站（8）保留用户数据（9）用户数据权利（10）cookies（11）政策变更（12）联系方式
3	斯坦福大学图书馆（关于用户隐私和数据库访问的声明）【美国】	2020 年 10 月 1 日	（1）收集和处理的个人信息（2）cookies（3）分享用户个人信息（4）个人信息的国际传输（5）收集和处理的非个人身份信息（6）信息安全（7）营销（8）EEA 数据主体权利（9）访问和选择（10）信息保留（11）政策更新（12）联系信息
4	哈佛大学图书馆（霍利斯隐私声明）【美国】	不详	（1）信息收集（2）信息使用（3）信息共享（4）cookies 和相关技术（5）信息保护（6）联系与反馈（7）位于欧洲经济区和英国的用户（8）更改声明
5	帝国理工学院（图书馆服务隐私声明）【英国】	2022 年 2 月	（1）关于政策（2）收集信息类型（3）如何收集有关用户信息（4）如何使用用户信息（5）自动决策和分析（6）更改（7）与谁共享用户的信息（8）信息安全（9）数据主体的权利（10）信息保留（11）访问持有的用户信息（12）数据保护官
6	苏黎世联邦理工学院【瑞士】	2020 年 12 月	（1）介绍（2）个人数据的处理（3）法律依据（4）第三方的共享（5）读者权利（6）技术和组织措施（7）联系方式（8）修正案
7	伦敦大学学院图书馆（服务隐私声明）【英国】	不详	（1）简介（2）关于我们（3）收集的用户个人数据（4）如何使用用户的个人数据（5）与谁共享用户的个人信息（6）国际传输（7）信息安全（8）数据保留（9）用户权利（10）联系我们（11）投诉
8	芝加哥大学图书馆（隐私声明）【美国】	不详	（1）介绍（2）收集的信息及其使用方式（3）图书馆工作站和网络的使用（4）使用图书馆网站时收集的信息（5）认证使用图书馆资源（6）用户提交的个人信息（7）从图书馆网页链接的网站（8）安全（9）问题咨询
9	耶鲁大学图书馆（隐私政策）【美国】	2021 年 7 月 14 日	（1）什么是个人数据（2）收集什么数据（3）如何使用数据（4）不对用户的数据做什么（5）与第三方共享数据（6）更新用户数据（7）数据保留（8）数据安全

续表

序号	政策名称	最后更新时间（截至数据获取时）	政策架构
10	哥伦比亚大学图书馆（图书馆记录和个人身份信息的保密政策）【美国】	不详	（1）简介（2）纽约民事实践法和规则4509，第112章，1988年法律（3）个人身份信息的保密性

表2 国外高校图书馆网站读者个人信息保护政策的主要内容

序号	高校	收集和使用个人信息	cookies等	安全保护	与第三方共享信息	个人信息的存储	信息权利	更新	联系方式
1	麻省理工学院图书馆（数据隐私政策）【美国】	√		√	√	√	√		√
2	牛津大学博德利图书馆（隐私政策）【英国】	√	√		√	√	√		√
3	斯坦福大学图书馆（关于用户隐私和数据库访问的声明）【美国】	√	√		√		√	√	√
4	哈佛大学图书馆（霍利斯隐私声明）【美国】	√	√	√	√			√	√
5	帝国理工学院（图书馆服务隐私声明）【英国】	√		√	√	√	√		
6	苏黎世联邦理工学院【瑞士】	√			√		√	√	√
7	伦敦大学学院图书馆（服务隐私声明）【英国】	√		√	√	√			√

续表

序号	高校	收集和使用个人信息	cookies 等	安全保护	与第三方共享信息	个人信息的存储	信息权利	更新	联系方式
8	芝加哥大学图书馆（隐私声明）【美国】	√		√	√	√	√	√	√
9	耶鲁大学图书馆（隐私政策）【美国】	√		√	√	√			
10	哥伦比亚大学图书馆（图书馆记录和个人身份信息的保密政策）【美国】	√							

从表 1、2 中可以发现，各个高校图书馆读者个人信息保护政策内容差异较大，有些内容简单、生效时间早、更新缓慢，如哥伦比亚大学；有些内容详实、生效时间早、更新速度快，如芝加哥大学、伦敦大学。

（二）收集类型

各个高校都对收集读者个人信息类型进行说明，但说明方式不同。有些采用列举式，详细具体地一一介绍，如芝加哥大学明确说明会自动收集访问图书馆网站的互联网域和 IP 地址、用于访问图书馆网站的浏览器和操作系统的类型、访问图书馆网站的日期和时间、访问页面等四类信息。伦敦大学学院和哈佛大学也是如此。有些则采用分类列举的方式根据信息特征差异先分为不同的类别，再详细列举，如麻省理工学院将其分为网络浏览信息（基于网络的发现工具搜索资料、提交网络表格、直接或通过聊天或电子邮件与图书馆工作人员互动时的信息）、软件使用信息（计算机的 IP 地址、标识读者 Web 浏览器的用户代理字符串）、生物及影像信息（进出图书馆的记录、通过摄像头和传感设备捕捉到的生物和位置信息），牛津大学将其分为技术信息（设备类型、IP 地址、登录信息、浏览器类型和版本、时区设置、浏览器插件类型和版本、操作系统、移动网络信息和平台）和访问网站的信息（完整的统一资源定位符、进出网站的点击流、查看的页面、页面响应时间、下载错误、对某些页面的访问时长、页面交互信息、用于浏览离开页面的方法）两类信息，斯坦福大学将其分为个人信息（可以合理用来识别您身份的任何信息）和敏感信息（种族或民族、政治观点、宗教或哲学信仰或工会会员资格、基因数据、生物特征数据、与健康有关的数据以及与自然人的性生活有关的数据或性取向）。

此外，耶鲁大学确立了收集和处理读者个人信息的三个原则：①合法性，仅在确定了拟使用的个人数据的合法依据时才会处理读者的数据；②公平性，尽最大努力确保不会以任何不合理的方式或可能对读者产生不利影响的方式使用读者的数据；③透明度，尽最大努力为读者提供有关耶鲁大学图书馆如何使用读者个人数据的详细信息。

（三）收集方法

部分高校图书馆网站详细介绍了读者个人信息的收集途径。收集途径主要分三类：一是直接收集，读者在完成账号注册或填写表单时主动直接向图书馆提供；二是自动收集，图书馆的大多数系统根据系统访问和在线交互来收集读者个人信息，如耶鲁大学通过cookies、applet、脚本、服务器日志、自定义URL参数、跟踪图像、信息和通信或web分析等技术收集信息；三是外部收集，通过学校系统内部的人事部门或招生处获得。

（四）收集的情景

部分高校图书馆网站对读者个人信息的和收集使用情形进行了具体规定，一般都是高校图书馆履行职责或完成业务所必需的场景，分门别类详细地罗列读者信息的收集情景，如帝国理工学院图书馆基于以下情形收集和使用读者个人信息：履行法律义务（如性别薪酬差距监测、就业、健康和安全、法定报告等有关）；用于预防和侦查犯罪；助警方和其他主管当局进行的调查（包括刑事调查）；改善图书馆用户的体验，提高学院学习、教学和评估活动的有效性，支持图书馆服务的设计；进一步了解读者群体，以提高参与度，拓宽访问权限，增加多样性，以便更好地支持用户。

此外，帝国理工学院还仔细说明因要进行自动化决策和分析收集读者个人信息，利用机器学习和统计分析寻找非标准模式和行为，根据妥协指标为活动分配分数或概率，例如大量下载、来自多个国家和多个IP地址的连接。使用用户远程访问图书馆期刊的假名日志信息（如假名用户名、假名IP地址、国家、城市、时间和http状态）来构建和部署模型，以进行机器学习和统计分析，以增强现有日志文件分析，从而防止网络攻击和欺诈活动。

（五）披露与共享

一种侧重于对读者个人信息的保护，部分高校承诺一般不会披露读者个人信息。如哥伦比亚大学图书馆明确规定："与读者个人使用图书馆及其资源有关的所有图书馆记录都是保密的。图书馆工作人员可以在开展图书馆运营的过程中查阅和使用这些记录，但除非图书馆用户请求或同意，或根据传票、法院命令或法律要求，否则不会向他人披露。此类披露只能由董事在与大学图书馆员和大学法律顾问协商后进行。"

另一种在政策中明确指出将会共享和披露读者个人信息。用户个人信息共享主要分为四种情况。一是与高校系统内的各个部门（如校友办公室、学生所在学院、财务部）共享用户违反图书馆规定的行为记录、用户个人基本信息和图书馆使用统计数据，如帝国理工学院、伦敦大学学院。二是遵守适用于图书馆的法律程序、传票、命令或其他法律或监管要求，执行图书馆的使用条款或其他政策，以及寻求可用的法律补救措施或为法律索赔辩护，向政府机构披露用户个人信息，如牛津大学指出"我们有义务披露或共享您的个人数据以遵守任何法律义务"。三是与第三方供应商共享用户个人信息，如伦敦大学学院规定当用户在使用数据库列表、学习空间预订时会向提供和托管图书馆管理系统的第三服务商共享用户 IP 地址等网络浏览记录和个人基本信息。此外，有些高校虽会与第三方共享用户个人信息，但对第三方的使用和处理进行要求，如麻省理工学院规定第三方供应商代表图书馆处理的信息通常受本隐私政策的约束且会通过合同约束第三方供应商使用和处理的安全要求。四是向外部披露用户个人信息，但此时的用户个人信息是去识别化信息，如麻省理工学院。这四种情况有些高校全部包含，如芝加哥大学、麻省理工学院。有些高校只包含两三种，如帝国理工学院会将读者个人信息与高校系统内部部门和政府部门共享，但不会向第三方服务提供商（如电子书、期刊、数据库、参考管理软件或预订服务提供商）共享用户个人信息。

（六）个人信息权利

在 10 所调研的高校中，哥伦比亚大学、斯坦福大学、哈佛大学、芝加哥大学、耶鲁大学并未设置这一章节，其余 5 所高校都对读者个人权利进行说明。说明方式主要采取有两种：一是笼统式，即没有在政策中专设一章来明确阐释读者拥有哪些信息权利，只笼统指出读者拥有选择权，如牛津大学；二是列举式，简单说明并列举读者拥有的权利，如麻省理工学院规定读者拥有访问权、更正权、擦除权、限制或反对处理权、数据可移植权。

在调研的 10 个高校图书馆中，伦敦大学学院图书馆的读者个人信息保护政策和对读者信息权利的规定最为全面细致，明确指出读者拥有访问权、更正补充权、删除权、限制处理权、撤回同意权、反对处理权、请求传输权。

（七）信息保存

对图书馆收集读者个人信息存储期限的说明有三种类型。一是根据整个高校系统的数据保存计划，如帝国理工学院是按照学校的《保留时间表》。二是综合考虑多种因素来判定，如麻省理工学院规定："图书馆根据生命周期保留用户数据，生命周期由数据的风险分类和对该数据的操作需求提供。一旦对信息的有效需求到期，会在删除之前将其保留一段指定的时间，保留期限由信息的风险类别决定。归类为高风险的数据在主动使用后由图书馆保留 30 天或更短时间。与个人标识符（例如您的姓名或电子邮件地址）相关联时被视为高风险的数据可能会在与 PII 解除关联后保留超过 30 天。中度风险数据在有效使用后保留不超过 5 年。低风险数据可以无限期保留或根据研究所保留时间表丢弃。"三是简单提及并未详细说明存储行为参照或存储的具体行为和时间要求，如耶鲁大学规定："我们只保留您的个人数据，只要它们对耶鲁大学图书馆的合法商业利益至关重要。"

（八）安全保护

有些图书馆网站非常重视读者个人信息安全，在个人信息保护政策中详细说明，如麻省理工学院图书馆采取相关的加密标准和及时更新的技术手段、谨慎选择第三方服务提供商、避免不必要地合并读者个人信息三种方式（读者项目记录与关于读者的网络搜索信息相分离，并且两者都与读者的参考咨询记录分开）来保障读者个人信息安全。芝加哥大学图书馆采取 SSL（安全套接层协议）进行读者个人信息的传输、加密读者个人身份信息存储保护和严格限制读者个人信息处理人员权限等手段来保障信息安全。

此外，麻省理工学院图书馆还特别注重对读者个人信息的去标识化处理，在政策中规定当需要保留记录以进行报告或分析但不再需要与读者识别时，图书馆会采取适当的步骤来删除该识别，具体步骤取决于记录的使用方式。

（九）政策适用性

政策适用性主要包含两个方面：一方面，针对图书馆网站上其他的网站链接而言，基本上每个网站都会对隐私政策的适用性进行说明，该政策仅在本州、本国的本网站有效，不负责供应商、合作商和其他网站链接的个人信息的收集和使用；另一方面，针对图书馆所属国家的境域范围而言，如哈佛大学对欧盟、冰岛、列支敦士登、挪威（欧洲经济区）及英国的读者个人信息处理有另一套标准，充分体现该校的国际性。

三、中国高校图书馆网站读者个人信息保护政策优化策略

（一）加强图书馆个人信息保护意识，提高读者个人信息保护政策的主动性

根据上文的调查，从政策的制定效率和更新效率来看，世界高水平高校图书馆读者个人信息保护政策制定效率并不一定高，在选取的十所高校中有两所高校的图书馆网站没有专门的读者个人信息保护政策，且最近更新日期都在两三年之前，政策更新迭代的效率过慢。根据英国高等教育资讯和分析数据提供商QS发布的2021年QS世界大学排名结果，本文选取排名中中国前十所高校清华大学、北京大学、香港大学、复旦大学、香港科技大学、香港中文大学、浙江大学、上海交通大学、香港城市大学、香港理工大学为调查对象，截至2022年5月5日发现十所高校除香港特别行政区的五所高校，其余五所高校图书馆网站全部未制定读者个人信息保护政策。为更清楚了解中国内地排名前十的高校，本文依次替补排名在其后的中国科学技术大学、南京大学、同济大学、武汉大学、哈尔滨工业大学，调查发现，中国内地排名前十的高校图书馆网站均未制定读者个人信息保护政策。这说明，我国高水平高校的图书馆在读者个人信息保护政策制定方面相较于世界高水平高校进展缓慢，主要是以下几点原因造成的：一是高校图书馆隐私保护意识培养教育开展力度不够，读者对个人信息保护诉求不强，对个人信息保护的认识不足，知权、用权、维权意识不足；二是高校图书馆没有详细梳理图书馆整个业务运转的工作流程，对图书馆在收集、保存、传输、处理、共享、披露、清理各个环节可能出现的读者个人信息安全风险问题认识不足；三是对国家相关政策的关心程度不足。近年来，我国对个人信息保护的重视程度不断提高，随着2021年8月26日《个人信息保护法》的通过，我国已基本建立起一整套多层次、多维度、多方面的个人信息保护法律体系。

在公法规制领域，《中华人民共和国宪法》虽未直接提及，但第38条规定："中华人民共和国公民的人格尊严不受侵犯。禁止用任何方法对公民进行侮辱、诽谤和诬告陷害。"个人信息的不当使用很有可能对公民的社会形象、名誉造成不良影响，从而侵害人格尊严，在宪法中可找到个人信息保护的源头，为其他个人信息保护的相关法律制定提供根本依据。

在行政法层面，2019年印发《App违法违规收集使用个人信息行为认定

方法》为认定App违法、违规收集使用个人信息行为提供参考。2021年11月1日正式生效的《个人信息保护法》，作为个人信息保护的专门法律，详细规定信息主体的权利、监管机构的责任、个人信息的处理规范、信息处理者的义务、处罚措施等主要内容，还涉及敏感信息、信息跨境流通、信息自动化决策等部分，为不同行业、领域、机构制定适合自身情况的个人信息保护政策提供指导。

在刑法层面，2009年《刑法修正案（七）》首次规定"出售、非法提供公民个人信息罪"和"非法获取公民个人信息罪"。2015年《刑法修正案（九）》将两罪合并为"侵犯公民个人信息罪"，拓宽了个人信息保护范围。2017年6月1日实施的《最高人民法院、最高人民检察院关于办理侵犯公民个人信息刑事案件适用法律若干问题的解释》首次设立网站侵犯个人信息可构成非法利用信息网络罪，破解公民个人信息数量"计算难"，降低入罪门槛，严惩侵犯公民个人信息犯罪。2018年8月24日最高人民检察院组织编写了《检察机关办理侵犯公民个人信息案件指引》，明确了此类案件在审查逮捕、审查起诉阶段证据认定、法律适用以及社会危险性、羁押必要性审查等方面的实务问题，统一司法标准。

在私法规制领域，《中华人民共和国民法典》纳入了个人信息保护，《民法典·总则编》第111条明确规定："自然人的个人信息受法律保护。任何组织或者个人需要获取他人个人信息的，应当依法取得并确保信息安全，不得非法收集、使用、加工、传输他人个人信息，不得非法买卖、提供或者公开他人个人信息。"规定性地平衡个人信息的保护与利用、信息主体权利与信息处理主体义务两对矛盾。

高校图书馆制定隐私政策，一方面可以利用政策文本的宣示性，帮助读者了解图书馆网站对个人信息的收集处理情况，增强图书馆的公信力和读者对图书馆的信任度，提高读者和图书馆对个人信息保护意识；另一方面，可以利用政策文本的引导性，明确规定图书馆对读者个人信息的收集、传输、存储、共享、共享、销毁等处理活动的具体步骤，为图书馆读者个人信息保护的管理实施提供指导，明确图书馆的具体义务，切实保障读者权利。（赵雪芹，等，2020：23－40）虽然国外高水平高校的图书馆网站隐私政策制定和更新效率并不一定高，政策内容布局也不尽相同，但相比我国头部高校图书馆网站隐私政策制定基本空白的现状，具备意识先进、实践领先的借鉴性。我国应借鉴国外高校图书馆网站的经验，将制定网站隐私政策提到高校图书馆重要工作日程上来。

（二）以相关法律政策为指导，提高读者个人信息保护政策的合法性

调研发现，大多数国外知名高校的图书馆都是采用依据图书馆读者个人信息保护措施与国家立法相结合的方式制定政策，高校图书馆网站读者个人信息保护政策带有明显的国家地域差异。（姜盼盼，2019：79-86）这样制定政策主要有两点好处：一是为网站政策提供合法性支持，避免日常运行和业务管理过程中可能产生的法律纠纷；二是为网站政策提供可操作性的指导，已出台生效的政策内容丰富且实践性强，经过实践的检验，对高校图书馆读者个人信息保护政策制定的指导性强。

我国高校图书馆网站读者个人信息保护政策的制定应在我国现有的个人信息保护法律体系下进行。

一是要以2021年11月1日最新生效的《个人信息保护法》为政策依据，立足于保护和利用并重的思想，既不能过于强调读者信息权利的保护而限制图书馆对读者个人信息的利用，影响日常业务的正常运营，也不能给图书馆过多的处理权限，轻视对读者个人信息的保护，使读者个人信息面临非法和不合理收集、利用和泄露的风险要规范图书馆对读者个人信息的处理原则，使其在以下原则下进行，谋求保护与利用、信息主体的权利与信息处理者的义务两对关系的平衡。

（1）处理个人信息应在个人充分知情的前提下进行，法律、行政法规规定处理个人信息应当取得个人单独同意或者书面同意；个人信息的处理目的、处理方式和处理的个人信息种类发生变更时，应当重新取得个人同意；个人有权撤回其同意（"同意"）。

（2）以与数据主体相关的合法、公平和透明的方式处理（"合法性、公平性和透明度"）。

（3）为特定的、明确的和合法的目的而收集，并且没有以与这些目的不符的方式进一步处理（"目的限制"）。

（4）充分、相关且仅限于与处理目的相关的必要内容（"数据最小化"）。

（5）准确，必要时保持最新；必须采取一切合理措施，确保不准确的个人数据在处理目的方面被删除或更正，不得延误（"准确性"）。

（6）以允许识别数据主体的形式保存，保存时间不超过处理个人数据所需的时间；个人资料可存放较长时间，但个人资料只为公众利益而存档（"存储限制"）。

（7）采用适当的技术或组织措施，确保个人数据以适当、安全的方式进行

处理，包括防止未经授权或非法处理，以及防止意外丢失、破坏或损坏（"完整性和保密性"）。

（8）应负责并能够证明遵守上述原则（"责任"）。

二是要以《信息安全技术个人信息安全规范》（GB/T 35273-2020）为内容指导。一份完备的高校图书馆网站隐私保护政策应包含：

（1）收集个人信息的类型说明；

（2）读者个人信息的使用说明；

（3）读者个人信息的委托处理、共享、转让、公开披露说明；

（4）读者个人信息的安全保护；

（5）读者的信息权利说明；

（6）读者个人信息的跨境流通；

（7）政策的更新；

（8）联系方式。

此外还需注意：政策尽量通俗、简洁、层次清晰，避免冗长、晦涩；让读者参与政策制定过程或公布政策草案，让更多读者能通过多种沟通渠道反馈自己的诉求；每年公布政策的执行情况，每一年度高校图书馆应对读者个人信息的收集目的、类型、方法和采取的技术保护措施等情况进行公告，以便让读者了解这些政策是可行的，从而提高读者对政策的信任度。

（三）确立数据分类分级管理思想，提高读者个人信息保护政策的效率性

调研结果显示，部分高校图书馆网站读者个人信息保护政策中关于读者个人信息的保存、披露、清理都根据读者个人信息类型的不同而有所差异。高校图书馆中读者个人信息量大，我国高校图书馆网站在制定读者个人信息保护政策时应确立数据分类分级管理的思想，根据读者个人信息的类型、组织方法、主题或内容的识别性、敏感性、隐私性进行分类分级，规范图书馆对不同类型的个人信息在信息生命周期不同阶段的实践，使高级别个人信息得到充分保护的同时降低低级别个人信息的管理成本，根据不同类型级别有针对性地使用技术和管理方法，有效提升政策管理效率。（曾子明，等，2017：93-100，18）

（四）设置个人信息保护专员，提高读者个人信息保护政策的组织性

从前文的调查结果可以看出，大部分国外知名高校图书馆网站读者个人信息保护政策都明确指出政策的负责人或机构，如帝国理工学院任命了数据保护官来监督政策的遵守情况。我国高校图书馆隐私保护政策中应设置个人信息保护专员,明确其职责:监督相关人员执行图书馆隐私保护规范的情况;对软硬件系统、读者个人信息库的运行进行不定期检查,查找读者个人信息泄露的各种隐患;根据相关法律政策和技术的发展变化对保护规范给予相应修正;确保第三方主体(如数据库提供商、软件提供商、合作机构)与图书馆签订协议条款并正确执行。因此,要让高校图书馆读者隐私保护任务落实到人,做到责任到岗、任务到人、追究问责。

(五)建立读者申诉机制,提高读者个人信息保护政策的救济性

国外知名高校图书馆网站读者个人信息保护政策大都在结尾部分为读者提供图书馆的联系方式,但仅仅有邮箱、电话等联系方式远远不够。我国高校图书馆应建立一套完整的读者申诉机制,在隐私政策中详细指出申诉人、被申诉人、申诉范围、申诉处理委员会、申诉时效、申诉记录、申诉程序、申诉答复等一整套流程,保护信息主体的申诉权、确定归责原则、保证申诉的执行力。让读者在权利受到侵害或有问题时,能够做到有径可申、有人可找、有制可依,通过公正、透明的方式来保障个人合法权益。

参考文献

陈淑文,易斌,郭华,2018. 我国台湾地区大学图书馆个人信息政策调查[J]. 国家图书馆学刊(02).

韩娟娟,2017. 高校图书馆读者个人信息保护调查与分析[J]. 图书馆杂志(12).

何宁宇,2016. 香港高校图书馆网站读者个人信息政策调查研究[J]. 新世纪图书馆(05).

姜盼盼,2019. 图书馆隐私政策合规性的依据与标准[J]. 图书馆建设(04).

刘可静,孙铮,2011. 美国图书馆数字资源长期保存利用中的隐私政策与实施措施及启示[J]. 图书馆(06).

唐开敏,郑晰少,2010. 加拿大图书馆个人信息保护政策研究[J]. 情报资料工作(06).

田淑娴,许春漫,2017. 国外图书馆网站隐私政策文本分析与启示[J]. 图书馆学研究(10).

王英,2020. 若干国家或地区图书馆协会隐私政策的纵向分析[J]. 图书馆理论与实践(04).

吴婷,2017. 中美iSchool院校LIS人才培养的比较分析及启示[J]. 图书馆工作与研究(02).

徐磊,2021. 读者个人信息保护的世界图景与中国方案——以国外国家图书馆网站读者个

人信息保护政策为视角[J]. 图书馆工作与研究（12）.

曾子明，秦思琪，2017. 嵌入 PbD 理论的云图书馆隐私管理架构[J]. 图书馆论坛（01）.

赵雪芹，李天娥，2020. iSchool 联盟高校图书馆网站互动交流栏目现状调查与分析[J]. 图书馆学研究（16）.

虚拟现实技术在国内军事院校图书馆的应用与前景

郭璐 方倪 姜婷婷[①]

摘 要：虚拟现实技术在军事领域的应用越来越广泛，根据军事院校图书馆的职能特点，本文分析了虚拟现实技术在军事院校图书馆的应用意义及现状，结合实际情况提出将虚拟现实技术融入馆舍空间建设、参考咨询、用户教育和阅读推广四个方面的建议。

关键词：军事院校图书馆；虚拟现实技术；用户服务

虚拟现实技术（Virtual Reality，简称VR）是利用计算机图形技术、计算机仿真技术、传感器技术、显示技术等多种科学技术，生成与现实环境在视觉、听觉、触感等方面高度相近的一个"人能沉浸其中、超越其上、进出自如、交互作用的多维信息虚拟空间"。（孙伟，2010）

VR技术在军事领域的应用研发工作已经开展了几十年之久，最早的VR技术研发就源于军事领域的运用。军队院校图书馆是院校文献信息资源与集成中心，是为教学、科学研究和人才培养服务的学术性机构。随着VR技术的快速发展，其多感知性、沉浸感、交互性和构想性特征促使其在军事领域的应用范围大大拓展。由于军事院校的管理机制，军事院校图书馆是为数不多的设有互联网环境的地方，所以一直以来都是学院读者了解新技术的重要场所。为适应虚拟现实技术的快速发展，军事院校图书馆必须紧跟科技发展趋势，依托新技术，充分发挥职能作用，在开展社会教育、传递科学信息、开发智力资源上下功夫，聚焦能打仗、打胜仗，为培养有灵魂、有本事、有血性、有品德的新时代革命军人提供坚强保证。

[①] 郭璐（1987—），本科，馆员，武警警官学院图书馆。方倪（1977—），本科，副研究馆员，武警警官学院图书馆。姜婷婷（1986—），硕士，馆员，四川大学图书馆。

一、虚拟现实技术在军事院校图书馆应用的意义

习近平主席指出，新时代必须实施科技强军战略，运用高技术特别是信息技术加强军队的质量建设，是增强国防实力、建设信息化军队、打赢信息化战争的根本保证。军事院校图书馆是为教学、科研和人才培养而服务的，习近平强军思想给军事院校图书馆指明了发展新方向，必须听党指挥，时刻关注科技发展趋势，调整图书馆服务模式，积极引进新技术新设备，助力学员开阔眼界，激发学员创新思维。

（一）提升服务质量

虚拟现实技术可以将原本乏味的静态阅读方式转变为三维立体演示模式，在图书馆打造一个可听可视、体验多样的数字阅读环境，不论是天文地理知识，还是人文旅游知识，读者都可以身临其境地体验，从而拓展了知识体验的深度和广度。将虚拟现实技运用于教育领域，其仿真性、开放性、操作性、针对性以及超越时空的特征，与传统教育环境相比有较大的优势，受教育者在虚拟环境中可以更直观地获取知识和交流互动，能解决学习和实训的困难，提高学员汲取知识和掌握技能的效率，同时对树立图书馆优质高效服务的良好形象有积极的意义。

（二）提高智能化水平

将 VR 技术与传统阅读相结合打造虚拟图书馆，在虚拟环境下进行全景漫游，可实现图书馆资源全景体验，能够使科技更具现实感和数字感。VR 技术在机器人方面的成果运用，则可以使图书馆服务以及现代化信息管理系统变得更加便捷和全面，助力提升图书馆的智能化、信息化水平。

（三）增加读者阅读兴趣

利用 VR 技术将传统阅读资源场景化，打造沉浸式阅读体验，读者身临其境，在虚拟场景中感受文字、图片、视频无法呈现的沉浸式体验，触碰书本中所描述的事物。与场景中的内容互动，让阅读更真实、更高效、更有趣。用户通过 VR 软件可学习日常生活中无法直观理解的知识，如宏观宇宙、微观细胞等，可以足不出户环游世界，感受全球文化，同时还可以在虚拟阅读场景中与知识内容互动，大大提升读者的阅读兴趣。

二、虚拟现实技术在军事院校图书馆的应用现状

陈秀萍等人在 2017 年对国内 50 所地方高校在 VR 技术方面的应用进行了调研,当时已经有 8 所高校利用 VR 提供虚拟空间和漫游服务,有 3 所高校利用 VR 提供信息检索服务,有 1 所高校利用 VR 进行虚拟参考咨询服务。经过近五年的发展,随着 VR 技术的逐渐成熟,在地方高校图书馆虚拟空间漫游、信息检索服务和虚拟参考服务方面的运用已相当广泛。

为了解军事院校图书馆在 VR 技术方面的应用情况,研究者对 N 所军事院校图书馆进行了问卷调查,结果显示军事院校图书馆在 VR 技术方面的应用远远落后于其他高校图书馆,其中运用最多的是 VR 技术在信息检索方面的应用,目前有 37% 的军事院校图书馆实现了虚拟书架服务,即对图书馆现存的所有书架通过三维动画进行虚拟展示,读者可以看到图书馆的藏书区域分布和书架位置图,以及提供图书定位服务,当读者检索到某一本图书后,直接点击"定位"按钮即可跳转到虚拟书架界面,直观地告诉读者所检索图书在图书馆的具体位置,使读者可以快速准确地找到目标图书。有 16% 的军事院校图书馆引进了智能机器人提供虚拟参考咨询服务。有 9% 的军事院校图书馆构建了虚拟图书馆,提供网络漫游服务。有 4% 的军事院校图书馆引入 VR 相关设备,提供体验服务。

根据调研结果,研究者总结出国内军事院校图书馆在 VR 技术方面的运用还处于尝试阶段,多是将 VR 技术与 RFID 技术相结合,构建虚拟书架实现信息检索服务,其次是引进 VR 设备实现虚拟参考服务,鲜少有将 VR 技术融入日常业务工作中以及利用虚拟现实技术进行相关研究的项目。

三、未来发展方向

习近平主席强调,我军必须高度重视战略前沿技术发展,通过自主创新掌握主动,见之于未萌、识之于未发,下好先手棋、打好主动仗。要抓紧搞好创新性、突破性成果转化运用,把创新成果转化为实实在在的战斗力。武警警官学院肩负着培养具有责任担当和使命意识,具备过硬的政治理论素养、系统的思想政治教育理论知识、严谨的辩证思维能力,能够完成政治教育、理论宣传等思想政治工作的应用型军事人才。军事院校图书馆作为教学科研和人才培养的服务机构,如果我们的读者不能像地方高校读者一样随意使用互联网,实时

获取新技术,那么我们就给读者创造条件,把读者需要的、对读者有用的新知识和新技术带给他们。

(一) 将 VR 技术融入馆舍空间建设

利用虚拟现实技术构建一个线上虚拟空间,该空间是对实体图书馆的真实再现,读者足不出户,只需要通过远程访问虚拟图书馆,就像本人走进图书馆一样,获得相对真实的体验感,720 度体验图书馆的环境,了解整体布局和虚拟书架位置信息,查看馆的内设施设备等,还可以实现在虚拟图书馆内进行图书检索、借阅查询、参与活动等,充分利用数字化信息和虚拟现实技术对超时空模拟场景实施控制。这样的方式简单直观且印象深刻,更利于被不同层次的读者接受。

(二) 将 VR 技术融入参考咨询服务

虚拟现实技术的出现给参考咨询服务提供了全新的形式。传统的参考咨询服务必须是面对面的,而虚拟参考咨询服务却不受时间、空间的限制,依然给人一种如同面对面交流的沉浸式体验,如引进智能聊天机器人馆员,与读者进行互动交流,回答读者提问,同时机器人还集成了图书搜索功能,读者可以直接通过机器人进行书目检索(彭亚飞,2012),或者在图书馆网站设置咨询服务窗口,由网络聊天机器人代替馆员,完成参考咨询服务。

(三) 将 VR 技术融入用户教育服务

对于军事院校新学员,每年的新生入馆教育都采用分批次进行现场培训+图书馆实地参观的方式,导致整个入馆教育时间跨度较长,馆员也只能就同一内容反复地讲,到后期就会有疲乏感,最重要的是学员学习效果不佳。我们可以利用 VR 技术让读者通过虚拟图书馆提前熟悉图书馆的馆藏结构和规划布局,对图书馆有初步的了解,然后将培训现场进行 360 度全景摄像,拍摄成 VR 视频,读者通过 VRML 浏览器观看视频,如同亲临现场一般沉浸于立体的宣讲画面中,且方便读者反复观看,加强记忆。另外还可以将图书馆使用手册与 VR 游戏相结合,通过游戏闯关的方式帮助读者更好地了解图书馆。

(四) 将 VR 技术融入阅读推广服务

数字图书馆将纸质资源进行数字化,虽然已经具有了图文并茂的特征,方便读者阅读,但因为其平面化特性,无法培养学生的空间逻辑感,读者在接受一些特殊知识方面依然存在困难,如天体运动等。现在已经步入智慧图书馆时代,借助 VR 技术我们可以将二维资源进行三维化,从平面的文字、图片、视频升级成 720 度全景,呈现出立体的效果,同时还可以自由浏览和翻阅,就

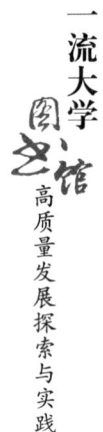

像自己置身于三维空间一样，这种阅读场景和沉浸式的阅读体验，更能激发读者学习兴趣，更有利于知识的吸收，可以大大提高学习效率。目前已经有很多商家研制出相关阅读设备。

四、结语

虚拟现实技术能在图书馆进行全方位渗透，可以使用传统学习环境的概念，改变读者的阅读习惯，给人以身临其境的体验感，让学习者在虚拟世界中对学习目标进行实时交互，给予学习者充分的体验和构想空间。高新技术是图书馆事业蓬勃发展的助力（陈秀萍，等，2017），军事院校图书馆将新技术带来的挑战转换为转变服务方式，创新发展的突破口，积极将虚拟现实技术引入到图书馆信息化建设中，拓展图书馆服务内容和方式。具有交互性、可视性、沉浸性的虚拟现实技术将为军事院校图书馆服务开启新模式。同时 VR 技术可以带来很多趣味性体验，可以为军事院校读者枯燥的训练生活带来活力和生机，缓解和释放压力，有益于军事院校读者的身心健康发展。

参考文献

安东霞，2020. 数字图书馆建设中的虚拟现实技术应用前景和方向研究［J］. 河南图书馆学刊（2）.

陈秀萍，刘孟希，王思兵，等，2017. 虚拟现实技术在高校图书馆新生入馆教育中的应用研究——以福建农林大学图书馆为例［J］. 情报探索（2）.

彭亚飞，2012. 国内外高校图书馆社交网络应用比较研究［J］. 图书馆学研究（17）.

孙伟，2010. 数字时代影像美学的重建浅论［D］. 长春：吉林艺术学院.

周力虹，韩滢莹，屠晓梅，2017. 国内外高校图书馆虚拟现实技术应用对比研究［J］. 图书与情报（4）.

"双一流"高校图书馆优秀读者评选体系调研分析

朱珊珊[①] 姜 晓

摘 要：当前高校图书馆优秀读者评选存在较大差异，缺乏系统的评选机制和评价体系。本研究通过调研42所"双一流"高校图书馆优秀读者评选的情况，试图从多角度、全方位展示高校图书馆在开展优秀读者评选活动时存在的问题以及改进方法，以期为高校图书馆建立一套完备的优秀读者评选体系提供参考依据。

关键词：优秀读者；高校图书馆；评选方法；"双一流"高校

2012年，"开展全民阅读活动"被写入党的十八大报告，成为建设社会主义文化强国的一项重要举措。而自2014年开始至今，"全民阅读"已经连续10年被写入政府工作报告中，其表述也从2014年的"倡导全民阅读"转变为2023年的"深入推进全民阅读"。高校图书馆作为校园文化建设的重要阵地，承担着为高校培养优秀人才的重要任务。为积极落实国家政策，进一步营造良好的学习氛围，建设书香校园，鼓励和引导师生走进图书馆，利用图书馆的资源与服务，促进学校优良学风的建设，众多高校图书馆陆续建立起奖励优秀读者的机制，以激发校内师生"爱读书、读好书、善读书"的热情，进一步在高校师生中推广、实践全民阅读。

一、高校图书馆评选优秀读者现状况

目前关于高校图书馆优秀读者评选的研究较少，黄筱瑾提出的关于高校图书馆优秀读者评选的理论探讨未受到研究人员的注意。据此，本研究对国家第一批42所"双一流"高校图书馆评选优秀读者的情况进行调研，主要方式为

---

① 朱珊珊（1991—），女，博士，馆员，四川大学图书馆。姜晓（1965—），女，学士，研究馆员，四川大学图书馆。

通过图书馆官网新闻、官方微博和官方微信渠道查找相关信息，收集的内容包括该单位是否开展优秀读者评选活动、评选对象、评选标准、评选人数、对优秀读者的奖励以及优秀读者评选后的相关宣传等方面情况，以期全方位展示当前国内"双一流"高校图书馆评选优秀读者现状，分析其中存在的问题以及可改进的措施，为高校图书馆建立一套完备的优秀读者评选机制提供参考依据。具体评选情况见表1。

表1　42所"双一流"高校图书馆优秀读者评选情况一览表

序号	高校名称	是否开展优秀读者评选活动	开始评选时间	评选对象	称号/奖项
1	北京大学	√	2012	学生	未名读者之星
2	清华大学	√	2010	全体师生	读者之星
3	中国人民大学	√	2015	全体师生	读者之星
4	北京航空航天大学	/	/	/	/
5	北京理工大学	√	2021	全体师生	北理阅读之星
6	中国农业大学	√	2017	全体师生	阅读之星/泡馆达人/荐书达人
7	北京师范大学	√	2012	全体师生	读者之星
8	中央民族大学	√	2012	全体师生	阅读之星
9	南开大学	√	2014	学生	读书达人
10	天津大学	√	2014	学生	借阅之星/优秀读者
11	大连理工大学	/	/	/	/
12	吉林大学	/	/	/	/
13	哈尔滨工业大学	√	2014	全体师生	阅读之星/图书馆之星
14	复旦大学	√	2013	全体师生	借阅达人
15	同济大学	√	/	全体师生	读者之星
16	上海交通大学	√	2020	学生	信璞耕读奖学金
17	华东师范大学	√	/	学生	星·达人（借阅达人/读书之星/泡馆达人）
18	南京大学	√	2006	全体师生	读书之星/优秀读者
19	东南大学	√	2020	学生	问鼎阅读奖学金
20	浙江大学	/	/	/	/

续表

序号	高校名称	是否开展优秀读者评选活动	开始评选时间	评选对象	称号/奖项
21	中国科学技术大学	/	/	/	/
22	厦门大学	✓	2017	全体师生	荣誉读者/终身荣誉读者
23	山东大学	✓	2014	学生	借阅达人/自主学习达人
24	中国海洋大学	/	/	/	/
25	武汉大学	✓	2013	本科生	借阅之星
26	华中科技大学	/	/	/	/
27	中南大学	✓	2022	全体师生	阅读达人
28	中山大学				
29	华南理工大学	/	/	/	/
30	四川大学	✓	2021	学生	阅读之星
31	电子科技大学	✓	2015	学生	爱馆狂人/年度馆主/书虫
32	重庆大学	✓	2021	学生	悦读之星
33	西安交通大学	✓	/	全体师生	荐书达人/借阅达人/泡馆达人
34	西北工业大学	✓	2015	全体师生	最爱读书西瓜子/荐购之星
35	兰州大学	✓	2014	全体师生	阅读之星
36	国防科技大学	✓	2019	全体师生	优秀读者/跑馆达人
37	东北大学	✓	2016	毕业生	阅读之星
38	郑州大学	/	/	/	/
39	湖南大学	✓	/	全体师生	入馆达人/阅读之星（月度、年度）
40	云南大学	✓	2016	本科新生/毕业生	阅读新星/爱读者
41	西北农林科技大学	✓	2011	全体师生	借阅/入馆排行奖
42	新疆大学	✓	2014	学生	借阅之星/入馆达人（月度、年度）

（一）"双一流"高校图书馆评选优秀读者概况

由表1可知，共32所高校图书馆组织了优秀读者评选活动，10所高校图书馆未开展优秀读者评选活动。在本研究中，评判一所高校图书馆是否有优秀读者评选活动的依据为，该高校图书馆是否对优秀读者有公开表彰、是否给获奖者发放荣誉证书等行为，如是，则视为该高校图书馆有评选优秀读者的活动。部分高校图书馆如浙江大学图书馆和中国科学技术大学图书馆在每年的年度报告中会展示年度"泡馆达人""借阅达人"，但未见有表彰或发放证书等行为，因此视为未开展优秀读者评选活动。

（二）优秀读者评选对象

按照评选对象的身份分为三类。（1）评选对象为全体在校师生，包括中国人民大学等18所高校图书馆。其中，清华大学、中国人民大学、中国农业大学、北京师范大学、兰州大学等5所高校的图书馆将教工与学生分开，分别评选教工组与学生组的优秀读者，另外13所高校图书馆则将全体师生放在一起评选。（2）评选对象为全体在校学生（包括本科生和研究生），包括北京大学等11所高校的图书馆。（3）评选对象为特定学生群体。例如，武汉大学图书馆仅面向本科生评选优秀读者，东北大学图书馆仅在当年毕业生中评选优秀读者，而云南大学则对前一年本科新生（9月入学）和当年毕业生分别开展优秀读者评选活动。

（三）优秀读者评选条件及其称号和奖励

根据评选优秀读者的条件，可将其分为两类。

（1）单一指标评选，在某一时间段内（一般为一个学年或者一个自然年）：①以读者的纸质图书借阅册次多少为标准，评选年度"借阅之星""借阅达人""读者之星""阅读达人""阅读之星"或者"书虫"，如天津大学图书馆、复旦大学图书馆、清华大学图书馆、中南大学图书馆、中国农业大学图书馆、电子科技大学图书馆等；②以读者的入馆次数多少为标准，评选"入馆达人""跑馆达人"，如湖南大学图书馆、新疆大学图书馆、国防科技大学图书馆等；③以读者的在馆时长为标准，评选"泡馆达人"，如中国农业大学图书馆、华东师范大学图书馆、西安交通大学图书馆等；④以读者荐购图书数量的多少为标准，评选"荐购之星"，如西北工业大学图书馆；⑤利用图文分享读书经验，如中南大学图书馆以此条件评选的"阅读达人"。以上以单一指标来评选优秀读者的高校图书馆，在奖励上也基本一致，如在每年图书馆读书节开幕式上进行公开表彰并颁奖，授予荣誉证书。

（2）利用综合指标评选，包括阅读相关指标（在馆借阅册次、入馆次数、在馆时长、利用图书馆空间资源的情况，是否参加图书馆的阅读推广活动，是否参与校内各种读书会等）、学习情况（学习成绩、发表论文情况以及专利发明情况等）和其他表现（其他获奖情况）等。在本研究中，北京大学、清华大学、同济大学、上海交通大学、南京大学、东南大学、四川大学和重庆大学等8所高校的图书馆使用综合指标评选优秀读者，其中，北京大学、上海交通大学、东南大学、四川大学和重庆大学等5所高校的图书馆还给优秀读者发奖金鼓励或专门设立了相应的奖学金，如北京大学图书馆的"未名读者之星"、四川大学的"阅读之星"以及重庆大学图书馆的"悦读之星"都会获得5000元现金奖励，而上海交通大学图书馆则专门设立了"信璞耕读奖学金"，东南大学图书馆设立了"瑞华·问鼎阅读"奖学金，奖学金下设一、二、三等奖，对应不同金额的奖励。在这5所对获奖者有现金奖励的高校的图书馆中，北京大学图书馆和上海交通大学图书馆在评选中设置了材料筛选的初试和面试答辩的复试环节。

（四）优秀读者评选的后续宣传

当前高校图书馆对于优秀读者评选的后续宣传方面相对较少，多数图书馆只在该校读书日活动开幕式上对优秀读者进行公开表彰，少部分高校的优秀读者会有后续的跟进宣传，一般多在微信公众号上发布采访文章，让优秀读者讲述自己与阅读的故事、推荐书单等，偶有校外媒体介入，以加大宣传力度。总体来看，各高校对优秀读者的后续宣传相对较为薄弱。

二、高校图书馆优秀读者评选活动的策略完善建议

（一）评选对象分组讨论

高校图书馆的读者除了在校学生之外，教职工也是其重要的组成部分，因此优秀读者中也应该有教职工的身影，但是由于身份的差异，在评选优秀读者时，应当将教职工与学生群体分开进行评选，这样在同类读者中的评选相对更加公平。而在学生群体中，由于本科生和研究生属性的不同，即本科生主要以上课为主，可自由支配时间比较有限，而研究生则相对有更多的可自由支配时间，因此建议在评选时考虑这个因素，将本科生和研究生分开评选。

（二）使用综合指标进行评选

高校图书馆评选优秀读者的初衷是引领全校读书风潮，树立"读书典型"，

鼓励更多师生走进图书馆，爱上图书馆，利用图书馆的空间、资源等来提升个人的能力和素养，同时以多种方式带动身边的人阅读，为建设书香型校园起到积极作用。因此，在进行优秀读者评选时，仅以借阅量、到馆次数等单一指标作为评选条件未免过于武断，无法体现读者的综合素质，据此评选出来的优秀读者也不够立体，缺乏作为"读书典型"的素质。

综上所述，高校图书馆应该使用综合指标来评价优秀读者候选人，以期全方位、多维度地展示引领校园阅读氛围的"读书典型"。以评选学生优秀读者为例，此处的综合指标包括（1）与图书馆相关的指标：①读者借阅馆藏图书的册次；②进入图书馆的次数；③在馆时长；④使用图书馆电子资源情况；⑤使用校外访问的情况；⑥参与校内或图书馆阅读推广活动的次数（包括参加图书馆举办演讲比赛、征文比赛、摄影比赛等活动，选修通识课程、参加图书馆举办的讲座，参与校内各级单位举办的读书活动、开展读书会并作为主要主讲人分享等）。其中，①②③④⑤均为与图书馆相关的基本指标，可以通过图书馆的后台大数据获取，而⑥则包括了图书馆与校内各级单位举办的活动，在具体考察的过程中，图书馆主办的活动可以通过打卡、签到等方式记录学生的参与次数，而学校或者学院举办的读书分享活动，特别是在学院内部开展的读书活动的数据则很难被获取。因此，在未来实施过程中，需要图书馆更加深入地与校内各学院、各业务部门如教务处等加强联动，加大宣传力度，鼓励学生参与图书馆以及学校各级单位举办的相关阅读推广活动。为充分调动学生的积极性，可将讲座和参与阅读推广活动计入第二课堂学分，在每次活动前组织签到，限定线下签到范围与时间，在每学期或每年汇总学生参与情况，再按加权比例纳入评选优秀读者的综合指标。这样不仅加强了优秀读者评选的宣传力度，同时还能加强各级单位的合作，联动校内各种与阅读有关的活动，让更多同学更有意愿参加校内各种阅读推广活动，形成良好的阅读风气，建立良好的学习氛围，为建设书香型校园添砖加瓦。综合指标还包括（2）学业成绩和（3）其他表现，如参与国内或国际比赛的获奖情况等，参与志愿活动表现优异，发表论文等。在这三个因素中，与图书馆相关的指标所占的权重至少应该超过50%。在教职工中评选优秀读者时，则主要使用与图书馆相关的指标即可。

（三）建立一套完备的后续宣传方案

从目前宣传上看，大多数高校对于评选出优秀读者后的宣传"后劲"不足，与前期在评选上所花费的精力和和时间形成较大反差，给人以"雷声大雨点小"的感受。优秀读者的评选是为了树立学校的"读书典型"，在校内引领读书风潮，建立起良好的读书氛围，鼓励更多的读者走进图书馆、利用图书馆、爱上图书馆。据此，在前期投入大量精力评选出来的优秀读者，应该有一套完备的后续宣传方案，需要注意几个方面。一是把握宣传的时效性。多数高校会在每年图书馆读书月活动上公布优秀读者的名单并对其进行表彰或奖励，可以利用世界读书日这一时间节点加大宣传力度。二是充分利用所能联系到的校内外各种宣传渠道，不要局限于图书馆的宣传。加强与其他院系以及学校宣传部门的联系，充分利用学校融媒体及其合作平台的影响力，把优秀读者评选活动宣传出去，在校内乃至社会上产生广泛且深远的影响，为全面开展"全民阅读"贡献高校力量。三是拓展多种宣传方式。当前高校图书馆比较常用的宣传主要还是通过采访问答的方式，以图文这一传统形式呈现给受众。在短视频盛行的时代，高校图书馆不妨尝试以短视频的形式给受众呈现一个更加立体的"优秀读者"的形象，如利用短视频平台，使辐射范围更广。同时还可以通过邀请优秀读者举办专题读书分享会等形式来分享自己的阅读故事。

参考文献

黄筱瑾. 高校图书馆优秀读者评选方法研究［J］. 四川图书馆学报，2021（3）.
简红华. 构建以读者为中心的高校图书馆文化［J］. 中华医学图书情报杂志，2008（6）.
梁秀玉，周莉. 高校图书馆读者奖励机制研究［J］. 兰台世界，2014（5）.
田贵兴，张冰梅，易红. 公共图书馆阅读推广品牌化运作案例研究——以"阅读之星——重庆市民诵读大赛"为例［J］. 图书馆研究与工作，2020（2）.
郑洪兰. 美国高校图书馆读者奖探析［J］. 图书馆建设，2013（5）.

知识服务

基于CiteSpace的中国学前音乐教育的热点前沿研究

雷琴 胡静[①]

摘 要：本文运用CiteSpace科学知识图谱可视化软件，采用关键词共现聚类、突变词探测等方法对中国学前音乐教育的研究领域、热点和前沿等进行了可视化分析，通过机构以及人员发文情况来分析该领域研究的合作情况，以期为中国学前音乐教育研究拓展研究思路、寻求研究热点提供参考。

关键词：学前音乐教育；突变词；知识图谱；CiteSpace

音乐是学前儿童最喜爱的艺术形式之一，他们在美妙的音乐中学习、体验和表达人类共同相通的朴素、细腻、高贵的情感（王懿颖，2007）。目前学前音乐教育的研究主要包括视唱练耳、情景模拟教学法、奥尔夫教学法、民族音乐教育、游戏教育以及教学改革等。

由于目前中国学前音乐教育的研究热度持续增长，研究领域与研究方向也在不断拓展及深化。本文运用CiteSpace 5.0 R3软件，在对相关参数进行适当调整的基础上，采用关键词共现聚类、突变词探测等方法对中国学前音乐教育的研究领域、研究热点和研究前沿等进行了可视化分析，通过机构及人员分析来了解该领域研究的地域分布和合作情况，以期为中国学前音乐教育研究拓展研究思路、寻求研究热点提供参考。

一、数据来源及研究方法

（一）数据来源

分析数据来源于CNKI的期刊子库，选择全部期刊，数据采集时间是2019年3月11日；检索式为：主题＝（学前音乐教育 OR 学前音乐教学 OR 幼儿音乐教育 OR 幼儿音乐教学）；模糊检索，时间范围选择：所有年份。对

[①] 雷琴（1978—），硕士，四川大学图书馆馆员。胡静（1983—），硕士，四川大学图书馆馆员。

数据进行清洗和剔除后共得到2209条记录，下载数据时选择"Refworks"导出方式。数据导入CiteSpace 5.0 R3软件时先转化再导入，然后进行分析。

（二）研究方法

在上述CNKI中下载的2209条文献记录的基础上，运用CiteSpace 5.0 R3软件的关键词共现分析、关键词图谱显示、关键词聚类、热点词突现分析等功能，可视化呈现中国学前音乐教育的发展趋势以及研究热点和研究前沿；同时对中国学前音乐教育研究的核心作者分布、研究机构分布等进行深入分析。

二、中国学前音乐教育的研究发展趋势

（一）该领域目前所处的发展阶段

对上述2209条文献记录进行年代发文量趋势分析，可以得到如图1所示的变化趋势图。

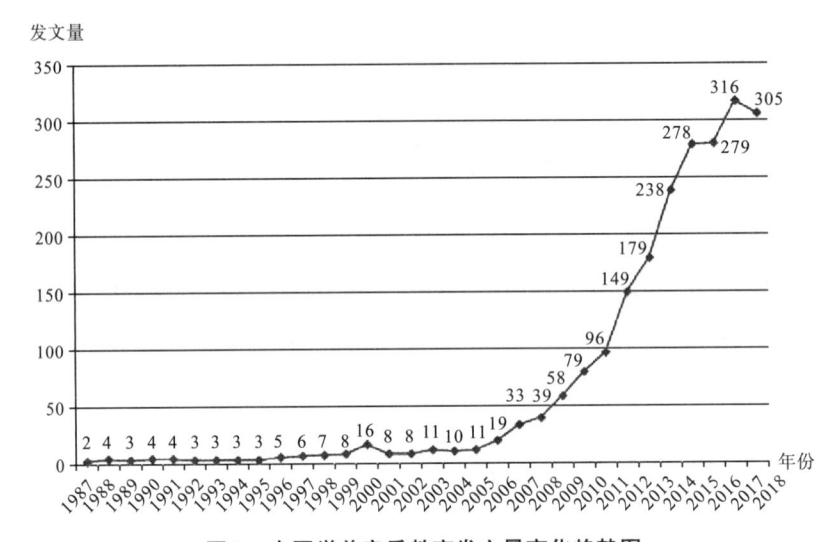

图1 中国学前音乐教育发文量变化趋势图

由图1可知，中国学前音乐教育研究的发展可按发文量分为以下三个阶段：第一阶段为萌芽期（1987—2002年），年度发文量大都在10篇以下，研究力量和关注度明显不足。（黄新华，林迪芬，2019：19-30）第二阶段为探索期（2003—2006年），相关研究文献稍有增加，但总量仍不多，研究处于缓慢发展阶段。第三阶段为成长期（2007—2018年），从2007年开始，中国学

前音乐教育研究文献增幅非常明显，说明该领域的研究热度在持续增加，而且该成长期还有可能继续长期存在。2018年的发文量虽然有少许下降，也并不能得出该领域的研究会趋冷或处于成熟期的结论，还要看后面几年的发文量变化情况。

（二）该领域的关键词年代分布情况

利用关键词年代分布情况分析，可以梳理中国学前音乐教育研究发展的脉络，了解其研究主题和研究趋势以及研究热点的变迁情况。根据CiteSpace给出的数据，关键词分布情况的分析结果如表1所示。

表1 中国学前音乐教育近十年关键词出现频次分布情况

阶段	年份	主要关键词（出现频次）
第一阶段	1987—1989	幼儿音乐（143）幼儿（336）学前教育（407）音乐教育（405）
	1993—1999	艺术教育（15）幼儿园（158）音乐教学（269）幼儿教育（102）音乐欣赏（44）
	2000—2004	学前儿童（76）音乐教学活动（14）幼儿音乐教学（51）音乐素质（24）创造力（21）音乐活动（63）幼儿发展（12）歌曲（15）声乐曲（15）
第二阶段	2007—2010	音乐游戏（52）兴趣（36）奥尔夫音乐教育（24）音乐课程（44）学前音乐教育（83）教学（49）教学改革（24）教学方法（22）
	2011	游戏化（37）重要性（29）视唱练耳（28）钢琴教学（26）奥尔夫音乐教学法（26）游戏（20）
	2012	奥尔夫音乐教学法（61）音乐素养（40）应用（34）培养（34）改革（30）问题（25）
第三阶段	2013	策略（52）对策（25）教学模式（21）音乐课堂（16）声乐教学（14）
	2014	奥尔夫音乐教学法（24）幼儿教学（19）多元文化（14）学前音乐（13）
	2015	运用（16）方法（10）传承（8）高职学前教育（7）课程改革（6）
	2016	启蒙教育（4）中职学校（4）游戏化教学（3）
	2017	高职院校（9）教学策略（6）歌唱（5）传统音乐（4）多元化（4）
	2018	生活化（6）课程（5）

分析表1的关键词频次分布情况可以发现，中国学前音乐教育领域的研究

主要分成三个阶段。第一阶段：起步和探索阶段（1987—2004年），主要研究热点在幼儿音乐、音乐教育、音乐教学等方面；第二阶段：发展转变阶段（2007—2012年），主要研究热点在向音乐游戏、音乐兴趣、音乐教学改革等方面转变；第三阶段：深化和应用阶段（2013—2018年），主要研究热点在音乐教学策略、模式、音乐课程改革以及音乐多元化和生活化等方面。

（三）主要研究领域

利用 CiteSpace 软件，选择节点类型为"关键词"，时间年限为 1987—2019 年（CNKI 检索结果中最早的文献出现在 1987 年），阈值设置采用默认前五十；以 1 年为时间区隔对上述 2209 条记录的关键词进行共现分析，得到目前中国学前音乐教育的主要领域有 0♯幼儿园、1♯音乐、2♯重要性、3♯音乐教学、4♯学前教育、5♯幼儿音乐教育、6♯幼儿教育和 7♯古典音乐等 8 个。

表 2 主要研究领域及其主要关键词

研究领域	主要关键词
0♯ 幼儿园	学前教育、歌曲、声乐曲、幼儿园、音乐活动、幼儿音乐教学、幼儿学习、幼儿音乐、体验式教学、多媒体技术、教唱、艺术教育、个性心理特征、节奏教学、生成性资源、有效运用、幼儿园音乐活动、打击乐器、兴趣、音乐课程、学前儿童音乐教育、学前教育专业、击乐器、意识、协作能力、演奏活动、记忆力、合唱教学、游戏化教学、音乐游戏
1♯ 音乐	音乐、教育、幼儿、音乐欣赏教学、实验研究、琴童、生活化、学前教育专业、多媒体、教学活动、社会性发展、审美能力、原则、创造力、音乐课程、素质教育、幼儿教学、游戏化、幼儿音乐教学、对策、全面发展、渗透
2♯ 重要性	重要性、教学理念、视唱练耳、节奏、学前儿童、高校学前教育、奥尔夫幼儿音乐教育思想、启蒙教育、课程模式、歌唱、幼儿园、奥尔夫音乐教学法、学前音乐教育、创新、幼儿钢琴教学、情境、学前专业、语言与音乐整合性教学、新体系、训练、多元智能理论、音乐教育改革、音乐教学改革、幼儿园音乐教学目标、能力本、内心听觉、知识本位

由表 2 中各领域的主要关键词可以获取相应聚类研究领域出现的主要关键词（表格中主要关键词按照该关键词在该聚类中的重要程度来排序），可以引导该领域研究人员根据上述关键词来拓宽研究思路，从而寻找到一些新的研究方向，或沿着某一已有的研究方向进行深化研究。

（四）热点主题

根据 CiteSpace 给出的数据统计，上述 2209 篇文献中出现两次及以上的关键词共有 226 个，选取出现频次大于 50 次的关键词，并将其与所在的热点研究领域进行对应，得到热点主题及领域划分情况如表 3 所示。

表3　中国学前音乐教育的热点主题及领域划分

词频	主题	领域	词频	主题	领域
158	幼儿园	0♯ 幼儿园	405	音乐教育	1♯ 音乐教育
143	幼儿音乐		336	幼儿	
63	音乐活动		193	音乐	
52	音乐游戏		49	教学	
51	幼儿音乐教学		407	学前教育	4♯学前教育
83	学前音乐教育	2♯ 学前音乐教育	80	幼儿音乐教育	5♯幼儿音乐教育
76	学前儿童		61	奥尔夫音乐教学法	6♯ 幼儿教育
100	学前教育专业	3♯ 音乐教学	102	幼儿教育	
52	策略		72	幼儿教师	7♯古典音乐

由表3高频关键词的聚类结果可知，目前中国学前音乐教育研究领域的热点主题主要集中在幼儿音乐教育的音乐活动、音乐游戏、音乐兴趣、音乐素养和音乐教学改革等方面。

（五）前沿主题

在进行关键词共现分析时，可在控制面板中下载关键词突变数据。结果显示中国学前音乐教育研究领域目前有18个突变主题的突变值大于3，突变主题的突变值以及突变的起止时间如图3所示。

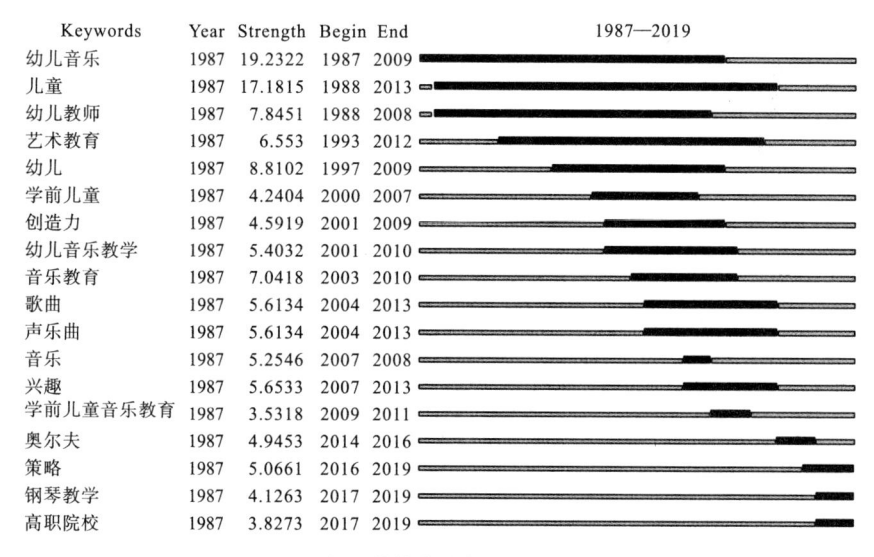

Keywords	Year	Strength	Begin	End	1987—2019
幼儿音乐	1987	19.2322	1987	2009	
儿童	1987	17.1815	1988	2013	
幼儿教师	1987	7.8451	1988	2008	
艺术教育	1987	6.553	1993	2012	
幼儿	1987	8.8102	1997	2009	
学前儿童	1987	4.2404	2000	2007	
创造力	1987	4.5919	2001	2009	
幼儿音乐教学	1987	5.4032	2001	2010	
音乐教育	1987	7.0418	2003	2010	
歌曲	1987	5.6134	2004	2013	
声乐曲	1987	5.6134	2004	2013	
音乐	1987	5.2546	2007	2008	
兴趣	1987	5.6533	2007	2013	
学前儿童音乐教育	1987	3.5318	2009	2011	
奥尔夫	1987	4.9453	2014	2016	
策略	1987	5.0661	2016	2019	
钢琴教学	1987	4.1263	2017	2019	
高职院校	1987	3.8273	2017	2019	

图3　中国学前音乐教育的前沿主题

上述主题在对应的某个时期出现频率突然增长，是所属领域较具潜力的前沿主题。其中幼儿音乐、儿童、幼儿、音乐教育等主题突变值最大，而且突变时间范围较宽，是该领域长期投入研究较多的前沿主题；教学策略、钢琴教学、高职院校等主题，使用频次较高，且突变发生在2014—2019年间，是该领域近期的前沿研究主题。

（六）中国学前音乐教育的核心研究机构及研究人员分析

根据CNKI数据，中国学前音乐教育研究方向排名前十的主要发文机构及作者如表4所示。

表4 发文量排名前十的研究机构及研究人员

排名	发文量	机构	排名	发文量	作者
1	30	沈阳师范大学	1	275	金美琳（鞍山师范学院）
2	27	鞍山师范学院	2	141	黄春蕾（肇庆学院）
3	20	朝阳师范高等专科学校	3	103	刘纪秋（朝阳师范高等专科学校）
3	19	郑州幼儿师范高等专科学校	4	79	王新乐（郑州幼儿师范高等专科学校）
5	18	哈尔滨师范大学	5	64	黄倩瑜（上饶幼儿师范高等专科学校）
5	18	集宁师范学院	6	56	王翼如（内蒙古师范大学）
7	17	兰州城市学院	7	51	侯杰（长沙师范高等专科学校）
8	16	潍坊工程职业学院	8	50	刘小红（盐城师范学院）
9	15	佳木斯大学	9	49	蔡兆梅（兰州城市学院）
9	15	四川幼儿师范高等专科学校	10	42	杨晓（大理学院）

据表4给出的发文量排名前十的机构和作者数据，可以为该领域的科研人员寻求研究合作的机构和学者，从而进一步拓展该领域的研究深度和广度。

另外，CiteSpace根据发文量进行的机构和作者分析的结果也显示，各发文机构之间以及各发文作者之间连线极少，而且机构之间以及作者之间距离也比较分散，表明目前中国学前音乐教育研究方向各机构相互间的合作以及研究人员之间的合作较少，基本为独立研究，且研究领域也比较分散。研究机构分析和研究人员的突变值显示，研究机构中沈阳师范大学以及研究人员中侯杰和刘纪秋突变值均较高，表明上述机构和人员在短期内发文率较高，在该领域具有巨大的研究潜力，值得重点关注。

三、结论

通过 CiteSpace 5.0 R3 软件对中国学前音乐教育研究方向的关键词图谱显示、关键词聚类、热点词突现分析，以及对研究机构和研究人员等的分析，可以得出以下结论：

（1）目前中国学前音乐教育的研究处于成长期，研究热度可能还将持续增强；关键词出现频次分布分析发现中国学前音乐教育研究发展共经历了三个阶段，起步和探索阶段、发展转变阶段以及深化和应用阶段。

（2）目前中国学前音乐教育的热点研究主题主要在幼儿音乐教育的音乐活动、音乐游戏、音乐兴趣、音乐素养和教学改革等方面。而且根据聚类结果的每一研究领域的代表论文也能了解该领域的领军人物及其重要研究成果，并借鉴上述文献中的内容和观点进行其他发散性的研究。

（3）使用 CiteSpace 的突变词检测功能确定了中国学前音乐教育的 18 个前沿研究主题，其中突变值排名靠前的主题，如幼儿音乐、儿童、幼儿、音乐教育等，其突变时间范围也较宽，可以确认是该领域长期投入研究较多的前沿主题；突变发生在 2014—2019 年间的主题，如教学策略、钢琴教学、高职院校等是该领域近期的前沿研究主题。

（4）目前中国学前音乐教育各研究机构以及各研究人员之间合作较少，节点分散，研究领域基本没有交叉。该领域研究人员应该加强机构和人员间合作交流，拓展自身的研究领域；同时相互融合，以期在该领域产出更多有广度和深度的研究成果。

参考文献

陈超美，陈悦，侯剑华，2009. CiteSpace Ⅱ：科学文献中新趋势与新动态的识别与可视化［J］. 情报学报（3）.

黄新华，林迪芬，2019. 改革开放以来中国公共政策研究的知识图谱——基于 CiteSpace 软件的可视化分析［J］. 厦门大学学报（哲学社会科学版）（01）.

李玲，2018. 学前民族音乐教育开展的价值、内容及对策探析［J］. 黄河之声（17）.

李咏云，2018. 情景模拟教学法在幼儿音乐教育活动中的实践研究——以儿歌《小红帽》为例［J］. 黄河之声（24）.

林敏丹，2018. 浅谈高职学前教育专业音乐教学中视唱练耳与声乐演唱的内在联系［J］. 黄河之声（24）.

彭珊珊，2019. 游戏教学，趣味横生——试论幼儿音乐教学"游戏元素"的融入［J］. 中国校外教育（01）.

孙旭天，2019. 奥尔夫教学法在音乐教育中的应用分析［J］. 艺术评鉴（03）.

王懿颖，2007. 学前音乐教育［M］. 重庆：西南师范大学出版社.

魏菲，2018. 新形势下高师学前教育专业音乐教学改革的实践与探索［J］. 信息记录材料（10）.

促进"新医科"建设之高校图书馆信息服务能力提升路径探析

曾英姿　李红霞　蔡　濂　孙　波[①]

摘　要：新医科建设是新时代赋予医学教育的新使命，给高校图书馆信息服务业务带来了巨大挑战和重要机遇。高校图书馆作为新医科信息服务的主要机构，应当积极应用大数据、人工智能、移动互联网等创新服务平台，通过更新信息服务理念，优化信息资源，推动信息服务创新，强化信息素质培养，升级创新信息服务手段，重视多源信息交叉融合等途径，全面提升新医科的信息服务水平，完善符合健康中国战略需求、引领全球医学创新的中国特色医学教育新形式，推进新医科内涵建设与实践。

关键词：新医科；高校图书馆；信息服务

同其他学科的发展历程类似，"新医科"之萌芽与建设是适应相关学科发展与社会卫生需求的必然产物，也是适应医药卫生体制改革和高等教育发展的创新举措。2018年8月，为适应新一轮科技革命和产业变革，国家正式提出"高等教育要努力发展新工科、新医科、新农科、新文科"之"四新"概念。同年10月，教育部、国家卫生健康委员会、国家中医药管理局启动实施《卓越医生教育培训计划2.0》，对"新医科"建设进行全面部署。随后，天津大学设立了新医科试验班，实施"领军＋领航"卓越医学人才培养计划；上海交通大学医学院与上海理工大学发起成立"医工交叉创新研究院"和"医工交叉研究生院"，通过医学与工学、理学等多学科渗透融合，培养医工交叉研究生；哈尔滨工业大学积极探索"医工交叉融合互补、产学研用协同创新"的科研新模式。这些"新医科"试点高校既对标世界医学发展趋势，又结合我国卫生教

[①] 曾英姿（1967—），研究生，研究馆员，四川大学图书馆。李红霞（1973—），研究生，副研究馆员，四川大学图书馆。蔡濂（1969—），本科，副研究馆员，四川大学图书馆。孙波（1967—），本科，副研究馆员，四川大学图书馆。

育国情，对精准医学、转化医学、智能医学等医科专业开展了有益的探索，推动了新医科的建设发展。

高校图书馆信息服务业务传统上以信息采集、编撰、检索与信息素质教育等为主。但是，面对精准医学、转化医学、智能医学等前沿交叉医学专业建设的信息服务需求，高校图书馆必须迎难而上，不断实现信息服务能力的优化创新，提升整体新医科信息服务能力。数字医学、大数据、人工智能和精准医学等迅猛发展是催生"新医科"的重要学术背景，同时也带来了新的、更全面的高校图书馆信息服务需求。为提升高校图书馆在新医科建设之中的信息支撑与引领作用，研究者拟从如下几个方面探讨高校图书馆促进"新医科"建设的策略及实施路径。

一、更新信息服务理念，加速新医科建设发展

为同新医科所蕴含的新背景、新要求、新理念、新模式、新手段、新工具和新方法相契合，高校图书馆信息服务理念需要及时更新。教育部高教司司长吴岩指出："加强新医科建设，一是理念新，实现从治疗为主到生命全周期、健康全过程的全覆盖；二是背景新，以人工智能、大数据为代表的新一轮科技革命和产业变革扑面而来；三是专业新，医工理文融通，对原有医学专业提出新要求。"中国特色社会主义新时代新征程对我国健康事业发展提出了全新的需求。基于"大卫生、大健康"等新理念，强调新医科要服务于生命全周期、健康全过程，提出了从治疗为主到兼具预防治疗、康养的生命健康全周期医学的新理念。人工智能、大数据、智能机器等新技术正在与传统医学有机融合。新医科要求对传统医学的知识结构、学科设置、专业体系进行调整和重建。新医科中的精准医学专业基于患者个体基因、生物标志物、表型及社会心理学特征，为患者量身定制个性化治疗方案。转化医学专业旨在将基础研究成果转化于疾病预防、诊断、治疗，促使医学研究理论更快地应用于医学实践。智能医学专业则是将人工智能应用于临床，在图像解释、诊治流程优化、健康状况动态监控等方面取得实质性进步。

高校图书馆信息服务要想在新医科背景下行稳致远，首先就得更新信息服务理念。面对精准医学等新医科专业全新的信息服务，高校图书馆必须实时更新信息服务理念。在新医科的学科背景下，高校图书馆的信息服务必然经历一个被重新定位的困难过程。检索查新、参考咨询、用户沟通、信息素养培训等传统服务，已不能完全适应新医科的需求。应当强化决策支持、前沿情报、智

能查询、定制资源等方面的集成化信息服务，不断强化主动性、动态式、个性化等信息服务理念，造就大量新医科信息的组织者、分析师、导航员和创新者。

二、优化信息资源，保障新医科信息供给

新医科所包含的精准医学、转化医学、智能医学等专业，均具有前沿性、交叉性、综合性等显著特征，亦蕴涵医学整合理念与通识教育内涵。相应地，新医科所需求的高校图书馆信息资源，应当能够基本覆盖前述内容。高校图书馆围绕新医科的信息资源建设，需要系统构建有关"生命健康全周期"的主题图书文献，涉及社会、心理、生物医学等领域的文献资源。具体而言，应当基于新医科建设的全新内涵，从如下四个方面补充完善高校图书馆信息资源：一是生命健康全周期的生物医学类图书资源，二是信息技术、生物技术、新材料技术、智能制造技术等新一轮科技革命的图书资源，三是升级传统医学专业的图书资源，四是培养卓越医学人才的人文伦理等图书资源建设。此外，针对现有信息资源教材不能满足新医科人才培养的需求，可以组织高校图书馆学科馆员等智力资源，基于图书馆信息资源自编新医科教学、科研、产业化等（辅助）材料，并及时推送至广大新医科师生，以保障新医科的信息供给。

三、推动信息服务创新，开创新医科信息服务新局面

新医科视野下的信息服务属于全新的探索性课题，对高校图书馆既是机会，又充满挑战。只有直面挑战，积极探索实践，不断总结，才能抓住高校图书馆信息服务发展的历史性新机遇。为此，建议高校图书馆从如下几个方面推动信息服务创新，完善新医科信息生态。首先，深入调研精准医学、转化医学、智能医学等新医科专业的信息资源需求现状，凝练信息服务供给的基本特征，总结出针对新医科各专业行之有效的创新服务模式。其次，充分利用学校新医科广大师生丰富的智力资源，激励引导精准医学等新医科专业及其科研团队与图书馆学科馆员等信息服务人员组成紧密协同的信息服务创新团队，系统而深入地探讨新医科信息服务需求、特点、发展趋势。这类嵌入新医科科研团队的高校图书馆信息服务队伍，不仅能够促进双方的共同进步，同时可望在新医科信息建设规划、信息素养培训、信息评估利用、信息创新发展等方面提供更加精准而专业的信息服务。最后，加强信息服务理论创新，推动高校图书馆

新医科信息服务水平。虽然针对新医科的信息服务创新实践已经在全国上下展开，但是其理论总结却相对滞后，难以对新医科信息服务实践提供充分的理论支撑，更难以体现理论创新对实践的引领作用。过多地关注应用研究而缺乏理论思考，已对我国信息服务实务产生明显的制约作用。针对新医科各专业不断更新的多元化信息服务需求，高校图书馆需不断探索创新，并结合自身实践，引领新医科信息服务前沿，开创信息服务的新局面。

四、强化信息素质培养，促进新医科信息人发展

新医科人才是典型的复合型人才，具有多元交叉的知识结构和能力储备。由于新医科人才在知识广度及信息交融度等方面比传统医学人才更具优势，能够将多种学科的知识和能力融会贯通，更好地融合人工智能技术与医药，因此更适应当今医学发展的整合化趋势。新医科人才的信息储备和应用能力具有多学科融合背景，必须与高校图书馆信息服务人才相匹配。要实现此目标，必须从提升高校图书馆信息服务人员信息服务素质、强化新医科专业师生信息素质两方面着手。在高校图书馆信息服务从业人员培训方面，应持续更新信息服务团队的知识结构与信息素养，推动其从文献传递者转变为知识组织者和信息导航者。同时，应着力引进具有与新医科直接相关的专业学科背景的信息服务人员，实现高校图书馆信息服务人员的多元化与梯队化建设。而在新医科人才信息素养培训方面，应针对性地开展多学科融合的信息素养培训，多方面推进新医科师生信息素养，不断满足新医科学生的数据发现、收集、组织、管理、分析等方面的需求，逐步提升其信息驾驭和创新实践能力，有效提升整体信息素质水平。

五、升级创新信息服务手段，提升新医科信息服务效率

信息技术、材料技术、智能技术、生物技术等新技术兴起，为开创新医科教育新业态以及卫生健康新业态不断提供创新手段。当今临床诊疗、医疗器械、药物研发、临床方案、健康管理等，呈现出鲜明的数据化、精准化、智能化特征。高校图书馆学习服务手段及实现途径，也应当不断迭代创新，不断提升新医科信息服务效率。在提升高校图书馆信息服务效率的过程之中，可针对新医科推出"互联网+"图情服务系统、微信服务公众平台、手机移动服务APP、云平台等，不断创新图书馆的服务手段。为满足当下新医科学生碎片化

学习习惯，可以依托互联网技术、移动技术引入微课、MOOC等新型信息教育平台，让学生自主接受个性化的信息素养教育。为营造良好的信息服务环境，高校图书馆可建设创客空间，鼓励各学科间打破各自的传统壁垒，形成多学科交叉和竞争协同的信息流通、重组与升华的小气候，为新医科领域新技术、新应用的出现提供创新空间。在"微时代"背景下，高校图书馆可借助微信、微博等媒介，实现简便快速的互动交流。概言之，为顺应奔腾而至的科技革命，高校图书馆应当加快引进和创新信息传播方式，提升新医科信息服务效率。

六、重视多源信息交叉融合，完善新医科信息生态系统

新医科等"四新"学科都具有典型的多学科融合特征，是传统医学与人工智能、大数据等技术的融合。比如，天津大学的新医科试验班就整合了临床医学、药学、生物医学工程、智能医学工程等学科，既面向预防、生命、药物等前沿科研探索，又关注诊疗、康复、医疗设备等临床应用，以人工智能、物联网、大数据、机器人等前沿技术为医学赋能，培养具备家国情怀、全球视野、崇高医德及人文关怀意识的复合型领军人才。对应于交叉、多元、创新、融合等新医科特征，高校图书馆信息服务也必须重视多源信息交叉融合，完善新医科信息生态系统。而在信息思维层面，应强调整体思维、协同思维和关联思维；基于这些新思维模式的融会贯通，实现多学科多维度多特征信息的交叉融合，完善新医科信息生态系统。在信息服务实践方面，应同时注重信息收集能力和信息处理能力，使得学生能够合理运用检索技巧，快速有效、准确合理地对获取的信息进行评价与利用。尤为重要的是，信息素养提升与专业知识获得有机结合，有利于推动新医科学生的科研创新能力，临床工作能力，进而完善新医科信息生态系统。

新医科建设是新时代赋予医学教育的新使命。高校图书馆作为新医科信息服务的主要平台，通过前述六个方面的发展策略及实施路径，可望实质性提升新医科师生的信息服务水平，推进新医科内涵建设与实践。

参考文献

陈允，2018. 新工科与高校图情服务的创新［J］. 大众科技（08）.
樊代明，2017. 整合医学的内涵及外延［J］. 医学与哲学（1A）.

范舜，谈在祥，2019. 人工智能背景下"新医科"建设的挑战与变革［J］. 中国高校科技（07）.

方钢，2019. 微时代背景下公共图书馆读者服务策略研究［J］. 智库时代（02）.

高协，宋海艳，郭晶，等，2013. 面向创新的信息素养教育规划与实践：以上海交通大学图书馆为例［J］. 图书情报工作（02）.

顾丹丹，钮晓，郭晓奎，等，2018. "新医科"内涵建设及实施路径的思考［J］. 中国高等医学教育（08）.

马费成，李志元，2020. 新文科背景下我国图书情报学科的发展前景［J］. 中国图书馆学报（06）.

彭树涛，2020. "新医科"的理念与行动［J］. 上海交通大学学报（哲学社会科学版）（11）.

沈瑞林，王运来，2020. "新医科"建设逻辑、问题与行动路径研究［J］. 医学与哲学（12）.

王贺，付少雄，赵海平，2019. 嵌入用户信息素养的信息服务实践研究：基于类型理论与活动理论视角［J］. 图书馆（02）.

王世伟，2017. 信息文明与图书馆发展趋势研究［J］. 中国图书馆学报（05）.

姚晓彤，2020. "新医科"战略背景下基于学科视角的医学文献可视化分析［J］. 实用医药杂志（10）.

张立忠，2018. 新工科背景下高校图书馆学科服务能力研究［J］. 图书馆学研究（14）.

张予涵，杨文军，2016. 面向医教研信息共享的医学高校图书馆情报服务应用研究［J］. 中国中医药图书情报杂志（03）.

周志英，张新华，2019. 服务于新医科建设的文献资源建设与阅读指导［J］. 山西科技（06）.

"双一流"建设背景下图书馆知识服务研究的现状与启示

——基于 CiteSpace 的可视化分析

鞠 嫒 赵 萍 徐 平 孙璐薇
鲍永庆 张 宇 余平静 朱珊珊[①]

摘 要：在"双一流"建设背景下，一流高校和一流学科的建设对提供支撑体系的图书馆知识服务的发展既是机遇，也是挑战。本研究以图书馆知识服务为研究对象，选取了 2015 年以来 CNKI 收录的 4241 篇图书馆知识服务文献作为数据来源，利用 CiteSpace 对国内图书馆知识服务的研究现状进行可视化分析。通过对作者和机构合作网络的分析，准确识别出了知识服务研究领域的主要研究群体，并且通过对发文期刊及高引文献的分析，进一步识别出了对图书馆知识服务领域的发展具有明显推动作用的期刊；此外，本研究还利用关键词共现和聚类图谱的方式深入分析了本研究领域的热点和前沿所在，即利用大数据以及人工智能等新技术建设智慧图书馆和智库的综合性研究。

关键词："双一流"；图书馆知识服务研究；CiteSpace

2015 年 10 月，国务院正式公布《统筹推进世界一流大学和一流学科建设总体方案》。方案突出了学科建设为高校发展和建设的重点，同时也对高校图书馆知识服务的水平和质量提出了新的要求。2017 年 9 月，教育部印发《关于公布世界一流大学和一流学科建设高校与建设学科名单的通知》，公布了我国"双一流"建设高校和学科的入选名单，开启了我国高等教育改革的新篇章。高校图书馆作为学科组织的一部分，在"双一流"建设背景下，图书馆知

[①] 鞠嫒（1992—），博士，四川大学图书馆馆员。赵萍（1963—），博士，四川大学图书馆研究馆员。徐平（1968—），硕士，四川大学图书馆副研究馆员。孙璐薇（1973—），博士，四川大学图书馆馆员。鲍永庆（1974—），硕士，四川大学图书馆馆员。张宇（1982—），硕士，四川大学图书馆馆员。余平静（1982—），硕士，四川大学图书馆馆员。朱珊珊（1991—），博士，四川大学图书馆馆员。

识服务需要进一步深化与创新，为高校的学科发展、科学研究和创新人才培养提供更深层次，更专业化的知识服务，同时也为高校学科建设提供更为精准的定制性服务。目前，已经有越来越多的学者开始着力于探讨和研究在"双一流"背景下图书馆知识服务的发展对策和改革路径。基于此，本文借助CiteSpace可视化工具，通过归纳和绘制图书馆知识服务研究的现状，深入分析该领域的研究热点和前沿发展趋势，为后续的研究提供借鉴。

一、数据来源和研究方法

本研究选取中国学术文献网络出版总库CNKI中2015—2021年间期刊文献，设置检索式为SU=［（知识服务＋学科服务＋学科馆员）＊（图书馆）］，检索时间为2021年5月7日，共检出4294篇文献，经手动筛选剔除会议摘要、征稿通知和重复文献，最终获得4241篇有效文献。

CiteSpace是基于Java语言环境的知识可视化软件，能够提取中文文献中的关键词、作者和机构等，并进行词频统计、共现分析，同时利用聚类分析、图形学等信息可视化技术来揭示知识的内在结构与联系。基于CiteSpace的可视化分析方法能够发现和跟踪相关研究领域的研究热点，并且挖掘对应研究领域的发展趋势，目前已得到众多学者的认可。本文使用CiteSpace 5.3 R3软件对上述4241篇文献数据源进行分析，将时间跨度设置为2015—2021年，时间切片设置为1年，对作者、机构和关键词进行可视化分析。

二、图书馆知识服务的可视化分析

（一）发文作者和机构分析

在控制面板中选择网络节点类型为"作者"和"机构"，选择最小生成树（Minimum Spanning Tree，MST）算法，以Top N（N=50）的数据为抽取对象，获得图书馆知识服务领域作者、机构及其合作关系的网络（图1）。图中的每一个节点代表一个作者或机构，节点的大小代表中心度，连线代表作者或机构之间具有合作关系，连线的粗细代表作者或机构间的合作强度。在2015—2021年间，发文量超过10篇的作者有3名，分别为沈洋（14篇）、王焕景（11篇）和马秀峰（10篇）。通过对发文量不少于3篇的作者合作网络进行分析，发现目前图书馆知识服务研究的作者合作群体较小，在作者合作网络中只发现了一个合作者人数为11人的合作群，而进行独立研究的作者相对较多。

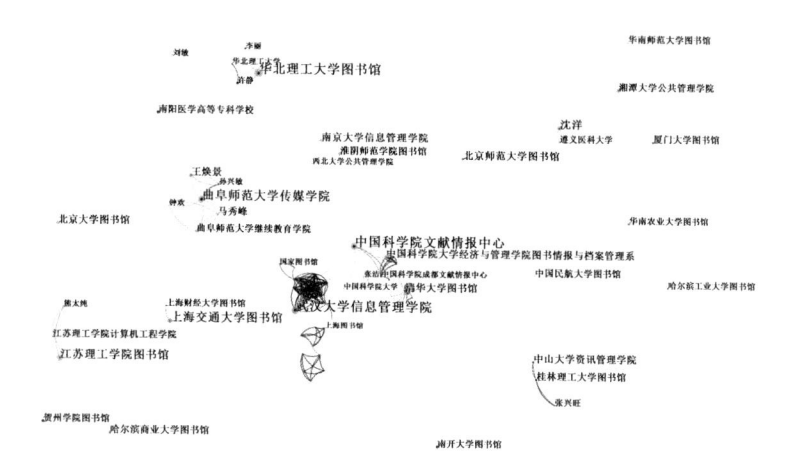

图 1 发文作者及其机构合作图谱

表 1 中列举了发文量排名前十的发文机构，发文量超过 20 篇的机构共有 5 家，分别为武汉大学信息管理学院（28 篇）、中国科学院文献情报中心（26 篇）、华北理工大学图书馆（26 篇）、曲阜师范大学传媒学院（22 篇）以及上海交通大学图书馆（21 篇），这说明高校的信息管理学院和图书馆是知识服务研究领域的主要研究单位。发文量最多的武汉大学信息管理学院在 2015—2021 年间有持续不断的文献产出，说明该机构一直有稳定且有效的研究投入和成果输出。从图 1 中发现，中国科学院文献情报中心与清华大学图书馆、中国科学院大学经济与管理学院图书情报与档案管理系及中国科学院成都文献情报中心具有较为紧密。而其他机构的分布较为零散，合作关系也主要集中在机构内作者间。这些结果说明目前我国图书馆知识服务领域作者或机构间的合作主要局限在机构内不同作者间，缺乏跨机构的合作研究，需要增强不同机构间的合作。

表 1 发文量排名前十的机构

序号	机构	发文量（篇）
1	武汉大学信息管理学院	27
2	中国科学院文献情报中心	26
3	华北理工大学图书馆	26
4	曲阜师范大学传媒学院	22
5	上海交通大学图书馆	21
6	福州大学图书馆	18

续表

序号	机构	发文量（篇）
7	江苏理工学院图书馆	17
8	北京师范大学图书馆	16
9	内蒙古工业大学图书馆	15
10	内蒙古医科大学图书馆	15

（二）论文发表期刊分析

文献所刊载期刊情况的分析也是了解图书馆知识服务研究领域动态和进展的重要依据。从文献检索的结果来看，图书馆知识服务领域发布于 CSSCI 来源期刊的文献占 23.8%，发布于北大核心期刊的文献占 18.9%，说明图书馆知识服务领域发表于高水平中文期刊的占比偏低。通过对刊载图书馆知识服务领域文献较多的期刊进一步分析，发现载文量排名前 10 的期刊为《图书馆工作与研究》（载文 115 篇）、《新世纪图书馆》（载文 81 篇）、《中华医学图书馆情报杂志》（载文 62 篇）、《图书馆》（载文 47 篇）、《图书馆杂志》（载文 34 篇）、《情报科学》（载文 32 篇）、《情报理论与实践》（载文 31 篇）、《图书与情报》（载文 27 篇）、《图书情报知识》（载文 11 篇）、《情报学报》（载文 6 篇）。这些期刊对推动图书馆知识服务领域的发展起到了重要的作用。

（三）高被引文献分析

高被引文献的分析可以在一定程度上表明特定研究领域的热度，也能帮助我们发现领域中有影响力的研究内容。本文进一步对研究样本中的文献的被引次数进行了分析，表 2 中列举了检索时间范围内图书馆知识服务领域中被引次数前十的文献。被引次数最多的文献的引用次数高达 173 次，该文由桂州理工大学图书馆的张兴旺和桂州理工大学现代教育技术中心李晨晖合作发表于《图书与情报》期刊，文章探讨了图书馆在"互联网+"时代的创新发展方向，提出了图书馆"互联网+"的应对方法、实施原则的发展对策。在这 10 篇文献中，有 4 篇分别发表于 2017 年和 2018 年，主要研究"双一流"建设背景下和大数据时代图书馆知识服务发展的改革方向和未来新形态。其余的 6 篇文献都发表于 2015 年，研究内容主要集中于互联网对图书馆服务的影响以及智慧图书馆的建设。由此可见，在"双一流"建设期间，图书馆面对高校新的学科建设需要，通过利用互联网和大数据分析进行知识服务的改革和创新，具有很高的研究热度。此外，有 4 篇文献均发表于《图书情报工作》期刊上，说明该期刊在图书馆知识服务领域具有较大的影响力。

表2 图书馆知识服务研究领域被引次数排名前十的文献信息

序号	出版年	作者	篇名	期刊	被引次数
1	2015	张兴旺，李晨晖	当图书馆遇上"互联网+"	图书与情报	173
2	2015	杜辉，刘晓，袁百成	基于微信公众平台的高校图书馆学科服务创新	图书情报工作	143
3	2018	张晓林	颠覆性变革与后图书馆时代——推动知识服务的供给侧结构性改革	中国图书馆学报	139
4	2015	黄如花，李白杨，饶雪瑜	面向新型智库建设的知识服务：图书情报机构的新机遇	图书馆	134
5	2018	夏立新，白阳，张心怡	融合与重构：智慧图书馆发展新形态	中国图书馆学报	122
6	2015	冯国权	互联网思维下图书馆服务变革探讨	图书情报工作	122
7	2015	王丽萍，杨波，秦霞，涂颖哲	高校图书馆专利信息服务内容、模式与趋势	图书情报工作	97
8	2017	何胜，冯新翎，武群辉，熊太纯，李仁璞	基于用户行为建模和大数据挖掘的图书馆个性化服务研究	图书情报工作	96
9	2015	曾子明，金鹏	智慧图书馆个性化推荐服务体系及模式研究	图书馆杂志	93
10	2017	徐健晖	"双一流"建设背景下高校图书馆学科服务创新研究	大学图书情报学刊	92

（四）研究热点分析

关键词是一篇文章主题的高度总结和凝练，对其在学科领域中出现的频率和变化进行分析，可以直观地发现该领域的研究热点和研究前沿。在CiteSpace中选择网络节点类型为"关键词"，并同时选择能保持完备性的"Pathfinder""pruning sliced network"和"pruning the merged network"裁剪算法，以Top N（N=50）的数据为抽取对象绘制关键词共现图谱。在图谱绘制过程中，为了清晰显示关键词间的相互联系，我们将同义词进行合并，并且剔除掉"对策""应用"等无意义的高频关键词。图谱中的每一个节点代表一个关键词，节点的大小代表关键词出现的频次，节点间的连线代表关键词间的共现，连线的宽度代表共现程度，节点最外圈的深色年轮代表关键词的中心度。

从图2中可以看出，2015—2021年图书馆知识服务领域的研究热点包括学科服务、学科馆员、嵌入式学科服务、知识管理、智慧图书馆、大数据、"互联网+"和服务创新。学科服务、学科馆员、双一流、图书馆、知识服务、大数据和智慧图书馆节点的外圈具有深色年轮，说明这些关键词具有重要的网络连接作用。从图2中可以分析出：①图书馆、高校图书馆、公共图书馆等关键词高频出现，说明图书馆作为提供知识服务的载体，是知识服务领域的研究主体；②学科服务、学科馆员、嵌入式学科服务等高频关键词则说明图书馆在"双一流"建设期间积极响应学科建设的新要求，建立学科馆员的制度，并通过对学科信息的组织、挖掘和开发，为学科建设提供个性化、精准化、嵌入式的学科服务；③知识管理、知识图谱等关键词的高频出现说明图书馆知识服务注重于对隐性知识的加工和管理，为读者提供经过深入分析后的具有价值的信息；④大数据、"互联网+"和智慧图书馆是知识服务随着云计算、人工智能等信息技术的发展而产生的新方向，也是图书馆转型的重要研究内容。

图2 关键词共现图谱

在关键词共现的基础上，以关键词为聚类标签，可以将密切相关的主题聚集在一起。在本文中共产生了29个聚类，图3中展示了前十个聚类的时间线图谱，各个聚类间具有较多的连线，说明各个聚类标签之间有较为紧密的联系。综合分析可以发现：①图书馆仍是知识服务研究的主力，并且图书馆联盟在2015—2021年间也得到了持续的发展，这有助于图书馆资源的最大化利用，同时也为开展知识服务提供了充足的资源保障。②学科建设是2016年图书馆知识服务领域的高频主题，而在2017年"双一流"成为图书馆知识服务领域的高频主题。这说明知识服务一直在为"双一流"建设提供着支撑和保障服务，为科研团队的建设、科研效用评价、教育教学的改革等提供创新服务。③图书馆深入了解读者的需求，借助大数据和"互联网+"等信息技术来探索智慧服务的模式，建立提供精准化、个性化服务的知识服务体系。突变词探测也可发现，目前图书馆知识服务领域的前沿包括"ESI""用户画像""智慧图书馆""智库""智慧服务"和"创新创业"。

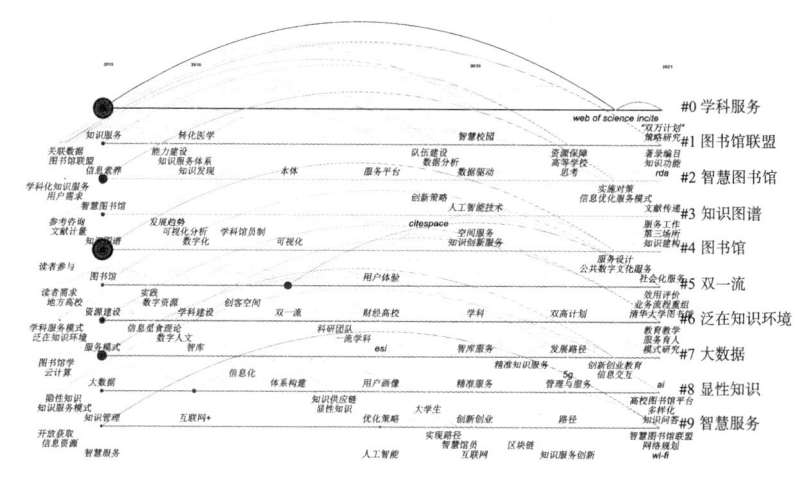

图3　关键词聚类时序图谱

三、总结与启示

本研究借助可视化分析工具CiteSpace，以CNKI收录的文献为数据来源，对2015—2021年图书馆知识服务研究领域的研究现状进行了可视化分析。从发文作者和机构的分布特征来看，图书馆知识服务研究的核心机构是武汉大学信息管理学院和中国科学院文献情报中心，这两个机构在2015—2021年间持续产出了具有影响力的成果，与其他机构也具有较为紧密的合作关系。除此之外，多数作者和机构的分布都比较分散，作者间合作也主要局限于机构内部，跨机构的合作仍需要进一步加强。从发文期刊和高被引文献分析来看，图书馆知识服务研究在CSSCI来源期刊和北大核心期刊的发文量占比偏低。而《图书与情报》是图书馆知识服务研究领域的重要期刊，相关研究的发文量较多，且部分文献引用较多。从关键词聚类和时序图谱分析来看，图书馆知识服务在

"双一流"建设期间一直在为学科建设提供支撑和保障作用，并且自身在不断寻求转型和改革的发展路径，为"双一流"建设提供更为精准化的知识服务。综合分析可以发现，在"双一流"建设背景下，图书馆知识服务领域的研究热点逐渐转变为利用大数据、人工智能等信息技术来建设用于提供智慧化服务的智慧图书馆和智库。

1. 智慧图书馆

智慧图书馆是新一代智能技术与图书馆建设的融合，可以以更加智慧的方式来改变读者与图书馆资源之间的交互方式，通过明确读者的需求、提高服务响应的速度和精确性来实现智慧化的服务。我国智慧图书馆的建设尚处于理论研究期，目前的研究主要集中在建设路径的探讨，以及将大数据、人工智能等技术应用于图书馆资源建设和网络信息安全等问题上，而针对实践探索的研究相对较少。智慧图书馆主要由智慧馆员、智能技术和图书馆智能管理系统三个主体相互融合而成，智慧馆员的培养及发展制度建设，智能技术与图书馆服务的结合与应用，以及如何实现图书馆智能系统的分层管理，还需要进一步深入研究。

2. 智库

智库是国家软实力的重要组成部分，新型智库的建设关系国家战略全局。自《中国特色新型高校智库建设推进计划》公布以来，高校智库的建设开始成为研究热点。图书馆作为高校信息资源的中心，可以为高校智库的建设提供专业的情报分析人员以及资源保障、信息分析和成果评价等相应的智库服务。图书馆的智库服务虽然起步较晚，但目前已有高校相继开展了此类服务实践，如北京大学、浙江大学、上海交通大学等图书馆开始提供智库服务，此外，很多研究者也在积极开展图书馆智库服务联盟的建设工作。目前，高校图书馆如何建设专业的智库人才队伍，怎样合理地利用图书馆现有的信息资源进行情报分析，怎样推动智库联盟进行多学科交流融合等问题亟待解决。

参考文献

国务院，2015. 国务院关于印发统筹推进世界一流大学和一流学科建设总体方案的通知（国发〔2015〕64号）［EB/OL］.（2015－11－05）［2021－09－08］. http：//www. gov. cn/zhengce/content/2015－11/05/content_10269. htm.

教育部，财政部，国家发展改革委，2017. 关于公布世界一流大学和一流学科建设高校与建设学科名单的通知（教研函〔2017〕2号）［EB/OL］.（2017－09－20）［2021－09－

08］．http：//www. moe. gov. cn/srcsite/A22/moe_843/201709/t20170921_314942. html.

李静，2021. 人工智能时代区域智慧图书馆联盟构建研究［J］. 江苏科技信息（04）.

饶丽莉，徐军华，2019. 图书馆参与智库建设调查研究［J］. 新世纪图书馆（11）.

吴雅威，张向先，闫伟，等，2021. 面向智库建设的智慧数据服务模式研究［J］. 情报理论与实践（11）.

杨文建，邓李君，2021. 智慧图书馆研究现状、建设困境及优化路径研究［J］. 图书馆理论与实践（02）.

张坤，查先进，2021. 我国智慧图书馆的发展沿革及构建策略研究［J］. 国家图书馆学刊（02）.

CHEN C M，2006. CiteSpace II：Detecting and visualizing emerging trends and transient patterns in scientific literature［J］. Journal of the American Society for Information Science and Technology，57（03）.

CHEN C M，2017. Science Mapping：A Systematic Review of the Literature［J］. Journal of Data and Information Science，2（02）.

CHEN C M，DUBIN R，KIM M C，2014. Emerging trends and new developments in regenerative medicine：a scientometric update（2000－2014）［J］. Expert Opinion on Biological Therapy，14（09）.

知识产权领域的国家安全问题研究综述及分析[①]

雷若寒 彭蕾蕾[②]

摘 要：本文通过对知识产权领域国家安全问题研究的文献进行梳理，结合当前世界格局和中国处所境况的背景，以及中国目前知识产权发展和保护的现状，分析知识产权治理在维护国家安全特别是非传统安全中的作用，提出应当继续完善国内相关知识产权制度，积极参与国际知识产权治理以及构建专门的与国家安全相关的知识产权保护体系。

关键词：知识产权；国家安全；非传统安全

2020 年 11 月 30 日，习近平总书记在中共中央政治局就加强我国知识产权保护工作的集体学习中强调，知识产权保护工作关系国家治理体系和治理能力现代化，关系国家安全。要加强事关国家安全的关键核心技术的自主研发和保护，依法管理涉及国家安全的知识产权对外转让行为。要形成高效的国际知识产权风险预警和应急机制，建设知识产权涉外风险防控体系。（习近平，2021）

当今世界正经历百年未有之大变局，当前和今后一个时期既是中国发展的重要机遇期，同时也是充满挑战的时期。在"十四五"规划和 2035 远景目标纲要中，首次设立安全发展专篇并提出了安全保障指标，对加强国家安全体系和能力建设做出了具体安排。安全体系和能力建设则离不开科技的支持。国家也多次提出以科技作为发展的战略支撑，完善国家创新体系，加快关键核心技术自主创新，实施创新驱动发展战略，加快建设科技强国。[③] 科技创新体系的

[①] 本文系省教育厅社科项目"四川省南亚研究学术成果的国际影响力分析"（XSCG2019-002）与四川大学社科项目"大数据环境下图书馆文献资源建设新思路"（WHTTSXM [2016] 26）成果之一。

[②] 雷若寒（1975—），硕士，馆员，四川大学图书馆。彭蕾蕾（1979—），博士，馆员，四川大学图书馆。

[③] 十九届五中全会、庆祝改革开放四十周年大会、中国科学院第二十次院士大会、中国工程院第十五次院士大会和中国科学技术协会第十次全国代表大会上，均有提及。

完善，需要健全的知识产权保护体系的支持。因此，建立一个完善的知识产权保护体系，在维护国家安全方面起着重要的作用。

我国知识产权近 40 年来发展速度快，实现了从知识的消费向知识的生产过渡，我国已成为世界知识产权大国，在某些领域已经成为世界创新和品牌的引领者。我国知识产权制度的发展，也经历了建立、实施、多次完善和调整的过程。近两年我国在国际上的知识产权申请，特别是专利的申请数量，已位居第一。但还应当看到，我国知识产权存在被"卡脖子"现象，提高申请质量是今后要努力的方向，加强自主知识产权的创造、储备和保护，积极支持重点产业知识产权海外布局，从源头上抢占知识产权高地，增强国家核心竞争力，提升文化软实力。保障国家在政治、经济、军事、文化、科技、信息、生态等方面的传统安全与非传统安全。

一、研究综述

对现有文献调研发现，专家学者们在涉及国家安全的知识产权问题研究上，主要集中在国防专利、国际贸易与安全例外、TRIPS 协议与经济安全、涉外业务的国家安全、种业安全等方面。

（一）国防专利问题

1. 对国防专利转化应用、权利归属、利益分配现状以及立法的研究

相关研究指出，我国当前在专利申请过程中注重数量，而忽略了专利的转化和应用，难以产生实际效益，造成国有资产的流失。这构成国防科工创新发展的屏障；我国现有的国防专利制度定密时间长，解密程序烦琐，导致大量国防专利被闲置；由于专利权归属国家，专利难以实施。在利益分配上，科研人员得不到合理的奖金报酬；在立法上缺乏国防专利的价值评估标准和投资的专门规定。应当在国家安全的前提下高效实施国防专利，不仅避免资源浪费和重复研究，还能壮大国防工业，提高国民经济水平。

2. 对现有国防专利制度的研究

研究集中在国防专利制度保护的对象、功能、矛盾和基本原则等方面。从国防专利制度的发展现状来说明现有的补偿制度实现不了补偿激励，成果难转化、侵权难救济。不能有效平衡公权和私权、公开和保密两对矛盾；对国内外的国防专利制度进行比较分析；提出建立国防科研项目的全程管控制度，进行产权激励，驱动技术创新，提高转化效率等。

梳理现有研究不难发现，研究者大多将焦点集中在国防专利的所有权、利

益分配上，认为如果专利权归科研单位和个人所有，将会更好地将专利转化为经济上的利益；并且提出应允许出现国防专利的中介服务机构，将科研成果进行军民深度融合，以实现资源的充分利用，促进社会经济的发展。这些研究虽然都提到要在国防专利制度上进行完善，以实现上述目标，但并没有提出怎样在不损害国家安全的前提下来实施，也没提出制定一套合理的国防专利安全风险评估标准及预警机制。

（二）国际贸易中涉及国家安全的知识产权问题

1. 来自美国的知识产权风险

研究了美国 301 调查的内容和我国面临的挑战及美国域外专利管辖。

2. "禁令"限制风险

主要分析了一旦核心技术掌握在竞争对手的手中，当对方"断粮"时引起的安全风险。因此在科研上应该有前瞻性，要提前进行知识产权战略布局，以避免被卡脖子带来的风险。

3. 被控侵权风险

主要是我国企业在专利、商标、商业秘密这三类知识产权上被控侵权，遭到当地法院起诉、行政调查、欧盟展会侵权调查、海关执法等。

4. 知识产权壁垒的风险

产品出口地要求执行更高的知识产权标准，这样会增加我国企业出口产品的难度和成本，不得不为了达到对方标准而支付高昂的专利许可使用费。

5. 中国企业自身知识产权在国外遭受侵犯的风险

包括专利、商标等的恶意抢注，故意阻挠我国向所在国进行专利申请，以及在一些知识产权发展水平较低的国家，我国企业的知识产权得不到保护。

（三）知识产权涉外的国家安全问题

目前已有的研究主要针对涉及国家安全的核心知识产权转让行为进行严格审查的重要性，提出要规避海外知识产权风险，构建风险防范体系，加强海外知识产权信息检索与分析，做好海外知识产权尽职调查，提高出口产品自主知识产权的比重，重视知识产权在全球布局，等等，但这些内容非常概括，尚缺乏深入具体的进一步研究。

（四）国家安全例外问题

现有研究主要涉及贸易政策与国家安全的关系；国际多边条约中"国家安全例外"条款的历史和内容，以及条款内容模糊引发滥用，成为国际贸易纠纷的源头；欧美贸易中的"国家安全例外"的历史和内容，以及所发挥的作用和产生的负面影响。只有极少的内容涉及对 TRIPS 协议中有关知识产权的"国家安全例外"的解读。上述"国家安全例外"的研究基本指向非传统安全领域，对知识产权领域的专门研究和分析甚少。

（五）TRIPS 协议与国家安全的内容

主要分析知识产权保护产生的经济利益，知识产权保护对国家经济的发展的作用，我国接受 TRIPS 等协议以及履行国际义务给国家安全和国家利益带来的影响，特别是对国家安全带来的风险和对国家利益带来的损害，TRIPS 协议对未来中国国家经济安全的影响，中美知识产权贸易摩擦与中国经济安全问题等。

（六）其他与知识产权相关的非传统安全问题

学者们主要研究了粮食安全、种业安全等方面的知识产权内容。针对外资进入我国种子行业，提出要完善国家的种业安全审查制度，以维护国家种子安全；重视种子产业的知识产权保护，完善我国现有的种子产业知识产权保护制度；种子产业保护对维护粮食安全的重要作用等。

综上所述，现有的研究大多从工业产权的角度分析在国际贸易和涉外知识产权领域的现状及存在的各类安全问题。大多数研究是对现有的国际协议和国内法规进行分析解读，指出存在的问题，但是并没有就这些内容与国家安全相关的知识产权做系统性的研究。另外，与文化安全密切相关的著作权问题基本没有研究人员提及。

二、完善知识产权制度，保障国家安全

当今国家安全的概念早已融入社会生活，成为许多国家内外政策的一部分，保障国家安全是现代国家最重要的职能。为了提升国家安全能力，在当前我国知识产权强国阶段，需要贯彻保护知识产权就是保护创新的理念，推动知识产权与经济、社会、文化融合发展，继续完善我国现有的知识产权保护体制，在知识产权全球治理体系中发挥大国应有作用。（蒋安杰，2020）整合维护国家安全的各种力量，充分体现维护国家安全与创新社会治理的有机统一。（新华社，2014）

在知识产权类别中，专利支撑科技创新，著作权支撑文化产业，商标支撑品牌经济发展。而在国家安全体系中，专利和商标等工业产权主要与科技安全、军事安全、核安全、信息安全、生态安全、资源安全、社会安全、经济安

全有关（刘江明，2010：2-7）；著作权主要与文化安全、社会安全有关。由于我国目前涉及国家安全的知识产权问题逐渐凸显，为达到知识产权强国目标，确立有关知识产权的国家安全战略就显得尤为重要。对核心技术保护、海外知识产权风险、国际贸易中的知识产权、涉及国家安全的知识产权对外转让等一系列问题都应做出专门的制度安排。应当从国内和国际两方面加以考虑。

（一）继续完善国内相关知识产权制度

1. 部署优势技术全球战略

规划好优势核心技术的战略布局，突破"卡脖子"的关键技术。优势核心技术成果的取得来之不易，需要企业及时通过有效的知识产权确权加以保护。注重知识产权成果的保护，积极进行技术成果转化以抢先占领市场，在国际上获得竞争优势。在全球的知识产权布局中，企业应根据自身业务评估在不同国家的商业风险、市场风险和政策法规风险。这些风险应有明确的模型和指标，以便提前预警。

2. 建立专门的知识产权对外转让制度

按照我国现有的知识产权对外转让规则，专利、集成电路布图设计、计算机软件和植物新品种在对外转让前须进行严格的审核，而不同类别的知识产权归口于不同的主管部门审核。如果能设立一个专门的部门，就此类知识产权对外转让的安全风险进行评估，直接决定该知识产权能否转让，这样在申请、审核与批准程序上不必经过多部门，简化流程，既提高主管部门的工作效率，也缩短当事人的转让时间。审查内容主要包括知识产权对外转让对我国国家安全的影响，知识产权对外转让对我国重要领域核心关键技术创新发展能力的影响。（国务院办公厅，2018）

在我国现行法律中，知识产权的转让没有专门的法律规定，而分散于多部法律之中。这就可能产生上位法和下位法、特别法和普通法、新法和旧法交叉冲突的问题。这样有的国家就会抓住我国法律的漏洞，认为我国的法律法规存在问题。（梁霞，2020：34）因此，需要有一部专门的、有前瞻性的高水平法律来解决以上法律适用问题。

3. 约束过度垄断行为

由于知识产权具有的独占排他性特征，本质上是一种垄断权利，且各国都以立法方式赋予跨国公司对其技术享有这种权利。不过这种双刃剑式的权利需要适度规范。适当的技术垄断可以带来市场竞争和促进科技创新，为跨国公司带来超额的垄断利润；但如果竞争和垄断的度把握不好，就会损害技术受让方的利益。因此，需要制度安排来约束跨国公司的不合理垄断行为。

4. 国防专利的管理

完善国防专利制度，明确因主动解密导致失泄密的法律责任。对不同类别的国防专利可以提供动态解密、强制解密以及主动申请解密三种方式。（武剑，等，2016：41）针对这三种方式设计合理的解密后的风险与安全评估机制，可以设计一套指标，只有达到一定指标范围才可以解密。从而以最快的速度转化科研成果，实现资源的优化配置、军民一体化，及社会、经济效益的最大化。

5. 文化安全管理

著作权涉及的国家安全问题主要是文化安全。一方面，在文学、艺术领域中，应鼓励深度发掘中华优秀历史文化，升华传统思想和哲学理念。运用现代传媒手段对优秀文化进行再创作，形成具有国际视野的作品，成为内容和形式在国内外都喜闻乐见的优秀作品。这样既能增强国内民众的文化自信，增加民族认同和国家认同感，也能讲好中国故事，让一个真实的中华文化呈现于国际社会，从而扩大国际影响力，增进文明互鉴和互信。另一方面，对外来文化的进入也需进行审核。因为不同国家和地区历史不同，文化性格不同。不同国家对他国文化的评判标准也不同。我们在充分尊重他国文化的基础上，对是否引进外来文化应严格审核，评判其利弊，以维护国家的文化安全。

（二）积极参与国际知识产权治理体系

第一，由于各国之间没有统一的规则来规制国际技术的转让，知识产权的保护就成了国际技术转让中的一大难题。过去，我国作为发展中国家在国际条约的制定上，基本没有话语权，国际条约被发达国家主导。在我国国家实力不断加强和知识产权快速发展的背景下，我国应当积极参与今后国际规则的谈判，取得话语权，平衡各方权利和义务，让技术转让和保护知识产权并重。

第二，国际贸易中"国家安全例外"条款涉及的国家安全不仅包括经济安全，也包括公共卫生安全、网络空间安全、生态安全等非传统安全。由于WTO多边贸易规则中成员方有"国家安全例外"的权利，而安全例外在知识产权保护上设定了更高标准。欧美国家通过贸易立法在出口管制、产业安全和对外资审查等方面加强了"国家安全例外"的相关制度安排，以维护其在全球的战略性竞争优势。（张丽娟，等，2020：66—79）由于WTO对此条款缺乏有效约束，导致被一些国家以非传统安全为由而滥用，成为贸易保护主义的工具。而"国家安全例外"条款的规定过于模糊，成员方在援引时具有一定的随意性，且WTO争端解决机构的专家又难以做出科学判断。在当前全球化新阶段，国际贸易格局与GATT初创时相比发生了天翻地覆的变化。特别是2019年底，WTO的上诉机构陷入停摆状态，使多边贸易体系和争端解决机制受到

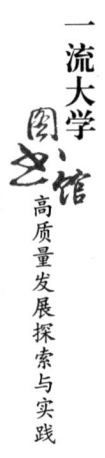

严重打击。因此，为防止"国家安全例外"条款滥用，对国际贸易的治理、WTO改革的问题就愈显急迫。

第三，当前世界各国都意识到非传统领域的安全对国家整体安全的重要性，面临这种限制贸易的挑战，只有通过知识产权的国际合作构建有效的国际知识产权治理体系来解决。因此，中国应当积极参与WTO的改革。通过多边磋商签订贸易国际条约，或者同多个区域签订双边国际贸易条约，并且以制度安排来维护具有竞争力的技术在海外的利益，使贸易利益同国家安全兼顾。同时在制定关于国家安全的知识产权法规时，也应当专门对其进行制度安排。

第四，继续健全知识产权方面的反垄断、公平竞争相关法律法规和政策，形成有效的制约机制。同时，要推进我国知识产权相关法律法规的域外适用，签订双边或多边条约，完善跨境司法协助。要形成高效的国际知识产权风险预警和应急机制，建设知识产权涉外风险防控体系（人民日报海外版，2020）。

（三）建构专门的与国家安全相关的知识产权保护体系

立法上，由于我国没有知识产权法，从知识产权基础法律建构来讲，应该研究制定知识产权基本法。这样，既解决知识产权治理结构问题，提高知识产权治理能力。同时，又促进知识产权与经济社会融合发展，夯实知识产权发展的基础（董新凯，2017：44-48）。然后，在充分考虑国家安全的基础上，以立法的形式专章规定涉及国家安全的知识产权内容。在知识产权法建构之前，可以专门规定的形式来进行制度安排。

如上所述，在内容上应当研究制定专门的与我国当前科技、经济、社会发展水平相适应，并且具有战略性的法律来规制与国家安全相关的知识产权问题。另外，需制定实施细则，在实施细则中针对不同类别的知识产权风险设定评估标准，从而构成一整套风险评估体系和预警机制。

知识产权的运用从两方面来维护国家安全。一方面是科技创新体现为知识产权，合理利用好知识产权制度，有正向提升等国家安全的作用。另一方面，在科技创新的同时，应建立完善的知识产权保护体系，合理评估各类知识产权从申请确权到使用的环节中可能出现的国家安全风险，建立风险预警机制，有效维护国家安全。

三、结论

我国当前对与国家安全有关的各类知识产权的制度没有形成一套完整的体系，亦没有一部统一的知识产权基本法来规制，这样易造成法律法规在适用时产生冲突，并且存在涉及国家安全的制度漏洞。在今后的研究中还需要针对该情况，以及我国在知识产权治理中所面临的传统安全和非传统安全风险，建构一套相对完善的保护体系，从立法、司法实践和行政执法等多方面划分职责加以规定，并配套实施细则，以解决当前面临的和今后可能新出现的问题。

参考文献

董新凯，2017. 企业"走出去"的知识产权风险及防范［J］. 现代经济探讨（05）.

国务院办公厅，2018. 国务院办公厅关于《知识产权对外转让有关工作办法（试行）》［EB/OL］.（2018－03－18）［2021－04－27］. http：//www. gov. cn/zhengce/content/2018－03/29/content_5278276. htm.

蒋安杰，2020. 维护知识产权领域国家安全走出中国特色知识产权发展之路［N］. 法治日报，2020－12－09（09）.

梁霞，2020. 国际技术转让的知识产权保护研究［D］. 南昌：南昌大学.

刘江明，2010. 国防专利制度法律问题研究［D］. 哈尔滨：哈尔滨工程大学.

人民日报海外版，2020. 保护知识产权 激发创新活力——网友热议习近平总书记在中央政治局第二十五次集体学习时的重要讲话［EB/OL］.（2020－12－04）［2021－04－20］. http：//www. gov. cn/xinwen/2020－12/04/content_5566956. htm.

武剑，郑绍钰，李倩，2016. 基于技术转移的国防专利解密机制研究［J］. 装备学院学报（05）.

习近平，2021. 全面加强知识产权保护工作激发创新活力推动构建新发展格局［EB/OL］.（2021－01－31）［2021－03－22］. http：//www. qstheory. cn/dukan/qs/2021－01/31/c_1127044345. htm.

新华社，2014. 中央国家安全委员会第一次会议召开 习近平发表重要讲话［EB/OL］.（2014－04－15）［2021－03－16］. http：//www. gov. cn/xinwen/2014－04/15/content_2659641. htm.

徐伟，2017. 我国国防专利制度的构建与完善研究［D］. 兰州：兰州大学.

张丽娟，郭若楠，2020. 国际贸易规则中的"国家安全例外"条款探析［J］. 国际论坛（03）.

基于文献计量的药理学/毒理学前沿分析
——以"全球高被引学者"为样本[①]

党喃燕 赵萍 徐平[②]

摘 要：科学知识图谱能够可视化呈现知识资源及其载体，显现学科整体知识框架及核心结构，并揭示学科发展和研究前沿趋势。CiteSpace是一款可视化分析和挖掘工具，然而其应用面临一些挑战：样本选择一般较单一、低效，与其他方法结合度需提高。本文以科睿唯安"全球高被引学者"为分析样本，以药理学/毒理学为例，对连续五年该领域"全球高被引学者"的研究工作进行文献计量分析，展示了药理学/毒理学近15年重要的研究轨迹和前沿热点。

关键词：WOS；高被引学者；Citespace

近年来，可视化计量方法因其能够可视化呈现科学知识的结构、规律和分布而备受重视，相关可视化软件层出不穷。其中，CiteSpace由于采用多元、分时和动态的引文可视化技术，具有强大的数据分析功能，成为目前最流行的知识图谱可视化软件。CiteSpace已被用于众多研究领域的前沿和热点分析。CiteSpace工作界面提供了多种数据源导入选择，国内现有的相关研究大多数以WOS、Scopus、CNKI和CSSCI等为数据源，其中科睿唯安（Clarivate Analytics）的Web of Science（WOS）和Elsevier公司的Scopus数据库可提供可靠、完整的样本，是分析学科国际研究现状和发展趋势的首选。然而，在实际应用中，普遍存在浅度解析甚至不解析WOS或Scopus数据而重度依赖CiteSpace的情况。另外，在对某一大学科进行科学知识图谱分析以呈现其学科前沿和热点时，单纯利用WOS数据为样本将使得可视化分析和挖掘难以进

[①] 本文系四川大学"图书馆、情报与文献学"科研项目"我国药理及毒理学研究的计量学分析"（编号：sktq201722）研究成果之一。

[②] 党喃燕（1978—），博士，馆员，四川大学图书馆。赵萍（1963—），博士，研究馆员，四川大学图书馆。徐平（1968—），硕士，副研究馆员，四川大学图书馆。

行。例如，以药理学/毒理学为例，使用 WOS 数据库检索，2003—2018 年该领域的 SCI 文献数目为 6429098 篇，如果加上这些文献的引文，相关文献的总数数以千万计。难以想象可以便利地使用 CiteSpace 对这千万篇级别的文献进行分析挖掘并揭示此领域的研究轨迹和前沿。因此，需要重新审视 CiteSpace 的使用方法，特别是其数据源的选择和预处理，以便高效、准确地对某一学科进行科学知识图谱研究。

自 2014 年起，科睿唯安（原汤森路透）每年定期发布 22 个学科"全球高被引科学家"榜单。"全球高被引科学家"是通过对这些大学科领域十年间被 SCI 收录的所有论文进行分析评估，并将所属领域该年度他引频次在前 1‰ 的论文进行排名统计后得出的。以药理学/毒理学领域为例，每年"全球高被引科学家"有 120 余位，2014—2018 年有 600 多人次获得此殊荣，科睿唯安对他们研究工作的分析评估区间累计超过 15 年（2003—2018）。无疑，这些高被引科学家是当今药理学/毒理学研究领域的佼佼者，其研究方向也成为该领域的研究风向标。事实上，对这些科学家的研究工作进行科学计量，就可以准确把握药理学/毒理学的前沿和热点。然而，据我们所知，目前尚无使用"全球高被引科学家"为研究样本并对某一具体学科进行科学知识图谱分析的研究。本文先筛选出 2014—2018 年连续 5 年入选药理学/毒理学的"全球高被引科学家"，利用 WOS 数据库对这些科学家的研究进行科学计量分析统计，然后通过 CiteSpace 软件对这些结果进行深度分析和挖掘，可视化呈现近 15 年药理学/毒理学研究前沿和热点，为我国药理学/毒理学及其相关领域的科学家和科研管理部门提供参考。

一、数据和研究方法

通常，CiteSpace 使用图 1 A 的程序对某一研究对象进行可视化计量分析。从图可以看出，此法的样本来源集中于几个常用的中外数据库，在提交数据后重度依赖 CiteSpace。因此，在对某一大学科进行科学知识图谱研究时，图 1 A 方法无论在样本选择上还是在精确解读上都可能存在一些不足。为此，本文提出新的程序（图 1 B），尝试优化样本的选择，将数据源分析与 CiteSpace 技术联解析。具体来讲，以药理学/毒理学为例，首先统计科睿唯安 2014—2018 年此领域"全球高被引科学家"，共计 600 多名，然后据此整理出连续五年均获得此殊荣的科学家，共计 28 位。利用 WOS 数据库，分别按照作者姓名检索出这 28 位科学家 2003—2018 年发表的科研论文（检索时间节点截至

2018年12月1日，论文类型包括研究论文和综述），再分析这些科学家的国别、研究领域及其论文发表期刊，考察这些科学家论文被引情况（引用次数和引用国家）。将这28位科学家的5550篇论文以TXT文档格式导出（每次只能导出500篇，文档命名为download_X，X=1—11），论文信息包括论文的全部信息和引文信息。通过Citespace软件（版本5.3.R4，64位）对这些论文去重后得到5418篇论文，然后用Citespace进行引文共引、关键词共现和突显词分析。软件运行主要参数如下，Timespan：2003—2018（Slice Length = 1），Top 45 per slice，LRF=2，LBY=2，e=2.0，Pruning：Pathfinder。

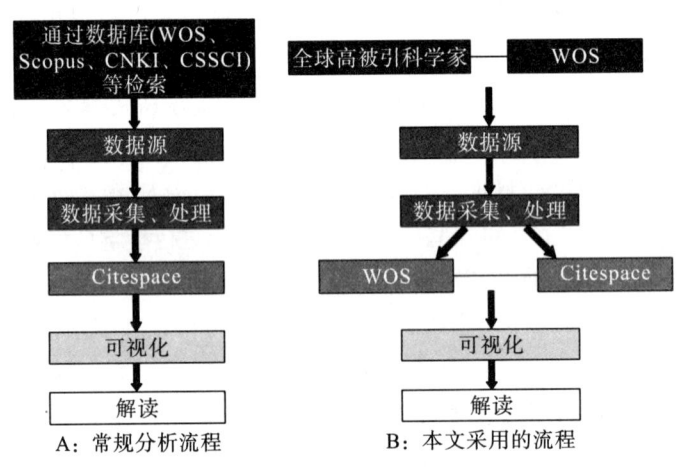

图1　常规分析流程（A）和本文采用的流程（B）

三、文献计量分析与讨论

（一）科学家国别及其研究领域

表1是连续五年获得"高被引科学家"殊荣的科学家的姓名、单位、研究方向和其所在的国家。如表所示，这些科学家主要来自全球著名高校和国家级科研院所，也有少部分科学家供职于知名企业，如Michael Spedding和David B. Warheit分别隶属于法国医药公司Les Labs Servier和美国全球性企业Dupont，而Omid C. Farokhzad则为医院（Brigham & Womens Hospital）职员。值得注意的是，韩国和荷兰均有两个科学家分别属于同一单位，即Korea Inst Science & Technology和Utrecht University，这说明这两个科研单位在药理学/毒理学研究上实力强劲。从这些科学家的主要研究方向上分析，药理学/毒理学领域与计算机科学、纳米技术和基因工程领域交叉日益明显。

得益于后者的快速发展，药理学/毒理学研究领域迎来了发展的黄金时期。从表1看，28位科学家所属国家中，传统的欧美发达国家占绝大多数，而美国更是大幅领先其他国家（美国科学家数量占39%）。亚洲的日本和韩国在药理学/毒理学研究有不俗的表现，分别有2个和3个科学家连续五年被"高被引科学家"榜单收录。令人遗憾的是，我国作为药理学/毒理学研究领域的大国对表1没有贡献，这说明我国在这个领域与世界顶级水平有差距。

表1　2014—2018年连续5年获得"高被引科学家"科学家简表

名	姓	单位	主要研究方向	国别
Arthur	Christopoulos	Monash University	药物设计	澳大利亚
Thorsteinn	Loftsson	University of Iceland	环糊精类材料	冰岛
Rainer H	Mueller	Free University Berlin	纳米医用材料	德国
Michael	Spedding	Les Labs Servier	定量药理学	法国
Kwangmeyung	Kim	Korea Inst Science & Technology	纳米医用材料	韩国
Kwangsik	Park	Dongduk Women's University	纳米毒理学	韩国
Tae Gwan	Park	Korea Inst Science & Technology	药物释放	韩国
Gert	Storm	Utrecht University	纳米医用材料	荷兰
Wim E	Hennink	Utrecht University	药物释放	荷兰
Bharat B	Aggarwal	UTMD Anderson Cancer Center	免疫学	美国
Christie M	Sayes	Baylor University	纳米毒理学	美国
Csaba	Szabo	The University of Texas	抑制剂	美国
David B	Warheit	DuPont	纳米医用材料	美国
Miqin	Zhang	University of Washington	纳米医用材料	美国
Omid C	Farokhzad	Brigham & Womens Hospital	纳米医用材料	美国
Pal	Pacher	National Institutes of Health	药物设计	美国
Robert J	Lefkowitz	Duke University	受体	美国

续表

名	姓	单位	主要研究方向	国别
Shu-Feng	Zhou	University of SouthFlorida	系统药理学	美国
Vladimir P	Torchilin	Northeastern University	脂质体	美国
You Han	Bae	University Utah	药物释放	美国
Hiroshi	Maeda	Sojo University	肿瘤药物	日本
Yoshihisa	Shitara	Chiba University	酶抑制剂	日本
Jean-Christophe	Leroux	Swiss Fed Inst Technology Zurich	医用聚合物	瑞士
Claudiu T	Supuran	King Saud University	抑制剂	沙特
Marian	Valko	Slovak University of Technology	自由基、抗氧化剂毒理	斯洛伐克
Vincenzo	Di Marzo	National Research Council	内源性大麻酚	意大利
Geoffrey	Burnstock	University College London	神经系统科学	英国
Vicki	Stone	Heriot Watt University	医用纳米材料	英国

（二）论文发表及其影响力

根据 WOS 数据库分析，这 28 位科学家在 2003—2018 年间发表科研论文 5550 篇（Citespace 去重后为 5418 篇），这些论文基本上发表在药理学/毒理学领域的重要专业期刊上，其中发文量前五的期刊依次为 *Journal of Controlled Release*（4.631%）、*Journal of Enzyme Inhibition and Medicinal Chemistry*（3.910%）、*Bioorganic Medicinal Chemistry*（3.658%）、*Bioorganic Medicinal Chemistry Letters*（3.117%）、*Journal of Medicinal Chemistry*（2.378%），期刊名后括号内是发表在该期刊上论文数占总论文数的比例。以上五个期刊均处于 WOS 收录药理学/毒理学相关期刊中 Q1 区，具有很高的影响力。另外，有相当一部分论文发表在药理学/毒理学的顶级期刊，如 *Nature Reviews Drug Discovery*、*Advanced Drug Delivery Reviews* 和 *Physiological Reviews* 等等。这些论文基本涵盖了药理学/毒理学的研究前沿和热点，在整个领域影响很大；总计获得了约 27 万次他引（分布在约 16 万篇他引的论文中），单篇平均引用高达 55 次；论文年引用次数快速增加，从 2004 年的 15 次增加到 2018 年的 41000 次左右。图 2 是引文分布的前十个研究领域，可以看出，这 28 位科学家的研究工作对包括药理学/毒理学在内的多个研究领域影响巨大。其中，引文最多的领域是生物化学及分子学（BIOCHEMISTRY MOLECULAR BIOLOGY）和药学（PHARMACOLOGY PHARMACY），两者引文数目大致相当（8 万篇左右）。毒理学领域（TOXICOLOGY）引文也超过 3 万篇。值得注意的是，细胞生物学（CELL BIOLIGY）、化学（CHEMISTRY）、肿瘤学（ONCILOGY）、基因遗传学（GENETICS HEREDITITY）、材料科学（MATERIALS SCIENCE）和免疫学（IMMUNOLOGY）领域也贡献了大量的引文。图 3 是引用这些论文的国家分布，可以作为判断一个国家从事被引研究工作的规模。由此看出，美国科学家的引文占整个引文的近 30%，这个比例与美国科学家占"高被引科学家"的比例（39%，图 4）是相称的，这也可能是美国在本领域研究保持领先的原因之一。另外，除中国之外，没有其他国家对整个引文贡献超过 8%。中国科学家的引文占到了近 30%，这与美国相当。但需要指出的是，尽管我国科学家对本领域研究前沿和热点问题较敏感并进行了大量研究，但从重大产出看来（连续五年"高被引科学家"），我国科学家的产出与投入不相称，这可能是因为我国科学家的相关研究工作大多处于模仿和跟踪阶段，尚未有重大原创工作成果。从这一点上看，我国可能需要向日本和韩国学习，这两个国家从事与引文工作相关研究的规模不及我国之五分之一，但日本和韩国的药理学/毒理学研究水平明显领先于我国（见表 1）。

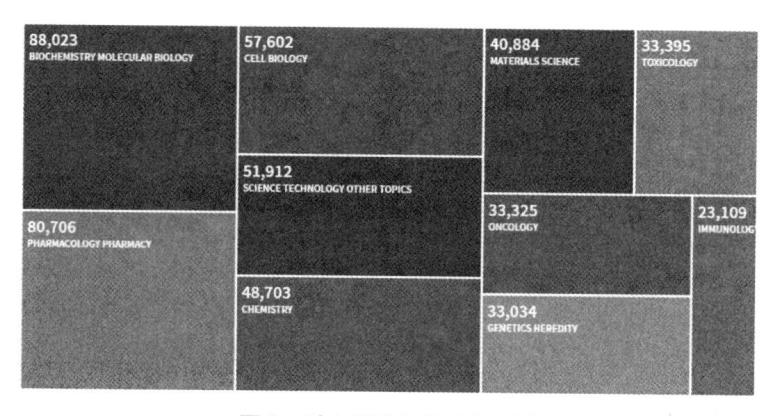

图 2　引文所分布的研究领域

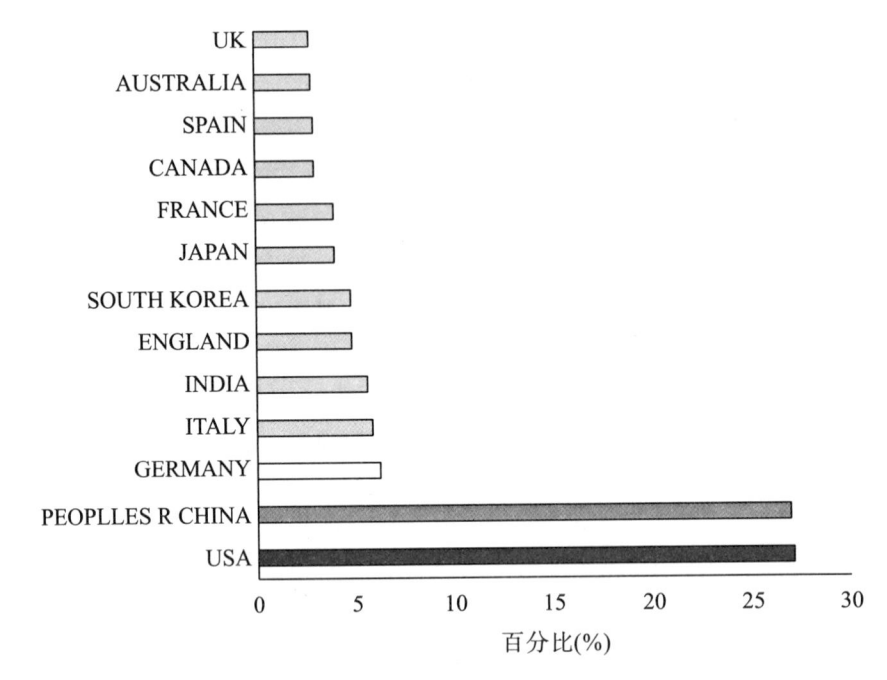

图 3 各个国家引文占总引文百分比

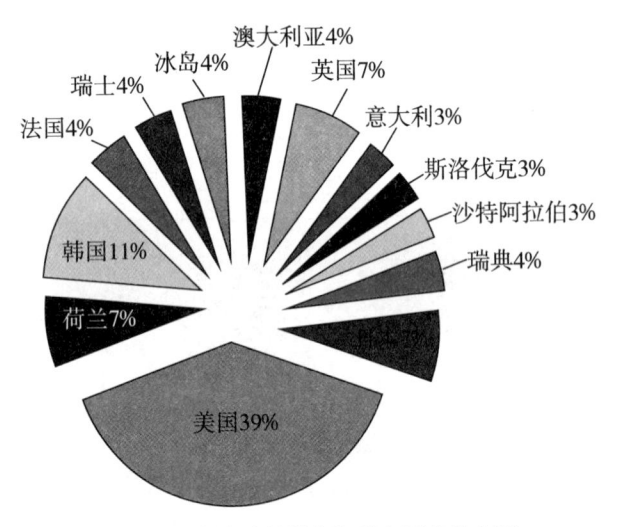

图 4 "高被引科学家"所在国家分布图

（三）引文共现分析

选择引文共现分析功能，运行 CiteSpace 软件（运行参数见数据和研究方法），采用关键词对形成的网络聚类进行命名（抽取方法选择 LLR），得到聚类图谱。此网络的模块度（modularity）很高，为 0.9042，这说明当前聚类可以清楚地界定出所分析的各个子领域；网络的平均轮廓值（mean silhouette）相对较低，为 0.3006，这主要是因为网络中存在一些小的聚类，但就本研究的大聚类而言，其平均轮廓值还是很高的，这个现象与 Chem Chaomei 文中报道的现象类似。为了突出大聚类，包含文献数小于 20 的聚类不予显示，将得到的图谱以时间线形式呈现（图 5）。图谱由上至下六个聚类标签分别为 #0 X 射线晶体学（x-ray crystallography），#1 碳酸酐酶（carbonic anhydrase），#2 金属酶（metalloenzymes），#3 磺酰胺（sulfonamides），#4 巴拉班型指数（balaban-type indices）和 #6 香豆素（coumarin）。其中，#0 聚类和 #4 聚类的研究高峰均出现 2004 年左右，其后有少量研究，但这些研究与其他聚类联系不是很紧密。#6 聚类与 #1、#2、#3 聚类间存在一些联系，但其研究高峰出现在 2010 年以前。本文重点详细分析 #1、#2、#3 聚类。

从外观上，#1 聚类的引文年轮厚度明显厚于其他聚类，这说明碳酸酐酶的研究获得了更多的引用，另外 #1 聚类出现深色圈的次数（深色圈表示该节点中心度不小于 0.1）也多于其他聚类，这说明此聚类研究工作具有更多的新颖性和更大的潜力。另外，在聚类的时间跨度和峰值区间内，#1、#2 和 #3 聚类的引用次数最高的文献分别为 "Carbonic anhydrases: novel therapeutic applications for inhibitors and activators"（Supuran C T，2008），"Anti-infective carbonic anhydrase inhibitors: a patent and literature review"（Capasso C，2013），"Anticancer carbonic anhydrase inhibitors: a patent review (2008—2013)"（Monti S M，2013）。进一步以 sigma 值来分析聚类中引文的重要性（每个聚类列举两篇文献）。#1 聚类中 sigma 值最高的两篇文献为 "Structure-based drug discovery of carbonic anhydrase inhibitors"（Supuran C T，2012），"An overview of the alpha-, beta-and gamma-carbonic anhydrases from Bacteria: can bacterial carbonic anhydrases shed new light on evolution of bacteria?"（Capasso C，2015）。#2 聚类中 sigma 值最高的两篇文献为 "Anti-infective carbonic anhydrase inhibitors: a patent and literature review"（Capasso C，2013），"The eta-class carbonic anhydrases as drug targets for antimalarial agents"（Supuran C T，2015）。#3 聚类中 sigma 值最高的两篇文献为 "Diuretics with carbonic anhydrase inhibitory action: a patent and literature review (2005—2013)"（Carta F，2013），"A new approach to antiglaucoma drugs: carbonic anhydrase inhibitors with or without NO donating moieties. Mechanism of action and preliminary pharmacology"（Fabrizi F，2012）。整体看来，碳酸酐酶的相关研究是整个图

谱中的重点，这意味着碳酸酐酶研究是当前药理学/毒理学领域的研究重要的前沿和热点之一。

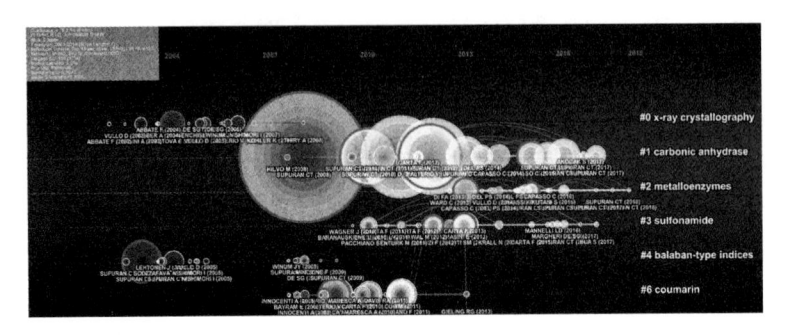

图 5 　引文共现分析时间图谱

（四）关键词共现分析

选择关键词共现分析功能，运行 Citespace 软件，运行参数、网络聚类处理方法和图谱呈现形式同引文共现分析，将得到聚类图谱。从图谱可以看出，模块度和平均轮廓值分别到达 0.8533 和 0.5195，这说明得到的图谱的聚类是理想的。整体上，碳酸酐酶的相关研究是图谱的重点（聚类♯0、♯5 和♯6 均属于碳酸酐酶的研究），这与引文共引分析的结论是一致的（见上一节分析）。但与引文共现图谱相比，关键词共现图谱更清楚地呈现出碳酸酐酶领域及其他领域的关键研究内容时间跨度和峰值。碳酸酐酶研究在上一节已进行了详细分析，本节只分析其他研究。相对而言，♯7 聚类内源性大麻素（ananadamide）的研究热度较低。♯4 核转录因子 kB（nf－kapppa b）的研究在 2006 年左右达到峰值，♯3 转录因子（transcription factors）研究峰值也出现在同期。与♯3、♯4 和♯7 比较，♯1 基因传递（gene delivery）和♯2 癌症（cancer）研究热度更高而且持续时间跨度更大。

（五）突显词分析

利用 CiteSpace 软件进行突显词分析以进一步揭示近年药理学/毒理学的研究前沿和热点，突显词如表 2 所示（只列出突显强度最强的 13 个词）。首先从突显词的时间跨度上分析，持续 5 年以上的热点研究领域为激活剂（activator）、结核分枝杆菌（mycobacterium tuberculosis）、大麻素受体（cannabinoid receptor），这三个领域在过去的 15 年得到了广泛的重视。从最近年份（2018 年）的突显词分析，激活剂（activator）、新药发现（drug discovery）、金属酶（metalloenzyme）、生物学评估（biological evaluation）、药物靶标（drug target）、选择性抑制剂（selective inhibitor）、异构体 I （isoforms I）等研究领域将引领药理学/毒理学的研究方向。

表2 突显词分析表

突显词	年份	突显强度	开始时间	结束时间	2003—2018
activator	2003	24.2631	2013	2018	
drug discovery	2003	23.8473	2016	2018	
mycobacterium tuberculosis	2003	21.6582	2012	2016	
tumor necrosis factor	2003	21.3048	2006	2009	
apoptosis	2003	20.8471	2007	2010	
metalloenzyme	2003	20.294	2016	2018	
biological evaluation	2003	18.5201	2016	2018	
anandamide	2003	18.2955	2007	2009	
drug target	2003	18.1767	2016	2018	
transcription factor	2003	17.5976	2006	2008	
selective inhibitor	2003	16.0595	2015	2018	
cannabinoid receptor	2003	15.5706	2006	2010	
isoforms I	2003	15.4199	2016	2018	

三、结论

本文以"全球高被引科学家"为样本，联用WOS和Citespace计量分析了学科重要发展轨迹和前沿热点。以药理学/毒理学为例，清楚、形象、准确地呈现出药理学/毒理学领域与计算机科学、纳米技术和基因工程等领域交叉日益明显。整体看来，在药理学/毒理学上研究上，美国处于领跑地位，欧洲国家研究水平较高，亚洲日本和韩国也有不俗表现，我国需要奋起直追；碳酸酐酶研究是药理学/毒理学领域的十分重要的研究前沿和热点之一，激活剂、新药发现、金属酶、生物学评估、药物靶标、选择性抑制剂等研究领域是新的研究热点。

参考文献

陈悦,陈超美,刘则渊,等,2015. CiteSpace 知识图谱的方法论功能[J]. 科学学研究(2).

戴阿咪,常青云,杜然然,等,2017. 基于 CiteSpace 的国内外精准医学研究热点与前沿分析[J]. 中华医学图书情报杂志(2).

丁佐奇,郑晓南,吴晓明,2012. 我国 2001—2010 年药理学/毒理学领域被 Scopus 收录论文的文献计量学分析[J]. 中国科技期刊研究(4).

秦丹,杨渊,刘宁,等,2016. 基于 InCites 数据库的毒理学研究领域的发展态势[J]. 中华医学图书情报杂志(8).

邱均平,沈莹,宋艳辉,2019. 十年国内外管理学研究进展与发展趋势的比较研究[J]. 现代情报(2).

王嘉奕,2018. 中国与东盟关系研究的可视化分析[J]. 图书情报研究(4).

王晰,辛向阳,VOGEL C M,2017. 1997 至 2017 年间知识可视化研究领域文献计量分析[J]. 图书馆(7).

肖明,邱小花,黄界,等,2013. 知识图谱工具比较研究[J]. 图书馆杂志(3).

张璇,苏楠,杨红岗,等,2012. 2000—2011 年国际电子政务的知识图谱研究——基于 Citespace 和 VOSviewer 的计量分析[J]. 情报杂志(12).

周晓分,黄国彬,白雅楠,2013. 科学计量可视化软件的对比与数据预处理研究[J]. 图书情报工作(23).

CHEN C,2017. Science Mapping:A Systematic Review of the Literature[J]. Journal of Data and Information Science(2).

全球大学学科排名指标体系研究及对我国科研管理的启示

舒 予 张黎俐[①]

摘 要：当前大学学科排名的影响力越来越大，逐渐成为评估大学发展的一种重要方式。本文围绕大学学科这一学术主体，对全球范围内主要的大学学科排名榜单进行介绍和梳理，重点阐述各类排名的指标体系构成，在此基础上探讨相关排名指标体系的特征。

关键词：世界大学学科排名；指标体系；科研评价

随着高等教育国际化的迅速发展，大学学科竞争力的评价已经成为备受关注的焦点问题和热门研究方向，越来越多的媒体和研究机构都发布了关于大学学科的排名榜单。全球范围内认可度较高的大学学科综合排名包括英国《泰晤士高等教育》（*Times Higher Education*）THE 世界大学学科排名、《美国新闻与世界报道》（*US News & World Report*）US News 全球大学学科排名、国际高等教育研究机构 Quacquarelli Symonds 的 QS 世界大学学科排名以及软科世界一流学科排名（Shanghai Ranking's Global Ranking of Academic Subjects，缩写 GRAS）。大学学科排名的影响力越来越大，并逐渐成为评估大学发展的一种重要方式。学科排名在帮助学生择校、引导政府和社会的资金流向、反映大学的知名度、加强大学之间的竞争、吸引公众和社会机构关注高等教育等方面发挥着积极的作用，特别是在"双一流"建设背景下，大学学科排名显示出强大的引导力量，似乎已经成为社会衡量大学的重要参考和指标。但与此同时，大学学科排名的科学性与合理性也受到广泛质疑。

本文围绕大学学科这一学术主体，对全球范围内主要的大学学科排名榜单进行介绍和梳理，重点阐述各类排名的指标体系构成，在此基础上探讨相关排名指标体系的特征。

---

① 舒予（1983—），硕士，馆员，四川大学图书馆。

一、全球主要大学学科排名及其指标体系

（一）THE 世界大学学科排名

THE 世界大学学科排名涉及艺术与人文、商业与经济、临床与健康、计算机科学、教育学、工程与技术、法律、生命科学、自然科学、心理学、社会科学 11 个学科领域。文献计量指标所需数据来自爱思唯尔的 Scopus 数据库。

THE 世界大学学科排名指标体系包括教学、研究、引文、国际展望以及行业收入 5 个一级指标和 13 个二级指标，其中教学部分主要衡量的是机构是否能够为学生提供高水平的教学；研究部分主要衡量的是机构的科研声誉、规模和收入；引文部分通过对引用数据进行标准化处理用以衡量研究的影响力，着眼于机构在传播新知识和新思想方面的作用；国际展望部分主要衡量的是机构吸引世界各地本科生、研究生和教师的能力；行业收入部分主要衡量机构在助推工业创新、发明和咨询方面的能力。指标体系详见表 1。

表 1　THE 世界大学学科排名指标体系

一级指标	二级指标
教学	声誉调查
	师生比
	授予博士学位数量与授予学士学位数量的比例
	授予博士学位数量与教职员数量的比例
	机构收入
研究	声誉调查
	研究收入
	研究产出
引文	机构的标准化引文（FWCI）
国际展望	国际学生比例
	国际工作人员比例
	国际合著
行业收入	从行业中获得的研究收入

THE 世界大学学科排名认为学科领域具有不同的研究特征，因此不同的学科领域分配的权重系数也有所不同。例如，引文指标的权重系数在各学科领

域存在明显的差异，在临床与健康、生命科学、自然科学、心理学等学科领域具有较高的权重系数，均为35%，但在艺术与人文、社会科学、商业与经济等学科领域的权重系数却较低，基本只有20%左右；与此相反的是，教学与研究的声誉调查指标的权重系数在临床与健康、生命科学、自然科学等学科领域普遍较低，而在艺术与人文、社会科学、商业与经济等学科领域却相对较高。这说明THE世界大学学科排名认为临床与健康、生命科学、自然科学等基础科学学科应该更多地以引文数据作为客观的参考，但是在艺术与人文、社会科学、商业与经济等人文社科学科领域中，引文数据不具有参考价值，而应该更多地依赖同行评价。此外，计算机科学、工程与技术两个学科领域在行业收入指标上的权重系数相比其它学科领域较高，这说明THE世界大学学科排名希望在计算机科学、工程与技术两个应用性较强的学科领域中揭示出科研成果转移转化表现较好的高校能够脱颖而出。

（二）US News全球大学学科排名

US News构建了一套包含13个指标的评价体系，按农业科学、艺术与人文、生物学与生物化学等38个学科对全球近1500所高校进行考察和排名。文献计量指标所需数据来自科睿唯安的Web of Science数据库。

US News全球大学学科排名的评价指标体系包含全球研究声誉、区域研究声誉、学术论文、书籍、会议论文、标准化学术影响力、论文总引用次数、前10%引用论文数量、前10%引用论文比例、前1%引用论文数量、前1%引用论文比例、国际合作论文数量、国际合作论文比例13个指标，并根据学科的不同特点，将38个学科划分为硬科学、软科学、艺术与人文、计算机科学和工程学4种不同的类别，其中硬科学又细分为包含具有11个评价指标（包含农业科学、生物学与生物化学、化学等16个学科领域）和10个评价指标（包含生物技术与应用微生物学、心脏和心血管系统等9个学科领域）的2种类别，软科学也细分为包含具有11个评价指标（包含经济学与商学、数学、社会科学与公共卫生3个学科领域）和10个评价指标（包含化学工程、土木工程、电子电气工程等7个学科领域）的2种类别，艺术与人文（包含艺术与人文1个学科领域）具有11个评价指标，计算机科学和工程学类别（包含计算机科学、工程学2个学科领域）具有12个评价指标。

US News全球大学学科排名对6种类别设置的评价指标与权重系数都不相同。例如，US News全球大学学科排名认为艺术与人文学科领域中，发表论文并不是最主要的学术表现手段，因此在艺术与人文学科的排名中，学术论文指标权重远低于其他学科领域，同时书籍指标只出现在人文与艺术领域，说明书籍在该领域的学术活动中受到认可；硬科学类别的引文指标权重高于软科学、艺术与人文类别，US News 全球大学学科排名认为在农业科学、临床医学、计算机科学等学科领域，引文数据已经成为学术研究水平重要的参考依据，得到了广泛认可，但在软科学类别中，引文量和学术研究水平并无直接联系，例如一些软科学学科领域中发表学术论文并非研究交流的主要方式，这会导致引文量偏低，在社会科学、经济学与商学等学科领域，当一位学者引用一篇学术论文时，有可能是发表不同的观点或引出争论，但在硬科学学科领域中，引用通常是实用性或影响力的体现。此外，在数学学科领域尽管学术论文是主要的交流方式，但与其他领域相比，引文的积累往往需要更长的时间，因此数学学科论文的整体引文量往往偏低，不利于横向比较；涉及研究声誉的 2 项同行评价指标权重系数在艺术与人文学科领域是最高的，占 20%，而生物技术与应用微生物学、心脏和心血管系统、化学工程、土木工程、电子电气工程等 16 个学科领域并未采用研究声誉的 2 项同行评价指标，这也反映出不同的学科领域在采用同行评价的定性指标和文献计量的定量指标上有明显的差异。6 个类别的评价指标选择和权重系数见表 2。

表 2 US News 全球大学学科排名评价指标选择和权重系数

评价指标	硬科学（11 个指标）	软科学（11 个指标）	艺术与人文	硬科学（10 个指标）	软科学（10 个指标）	计算机科学、工程学
全球研究声誉	12.50%	12.50%	20%	—	—	12.50%
区域研究声誉	12.50%	12.50%	15%	—	—	12.50%
学术论文	15%	17.50%	10%	17.50%	12.50%	10.00%
书籍	—	—	15%	—	—	—
会议论文	—	—	5%	2.50%	10.00%	7.50%
标准化学术影响力	10%	7.50%	7.50%	12.50%	10.00%	7.50%
论文总引用次数	15%	12.50%	7.50%	17.50%	15.00%	12.50%
前 10% 引用论文数量	10%	12.50%	7.50%	12.50%	15.00%	12.50%
前 10% 引用论文比例	5%	5%	7.50%	7.50%	7.50%	5.00%
前 1% 引用论文数量	5%	5%	—	7.50%	7.50%	5.00%
前 1% 引用论文比例	5%	5%	—	7.50%	7.50%	5.00%
国际合作论文数量	5%	5%	2.50%	7.50%	7.50%	5.00%
国际合作论文比例	5%	5%	2.50%	7.50%	7.50%	5.00%

（三）QS世界大学学科排名

QS世界大学学科排名涵盖艺术与人文、工程与技术、生命科学与医学、自然科学、社会科学与管理学5个领域，并细分为历史、化学工程、农业、化学、商学等51子学科，采用学术声誉、雇主声誉、篇均引用次数、H指数4项指标构成评价体系。文献计量指标所需数据来自爱思唯尔的Scopus数据库。

QS世界大学学科排名采用的评价指标体系包含的4项指标中，学术声誉、雇主声誉2项指标为定性评价指标，在进行学术声誉调查时，QS向受访者发放调查问卷，受访者需要列出自己心目中特定研究领域表现优秀的国内（最多10所）和国际（最多30所）院校，雇主声誉调查的工作依据与学术调查相似，雇主需要反馈最多10个在毕业生招聘方面表现优异的国内（最多10所）和国际院校（最多30所）。通过问卷反馈统计，QS可以推断出某一学科学术表现和毕业生就业能力最突出的机构。篇均引用次数、H指数2项指标为文献计量的定量评价指标，篇均被引次数主要衡量机构学术研究的质量，H指数由加利福尼亚大学圣迭戈分校的物理学家Jorge E. Hirsch提出，能够综合衡量机构学术研究的生产力和影响力。

由于不同学科的研究特征不同，QS对每个学科的指标采用不同的权重。艺术与人文领域的学术声誉指标权重系数普遍高于其他3个领域，例如艺术与设计学科的学术声誉指标权重系数为90%，说明艺术与人文领域的学术表现主要以同行评价为主；雇主声誉指标的权重系数在工程与技术、社会科学与管理学领域高于其他3个领域，例如服务休闲管理学科领域的雇主声誉指标权重系数为50%，化学工程、土木工程等7个学科领域的雇主声誉指标权重系数为为35%，均远高于其他学科领域，这说明相关学科领域的学生毕业后能够直接在本专业学科就业，通过雇主的评价能够准确反映该机构学科的竞争力；篇均被引次数和H指数2项指标在生命科学与医学、自然科学领域的权重系数较高，例如牙科、护理学、地质学、地球物理学4个学科领域篇均被引次数指标的权重系数为30%，护理学、兽医学、地质学、地球物理学4个学科领域H指数指标的权重系数为30%，说明相关学科认可利用文献计量指标测度学术水平。

（四）软科世界一流学科排名

软科世界一流学科排名覆盖54个学科，涉及理学、工学、生命科学、医学和社会科学五大领域。软科世界一流学科排名采用重要期刊论文数量、论文标准化影响力、国际合作论文比例、顶尖期刊论文数量、教师获权威奖项数量

等指标。文献计量指标所需数据来自科睿唯安的 Web of Science 数据库和 InCites 数据库。

软科世界一流学科排名采用的指标以文献计量指标为主，重要期刊论文数量指标用于测量被评价大学在相应学科的高水平科研产出的规模；论文标准化影响力指标采用的是 InCites 数据库的 CNCI 指标，该指标可以消除学科之间的引文差异性；国际合作论文比例指标用来测量被评价大学在相应学科的国际合作程度；顶尖期刊论文数量指标指在相应学科顶尖期刊或会议上发表论文的数量（顶尖期刊指通过软科"学术卓越调查"得到的各学科顶尖期刊或顶尖会议）；教师获权威奖项数量指标是教师 1981 年以来获得本学科最权威的国际奖项的折合数（本学科最权威的国际奖项通过软科"学术卓越调查"得到）。

软科世界一流学科排名中不同学科的指标权重系数有所不同。例如海洋科学、通信工程、仪器科学、食品科学与工程、生物工程、交通运输工程、农学等 7 个学科的重要期刊论文数量指标权重较高，论文标准化影响力指标在数学和社会科学领域的 14 个学科权重相对较低，有 27 个学科由于缺少权威奖项，在教师获权威奖项数量指标的权重系数为 0。

二、全球大学学科排名指标体系的启示

从上述对世界大学学科排名指标体系的综述可以看到，相关评价体系都具备一些共性规律，结合我国科技评价实践中存在的问题和难点，有以下启示值得关注和参考。

（一）突出科技成果的质量和影响力

虽然各类世界大学学科排名指标体系方面存在一些差异，但是都将学术质量和学术声誉放在首位，不仅看重机构科学研究本身的参考价值，更重视同行、社会尤其是产业界对机构的学术评价。科技创新应表现为对经济社会发展和人才培养的贡献，在我国科技研发投入不断增加、研究规模日益扩大、以国际论文为代表的科研产出已位居世界第二的背景下，尤其应当转变科技评价标准，构建以围绕国家重大战略需求催生重大成果为导向，以服务国民经济、加快创新发展为导向的科技评价体系。

（二）实施分级分类的评价指标体系

建立分级分类的评价指标体系是各类世界大学学科排名指标体系的共同特点，相关评价体系都充分考虑自然科学、工程科学、人文科学与社会科学之间，

基础研究、应用研究之间的差别。例如 THE、US News 和 QS 均认为引文数据在人文学科的评价中并不适用，相反应更多采用同行评议，而在自然科学或工程技术相关学科领域，则认为引文数据可以为学术水平提供较为可靠的参考；又如 THE 在工程技术、计算机科学 2 个学科领域突出考察了科研成果转移转化和在产业中的应用效果。因此一套科学的评价体系应当充分尊重学科自身的研究特点和规律，合理对待各类科技活动，有利于激发科技人员的创新潜力。

（三）定性评价与定量评价相结合

各类全球大学学科排名选取的指标均综合了基于同行评议的定性评价指标和基于文献计量的定量评价指标，THE 的 13 个指标中有 2 个定性评价指标，权重系数占 50％左右；US News 的 13 指标中有 2 个定性评价指标，权重系数占 25％左右；QS 的 4 个评价指标中有 2 个定性评价指标，权重系数都超过了 50％，在艺术与人文领域的某些学科中甚至达到了 100％。文献计量指标与同行评价的结合，可以使得评价结果更加合理。

三、结论

学科评价作为科研管理的重要手段，贯穿于科研活动的全过程，在优化资源配置、营造创新环境、推动学术研究健康发展等方面发挥着重要的导向作用。在当前"双一流"建设和"破四唯"的背景下，构建一套科学、规范、高效、诚信的学科评价体系，对于高校的科研管理决策优化与改革尤为关键。研究者认为构建科学合理的评价机制可以引导高校安下心来创造出实实在在的科研成果，促进科学研究事业健康可持续发展，切实提高我国科研的核心竞争力。

第一，坚持定量和定性相结合。过分依赖定量指标将导致科研目的的异化，同样，单纯采用同行评价的方式也无法保证过程的透明性和结论的公平性。著名科学计量学家 Ronald Rousseau 曾这样解释定量评价与同行评议的关系："科学计量指标并不是要取代专家评议，而是为了能够对研究工作进行观察和评论，从而使专家掌握足够的信息，形成更充分的意见，并在更高的信息集成水平上更具权威性。"因此在科技评价过程中，量化指标的作用是提供参考辅助信息，通过指标得到的结论应该和专家、同行的定性意见充分结合，最后形成决策评判的直接依据。

第二，开展分类评价。科研绩效有不同的表现形式，基础研究通常以科学论文和学术专著作为其主要的成果形式，应用研究的成果主要表现为技术论文、技术专著和专利等，而技术开发则看重产品的实用性和商业价值。此外，即使都同属于基础研究的范畴，不同学科由于研究规模、价值体现、引用习惯等差异，在论文各项指标上的表现也不尽相同，不能简单粗暴地使用同一个尺度进行比较和评价。因此，应当充分尊重不同研究类型、不同学科的差异，建立分类评价指标体系，保证从事不同类型研究、来自不同学科的人才都能够脱颖而出。

第三，建立多层次科研价值导向。对于科研生涯刚起步的青年科研工作者，需要引导他们从最基本的训练开始：如何发现问题、设计解决问题的方案和假说，再进行实验和理论推导验证，最后整理科研结果以论文形式发表，并经过同行评审认可，于是基础研究应是其主要任务和方向。而对于科研生涯处于成熟期的科研工作者和高水平科学家，其科研能力特别是基础研究水平已经得到了同行的认可，则应鼓励他们瞄准本领域内重点科学、工程问题以及与国计民生相关的重大课题，集中攻关重点突破，带动学科发展，促进科技进步。

参考文献

李志民，2019. 大学排行榜：理性地看，引导着排 [N]. 中国青年报，2019-12-30（006）.

刘尧，2018. 科学认识与合理使用大学排名 [N]. 中国社会科学报，2018-07-10（001）.

软科. 排名方法-2021 世界一流学科排名 [EB/OL]. （2021-05-26）[2021-07-30]. https：//www. shanghairanking. cn/methodology/gras/2021.

宣勇，张凤娟，2020. 大学学科评价与排名中的基本问题 [J]. 教育发展研究（19）.

邹红军，2021. "打开"黑箱：如何认识大学排行——一个现象学式的批判视角 [J]. 大学教育科学（02）.

CRAIG O，2022. QS World University Rankings by Subject：Methodology [EB/OL]. （2022-11-12）[2022-12-12]. https：//www. topuniversities. com/subject-rankings/methodology.

MORSE R，WELLINGTON S，2022. How U. S. News Calculated the Best Global Universities Subject Rankings [EB/OL]. （2022-10-24）[2022-12-12]. https：//www. usnews. com/education/best-global-universities/articles/subject-rankings-methodology.

THE，2020. THE World University Rankings 2021：Methodology [EB/OL]. （2020-08-24）[2021-07-30]. https：//www. timeshighere ducation. com/world-university-rankings/world-university-rankings-2021-methodology.

基于文献分析的我国高校知识产权信息服务提升路径研究[①]

胡 静 雷若寒 魏丽敏 雷 琴[②]

摘 要：高校知识产权信息服务对科技创新具有重要推动作用，为提升高校知识产权信息服务水平探寻路径，对完善知识产权信息服务体系，强化知识产权信息服务能力，促进高校协同创新和科技成果转移转化具有十分重要的意义。本文在文献分析的基础上，梳理我国高校知识产权信息服务的发展趋势，提出以图书馆为中心多机构合作、"走出去"开展全流程服务、以专利为突破口、构建数据驱动的"一站式"信息服务平台、培养用户参与引导用户需求的提升路径。

关键词：文献分析；高校；知识产权；信息服务；提升路径

随着人们对知识产权在推动科技创新中重要性的认识逐渐加深，知识产权信息服务已然成为我国科技信息服务工作的一项重要内容。高校作为科技创新的主力军，是知识产权的重要来源地，开展高校知识产权信息服务研究具有十分重要的现实意义，目前已经有不少学者对此进行了探讨，主要集中在对我国高校的知识产权服务现状的评述，指出不足，提出相应的解决方案；知识产权服务模式的构建；对未来发展的展望，提出创新知识产权服务体系思路等内容。为了更全面地反映我国知识产权信息服务研究现状，掌握当前的研究热点及未来的发展趋势，进而提出适合我国高校知识产权信息服务的提升路径，本文以文献分析为基础，从细粒度的知识出发进行高校知识产权信息服务的探讨。

[①] 本文系四川大学 2019 年度"图书馆、情报与文献学"科研项目（Sktq201909）成果之一。
[②] 胡静（1983—），硕士，馆员，四川大学图书馆，情报分析与文献计量。雷若寒（1975—），硕士，馆员，四川大学图书馆。魏丽敏（1983—），硕士，馆员，四川大学图书馆。雷琴（1978—），硕士，馆员，四川大学图书馆。

一、我国知识产权信息服务研究分析

（一）数据收集

本文以中国知网（CNKI）期刊数据库为数据源，检索策略：篇名＝（知识产权 or 专利）and 主题（知识服务 or 信息服务），不限年份，期刊来源为核心期刊和 CSSCI，共获取 228 条文献数据。导入 VOSviewer 进行关键词共现分析，使用的软件版本为 VOSviewer 1.6.11.0。

（二）关键词共现分析

VOSviewer 关键词共现知识图谱见图 1，图中有四个核心关键词：高校图书馆、专利信息服务、专利信息和知识产权，并根据关键词亲疏关系关联出三大类团关键词。

第一类团与专利信息及专利信息服务相关，包含专利信息、专利信息服务、高校、专利申请、信息需求、需求分析、专利信息平台、专利战略、专利文献、专利服务、中小企业、公共图书馆、学科馆员、专利分析、专利挖掘等关键词。高校、高校图书馆、公共图书馆是提供专利信息服务的重要主体，王峻岭等指出目前高校专利信息服务存在专利数据管理被忽视、专利管理体系不健全、专利信息促进转移转化平台缺失等问题（王峻岭，等，2020），张勇等期望通过构建专利信息服务平台来提升公共图书馆的专利信息服务水平（张勇，等，2019）。信息需求及信息需求分析是进行专利信息服务的前提，吴红等指出高质量满足用户需求是专利信息服务的着力点（吴红，等，2019），刘岩等在分析高校科技创新中专利信息需求的基础上构建专利信息服务体系（刘岩，等 2016）。专利信息平台和专利文献是专利信息服务的基础，中小企业是专利分析服务的主要对象之一。

第二类团与高校图书馆相关，包含高校图书馆、企业、双一流、平台建设、成果转化、知识产权信息服务、决策支持服务、专利布局、协同创新、模式等关键词。在创新驱动发展的国家战略背景下，政府的产业决策、企业的技术创新、大学和科研机构的成果转化，都迫切需要知识产权信息服务的支撑，而高校图书馆具备的先天资源优势，使其成为学者的关注焦点。有学者关注知识产权信息服务的现状和问题，如周静等通过调查我国拥有教育部科技查新站的高校图书馆知识产权信息服务的开展情况指出现阶段存在的问题，并就"互联网＋"环境下如何开展知识产权信息服务提出相应的建议（周静，等，

2019）；有学者关注知识产权信息服务定位，如高彦静指出知识产权信息服务应以图书馆核心业务为基础，发挥人才培养、情报信息分析以及延伸服务的专长，根据自身能力精准定位服务内容（高彦静，等，2019）；有学者关注社会化的知识产权服务，如张善杰等指出面向企业技术创新的专利信息服务将成为高校图书馆开展社会化服务的新途径，但目前开展的工作仍存在多方面的障碍和困难（张善杰，等，2017）。

第三类团与知识产权相关问题有关，包含知识产权、信息服务中心、信息服务平台、公共服务、图书馆、文献信息服务、信息资源、知识产权服务业务、科技创新等关键词。目前的研究主要有三个方面：一是知识产权信息服务现状及对策研究，如刘娅等对我国省级科技信息机构知识产权信息服务状况进行调查分析，并提出深化服务内容、构建服务平台、加大人才培养的发展思路；二是供需分析研究，如张亚等就上海知识产权公共服务（专利信息）的供给与需求状况进行分析并提出发展建议（张亚，等，2010）；三是信息服务平台建设与运行，如张发亮等针对我国区域知识产权公共信息服务平台在运行方面的薄弱问题提出了信息服务平台的"三级四维"组织架构和运行机制（张发亮，等，2018）。

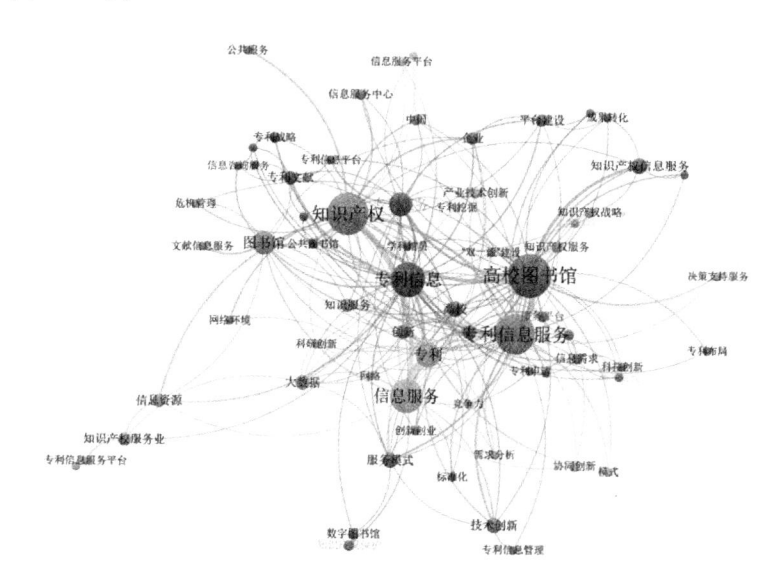

图 1　VOSviewer 关键词共现知识图谱

三大类团既有各自的研究侧重，又有不可分割的紧密联系，比如部分专利及知识产权的相关文献都涉及高校图书馆信息服务，知识产权部分又包含专利，可见专利是知识产权信息服务的重要组成，高校图书馆在知识产权信息服务中占据着重要位置。且三大类团中部分研究倾向重叠，比如针对企业/中小企业、需求/供需、服务平台等，说明这些方面是当前的热点趋势。

二、高校知识产权信息服务发展趋势

根据上述关键词共现知识图谱分析中的核心关键词和关键词关联分类，本文总结出我国高校知识产权信息服务的发展趋势有如下四个方面。

（一）图书馆的重要地位凸显

在国家相继出台的多项政策支持下，高校图书馆正逐步成为知识产权信息服务的重要阵地，步入规模化、规范化的发展阶段。2016和2017年国务院发布的《"十三五"国家知识产权保护和运用规划》和《国家教育事业发展"十三五"规划》，明确指出"加强公共图书馆、高校图书馆、科技信息服务机构、行业组织等的知识产权信息服务能力建设"（国务院，2017a），"支持高校图书馆建设知识产权信息服务中心"（国务院，2017b）。2017年国家知识产权局和教育部联合制定的《高校知识产权信息服务中心建设实施办法》鼓励高校自主建立知识产权服务中心，并挂靠在图书馆。截至2020年8月，已经有两批共60所高校被认定为国家知识产权信息服务中心。

此外高校图书馆作为信息服务的重要机构，拥有丰富的文献信息资源和专业化人才，具备知识产权信息服务的优势条件。一方面，高校图书馆为了满足教学与科研需求，支持学校双一流建设，购买了一定数量的专利数据库和专利分析工具。另一方面，一大批长期从事文献情报服务的学科馆员不仅拥有专业的学科背景，而且有较强的检索能力和丰富的分析经验，有条件开展多层次、多样化的知识产权信息服务。

不仅如此，高校图书馆也在积极利用开展知识产权信息服务，推动自身转型发展，提升自身影响力、地位和服务能力，越来越多的高校图书馆加入知识产权信息服务的行列，以科技查新、学科服务和情报分析服务为基础，努力探索知识产权信息服务的新方向并取得了一定成效。

（二）服务对象多元化

2017年国家知识产权局和教育部办公厅联合制定印发的《高校知识产权信息服务中心建设实施办法》明确指出高校图书馆要发挥信息资源和人才优势，为区域发展提供知识产权信息服务。高校知识产权信息服务不能仅局限于本校范围，应将服务范围拓展到政府决策部门、企事业单位以及科研院等机构。校外的社会化群体是知识产权信息需求的重要主体，研究表明针对企业技术创新开展的专利预警和专利战略布局等服务内容出现了供不应求的现象。目前部分有条件的高校图书馆除服务本校师生，已经在积极开展面向企业技术创新的专利信息服务实践与研究，如江苏大学、天津大学、南京工业大学、同济大学等高校的图书馆在服务企业技术创新方面已有实践案例。

（三）专利信息服务是主要形式

知识产权本身是一个范围较大的上位概念，包含专利权、商标权、著作权及制止不正当竞争等内容，专利作为知识产权的重要内容之一，既是科技创新的成果，也是激发创新活力的源泉，与其相关的信息、咨询、培训等服务是知识产权的重点发展领域，目前国内的知识产权研究热点也主要集中在专利及专利信息服务方面。高校是专利的主要产出地之一，其科研人员对专利信息的需求量一直非常大，各大高校目前开展的知识产权信息服务基本以专利分析、专利挖掘、专利导航、专利布局、专利预警以及专利转移转化等内容为主。

（四）用户需求是前提，平台建设是基础

信息服务连接着信息资源与信息需求，首先信息服务的核心价值是需求与服务的高度一致，用户需求是开展知识产权信息服务的动力引擎，用户类型、学科背景、行业特性等不同，对知识产权信息服务的需求也各不相同，用户的需求直接影响着信息服务的内容与形式。诸多学者把用户需求作为研究知识产权信息服务的一个重要前提。在网络信息高度发展的环境下，大数据、云计算、人工智能等新兴技术层出不穷，信息服务需求主体对服务的要求也随之提高，如何通过服务快速高效的获取所需资源是他们的终极目标。各种计算机平台或工具成了必要的辅助手段，这些平台或工具不仅能够提升服务效率和服务质量，还能够拓展服务范围，打破地域限制。

三、高校知识产权信息服务路径

（一）以图书馆为中心，多机构合作

目前高校除图书馆外，还有很多机构都在从事知识产权相关研究和服务，如法学院、商学院等院系，成果办、科研院等管理部门，以及高校内部的专利代理机构，每个机构都有其各自的人力、知识、信息和技术等优势，高校知识产权信息服务可形成以信息服务机构图书馆为中心，其他各机构合作发展的模

式，充分利用各机构的资源优势，打破知识壁垒，实现资源知识的共建共享，从整体上提升知识产权信息服务水平。除进行校内合作，还可以利用图书馆优势将合作延伸到校外，如四川大学图书馆购买的专利数据库的代理企业在推广产品的同时，也利用自身在专利分析方面的经验及内部资源协助四川大学图书馆完成了一个专利分析项目，学科馆员在合作中不仅学到很多实战经验，还加深了对专利分析的认识。且多机构合作发展不会因为单机构的能力限制而错失很多服务项目，相反拓展了服务范围，深化了服务层次，创造了更多的服务机会。

（二）"走出去"开展全流程知识产权信息服务

国家创新战略大背景下，高校要拓展眼光"走出去"，扩大服务范围，将服务提供给更多的社会化群体，如企业尤其是创新活力较强的中小企业，为其科技创新全流程提供知识产权信息服务。企业科技创新流程一般包括三个环节：首先立项决策，即提出方案，对方案的新颖性进行评估，决定是否立项；其次研发，即开发阶段，需要创新力较强的研发人员、同时需规避专利侵权等问题；最后成果转化，即成果验收、评估、生产和销售。在立项决策阶段，为其提供专利导航、专利查新、知识产权评议等服务，帮助其进行对市场和产品的前景评判；在研发阶段为其提供专利人才评估、专利态势分析、专利预警等服务，满足技术人员寻找合作伙伴、解决技术难题、避免侵权等方面的信息需求；在成果转化阶段，涉及产品技术评估、出口侵权、替代技术、专利如何布局保护自身利益等需求，可为其提供专利评估、专利布局、专利预警、专利侵权分析等服务。

（三）以专利为突破口推进知识产权信息服务

专利是高校知识产权信息服务的重点，部分高校已开展了专利咨询、专利宣传和培训教育、专利检索和专利分析等服务，并从实际出发，结合区域行业特色和本校优势学科，打造了具有自身特色的知识产权服务品牌。接下来高校应着手以专利信息服务为突破口，推进多方面、多形式、全方位的知识产权服务。一是将专利信息服务推向纵深，开展专利战略、专利竞争力评价、专利导航等深层次服务，不断完善专利信息服务内容与形式外。二是依托丰富的专利信息资源、专业分析工具和专业人才，着力提升知识产权信息服务能力，开展商标、著作等其他内容的知识产权信息服务，以高效优质的知识产权信息服务助力高校"双一流"建设和国家创新驱动发展战略。

（四）构建数据驱动的"一站式"信息服务平台

数据驱动即平台集检索、分类导航、数据统计分析、热点分析、专利跟踪分析、服务定制等多种功能于一体，整合科技文献、科技项目、知识产权政策、成果、专家等资源，数据驱动信息服务平台具有便捷性、即时性、集成性、交互性等特点。"一站式"是基于开放兼容、优势互补、资源共享的原则，打破高校间知识产权信息服务区域发展的不均衡，构建一个以多元服务主体、多类服务资源集聚的知识产权信息服务"一站式"平台，平台需聚集资源、服务和用户管理，提供"一站式"的知识产权信息服务。

（五）培养用户参与，引导用户需求

知识产权信息服务的用户包括校内各机构、国家主管部门、企业和研究机构等，这些用户是服务的使用者，也是服务的创造设计者和改变者。高校应积极培养与这些机构间的联系，除提供服务外，主动向这些机构寻求资源上的支持，如政策、专家、资金等资源，形成用户参与支持的高校知识产权信息服务能力提升机制，为高校知识产权信息服务注入新能量。同时高校还应重视用户调研，划分用户群体，分析用户需求层次，设计符合不同用户群体的个性化服务模式和服务内容。完善服务体系，树立服务品牌，加强宣传，主动将服务产品推向用户，引导用户提出反馈意见和新的需求，在参与和引导中建立与用户间的长期信赖关系。

参考文献

高彦静，刘晶晶，张杰，2019. 论高校图书馆开展知识产权信息服务职能定位［J］. 图书馆建设（S1）.

国务院，2017a. 国务院关于印发"十三五"国家知识产权保护和运用规划的通知［EB/OL］.（2017－01－13）［2019－04－21］. http：//www. gov. cn/zhengce/content/2017－01/13/content_5159483. htm.

国务院，2017b. 国务院关于印发国家教育事业发展"十三五"规划的通知［EB/OL］.（2017－01－19）［2019－04－21］. http：//www. gov. cn/zhengce/content/2017－01/19/content_5161341. htm.

李杉杉，高莹莹，鲍志彦，2018. 面向协同创新的知识产权服务联盟研究［J］. 图书馆工作与研究（3）.

刘岩，赵宏岩，霍珊，等，2016. 高校科技创新中专利信息需求的多维度分析［J］. 图书情报工作（S2）.

王峻岭，刘敬仪，陈嘉明，等，2020. 高校专利信息服务现状与支持科研管理路径设计［J］. 图书情报工作（01）.

王丽萍，杨波，秦霞，等，2015. 高校图书馆专利信息服务内容、模式与趋势［J］. 图书情报工作（6）.

吴红，李昌，伊惠芳，等，2019. 基于用户需求分析的高校图书馆专利服务设计研究——以山东理工大学知识产权信息服务中心为例［J］. 图书情报工作（20）.

张驰，2018. 高校图书馆知识产权信息服务合作模式研究［J］. 图书馆学研究（20）.

张发亮，刘优德，胡媛，等，2018. 区域知识产权公共信息服务平台"三级四维"运行机制研究［J］. 图书馆学研究（20）.

张群，惠澜，谢东，等，2020. 高校知识产权信息服务现状及发展对策研究——基于高校国家知识产权信息服务中心的调研［J］. 大学图书馆学报（4）.

张善杰，陈伟炯，陆亦恺，等，2017. 产业技术创新需求下高校图书馆专利信息服务策略［J］. 图书情报工作（21）.

张善杰，燕翔，刘晓琴，等，2020. 用户参与的高校图书馆知识产权信息服务能力建设［J］. 图书情报工作（08）.

张亚，孙明贵，2010. 上海知识产权信息服务的供需分析及发展对策［J］. 上海管理科学（04）.

张勇，郭山，2019. 公共图书馆专利信息服务实践与平台构建的思考——以吉林省图书馆为例［J］. 图书馆学研究（21）.

知识产权局办公室，教育部办公厅，2018. 关于印发《高校知识产权信息服务中心建设实施办法》的通知［EB/OL］.（2018－01－07）［2019－04－21］. http：//www. gov. cn/xinwen/2018－01/07/content_5254106. htm.

周静，张立彬，谷文浩，2019. 我国高校图书馆知识产权信息服务的现状与思考［J］. 图书情报工作（21）.

新文科建设背景下大学图书馆服务信息素养教育探索

李红霞　曾英姿[①]

摘　要：新文科建设对提升综合国力、树立文化自信、培养新时代人才、融合发展文科教育、建设高教强国具有不可替代的重要作用。新文科建设需要打破学科专业壁垒，推动文科各专业之间的深度融通以及文科与理、工、农、医等学科的交叉融合，并将现代信息技术融入赋能文科教育，实现文科的革故鼎新。信息素养就是这一融合建设过程中不可或缺的重要元素，而大学图书馆可以基于资源建设、空间改造升级和嵌入式学科服务来服务信息技术教育，从而积极融入新文科建设。

关键词：新文科；大学图书馆；信息素养教育

一、大学图书馆是新文科建设的参与者

2020年11月3日，由教育部新文科建设工作组主办的新文科建设工作会议在山东大学（威海）召开，会议研究了文科教育发展和人才培养的新措施，发布了《新文科建设宣言》，全面部署了新文科建设。

新文科在增强民族综合实力、建设文化信心、培养人才、整合文科教育发展、建设强大的高等教育国家等方面发挥不可替代的作用。在庆祝中国共产党成立100周年大会上，习近平总书记强调："新时代的中国青年要以实现中华民族伟大复兴为己任，增强做中国人的志气、骨气、底气，不负时代，不负韶华，不负党和人民的殷切期望！"文科教育是培养民族自信、民族自豪感、民族自主性、形成民族文化意识的主战场和主渠道。新文科建设不仅关乎文科本身，而且关乎科学工作者的教育，甚至高等教育的整体。

[①] 李红霞（1973—），硕士，副研究馆员，四川大学图书馆。曾英姿（1967—），硕士，研究馆员，四川大学图书馆。

《新文科建设宣言》指出，新文科建设需要坚定坚持文科教育发展道路：尊重规律，立足国情，守正创新，分类推进，明确总体目标，加强价值指导，促进专业优化，巩固课程体系，促进模式创新，创造优质文化，构建高水平的、中国特色的、具有国际有竞争力的文科人才培养体系。习近平给国家图书馆老专家的回信中明确指出"图书馆是国家文化发展水平的重要标志，是滋养民族心灵、培养文化自信的重要场所"。大学图书馆作为"大学的心脏"，积极主动深入融合地参与"新文科建设"是责无旁贷的。近年来，为了应对信息科学技术的发展，高校图书馆致力在新时代实现自己的角色转型和改进服务。四川大学图书馆馆长党跃武教授采访校长李言荣院士的访谈录中，李言荣院士指出，图书馆是大学"四馆"的核心，大学图书馆可以实现以下四个方面的新转变：一是传统图书馆向智慧图书馆的转变，二是从浅信息管理到综合知识服务的转变，三是从单一阅读场所到多元文化载体的转变，四是资源和数据驱动向用户和场景驱动的转变。大学图书馆的转型将不可避免地导致各种图书馆服务的改进、扩展和创新。图书馆依托新技术、新载体采用多元化的在线服务平台和方法，开放整合课堂、整合课程、整合师生学科服务平台，深度融合到高校课程教育教学中，为学校师生提供定制的个性化知识信息服务，并且不受时间和空间的限制。

新文科的建设必然要突破学科和专业的障碍，进一步促进文科学科的深度整合，并将文科与科学、工业、农业、医学等学科交叉整合，将现代信息技术融入文科教育，实现文科的革故鼎新。信息素养是这种一体化建设过程中不可或缺的一个重要因素。信息素养也可以被称为信息文化，这是适应信息社会的能力之一。《信息素养全美论坛的终结报告》详尽描述了信息素养的概念："一个具有信息素养的人，能够认识到准确和完整的信息做出合理决策的基础；识别信息需求，识别潜在的信息源，基于信息需求，开发成功的检索解决方案，评估和组织信息的实际应用，将新信息与原始知识系统集成，并将信息用于批判性思维和解决问题中。"信息素养涉及知识的各个方面，覆盖广泛的领域，包含人文学科、法律、经济、技术等元素，与许多学科密切相关。而作为"大学第二课堂"的图书馆一直是信息素养教育的主战场之一，并不断探索提升拓展其服务的理论与实践。

二、以师生为中心，大学图书馆服务新文科建设

通过信息素养教育，学生应首先具备获取新信息的意图，能够主动寻找和

探索新信息，并掌握相应的科学文化知识，以便自由识别和分析所获得的信息，并正确评价。其次，学生可以灵活地控制信息、选择信息、使用信息、共享和传播信息。大学图书馆员一直是高校信息素养教育的贡献者之一。大学图书馆可依靠自身的资源建设、空间转型、知识服务等优势，借助现代信息技术，从以下各个方面参与信息素养教育服务，建设大学信息素养教育平台。

（一）以师生为中心，优化图书馆资源建设

大学图书馆资源丰富多样。纸本资源作为传统的教学辅助材料，不断更新和丰富。许多图书馆自建的特色资源和引入的数字资源也已成为重要的馆藏资源，特别是在数字资源的建设、推广和利用方面也取得了很大的发展。大学图书馆可以构建基于智能读者决策系统和智能馆藏收集分析系统的智能采访系统，根据高校文献资源系统的特点构建前瞻性的符合大学学科特色的文献资源体系，提高图书馆信息资源建设部门自身数据收集、挖掘、分析、管理能力以及大学图书馆管理员数据技术应用水平，促进大学图书馆信息资源的建设。

许多大学图书馆已经在国内外购买了数十个甚至数百个专业数据库，为学校师生的教学和科学研究提供了详细、及时的专业数据。为方便师生检索相关资源，大学图书馆采用学术资源发现系统作为大学定制学术搜索引擎，简化检索方法，使其更加符合用户的需求。用户在资源发现系统的基础上，将检索整合起来，获取所有相关的学术资源，在检索过程中获得更专业的应用经验，提高检索效率和文献获取效率。学术资源发现系统已成为世界知名大学的重要学术门户。为了更好地满足师生的需求，大学图书馆使用的资源发现系统在实践过程中也不断得到优化和完善，在资源发现向知识发现转变的基础上促进知识创新。大学图书馆在维护和使用这些资源发现系统的同时，还可以提高自身的服务理念和水平，扩展嵌入式服务，充分提高学术资源的使用效率，实现大学图书馆"智库"的价值。大学图书馆依托现代信息技术构建资源发现平台，基于大数据和数据挖掘技术建设新学科，可以整合馆藏资源、开放获取资源、图书馆间共享资源等各种资源发现方式，为相关学科的整合和扩展提供足够的资源。

（二）以师生为中心，升级图书馆空间改造

图书馆作为大学的第二教室，一直承担着教育使命和科研使命。为了应对不断变化的现代信息技术和网络技术带来的新挑战，更好地服务教学和科研，大学图书馆一直在积极探索实用空间服务的创新和发展。"空间转型""空间再建""空间重构"等研究的核心问题是建立一个新的图书馆空间认知系统。大

学图书馆致力建设学习空间，整合智能图书馆的服务理念，建立创客空间、文化空间、能动型学习课堂和研讨室等多元化学习空间，使图书馆的空间转型和服务回归人性化和知识学习。程焕文教授曾指出图书馆所在阶段的空间资源规模有多大，其舞台就有多大。大学图书馆在空间功能定位、设施和活动类型的基础上可以改造构建创新创意空间、学习共享空间、视听休闲空间、休闲空间和特藏展览空间。

为实现新文科建设的人才培养目标，大学图书馆还可借助其资源空间，联合学校的其他部门或院系打造特色专题学习研讨空间或真人图书馆。四川大学图书馆和共青团四川大学委员会联合党委宣传部、党委学生工作部、研究生工作部推出"青春之我"真人书屋活动，旨在遴选具有巨大影响力的人物作为"真人书"，讲述生动人生，分享阅读经验，努力提高学生文化素养和学校文化品位，建设书香校园和文化川大。四川大学图书馆还与四川大学出版社、中国红色文化研究会共同建设了红色文化专属阅读空间"学习书屋"，集中收藏和展示不同主题教育专题文献及四川大学出版社出版的红色文献，并配备多媒体交互式无线耳机学习系统，开展红色文化主题文献集体阅读和研讨，成为学校进行红色文化教育的重要基地。

（三）以师生为中心，嵌入信息素养教学

图书馆员在与各学科专业教育和学校教学管理方广泛密切合作的前提下，为学生在学习材料、信息查询和使用等方面提供支持和帮助，成为大学信息素养教育的主要承担者之一。在新文科建设中，要创新信息素养教学模式，也要突破专业教学与信息素养教育的界限，实现两者的深度整合和渗透。大学图书馆可以依靠空间、资源和人员来承担开展信息素养教育嵌入式课程的重要任务，实现以教师教学知识为主的传统课堂模式向基于学生的分布式情境学习模式的转变。图书馆在规划以师生为中心的信息素养教育时，还需要更加关注学生在信息教学活动中的主要作用。大学图书馆员应收集、挖掘和利用学生的学习信息需求，激发学生寻找、发现和使用信息的动机，不断增强信息素养意识，引导学生积极参与信息素养学习，实现促进学生从信息消费者向信息制造者转型的教学目的。大学图书馆可以充分利用MOOC、翻转、课堂、创客空间、游戏教育等较为成熟的信息素养教育模式，基于信息素养教育文献信息检索，培养学生的信息发现、筛选和应用能力，进一步培养学生的反思性认知和批判性思维，提高其信息创新能力，进而提高其终身学习能力。

三、结语

新文科建设总体目标是"构建哲学与社会科学发展的新模式，建立和完善学生、学术、学科综合发展体系，巩固课程体系，鼓励和支持高校开设跨学科跨专业新兴交叉课程、实践教学课程，培养学生跨领域知识整合能力和实践能力"。图书馆的资源建设和知识服务皆可以深度嵌入到新文科目标建设，特别是图书馆的信息素养教育将成为新文科综合发展课程体系的一部分，可以有效地促进现代信息技术如大数据、数据挖掘、人工智能等信息技术与许多文科专业的深度整合。积极参与新文科的建设，也必将提升和扩大高校图书馆的教育功能和科研功能，促进大学图书馆的进一步发展，在大学校园建设发展和大学生人文素养培养上充分发挥作用。

基于引文分析的武警院校军事图书阅读推广

叶 青 范 敏 刘 晓 孙 涛[①]

摘 要：为深入贯彻新时代军事教育方针，培养德才兼备的高素质、专业化新型军事人才，图书馆拟从自身岗位特征出发，以军事图书为研究对象，通过引文分析法深入分析军事图书的学术影响力，并以此为依据，结合武警院校的实际情况，提出军事图书阅读推广对策。

关键词：学术影响力；军事图书；阅读推广；引文分析

一、武警院校军事类图书阅读推广的意义

武警院校的学员是未来武警部队的中坚力量，将担负执勤、处突等重大任务的组织指挥和技术保障，要实现"打得赢"的目标，不但需要他们有高超的实战能力，还需要具备较高的军事理论素养。然而，军事训练和课程学习占了学员大量的时间，导致学员阅读时间相对较少，系统深入的军事类图书阅读更是缺乏，这不仅不利于他们个人素质的提升，不利于新型军事人才的培养，同时对图书馆资源来说也是一种极大的浪费。因此，为学员提供多形式、高质量的军事图书阅读推广服务具有十分重要的意义。

一是节约学员筛选军事图书的时间。有效的阅读推广可帮助学员在有限的时间内获取阅读资源，解决不知道读什么的问题。二是提高学员阅读针对性。针对军事这一特定类别图书的阅读推广，可引导学员将有限的阅读时间集中在有代表性的军事图书上，提高学员阅读的针对性。三是培养学员军事图书阅读习惯。经常性的阅读推广可营造良好的书香氛围，逐步培养学员良好的军事图书阅读习惯，不断提升学员军事理论素养。四是充分发挥军校图书馆读书育

[①] 叶青（1967—），本科，副研究馆员，武警警官学院图书馆。范敏（1987—），硕士，馆员，武警警官学院图书馆。刘晓（1983—），本科，馆员，武警警官学院图书馆。孙涛（1987—），硕士，馆员，四川大学图书馆。

人、为战育人的职能。阅读推广作为图书馆读者服务的一个重要组成部分，有助于充分利用图书馆资源，有效帮助学员对军事图书阅读的系统规划，提升学员军事类图书的阅读数量、阅读质量、阅读能力，将阅读中获取的理论知识应用于军事训练，提高学员综合军事指挥素养和打赢能力，为新时代军队人才培养添砖加瓦。

二、武警院校军事图书阅读推广的现状

2013年两会代表建议立法保障阅读之后，阅读推广逐渐受到的政府、出版界、图书馆界、学术界的重视和参与。2014—2021年，"全民阅读"已经连续8年被写入政府工作报告，中央电视台也相继推出《中国诗词大会》等多个主题文化节目，引导阅读潮流。在阅读推广大潮中，图书馆是体系成熟、布点广泛、资源丰富、专业化程度高的文化基础设施，自然而然地成为阅读推广的一支核心力量（王波，2015：1—7）。高校图书馆作为阅读资源中心，对阅读推广的研究和开展更是关注，长期以来，全国大量高校图书馆均在行动，并持续地做出努力。然而，很多地方高校图书馆因阅读推广工作定位不明确、相关制度缺失、人才队伍建设滞后、专项资金匮乏等原因，导致阅读推广规模、覆盖范围、专业化程度、推广效果等与预期存在较大的差距（刘晓龙，2020：57—59）。

近年来，武警部队院校也逐渐意识到阅读推广的重要性，开展了各种形式的阅读推广活动，从对几所武警院校图书馆网站调研来看，各院校图书馆开展了"4·23"读书月活动、面向基层开展资源推送服务、党史学习资源推广等，部分院校推出"每周一荐"图书推广活动。

总体来看，武警院校阅读推广的意识有所加强，但专门针对军事类图书的阅读推广极为欠缺，存在以下不足。一是军事阅读推广意识不够，缺乏系统规划。除每年的读书节各馆在固定大型阅读推广中会涉及军事类资源的阅读推广外，全年其他时间的军事阅读推广较为零散，推广军事图书意识不够，系统规划更是缺乏，有的院校全年阅读推广总数不足5次，专门针对军事类资源的专题阅读推广次数几乎为零。二是阅读推广形式单一。从各武警院校图书馆网站调研情况来看，各院校军事图书阅读推广多是单向推送，主要形式为书目推荐，对学员而言，这种形式较为单一，缺乏互动和吸引力。三是活动反馈欠缺。根据调查结果，几所武警院校仅对读书节这种大型的阅读推广活动进行总结，且基本都是从读者参与和获奖结果方面进行总结，而对军事类图书这类具

有较强针对性的专题性阅读推广缺乏读者需求调查、读者满意度调查、阅读推广效果评价等方面的总结。

基于上述情况，研究小组对热门军事图书进行了定量研究，以这些书的学术影响力为切入点，通过引文分析法，探索具有较高学术影响力的军事图书特征，进而面向读者进行高质量的军事图书阅读推广，充分发挥军事图书在学员军事课程学习、毕业论文撰写以及军事素质的提升方面的作用。

三、武警院校军事类图书被引情况分析

（一）研究对象、方法

1. 研究对象

课题组根据方便取样原则，以武警警官学院、武警指挥学院为对象，从两所学院图书馆金盘管理系统中，通过流通统计对分类号为"E"的图书进行外借排行统计（截止时间为 2020 年 10 月 19 日），抽取出借阅量靠前的 1800 种公开出版的学术类军事图书作为本次研究的样本，以此来探索在武警院校中热门军事图书的学术影响力。样本军事图书时间跨度为 1971 年至 2020 年，通过逐一规范样本的题名、责任者、出版单位、版次等信息，删除无效图书（如重复、书目信息不全、书目信息错误等情况），合并不同版次或卷册的相同图书，最后保留有效图书 1000 种。

2. 研究方法

本研究利用自编的 Java 小程序在中国知网中获得 1000 种样本图书的引证文献，具体过程：首先将程序参数设置为"被引文献＝来源文献题名 & 被引文献＝来源文献责任者 & 被引文献＝来源文献出版者 & 被引文献＝来源文献出版年"，然后在中国知网的"中国学术期刊网络出版总库"抓取来源文献的引证文献，最后输出到 EXCEL 表。检索时间为 2020 年 11 月。统计得出，本研究中的样本来源图书总引次为 6512 次。

（二）军事图书引文分析

1. 高被引图书分析

通过对样本图书被引情况进行分析，选取了其中被引量超过 50 次的图书，具体如图 1。从图 1 来看，被引量超过 50 次的图书有 21 种，其中名列前五的有《朱德军事文选》《朱德选集》《周恩来军事文选》《论中国海权》《军事战略思维》。这说明朱德和周恩来等以毛泽东为核心的第一代中央领导集体成员，

在长期革命战争实践中将马克思主义理论与中国革命的实践结合，积累的实战经验及留下的许多军事成果至今依然受到人们的推崇。而《论中国海权》《军事战略思维》《中国兵书通览》《中国战术史》等关于中国战略战术方面的著作被引量也比较大。另外，作者还关注了世界上军事强国及其他国家的战略思维、军队政治工作、心理训练及海洋战略等问题，排在前十的著作中，有两种是关于海权和海洋的，说明近年来关于海权和海洋问题的研究逐渐成为军事学研究的热点问题，这与世界发展大趋势是相符的。

被引量超过50次的图书统计

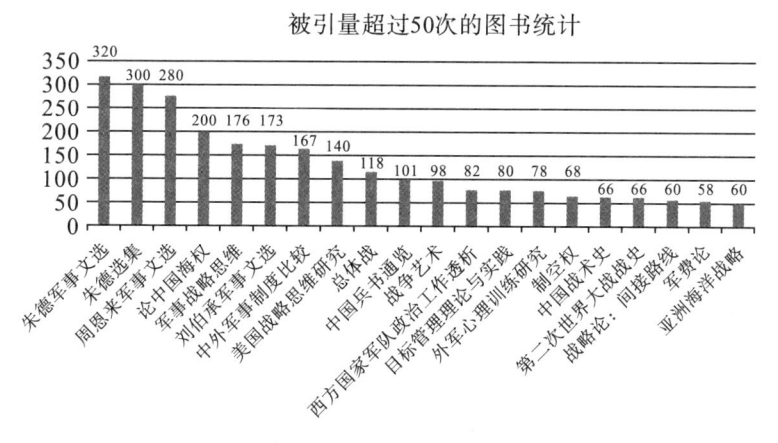

书名	被引量
朱德军事文选	320
朱德选集	300
周恩来军事文选	280
论中国海权	200
军事战略思维	176
刘伯承军事文选	173
中外军事制度比较	167
美国战略思维研究	140
总体战	118
中国兵书通览	101
战争艺术	98
西方国家军队政治工作透析	82
目标管理理论与实践	80
军事心理训练研究	78
制空权	68
中国大战史	66
第二次世界大战战史	66
战略论：间接路线	60
军费论	58
亚洲海洋战略	60

图 1 被引量超过 50 次的图书统计图

2. 高被引作者分析

样本军事图书高被引作者分析情况如图 2、图 3。其中，图 2 展示了国内作者情况，图 3 展示了国外作者情况。图 2 统计了国内被引量超过 100 次的军事图书作者排名情况，共计 9 位作者，累计引用量为 1975 次，占比 30.3%。排名前三的作者有朱德（620 次，占比 9.5%）、周恩来（280 次，占比 4.3%）、张文木（200 次，占比 3.1%），其中，朱德同志的作品引用量远远高于其他作者，系本次样本选取中影响力最高的作者。图书馆在建设军事类图书时，可将这些影响力较高作者的军事作品采取全收录的方式，确保这些重点作者著作收藏的完整性。在阅读推广上，可将这些作者的著作作为重点进行推广。

高被引作者统计（国内）

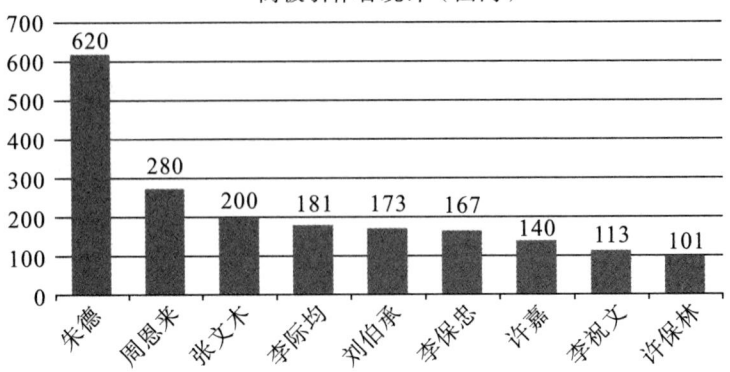

图 2 国内作者高被引情况统计

在本次研究选取的样本中，国外作者仅有23位，被引情况见图3。从图3来看，国外作者被引量为854次，占总被引次数的13.1%。排名前5的作者有鲁登道夫（118次，占国外作者总被引量的13.8%）、约米尼（98次，占国外作者总被引量的11.5%）、朱里奥·杜黑（68次，占国外作者总被引量的8%）、哈特（66次，占国外作者总被引量的7.7%）。从上述数据来看，这些作者可作为国外军事著作阅读推广的重点参考作者。

高被引作者统计（国外）

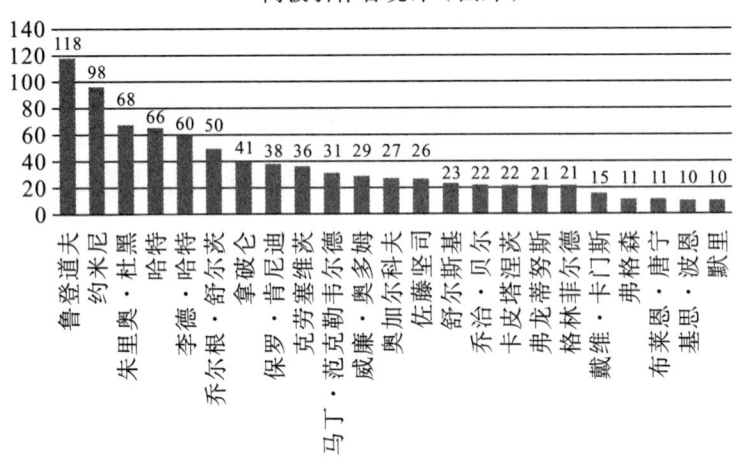

图 3 国外作者高被引情况统计图

3. 出版单位影响力分析

从出版单位来看，本次取样的军事类图书被引量排名前20的出版单位如图4。根据图4显示，高被引出版单位累计被引次数为6060次，占比93.2%。

其中排名前 5 的有解放军出版社（1596 次，占比 24.6%）、军事科学出版社（1211 次，占比 18.6%）、国防大学出版社（991 次，占比 15.2%）、人民出版社（706 次，占比 10.9%）、商务印书馆（348 次，占比 5.4%）。由此可知，本次取样的军事图书在上述出版社出版的具有较高的被引量，其中排名前五的解放军出版社、军事科学出版社、国防大学出版社、人民出版社、商务印书馆被引量占比 74.7%，可作为重点出版社。这五个出版社中，有三个是军事类出版社，一个是综合类出版社，一个是工具书出版社，这说明军事类图书影响力大的图书出版单位比较集中。除军事类出版社，人民出版社作为国家重点出版社，其出版物的质量和可信度被研究者所认同；而商务印书馆作为知名的工具书重点出版单位，其出版质量也长期被认同。图书馆在阅读推广时，可重点参考这些出版社出版的军事图书。

高被引出版社统计

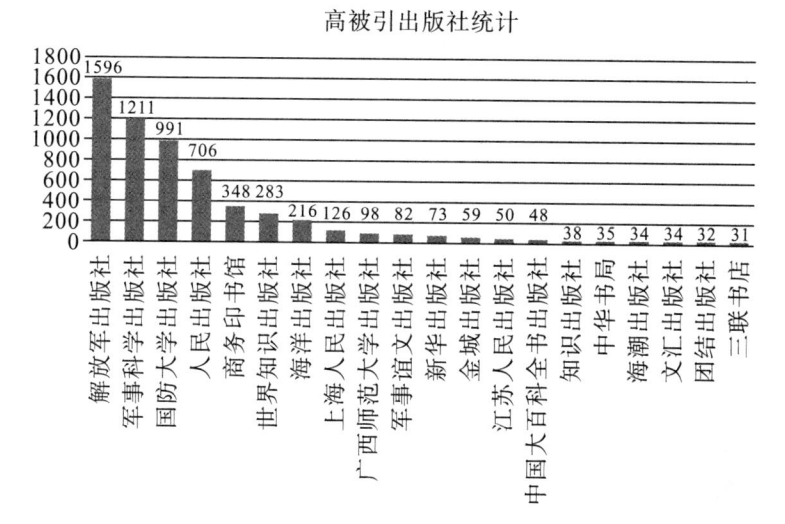

图 4　高被引出版单位统计

四、阅读推广对策

图书馆作为学院的文献服务中心，读者阅读的重要场所，应主动为读者推广优质的资源，按照《图书馆服务宣言》为读者提供"优质、高效、专业的服务"（中国图书馆学会，2008：5）的要求，切实做好阅读推广工作。根据上述引文分析结果，拟对高被引图书、作者、出版单位等信息进行总结和概括，并结合武警院校的特征和实际情况，对军事类图书阅读推广提出可操作的、有针对性的建设。

（一）紧跟资源建设步伐开展军事图书阅读推广

美国研究型大学图书馆主要采用跟着资源建设步伐开展阅读推广的方法，当前国内CASHL中心（即中国高校哲学社会科学文献中心）也常采用此阅读推广方法。其基本原理是，图书馆新近采购了什么资源，这个资源主要是用户中的哪个项目强烈荐购、大声诉求的，那么就跟这个项目联合开展新购入资源的推广（王波，2019：3-12）。军事图书阅读推广也可借鉴该方法。军事图书的采购应以数据分析为基础，采选高被引图书及重点作者、重点出版社图书，并在图书到馆后，邀请专业人员结合上述数据分析情况，向读者讲解图书的学术价值。这样的阅读推广兼具资源推广和学术研讨双重性质，既可以起到宣传推广的作用，提高军事图书新书利用率，又可以进行思想交流。

（二）加大对军事经典著作的阅读推广力度

经典是历经岁月洗礼和千百年流转，经过历史考验的最有价值的书籍，世界上众多的军事家、将领，将他们毕生的作战经验融入书籍，成为传颂的经典，也是政治、经济、外交、军事领域领导人的必读之作，对世界历史产生了重大影响，这些著作应当成为推广的重点。课题组在对样本图书被引情况统计分析后发现，部分军事类名著的引用量并没有想象中的乐观，说明这部分军事名著的利用空间还很大，值得大力进行阅读推广。从读者图书借阅情况和军事经典著作流通率来看，学员借阅图书以文学、历史类为主，通常仅在撰写论文等有需要的时候才会主动借阅军事类图书。然而，军校学员作为一名大学生，更是一名军人，理应以更高、更严的标准要求自己，应该在大学期间规划军事经典著作阅读。军事经典著作是优秀军事思想的结晶，是人类文化的重要组成部分，是部队获得战斗力的源泉，虽然部分图书读起来可能有难度、略显晦涩，难以凭感性的力量坚持读完，即便下了功夫也难以完全掌握，但是为了实现新军事教育方针中"培养德才兼备的高素质专业化新型军事人才"的要求，我们需要从"悦读"向"劝读""苦读"倾斜，向经典阅读倾斜，可以在每年的读书节等主题活动中，通过讲书、读书表演、读书征文等方式策划各种各样的活动，聚焦军事经典名著，倡导和引导学员完成军事经典名著的阅读，这不仅能培养学员良好的阅读习惯，同时这些读过的经典，会自觉不自觉地融入他们的生命，帮助他们在未来的从军道路上走得更高，走得更远，走得更坚定和顺畅。

（三）构建军事图书导读书目和军事图书阅读专栏

从上述高被引图书分析结果来看，被引数量前五十的军事图书多为老一辈无产阶级革命家的经典著作、战略战术、海洋海权等类型的图书，既有革命先辈丰富的实战经验,也有近年来备受关注的热门军事领域,应作为阅读推广的重点书目,可作为贯穿学员整个大学生涯的军事读物。对于新学员,可帮助其迅速进入角色,既可学习革命先辈的精神和丰富的实战经验,又可迅速了解军事热门领域,为大学学习提供方向;对于中年级的学员来说,可丰富其军事理论知识,使其知识结构得到动态更新,提升其军事素养;对于高年级毕业生来说,既可为其毕业论文选题提供思路,又可为其论文撰写提供重点论据和参考案例。同时,这些著作对培育军人血性和战斗精神也大有裨益,符合新军事教育方针中提到的"为战育人"的要求。因此,图书馆为正确引导学员,特别是新生,发挥好文化导向作用,可根据高被引量图书目录,结合军事类专家学者建议,反复斟酌,按照一定比例整理制订一份军事图书导读书目,并根据每年实际情况对书目进行增减(杨秦,2020:103-112)。研究者所在院校从2014年开始,就在军校大学生中推行"百种名著阅读工程",选取100种经典名著,作为本科生四年大学生活的推荐读物,为不知读什么书的学员提供阅读参考,其中就有20种为军事经典名著。

如何将这些推荐书目有效地推送给读者?在具体方法上,图书馆可将军事图书导读书目以展板形式展示在读者必经之地,在新生入馆教育现场分发给每名新生,同时将导读书目发布在图书馆网站及学院网站上,供全院读者下载使用。另外,图书馆可在图书馆显著位置或馆内人流量多的地方划出特定区域,开辟军事图书专栏书展,结合被引情况和学员所需,每期选择不同类别专题的军事类图书进行特别推送,如军事理论、各国军事、战略学、战役学、战术学等,并制作相应的宣传海报,方便读者通过直观的图文来了解这些图书,提升该类图书的借阅流通率。

(四)根据时事热点进行军事图书推荐

通过对样本图书施引文献出版时间统计,引用量最多的是2017年,原因可能与2017年军队转型改革有关;高被引量排名前10的著作中,有两本是关于海权和海洋的,这与海权与海洋问题成为社会热点问题大势相同。通过这两点可以看出,读者对军事图书借阅需求与时事热点紧密相关,同时,根据以往的阅读推广经验,与时事紧密结合的阅读推广比其他时节的阅读推广更有效率。因此,图书馆可结合时事热点进行军事图书推荐。例如,在每年八一建军节,推出与我军光荣历史相关的著作;在建党100周年之际,推出在中国共产党领导下人民军队的发展历史系列图书。另外,图书馆可将时事热点进行进一步细分,如军事历史、军事战略思想、军事训练等专题,以进一步吸引读者注意力。

军事图书的阅读推广是武警院校图书馆义不容辞的职责，通过定量分析馆藏军事图书的被引情况，帮助图书馆了解军事图书的阅读和被引情况，并从多个维度为图书馆阅读推广提供指南，为提升军事图书阅读推广的精准性和有效性提供数据支持。

参考文献

刘晓龙，2020. 地方高校图书馆阅读推广现状、困境及对策［J］. 河南图书馆学刊（12）.

王波，2015. 阅读推广、图书馆阅读推广的定义：兼论如何认识和学习图书馆时尚阅读推广案例［J］. 图书馆论坛（10）.

王波，2019. 王波谈高校图书馆阅读推广的发展方向［J］. 晋图学刊（4）.

杨秦，2020. 中医药院校图书馆开展中医养生主题阅读推广的策略［J］. 大学图书情报学刊（2）.

中国图书馆学会，2008. 图书馆服务宣言［J］. 中国图书馆学报（6）.

高职院校图书馆空间建设实践研究

——以宜宾职业技术学院图书馆新馆建设为例

张腾跃 朱珊珊[①]

摘 要：本文以宜宾职业技术学院新校区图书馆建设为背景，以为读者构建学习、研究、交流的文化场所为目的，从空间布局、功能构建等方面做出设计，通过科学设计图书馆功能，试图找出适应高职院校图书馆未来发展、符合读者需求的创新经验。

关键词：高职图书馆；空间建设；功能分区

图书馆作为学校内涵积淀、人才培养、服务社会、传承创新的重要阵地，同时也是滋养民族心灵、培育文化自信的重要场所。就高职院校而言，图书馆是学生职业技能培养支撑之地，科技应用与创新保障之地。随着现代教育越来越强调开放式、协同式、无缝式学习，通过科学设计图书馆的功能分区进而促进图书馆空间再造，对助力学院高质量人才培养越发显得重要。我国高校图书馆规划设计在很大程度上受到信息技术变革、学习模式转变、管理服务理念变化等的影响。在上述新趋势的影响下，国内图书馆功能分区设计的相关论文研究变得更加实际与具体，常结合"第三空间""创客空间""信息共享空间""慕课教育"等概念探索图书馆未来发展方向，以图书馆学者肖珑发表的《后数图时代的图书馆空间及其布局设计》为例，论文在理论层面联系实际，通过研究先进图书馆的创新实践理念并深度探究图书馆空间设计的未来发展方向。论文在具体可行性层面上则结合北京大学东楼改造工程，提出图书馆空间改造的功能和需求框架，并在设想中详细描述了未来大学图书馆功能分区。论文在将实践与理论结合并研究了新空间布局与组织基本原则和新空间及环境主要的设计需求后，最终得出应在保留书文化传统核心基础上拓展空间服务内容——

[①] 张腾跃（1988—），女，硕士，宜宾职业技术学院图书馆副馆长，2020年在四川大学图书馆培训学习。朱珊珊（1991—），女，博士，四川大学图书馆馆员。

将图书馆空间打造成满足用户多方面需求的"第三空间"的结论。

一、宜宾职业技术学院图书馆新馆建设基础情况

（一）提早谋划，确定思路

2019年，图书馆根据打造空间的理念，提出了新校区图书馆建设需求，对馆内功能分区进行初步设计并提出了信息化建设目标。最初的设计根据功能不同，构建十大空间，分别为综合服务中心、休闲阅读中心、工匠创意中心、艺术人文中心、咨询智库中心、知识交流中心、信息中心、工科类学习中心、管理类学习中心和生化农学习中心。其中为方便读者阅览学习，工科类学习中心、管理类学习中心、生化农学习中心分别设置于相关院系内，形成总/分馆模式。为读者创造一个精神家园般的文化环境，友好和谐的文化空间和氛围为师生提供了学习和工作交流的场所。基于此构想，将通过调研情况对构建空间进行调整，以确保满足图书馆应具备的所有功能需求。根据学院新校区整体布局，由于建筑空间有限，最终取消各分管。2022年通过走访成都图书馆、四川大学图书馆等高校图书馆，对专家意见汇总后最终确定了符合职业教育的新馆建设理念，拟通过对馆内藏、阅、展各分区的合理布局和资源陈设来着力体现"职业化的味"，通过基建、硬装和内装着力构造"现代化的范"和体现"家园化的亲、人性化的情"，以夯实信息化基础实施为下阶段"智慧化的感"的形成提供强有力保证，并为图书馆成为学院未来泛在学习（4A）前沿阵地奠定坚实基础。

（二）高度重视，高位推动

新校区图书馆建设需求的提出、内装及信息化设计均在分管院领导统一指挥下进行，学院党委书记还专门召集了由学院院长、相关部门负责人参与的建设专题研讨会，为新馆进一步做好功能分区设计、突出文化主线实现空间再造等做好准备。会议提出了三点要求。一是传承工匠文化。打造"酒都工坊，培养酒都工匠"。作为工匠文化的传承和传播机构，新馆将大力建设"工匠创意中心"，内设工匠馆、典籍创意馆、工匠孵化园等，将智慧转化为创意产品、展示推广精品书籍典藏，为读者提供一个文化与工匠成果孵化的宝库。二是涵养民族精神。将以提升广大读者素养，丰富读者生活为主要功能，大力建设"特色图书馆"，内设留学生图书馆、音乐图书馆、文创艺术馆等，为读者提供一个集阅读、休闲、教育、个性体验为一体的生活美学空间，从而全方位涵养

读者的民族精神。三是服务地方文化。新馆建成后将实现"无围墙、无障碍"知识文化交流，内设咨询智库中心、知识交流中心等，将为社会人士、企业团体提供专业的咨询与服务，为文化艺术活动等提供一个更加开阔的平台。

（三）联合攻坚，寻求突破

2021年4月，在新校区规划和初步设计图纸中，明确了新校区图书馆位于高职园的共享区，与主校区以风景秀丽的桂溪河为间隔，外形为五边形，馆内共七层（地下一层，地面六层），总建筑面积为29246平方米。为确保协调现代图书馆装修设计理念和未来图书馆信息化建设目标，始终坚持"功能第一、以人为本、环保健康、智能高效"四大原则，确保图书馆建成后能实现"现代化的范、职业化的味、智慧化的感、家园化的亲、人性化的情"建设目标，图书馆与相关二级学院组建了专业攻关团队，通过对大学城、宜宾学院、泸州化工职业技术学院等新建图书馆的实地考察，克服各种困难，完成了图书馆内装及信息化建设需求的拟定，并多次与设计方、施工方和科教集团完成了对接。

图1　新校区图书馆俯瞰图

二、宜宾职业技术学院图书馆新馆建设目标构想

新校区图书馆建成后，能为学院高质量人才培养提供重要支撑，成为学院内涵积淀、文化传承、社会服务的重要阵地和读者心灵放松的港湾，能为区域科技应用与创新提供重要保障，能实现管理服务高效性、馆藏知识共享性、读者使用便利性三大信息化建设目标。

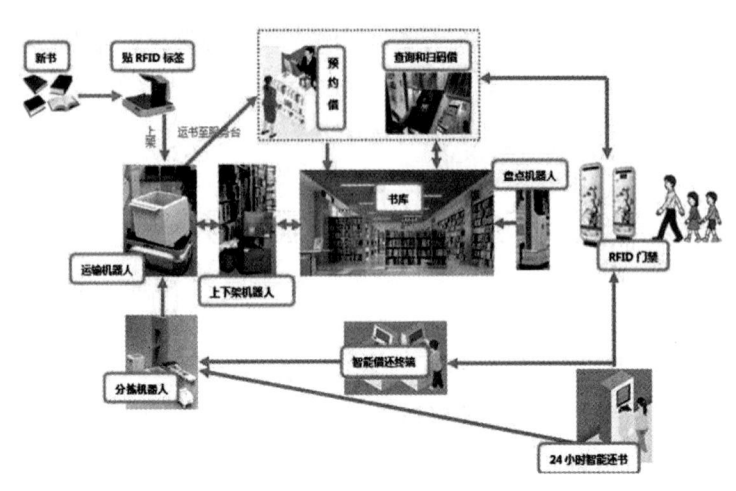

图 2 新校区图书馆信息化建设目标图

三、宜宾职业技术学院图书馆新馆建设中遇到的问题

（一）馆内文化设计有待加强

图书馆文化设计中缺乏中华传统文化、工匠精神文化、地方特色文化、学术氛围等文化元素的表达，主线不突出，层次尚低，馆内边、角、墙等利用尚不充分，文化育人体现不够。如何让技能、文化和非遗传承类的大师工作室更好地助力馆内特色文化形成，形成一套有内涵的命名体系、标识、标牌等，充分利用好边、角、墙等位置，着力营造好充斥书香、墨香、茶香的文化氛围和素、静、雅的阅览环境是目前馆内文化设计面临的主要问题。

（二）功能分区需求端考虑不足

随着智慧图书馆的发展以及数字媒体技术的逐步成熟，读者可以在任意时间、任意地点不受时间和空间限制地获取所需要的资源，因此图书馆的功能也应不断扩张，要从重馆藏资源建设转向"以人为本"。新的服务导向是以读者需求为中心，要将更多的空间留给读者，以满足读者新的学习方式需求，因此如何更好地依据读者需求合理设置馆藏资源分区、设立读者活动空间，成为下阶段建设要考虑的主要问题。

（三）空间再造所需资金难以保障

"建筑空间促进阅读"既是图书馆应对自身空间危机的内在动力和素养教育的外部要求，也是源自于现实的需求。要为读者创造舒适的阅读空间，让图书馆成为学院未来泛在学习（4A）前沿阵地。空间再造需要大量的经费支持，高职院校图书馆的经费投入不稳定，学校经费充足多则多投，经费紧张就缩减。图书馆空间在统一规划建设后，很难再次投入大量经费进行二次建设。为了减少二次建设产生的费用，在图书馆功能建设规划上，应尽量从使用者和操作者角度考虑，长远规划。

四、宜宾职业技术学院图书馆新馆建设的思考

设计新图书馆建筑要遵循图书馆五要素，要立足现在，展望未来，利用现代化技术，确保建筑在未来20年内预留有充足的馆藏容纳空间以及紧跟时代发展的技术配置。图书馆五要素中第一要素人就是图书馆的核心要素，也是图书馆为何而建的原因。第二要素场所是指图书馆的空间设计，包括书如何摆放、读者在哪里研讨、色彩如何搭配。第三要素技术是指在图书馆建筑中现代化技术发挥智慧化、信息化的作用，比如RFID、节能减排、自助借还等。在新馆功能分区与空间再造中要充分考虑人、场所、技术的融合。

（一）以人为本，塑造特色，抢抓机遇

在新馆功能设计之初，我们查阅了大量国内外优秀建筑空间的案例，国外图书馆界的优秀案例关注点主要集中在注重与社区的结合，坚持人与自然和谐共处，利用元素打造轻松氛围，空间布局高度灵活（适度留白），空间可无限变化。国内图书馆界的优秀案例中关注点主要集中在赋予设计独特的寓意，比如成都图书馆的"人文艺术图书馆"；智能与科技的投入，即功能的多样性；传统文化或者地域特色。从国内外优秀的图书馆案例中不难发现，在转型过程中，图书馆核心实现了从"以书为本"向"以人为本"的转变，尤其是在建筑空间和风格上更容易体现出来。图书馆不再是单纯的文献获取场所，更是文化交流、分享体验的"第三空间"，以读者的阅读行为和阅读体验为设计基础，以让读者得到舒适的阅读环境和高质量的阅读服务为设计目标，坚持"以人为本"，在设计上合理规划。

（二）以职业教育为抓手，构建图书馆文化氛围

2022年8月世界职业技术教育大会在天津召开，大会明确提出将科学教育融入职业教育。作为职业院校的图书馆在建筑设计阶段，要找准定位，将科学的文化氛围、科学的工匠精神以及地方特色文化融入其中。图书馆有责任引导学生带着问题意识去探索世界，最终在领略科学的魅力、人文的愉悦和发现

万物之理的乐趣中促进人的全面发展。因此，高职院校图书馆的文化建设应该从以下三方面构建，一是图书馆标识标牌建设，二是图书馆精神，三是音乐文化背景。

1. 图书馆标志建设

宜宾职业技术学院图书馆已建馆 20 年，为了继续传承学院的文化脉络，在新馆的标识标牌建设中应具备传承性。"图书馆是生长的有机体。"图书馆是系统性的存在，不断发展中吸纳新的技术、新的管理系统，形成一个有职业特色的图书馆。首先设计馆徽，塑造品牌形象，加深读者的印象。其次，设计标语，用心斟酌每一个字，拉近与读者的距离，尽量不出现"禁止""不得""后果自负"等字样。最后，馆员统一馆服，体现服务的规范性，有助于提升图书馆形象。从读者踏入图书馆开始，就开始发挥图书馆文化育人的功能。在各个区域布置文化长廊，利用墙面、边角悬挂匠人大赛作品、摄影作品、绘画作品、手工作品，优秀的学生成长作品，地方特色作品，非遗大师工坊作品等。

2. 图书馆精神

图书馆精神不是一个新的关注点，但却是常谈常新的问题，"十九大"以来，精神传承成为我国观念体系建设及政治生活的一个重要课题，其中，"科学精神"与"工匠精神"是重点强调的精神特质。这两种精神可以合理内化到"图书馆精神"中，图书馆员的科学精神体现在提升自己的信息素养和技能素养，以满足智慧图书馆的发展需求。工匠精神指引图书馆员要具备工匠精神，精益求精。两种精神同时体现了图书馆精神的守正创新。

3. 音乐文化背景

美好的音乐可以培养人高贵的品质，在图书馆设置雅致的背景音乐，不仅可以优化阅读氛围，还可以提高读者的阅读效率，更加符合年轻的读者的"口味"，吸引更多读者前往图书馆体验。通过播放舒缓和谐的音符，还可以排除噪音的干扰，营造出"人在音乐中，人在书中，书在人旁"的环境，背景音乐与文化布置相得益彰。

（三）加强新媒体应用，扩展图书馆空间功能

图书馆作为信息交流和知识发现的中心，是技术发展过程中的受益者和推动者，主动适应现代化技术对图书馆管理模式的更新要求，在互联网、大数据等技术的支持下，图书馆在全面感知的基础上，形成无线泛在的使用环境，读者可以在任何时间、任何地点，无限制地使用图书馆的资源。过去服务主要以提供纸质图书为主，现在要发挥图书馆文化育人的功能，分阶段、分层次地为读者提供个性化服务。由"守摊位"式服务转变为开拓创新的服务方式。比如

主动走出去，对接各二级学院，一对一、面对面地进行服务。在"互联网＋图书馆文化建设"中，图书馆在空间布局中利用信息技术在合理的位置张贴二维码，以方便读者获取电子资源。调整资源建设思路，合理规划资源布局，预留更多的空间给读者。

五、结语

综上，高职院校图书馆设计归根结底要嵌入读者的职业生涯规划，图书馆要用科学武装技能型人才，要用文化熏陶技能型人才，用科学的空间设计留住技能型人才。以符合读者满意为标准，以"以人为本、文化育人"为核心，深入了解读者对空间功能布局需求，不断完善设计方案，助力学院高质量人才培养。

参考文献

方嘉瑶. 以人为本的新时代图书馆建筑空间设计［J］. 山东图书馆学刊，2022（4）.
李洋. 后数图时代高校图书馆空间优化设计研究［D］. 沈阳：沈阳建筑大学，2017.
刘海英. 突发公共卫生事件中图书馆应急服务研究——以新型冠状病毒肺炎疫情为背景
　［J］. 西南民族大学学报（人文社会科学版），2021（10）.
吕霞，郄爱萍，林静，等. 高校图书馆空间布局与拓展方向探讨［J］. 内蒙古科技与经济，
　2021（5）.
王昌军. 大学图书馆建筑与空间的变革思考［J］. 经济研究导刊，2020（14）.
翟羽佳. "图书馆精神"新解——以生存哲学为进路［J］. 图书馆，2022（9）.